空天力学系列教材

结构设计方法

李道奎　主编
李道奎　李　谨　沈　重　张瑞明　编著

科学出版社
北　京

内 容 简 介

本书立足于介绍考虑基本力学原理和航天工程中各种实际约束情况下的飞行器结构设计方法，共由 11 章组成，可分为三大部分。第一部分首先从整体上介绍飞行器结构的概念与组成、研制过程、设计的基本内容等；然后以杆系结构为例，介绍飞行器结构设计与分析的基本方法；最后较为详细地介绍结构力学理论与分析方法。第二部分主要介绍导弹、火箭、卫星等飞行器典型构件或部件的结构形式、设计原理和设计方法，涉及的部件包括弹翼、弹身、推进剂贮箱、中心承力筒和密封舱。第三部分介绍复合材料结构设计、结构优化设计、CAD/CAE 一体化设计等先进的结构设计方法。

本书可作为高等院校飞行器设计、固体力学等学科本科生或研究生的教材，也可作为从事飞行器总体、结构设计与分析等工作的工程技术人员的参考书。

图书在版编目（CIP）数据

结构设计方法/李道奎主编. —北京：科学出版社，2017.2

空天力学系列教材

ISBN 978-7-03-051141-6

Ⅰ. ①结…　Ⅱ. ①李…　Ⅲ. ①航空器–结构力学–教材②航天器–结构力学–教材　Ⅳ. ①V214②V414

中国版本图书馆 CIP 数据核字（2016）第 312702 号

责任编辑：潘斯斯/责任校对：桂伟利

责任印制：张　伟/封面设计：迷底书装

科学出版社出版

北京东黄城根北街 16 号

邮政编码：100717

http://www.sciencep.com

北京厚诚则铭印刷科技有限公司 印刷

科学出版社发行　各地新华书店经销

*

2017 年 2 月第　一　版　　开本：787×1092　1/16

2023 年 1 月第三次印刷　　印张：21 1/4

字数：500 000

定价：98.00 元

前　言

本书所说的结构设计方法是指导弹、火箭、卫星等飞行器的结构设计方法。飞行器的结构分系统是保证其他分系统功能实现的基础。结构系统设计的好坏，将直接影响到其他分系统以及整个飞行器系统功能的实现和性能的优劣。因此，结构设计是飞行器设计的主要内容之一。结构设计是一个创造的过程，需要设计人员既要对现有的各种相关飞行器结构有一定的了解，又要掌握现代的先进设计方法；同时结构设计又是一项具有严格要求的工作，创造的成果“飞行器结构”既要满足强度、刚度、尺寸稳定性等设计要求，还要满足其他各种设计约束条件。本书正是从这两个方面出发，既介绍飞行器结构设计的基本原理与方法，也介绍飞行器结构典型部件结构形式，最后还对包含作者近些年研究成果的先进结构设计方法进行介绍，力求让学习本书的人员掌握飞行器结构设计的基本方法，初步具有对飞行器结构进行分析与设计的能力。

本书是高等院校飞行器设计、固体力学等学科本科生或研究生的教材。全书共 11 章。前 3 章为本书第一部分。第 1 章从整体上介绍飞行器结构的概念与组成、研制过程、设计的基本内容、强度设计方法等内容；第 2 章以飞行器常见结构中较为简单的杆系结构为例，介绍飞行器结构设计与分析的基本原理与基本方法；第 3 章介绍与飞行器结构设计密切相关的结构力学理论与分析方法，包括弹性力学基本理论、飞行器结构中常用的梁板壳理论、复合材料结构力学理论、结构稳定性理论、热弹性理论等，在数值求解方法部分主要介绍有限元方法基本原理、结构分析模型的建立、结构静力分析、模态分析、动态响应分析、热变形及热应力分析等内容。第 4~8 章为本书第二部分。这一部分以弹翼、弹身、推进剂贮箱、中心承力筒和密封舱等为例，介绍飞行器中典型构件或部件的结构形式、设计原理和设计方法。第 9~11 章为本书第三部分，分别介绍现代飞行器中常用结构——复合材料结构的设计方法、现代飞行器结构设计中常用的优化设计方法、体现先进设计理念和极具应用前景的 CAD/CAE 一体化设计的结构设计方法等。本书内容繁简得当、写作精练易懂、与工程实际结合紧密。传统与现代设计方法、传统与现代材料、结构理论与工程应用等方面在书中均有涉及，各高校可以根据学生的基础选择性地讲解其中内容，有利于教师组织教学与学生学习。

参加本教材编写的有李道奎、李谨、张瑞明和沈重，李道奎任主编。其中李道奎编写第 1～7 章，张瑞明编写第 8 章，李谨编写第 9 章和第 10 章，沈重编写第 11 章，最后由李道奎统稿。本书在编写过程中，参考了一些同类优秀教材并引用了其中部分内容，得到了国防科学技术大学许多同志的支持与帮助，特别是得到了负责录入和校对的老师和研究生的帮助，在此一并表示感谢。

本书由雷勇军主审，他对本书提出了许多宝贵的意见，在此表示衷心的感谢！

由于飞行器及其部件的结构形式多种多样，随着航天技术的高速发展还在不断出现新的结构形式，结构设计方法也在不断更新和完善，并且限于编者水平，本书中难免存在一些不妥之处，恳请读者批评指正。

主编李道奎 E-mail：lidaokui@nudt.edu.cn。

编　者

2016 年 8 月

目　录

第1章　绪　　论

1.1　引　　言

飞行器是指任何由人类制造、能飞离地面、在空间飞行并由人来控制的飞行物，按照其飞行的空域，可分为三类：航空器、航天器、火箭和导弹。在大气层内飞行的飞行器称为航空器，如气球、滑翔机、飞艇、飞机、直升机等。它们靠空气的静浮力或空气相对运动产生的空气动力升空飞行。在地球大气以外宇宙空间(太空)中飞行的飞行器称为航天器，如人造地球卫星、载人飞船、空间探测器、航天飞机等。它们在火箭等运载器的推动下获得必要的速度进入太空，然后主要在引力的作用下完成轨道运动。火箭是以火箭发动机为动力的飞行器，可以在大气层内，也可以在大气层外飞行。如我国的长征系列火箭、美国的土星系列火箭等。导弹是装有战斗部的可控火箭，有主要在大气层外飞行的弹道导弹和装有翼面在大气层内飞行的地空导弹、巡航导弹等。本书主要针对航天专业编写，限于篇幅，涉及的主要对象为航天器、火箭和导弹中的结构。本章主要介绍飞行器结构的基本概念、研制过程以及结构设计的主要工作等内容。

1.2　飞行器结构的概念与组成

1.2.1　飞行器结构的概念与分类

“结构”一词广泛应用于各学科领域。本书所指的结构是指飞行器结构。在不同的教材或参考书中，对某一具体飞行器的结构也有不同的定义，例如，火箭结构是火箭的主体，它将有效载荷、动力装置、控制、安全、外弹道测量等分系统连接成一个完整的整体；导弹结构是用于构成导弹外形、连接和安装弹上各分系统且能承受各种载荷的整体结构；航天器结构是为航天器提供总体构型，为各分系统仪器设备提供支撑，承受和传递载荷，并保持一定的刚度和尺寸稳定性的部件或附件的总称。这些定义的描述语言尽管有一定的差别，但均可归纳为：飞行器结构是将飞行器各分系统连接成一个完整的整体，承受和传递载荷，并能保持一定的刚度和尺寸稳定性的机械系统。

飞行器结构按照传递载荷作用的大小，可分为主结构和次结构。主结构是指处于飞行器主传力路径的主承力结构，如卫星的中心承力筒、大型运载火箭的各壳段、固体导弹的发动机壳体等，它们承受飞行器的主要载荷，是保证飞行器强度、刚度和稳定性的主要部件。次结构是指用于支撑飞行器上设备和保持飞行器的外形，由此构成飞行器的整个结构，如某些仪器设备的支架和安装结构等，对于航天器，也可以包括伸展在航天器本体外部的附件结构，如太阳翼、天线等结构。也可以将飞行器结构分为三级，除以上介绍的主结构和次结构外，还有第三级结构，它是指电缆、管路等的细小支架以及电子设备的结构等。

当然飞行器结构也可以按照其他方式进行分类。例如，按照结构功能可分为承载结构、密封结构和防热结构等；按照结构形状可分为杆系结构、板结构、壳结构等；按照组成结构的材料可分为金属结构、复合材料结构等。

1.2.2　飞行器结构的形式与组成

1. 火箭与导弹

运载火箭按照所用的推进剂可分为固体火箭、液体火箭和固液混合型火箭三种类型。例如，中国的长征三号运载火箭是一种三级液体火箭；长征一号运载火箭则是一种固液混合型的三级火箭，其第一级、第二级是液体火箭，第三级是固体火箭；美国的“飞马座”运载火箭则是一种三级固体火箭。按照级数来分，运载火箭包括单级火箭和多级火箭两种类型，多级火箭又可分为串联型(图 1.1(a))、并联型和串并联混合型(图 1.1(b))三种。串联型多级火箭的级与级之间连接分离机构简单，但串联后火箭总长较长、火箭的长细比(长度与直径之比)大，给设计带来一定的困难；发射时，这种火箭竖起来后太高，给发射操作带来不便；同时，其上面级的火箭发动机要在高空点火，点火的可靠性差。并联型多级火箭采用横向捆绑连接，连接分离机构稍复杂，但其中间芯级第一级火箭采用横向捆绑的火箭可在地面同时点火，避免了高空点火，点火的可靠性高。导弹结构形式与火箭基本一样，但有效载荷不同，现在导弹为提高机动性和缩短发射时间，多采用固体火箭发动机。

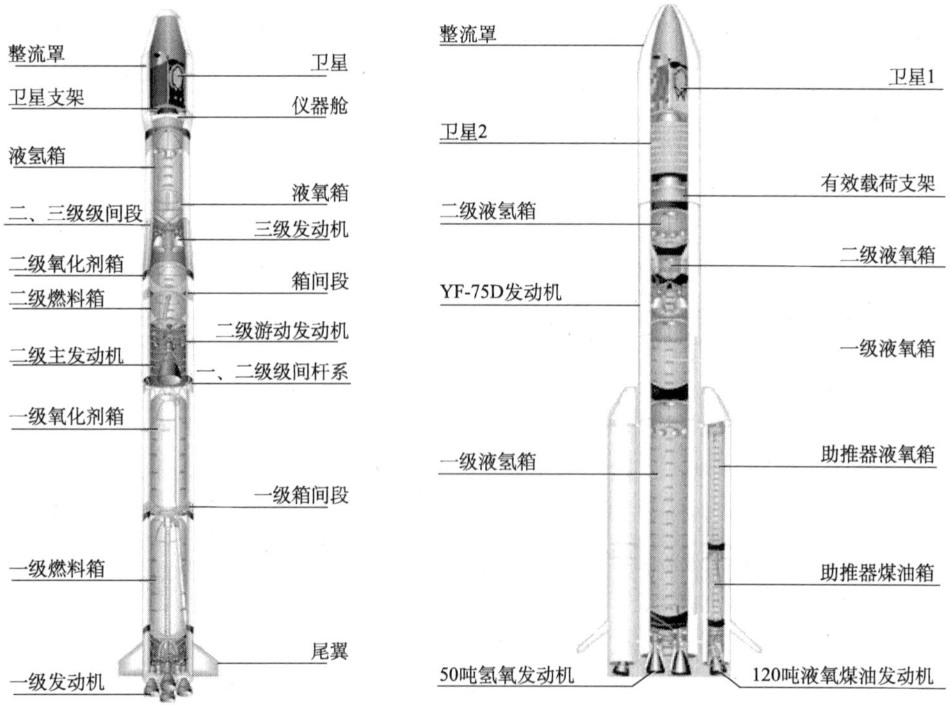

(a) 长征三号甲　　(b) 长征五号

图 1.1　火箭结构示意图

液体火箭结构一般由有效载荷(卫星或其他航天器)、头部整流罩、贮箱及箱间段、仪器舱、级间段、发动机推力结构、尾舱、管路系统等部分组成，需要分离的部位有分离连接装置。

有效载荷一般位于火箭的顶端，随着火箭、导弹的种类不同，含义有所不同。例如，运载火箭的有效载荷是人造地球卫星、载人飞船、空间探测器等，弹道式导弹的有效载荷是弹头，有翼式导弹的有效载荷是战斗部，探空火箭的有效载荷是探测仪器、生物实验箭头等。运载火箭和探空火箭的有效载荷一般需要整流罩的保护。整流罩是具有一定刚度的可抛掷薄壁结构，具有良好的气动外形和无线电波穿透性，在大气层内飞行时保护有效载荷，承受气动载荷和热流。贮箱占火箭体积的大部分，除了贮存推进剂，还是火箭的承力结构，主要承受轴向载荷、弯矩和内压力。

贮箱一般是薄壁结构，壁厚小于或等于箱体曲率半径的1/20，箱壁结构形式取决于载荷类型。低温推进剂贮箱还需要采取充分的隔热措施，以减少液体蒸发。仪器舱用以安装飞行控制仪器、遥测仪器和热调节设备，承受轴向载荷和弯矩。按所处部位不同，仪器舱有截锥和圆筒两种形式。

级间段是多级火箭级间的连接部件，其结构形式与分离方式有关。冷分离方式的级间段采用半硬壳结构；热分离方式的级间段可采用合金钢管焊接成形的杆系结构，便于上面级发动机燃气流顺畅排出；也可采用开有排气舱口的网络结构。

发动机推力结构用于安装发动机并把推力传给贮箱的承力构件。它还是发动机零、组件的安装支持部件。大型运载火箭发动机推力结构为杆系结构或半硬壳结构，后者有圆筒形和截锥形两种形式，它们能均匀地传递推力。

尾舱位于火箭的尾部，是火箭竖立在发射台上的承力构件，又是发动机的保护罩。当火箭有尾翼时，它是尾翼的支持部件。尾舱上若有发射支点，它还承受轴向载荷和侧风引起的弯矩和剪力。发射支点若在火箭的其他部件上，尾舱则只承受在大气层飞行时的空气动力载荷，所以重量较小。在一些火箭的尾舱上装有4个尾翼，用以增加火箭的静稳定性，改善火箭的稳定控制性能。

固体火箭结构与液体火箭类似，差别在于固体火箭没有推进剂贮箱和箱间段，其固体发动机壳体是箭体的组成部分，推进剂装于其内。固体火箭的运动组件较少，结构简单。固体火箭的比冲和燃烧时间有限，在运载能力相同时固体火箭比液体火箭所需级数多。

2. 航天器

航天器任务的多样性决定航天器结构形式的多样性。航天器结构一般分为卫星结构、空间探测器结构、载人飞船结构和航天飞机结构。这里主要介绍卫星结构和载人飞船结构。

卫星结构多种多样，早期近地轨道卫星大多为固定式结构。为了增加功能和扩大尺寸，现代卫星大多采用一些可展开式结构，这种结构在发射时藏在运载火箭的有限容积内，到了空间展开成较大的结构。为了达到多用途和提高经济效益的目的，后又发展出公用舱结构。但无论怎么发展，从功能上看，卫星结构大都由承力部件、外壳、安装部件、太阳电池阵和天线等附件结构等组成，如图 1.2(a)所示。

承力部件与运载火箭相连接，承受发射过程中的推力和弯矩。因而需要有很高的强度和刚度。承力部件有以下几种形式：圆柱(或截锥)壳式中心承力筒、板式平台结构、整体壳式结构、杆系结构等。

外壳处于卫星的最外层，形成卫星的外表面，也可兼作承力构件。外壳的形状多种多样，如球形、多面柱形、锥形和各种不规则的多面体等。除维持外形外，外壳还应满足表面积、热控制、卫星内容积、各种表面开孔、空间辐射防护等要求。

安装部件的结构形式可以是仪器舱、盘式构件或支架，用于保证仪器设备安装的各种要求，如安装精度、密封性、热控制、防振、防磁等。

太阳电池阵结构是安装太阳电池的构件。其结构形式主要有两种：体装式结构和可展开式结构。体装式结构比较简单，直接在航天器本体表面直接粘贴太阳电池片。可展开式结构为太阳电池翼，简称太阳翼。这种结构分为刚性折叠、柔性折叠和柔性卷式三种。刚性折叠式结构由刚性板通过铰链连接而成，以铰链弹簧为动力展开成翼状。柔性折叠式结构由薄膜和折臂式(或望远镜镜筒式)的展开机构组成。柔性卷式结构由薄膜和支杆组成，可用卷筒卷成很小体积，其支杆类似于金属卷尺，靠电机和传动装置展开成具有一定刚度的长直杆。

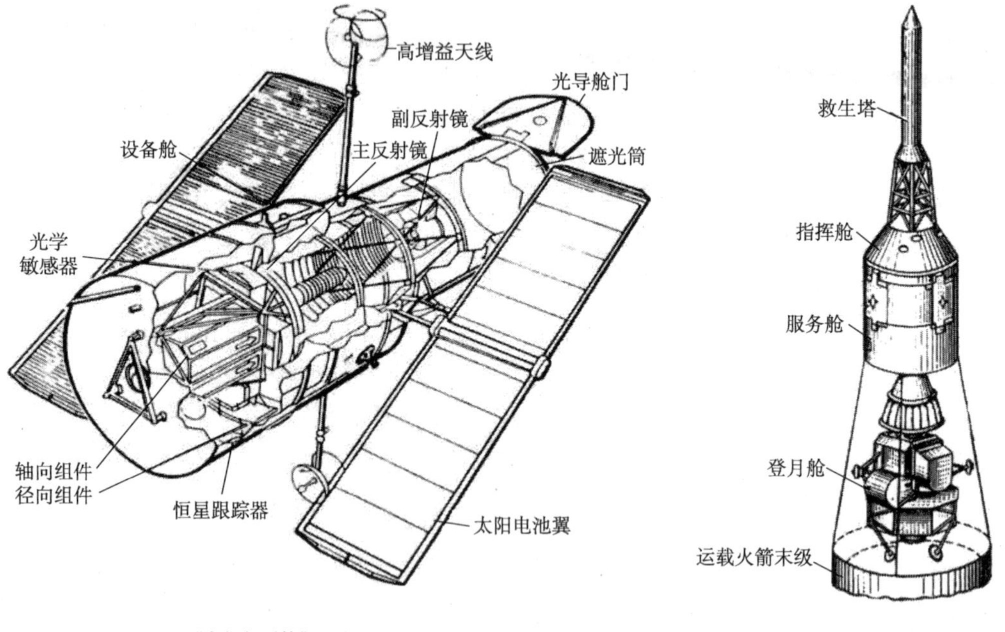

(a)“空间望远镜”天文卫星　(b)“阿波罗”号飞船

图 1.2　航天器结构示意图

载人飞船属于需要载人返回地面的航天器，必须具备与再入防热、着陆、救生、生命保障等要求相适应的结构，因此载人飞船与卫星的结构形式有较大区别。早期发射的飞船大多是截锥加上圆柱段，最外面都有防热结构。例如，“阿波罗”号飞船的结构由救生塔、指挥舱、服务舱、登月舱等几大部分组成，如图1.2(b)所示。救生塔是一个桁架式的塔形结构。它的功能是在发射过程出现紧急情况时，使飞船逃离危险区。登月舱是一个极其复杂的特殊结构，供载人登月之用。指挥舱的外形呈圆锥形，是需要返回地面的部分。它的外部由烧蚀材料层和不锈钢蜂窝夹层组成防热外壳。内部是铝蜂窝夹层结构的密封舱体，用多根锻铝纵梁加强，密封舱体为航天员提供可靠的工作环境。服务舱的外壳是一个铝蜂窝夹层的圆柱壳体。舱内有铝合金的径向壁板，用以安装主发动机、燃料和氧化剂箱等设备。载人飞船和返回式卫星在重返大气层时会遇到极高的温度，必须采用特殊的防热结构。

1.3　飞行器结构的研制过程

飞行器的研制是一个从确定要求开始，直到交付适合发射和使用的飞行器产品为止的过程。飞行器结构的研制，将参与到这整个过程中。飞行器结构的各个研制阶段主要经历设计(包括分析)、制造和试验三个步骤。“设计”是把飞行器系统对结构的要求转化为可实施的具体图样和文件；“制造”是把设计意图转化为实际的产品；“试验”是对某些产品结构进行模拟飞行条件下的地面验证。但由于飞行器的种类不同，各研制部门的情况不同，飞行器结构的研制程序也不完全相同。

需要说明的是，结构设计过程中需要进行结构分析，分析为设计提供定量的依据，同时又对设计的结果进行验证。在飞行器结构的研制过程中，设计和分析密切相关，往往要经过从分析到设计，再从设计到分析的多次迭代，才能得到最终的设计结果。因此，广义地说，分析也可认为是设计工作的一个部分，并且有时为了叙述方便，把设计与分析合称为设计。但由于分析工作的专业性、复杂性和重要性，一般与设计工作分开进行。在下述研制过程中也把设计和分析分开表示。

1.3.1　火箭、导弹结构的研制过程

导弹、火箭的研制过程一般分为论证阶段、方案阶段、工程研制阶段、设计定型阶段和生产定型阶段。其结构系统作为主要分系统，参与各个研制阶段，图1.3给出了导弹结构的研制过程，包括论证、方案、工程研制、设计定型、生产定型等五个阶段。因为论证阶段的主要工作是进行导弹战术技术指标的论证，所以论证工作由使用部门组织进行。设计定型、生产定型阶段的主要工作是进行定型鉴定试验、全面评定导弹性能指标、进行设计定型和生产定型。这三个阶段与导弹的具体研制工作联系不大，所以导弹结构系统的研制，主要是在方案阶段和工程研制阶段进行的。

1. 方案阶段

方案阶段的主要工作是根据总体设计下达的结构设计任务书，首先进行导弹全结构的总体方案设计，完成各部段结构方案设计、部段之间的受力协调以及仪器设备、电缆、管路的安装铺设方案的设计。然后，在进行分析、比较，并确认关键技术可行后，选择出最佳设计方案和试验验证项目。最后，形成方案论证报告和原理样机，原理样机往往

是三维模型，通过评审之后，方可进入工程研制阶段。

方案论证时必须考虑方案对结构技术要求的满足程度，以及技术继承性、经济性、可靠性和是否积极地采用新材料、新工艺、新技术等因素。

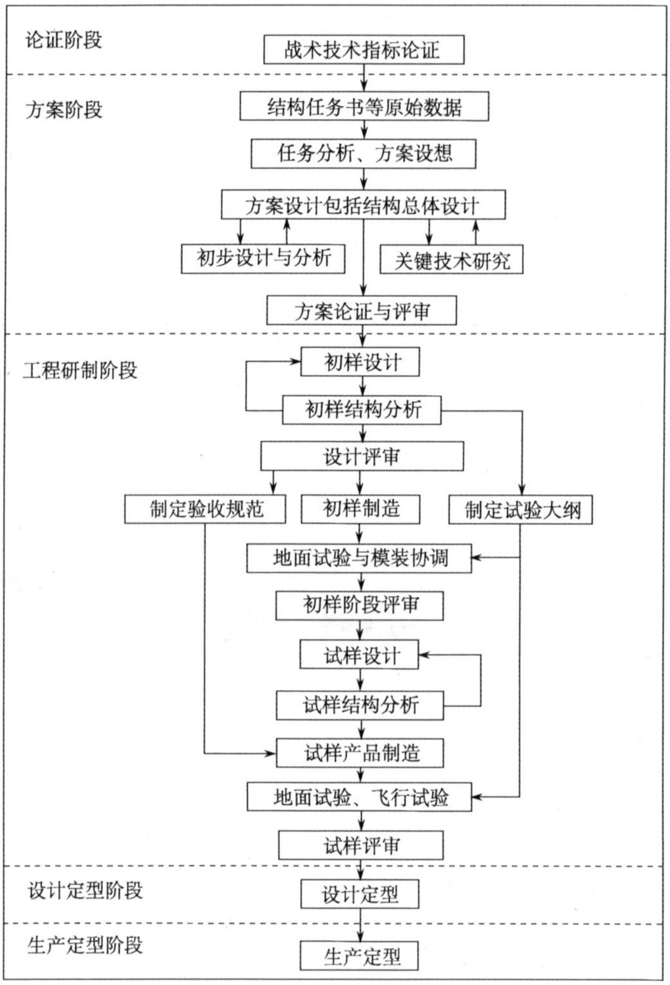

图 1.3　导弹结构的研制过程

2. 工程研制阶段

工程研制阶段由初样阶段和试样阶段组成。

1)初样阶段

初样阶段的主要任务是设计出符合外载荷条件、使用要求及系统安装协调要求的初样产品，并进行生产和试验，最终提交设计文件。在初样设计阶段，主要进行以下 10 项工作。

(1)在导弹内进行各项装载的安排。

(2) 进行结构布局设计，即选择结构形式和布置主要受力构件，初步选择分离面。

(3) 确定分离面，以及相应的连接形式和连接点位置。

(4) 确定结构开口的数量、大小及其位置。

(5) 完成结构协调工作。

(6) 初步确定主要受力元件的剖面形状与尺寸。

(7) 提供图纸及技术文件。

(8) 在初样设计的同时，应进行结构分析和强度校核，根据计算结果验证设计，必要时修改设计。一般还应进行功能特性分析，制定结构试验大纲（规范）。

(9) 设计评审通过后，制定结构验收规范，然后进行初样产品生产与试验。试验内容主要有静力和动力试验、导弹整体振动试验、分离试验、联合试车和模装协调，根据试验结果验证设计，必要时修改设计。

(10) 最终提交初样设计报告，评审通过后，转入试样阶段。

显然，结构设计工作的主要内容是在初样阶段完成的。一般来说，后续阶段主要是进行一些适应性修改。

2) 试样阶段

试样阶段是根据总体设计要求和初样确定的技术状态，对初样结构原则上不做大的改动，只进行适应性修改设计；同时，更新计算模型，进行结构分析和强度校核，以验证或修改试样设计；然后给出全套试样图纸和设计文件，提供给工厂进行试样产品的生产制造，用于地面试验及飞行试验考核。

由于试样阶段主要是考核导弹整个结构总体方案的正确性，检验是否满足战术技术指标要求。因此，如果预定次数的飞行试验成功，则最终提交试样设计报告，通过评审后，转入设计定型阶段。

3. 设计定型和生产定型阶段

最后，简要介绍设计定型和生产定型阶段的工作。生产定型即工艺定型。

在这两个阶段的主要工作是定型鉴定试验、设计定型和工艺定型。采用的导弹结构为试样状态产品，并且原则上不做变动，主要是进行定型性的大型地面试验和定型飞行试验考核。定型期间，结构设计的工作主要是使图纸和技术文件更加完整地反映出实际结构情况；从图纸到文件内容更符合标准化要求。

总之，定型设计是使弹体结构稳定在一个切实可行的状态，方便工厂顺利地进行批量生产。

1.3.2　航天器结构的研制过程

航天器的研制一般要经过可行性论证阶段、方案阶段、初样阶段、正样阶段等几个研制阶段，在各个研制阶段将完成不同的任务。航天器结构(现代航天器一般将结构与机构作为一个分系统，但本书中仅介绍结构部分)作为航天器的主要分系统之一，参与航天器研制的各个阶段，并完成相应的任务。

典型的航天器结构研制程序如图 1.4 所示，依次分为可行性论证阶段、方案阶段、初样阶段和正样阶段，主要适用于航天器整体结构，但对于独立的主要结构部件(如中心承力筒)，也可以参照执行。

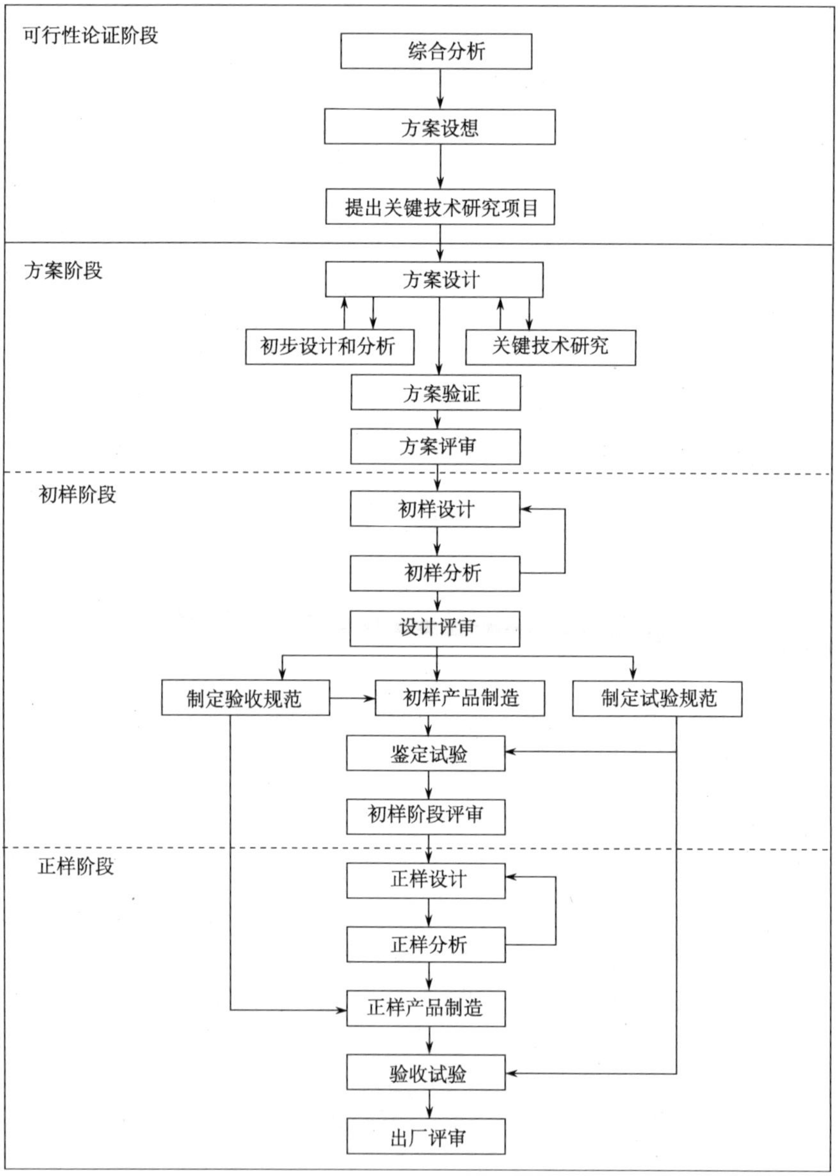

图 1.4　航天器结构的研制过程

1. 可行性论证阶段

可行性论证阶段是在开始正式研制过程的前期工作。对于比较成熟的航天器，特别是对于比较成熟的航天器结构，可以简化或取消这个阶段。在可行性论证阶段中可以进行以下工作。

(1)综合分析。首先对准备进行研制的航天器分析其任务需求，了解其对结构的要求，并结合现有技术储备、资源条件、研制周期和成本等因素进行综合分析。

(2)方案设想。在综合分析的基础上得到各种结构和机构方案设想，分析其实现的可行性，提出建议供航天器系统设计选择；并在与航天器系统设计协调的基础上，不断地论证和修正方案建议，达到在航天器系统方案中可行的程度。

(3)提出关键技术研究项目。在必要时，可针对可行方案建议中的技术难点提出关键技术研究项目，并组织实施。

2. 方案阶段

方案阶段是航天器结构正式研制工作的开始阶段。在该阶段，要提出和确定完整的结构方案。方案阶段主要进行以下工作。

1)方案设计

由于航天器系统方案，尤其是系统的构型方案对结构方案的影响较大，是制定结构设计要求的重要依据，而且许多系统指标是需要通过结构的指标来实现的，因此参与航天器系统设计是结构方案设计开始的较好方式。

方案设计的目的是确认和修正任务对结构的要求，并依据任务要求和实际条件提出和筛选各个结构方案，最终确定较理想的航天器结构方案。方案设计不要求细节设计，但要求进行系统性的设计、资源分配和分析，并确认方案可以满足设计要求。

在方案设计阶段，就应该引入必要的可靠性分析手段，考虑必要的可靠性措施，以保证设计方案的合理可行。方案设计是整个航天器结构研制过程的基础，方案的好坏将直接影响航天器结构的性能和质量，因此它是研制过程中最重要的环节。

2)初步设计和分析

初步设计和分析可以使方案设计得到进一步深化。当比较和筛选开始形成的几个原理性方案时，往往由于没有足够的信息，只能依靠简单的评价来进行初步选择。为了进一步评估初选后保留的各个设计方案，需要进行初步设计和分析，使得各个设计方案具体化，以便进行定量分析。根据各方案给出的定量分析结果，可以进行更可靠和确切的方案比较，准确地确定最终的方案。

根据初步设计和分析的结果，可以对原方案进行适当的修改和完善。因此，在方案设计与初步设计和分析之间，也可以是一个反复的过程。

3)关键技术研究

在方案设计中，可能要采用以前尚未应用的新技术，包括新构造、新材料和新工艺；或者存在关系到整个方案成败的关键技术难点。这些问题在确定最终方案之前要有明确的解答。因此在必要时，可以专门立项进行研究。在研究项目中，通过关键部件的原理样机的研制，包括设计、分析、试制或试验等工作，确认新技术应用的适应性，并且获得对关键技术难点的解决方法。

4)方案验证

结构方案确定后，必须对方案进行验证，以证实方案设计的合理性。由于方案阶段不可能提供结构的实物，对方案的验证一般采取分析、类比等方法进行。对构型和布局要求的验证，可以结合系统方案的验证，采用计算机模型等方式进行。

5) 方案评审

方案评审是结构方案阶段中的关键节点，相当于国外的 PDR(Preliminary Design Review，初步设计评审)。评审的重点是审查方案的合理性和可行性；审查方案是否存在颠覆性的技术问题；对关键技术研究的结果进行评价，以及确认方案验证的结果。方案评审结论以及评审规定的行动项目的完成是下一步初样设计以及采购材料和外购件的基础。

3. 初样阶段

初样阶段的重点是通过初样产品的设计、制造和试验，对航天器结构的设计进行全面鉴定，包括对设计要求的符合程度、设计所采用的分析方法和分析结果的正确性、设计所采用的材料和工艺的合理性和可行性、设计所需地面试验的合理性和可行性、设计的可靠性和质量保证措施等，同时也包括对产品所需专用地面保障设备设计的鉴定，以及对产品所需外购或外协零部件的鉴定或验收。

航天器结构的研制进入初样阶段即进入了工程实施阶段。也就是通过航天器结构实物的生产和试验来验证设计。通过验证来发现和解决技术性能、工艺质量和可靠性等方面的问题；协调各种接口关系，并进一步完善结构设计，为正样结构的研制提供全面、准确的依据或准则。初样阶段的主要工作项目如下。

1) 初样设计

方案阶段结束后，设计处于这样的状态：结构分系统的总体功能和技术指标已经实现，然而还需要补充大量的设计细节才能达到可以进行制造产品的程度。因此，初样设计的主要目的是给出制造航天器结构产品所必须具有的全部信息。设计工作包括确定和优化零部件的各种几何和物理参数；提供制造产品的工程图样；制定相应的装配、运输、操作、储存等技术规范以及相应的验证和质量保证计划。初样设计是航天器结构制造的依据，初样设计的好坏将直接影响航天器结构产品的性能和质量，因此它是研制过程中非常重要的环节。

2) 初样分析

初样分析与上述初样设计相配合，使用如结构静、动力学分析及可靠性分析、优化设计分析等各种手段，为初样设计提供相关的理论基础和实际数据，以及验证初样设计的有效性。

当发现初样设计的某些不足之处时，可以根据初样分析的结果对初样设计进行必要的修改和补充，因此初样分析与初样设计实际上是一个反复的过程。

3) 设计评审

设计评审的目的是确认航天器结构初样设计的正确性和可行性，并且明确下一步初样制造和试验的要求与计划流程。只有通过设计评审之后，方可开始初样零部件的制造。

4) 制定验收规范和试验规范

根据工程图样、技术要求以及有关规范、标准编制出零部件和装配后产品的验收规范，形成“验收大纲”或“验收细则”等文件，以确保通过验收可以有效地对零部件和产品状态进行控制，确保零部件和所装配的产品能够满足设计要求。

根据试验要求以及有关规范或标准来确定需要进行的试验项目，编制出相应的试验规范，形成“试验大纲”或“试验实施细则”等文件，以保证需要试验验证的项目得到合理验证，所得到的试验数据充分和准确，足以给出明确的试验验证结论。

验收规范和试验规范对于初样产品和正样产品均适用。

5) 初样产品制造

初样产品制造包括零部件制造、零部件验收、初样产品装配和初样产品验收等整个初样产品的生产过程。

虽然在初样阶段的工作重点是对设计的鉴定，但在零部件的生产过程中，对材料、工艺以及产品质量，必须尽可能按照飞行产品要求进行严格验收，以保证设计鉴定的准确性，同时也为正样产品的制造打下良好的基础。

生产出的零部件(包括外购或外协零部件)经过检验合格，确认符合技术要求后进行初样产品装配，产品装配以及产品质量也必须尽可能按照飞行产品要求进行严格验收。

6) 鉴定试验

一般说，鉴定试验是设计验证的最有效手段。对于技术继承性较差或设计分析较复杂的航天器结构，鉴定试验往往是设计验证的主要手段。

在初样产品装配完成之前，应完成试验方案的设计，制定试验规范，并着手试验准备。初样阶段应进行的结构鉴定试验一般有静力试验、正弦振动试验、随机振动试验、声试验、热真空试验等。

把设计分析结果与试验数据相对照，并采用与试验相关联的数学模型进行进一步的分析，从而得到试验验证的结论。鉴定试验过程是对设计思想和设计方法的验证，由此可以修正设计理念和积累设计经验，并解决方案设计中的一些遗留问题。

7) 初样阶段评审

初样阶段评审相当于国外的CDR(Critical Design Review，关键设计评审)，是初样阶段结束的标志，它对航天器结构的技术状态进行最终的确认。研制部门应对全部设计过程以及方案评审后设计要求的变化给出一个完整和全面的陈述，并借助各种图表、分析计算、测量和试验数据来证实最终的设计已满足技术性能、接口关系、制造工艺以及其他有关规范的要求。

在通过初样阶段评审后，应该冻结设计状态，并开始进入制造飞行产品的正样阶段。

4. 正样阶段

正样阶段的重点是通过正样产品的设计、制造和试验，全面验收航天器结构的飞行产品，包括针对初样研制中发现的问题，对设计和制造工艺进行改进；通过生产过程中的验收和质量保证措施，确保飞行产品的质量；通过验收试验确认正样产品满足飞行要求。正样阶段的主要工作项目如下。

1) 正样设计和正样分析

一般说，航天器结构的设计与分析工作在初样阶段已经基本完成，在正样阶段仅是根据初样设计评审确定的最终技术状态来修改和完善正样产品的设计图样与技术文件，形成一套经过验证的、完整有效的设计图样和技术文件，以便依照这些图样和文件来准确地制造、试验和使用正样产品。

可以将经过初样验证或修正的分析计算模型进行更新，使其与飞行产品的状态相一致，并给出最终的分析结果，以验证或修正正样设计。

2) 正样产品制造

正样产品制造包括零部件制造、零部件验收、正样产品装配和正样产品验收等整个正样产品的生产过程。按照工艺规范生产出的零部件经过检验合格，确认符合技术要求后进行装配和最终检验。关键产品按照制定的关键工艺规范和规定的过程检验点进行控制。检验是正样产品验收的重要手段。

由于航天器结构与整个航天器的关系密切，航天器整体结构或有些结构部件除了完成本身产品的装配，还要参与整个航天器的装配工作，如太阳翼结构在航天器本体上的装配(俗称“装星”)。

3) 验收试验

航天器结构的验收试验一般不单独进行，而是参与整个航天器的验收试验。由于是对飞行产品进行试验，因此应尽量减少试验项目和尽量降低试验量级。

4) 出厂评审

在完成所有的验收试验和相关测试后，应对正样设计、工艺过程、检验及验收试验的数据和结果进行全面总结与评估。出厂评审是对评估的结论进行审核，相当于国外的FDR(Final Design Review，最终设计评审)，包括验收试验验证的符合程度、整个研制过程中遇到所有问题的解决方案和方法、从初样阶段评审以来对设计的更改和追踪、对设计风险的工程评价以及发射工作的准备。

1.4　飞行器结构设计的主要工作

从 1.3 节介绍可知，飞行器结构的设计工作主要在其研制的方案阶段和初样阶段完成。方案阶段主要完成结构构型、结构形式、材料和连接方式的设计；初样阶段则完成结构详细设计参数的确定；可行性论证阶段与试样或正样阶段的设计工作较少，分别仅仅完成对整体构型设想与修改和完善设计图样及技术文件。本节以航天器结构为例，对飞行器结构设计中的主要工作进行介绍。

1.4.1　结构设计的特点与原则

1. 设计特点

一般说，与飞机结构或其他地面机械结构相比，航天器结构并不复杂。但是，航天器需要经历发射和空间轨道运行两个特殊的工作环境，对于需要返回地面的航天器，还需要经历高速再入大气层的特殊环境。航天器的这些环境条件与飞机或其他地面机械有很大差别。因此，在这些特殊环境条件下，为了满足航天器结构的许多特殊设计要求，使得航天器结构的设计，除了具有一般机械设计的特征，还具有以下明显的特点。

1) 突出刚度设计

大多数航天器结构承受的主要载荷是航天器发射时运载火箭产生的载荷，特别是动态载荷，为此，需要使结构的固有频率大于规定的值或在某个频率范围之外，以最大限度地减轻动态耦合效应，从而降低航天器结构承受的动载荷，由此最终保证航天器结构的强度。由于结构的固有频率与结构的刚度直接相关，因此，大多数航天器结构设计应该以结构刚度为主要设计目标。

另外，航天器结构一般为薄壁结构，而发射环境中加速度造成的稳态载荷使结构呈压缩状态，因此存在结构失稳的问题。提高结构稳定性的有效途径也主要是提高结构的刚度。

这里应该特别指出，以上特点适用于目前大多数卫星结构的设计，但对于较大尺寸的航天器，特别是载人飞船和返回式卫星的密封舱结构，由于存在内压载荷作用且结构的总体刚度一般较大，设计应首先考虑结构的强度问题。

2) 尽量减小重量

航天器依靠运载火箭来发射，由于受运载火箭发射能力的限制，航天器重量大小与发射条件和发射成本关系密切。结构重量占整个航天器重量的比例较大，减少航天器的结构重量可以用于增加航天器的有效载荷，从而保障航天器任务的完成和扩展，因此对结构的重量要求非常苛刻，尽量减小其重量是航天器结构设计的重要任务之一。

3) 利用有限容积

由于航天器的体积和形状受到运载火箭或其整流罩的严格限制，因此航天器结构必须设计得非常紧凑，并且充分利用有限空间来安装航天器各分系统和有效载荷的各种部件与设备。

4) 适应空间轨道等特殊环境

空间轨道环境是所有航天器均必须经历的特殊环境，包括高真空、高低温度交变、电子辐照、紫外辐照、微重力、空间碎片、低轨道原子氧等特殊环境。再入大气层的特殊环境是返回航天器必须经历的特殊环境，包括气动加载、气动加热和着陆冲击等特殊环境。这些特殊环境对航天器结构设计提出了特殊的要求。

5) 满足一次性使用

与可重复使用的飞机不同，航天器(航天飞机除外)一般只能或只需使用一次，也就是说，只经历一次发射的动力载荷过程，而且承受的时间很短，入轨以后，航天器结构已经基本上不受载荷或者所受载荷很小。因此，航天器结构，特别是主要结构的疲劳寿命问题一般不太严重，但有时可能需要考虑入轨后在温度交变作用下的热疲劳载荷问题。

2. 设计原则

航天器结构设计的总目标是在满足各项设计技术要求下，尽可能减小研制风险，降低研制成本，缩短研制周期和提高产品性能。为了达到这个目标，在设计中至少应该遵循以下几个原则。应该注意到，在贯彻以下各个原则时，它们之间是相互贯通的，但有时也是相互矛盾的，因此需要根据实际的要求和条件综合考虑。

1) 继承性

继承性就是尽量利用现有的设计技术基础。成功的设计往往是通过长期研究、试验和应用积累的结果，因此在设计中应特别重视已有设计资源和现有设计人员的经验，包括有关研制部门的实用技术或特殊技术。采用经过飞行验证的设计是减小研制风险、降低研制成本和缩短研制周期的有效途径。

为了达到继承性。在设计中应该努力贯彻“三化”设计思想。即应尽量做到所设计产品的通用化、系列化和组合化，以充分利用和发挥现有技术成果的作用。另外，设计和分析过程也应体现“三化”思想，以简化与规范设计和分析工作。

2) 可靠性

可靠性就是尽量降低设计的风险程度。由于航天器飞行任务的重要性和飞行环境的特殊性，降低飞行风险的意义是不言而喻的。因此，在设计中要强调风险意识，不轻易采用不成熟的或风险大的设计；应仔细分析可能发生的故障模式及其影响，并在设计中采取必要的措施；应该使设计变量的偏差对结构的性能影响很小，即尽量降低设计对环境和载荷响应的灵敏度，提高设计的“健壮性”(robust)。

为了提高结构设计的可靠性，保持最简单的设计方案是一个有效的措施。也就是说，在满足设计技术要求的前提下，在设计中应采用最少的零件，最简单的构造形式，以及最直接的装配关系和传力路线。这不仅有利于减小设计风险，而且有利于降低研制成本和加快研制进度。

3) 可生产性

可生产性就是能够在合理的研制经费和进度条件下制造出所设计的产品。这是一个非常重要的设计原则，否则最好的设计也仅是“纸上谈兵”。可生产性包括合理的材料工艺条件和制造公差，地面操作的方便性和对产品性能的影响，现有制造和检验设备的适用性，以及制造工艺对设计的反要求等。

在有条件的情况下，要为不同特性的结构选择具有不同适应能力的制造部门，设计部门应与制造部门充分沟通。

4) 经济性

经济性就是降低研制的成本。在强调完成任务和保证研制进度的前提下，经济性往往容易被忽视。实际上，航天器与其他工业产品一样，必须考虑研制的成本，尤其是对于作为商业运作的航天器产品，经济性是设计要遵循的首要原则。

可以采用各种措施来降低航天器结构研制的成本，如在设计中应尽量采用成熟的材料和制造技术、避免使用大型或非标准的工艺装备、减少不必要的地面试验等。

5) 先进性

先进性就是尽量提高和扩大设计产品的性能与功能。由于航天器是一种需要不断进行探索的高科技产品，保持设计上的先进性是航天器持续发展的动力，也是使航天器产品具有竞争力的有力保障。

为了达到设计上的先进性，应该在可能的条件下，引入和采用新技术、新材料、新工艺和新方法。特别是在满足设计的条件下，尽可能降低重量，设计出更先进的轻型结构。

1.4.2 结构设计的技术要求

航天器结构设计的技术要求简称为“设计要求”，它是在航天器结构设计之前必须明确的技术要求。只有全面和准确地把握设计的技术要求，才能得到满足使用要求的最佳结构设计。

对于航天器结构设计，尽管可以列出许多条具体的技术要求，但可以概括地归结成一句话：“结构应以足够的强度、刚度和精度，支持有效载荷和其他分系统的正常工作”。航天器结构设计的主要技术要求如表 1.1 所示，它们可分成三类：基本要求、强制要求和导出要求。

基本要求是航天器结构设计中必须始终遵循的基本原则，航天器结构设计的基本要求就是强度要求，即结构不能发生破坏。

强制要求实质上就是设计的约束条件，它一般是由运载火箭、航天器系统和其他分系统通过航天器系统下达的设计指标或要求。它们是强制性的，但并不是不可改变的，在必要时有些指标(如基频、重量、温度环境等)也可在相互协调后作适当修正。强制要求主要分为三类：运载火箭系统对航天器结构的设计约束，包括整个航天器的纵向、横向、扭转基频和动态包络空间要求；航天器系统对结构的设计约束，包括结构构型、结构布局、结构重量以及结构刚度(基频或变形)分配；任务环境对结构的设计约束，包括运行轨道和再入轨道。

导出要求是根据强制要求，通过分析论证以及与各相关分系统充分协调后，对结构分系统的强制要求进行分析和转化，提出更具体的相关技术要求或技术指标。导出要求包含了机、电、热各方面的设计要求，对不同结构，导出要求可能不完全相同。对主结构的导出要求可以有刚度(频率与变形)、机械接口、可操作性等；对次结构的导出要求可以有展开附件在轨运行时的刚度(基频)、支承结构的位置稳定性等。

另外，航天器结构还与航天器机构有一个共同的设计要求：可靠性要求，它的专业性很强，与数理统计和概率分布等知识密切相关，具体要求及分析方法可参考其他文献资料，在本书中不做介绍。

表 1.1　航天器结构设计的主要技术要求

要求	定义	说明
强度	在规定的各种载荷条件下，不产生危及航天器任务完成的破坏现象(如断裂、失稳、过度变形等)	基本要求。避免航天器结构、有效载荷、各分系统或整个航天器的损坏
固有频率(发射或收拢状态下)	整个航天器的固有频率(一般为基频，或某几类振型的最低固有频率)要大于规定值或满足某个频率范围	强制要求。由运载火箭部门规定，避免航天器因与运载火箭系统动态耦合引起过大的载荷而受损，或者造成对运载火箭控制系统的干扰
动态包络空间	在载荷和温度作用下，结构实际占有的最大空间位置要小于规定的范围	强制要求。以避免航天器与运载火箭整流罩或航天器各部分之间相互碰撞

续表

要求	定义	说明
结构的构型与布局	保证各主要结构部件的位置、形状与尺寸在允许的范围之内	强制要求。由航天器系统或各分系统的要求确定。如中心承力筒的直径、太阳翼基板的面积等
结构重量	结构分系统总重量及主要部件重量小于规定值	强制要求。由航天器系统分配到结构分系统及其主要部件
轨道环境条件	结构零部件或材料应承受的空间运行轨道的高真空、高低温、辐照条件或再入轨道的温度与压力条件	强制要求。由航天器任务规定的轨道环境确定
机械接口	满足与运载火箭、有效载荷、各分系统、地面操作和试验设备等的机械配合或连接要求	导出要求。由航天器系统、分系统和装配、试验所确定的要求
位置稳定性	在结构某个部位或方向上保持规定的位置精度，包括温度变形、材料屈服、机械连接偏移等引起的误差	导出要求。满足航天器的关键部件，如天线、光学部件、敏感器等的位置或指向精度要求
固有频率(在轨或展开状态下)	整个航天器或大部件的固有频率(一般为基频)要大于规定值或满足某个频率范围	导出要求。避免对航天器控制系统的干扰(特别是当具有大型伸展附件时)
非机械性能	某些结构部件满足导电、导热、绝缘、隔热等各种要求	导出要求。由航天器防静电、电磁兼容性、热控等提出的特殊要求
可操作性	在装配、运输、储存、地面试验时，应便于装卸和调整结构各部件及设备	导出要求。结构部件的构造和安装设计应考虑到能够进行所有的地面操作

需要指出的是，表 1.1 中仅表示了对结构的一般性技术要求，对于不同的结构，各项设计要求的具体侧重点是不同的。例如，主结构通常根据刚度或基频来设计，并要求能经受发射时的稳态和瞬态载荷；对于作为次结构的展开附件来说，虽然上述载荷也很重要，但有时展开基频、轨道高低温度交变和发射时的声环境可能更为严重；对于第三级结构，基础激励的高频随机振动下的强度问题可能是最主要的设计条件，刚度和位置稳定性有时也可能成为次结构和三级结构的决定性要求。另外，对于有些具有特殊功能的结构，如密封结构和防热结构，它们还有各自的特殊设计要求。

最后应该特别强调指出，以上说明的是航天器设计的技术要求，即仅是从技术角度提出的要求，技术要求是航天器设计中最主要和最基本的要求。但是，实际上，航天器设计需要考虑各方面因素，如 1.4.1 节所说明的各项设计原则。这些非技术性的设计要求同样是非常重要的，甚至可能对设计起到更重要的决定性作用。

1.4.3 构型设计

航天器构型设计是航天器系统设计的重要内容之一。航天器的构型设计需要根据航天器的系统方案，并充分考虑到各分系统的质量特性、尺寸、功耗、视场、机械和电接口、承载、热控、电磁兼容性、装配及操作等多方面要求。航天器构型设计主要包括以下内容。

(1)确定航天器的外形。航天器的外形可以采取圆柱或圆锥形、长方体形、多面体形等，它们的选择主要与航天器是否采用整流罩以及采用何种姿态稳定方式有关。

(2)确定主结构形式。航天器主结构形式可以有中心承力筒结构、杆系结构、箱板结构和壳体结构等。它们的选择与航天器任务要求和系统设计要求有关，特别是与航天器结构设计有直接关系。

(3)确定航天器各分系统的布局。包括各分系统部件和展开附件的安装位置、质量特性、形状、尺寸、机械接口等特性，构型设计就是要合理确定各个部件和附件的空间配置。

从上述说明可以看出，航天器构型设计与航天器的结构设计关系非常密切，可以说航天器构型设计是结构设计的基础，这是因为：①航天器的构型基本决定了航天器结构的构型，如轮廓尺寸、主结构类型、展开附件结构的大小和位置等，实际上，一旦航天器构型已经确定，则结构系统的基本组成也就初步确定了，并且对各舱段、部件的具体结构类型选择也已经有了初步的考虑；②航天器结构设计的许多具体要求和设计参数需要通过航天器的构型设计导出，如各结构部件的形状、位置、尺寸和接口关系等；③只有在航天器的构型确定之后，才能正式开始航天器结构设计。

由于航天器的构型对结构方案的影响较大，因此航天器结构设计人员必须尽早参与航天器系统的构型设计工作，一方面可以充分了解系统构型设计的意图和对结构设计的要求；另一方面可以争取获得对结构设计更有利的合理结构构型，包括合理的结构形状、尺寸和布局，为开展航天器结构设计打下良好的基础。在确定航天器构型时就应考虑结构的布局和安装设计，从而可以提前排除许多不适用的航天器结构候选方案，仅保留少数几个较好的设计方案做更有效的比较和选择。

在航天器构型设计中，为了使航天器结构更加合理，传力路线是一个必须考虑的重要问题。其中最主要的原则是力流连续性原理和直接的、最短路径传力原理。需要根据各结构部件的布局，在各个被支承部件和运载火箭之间提供合理的载荷传递路线，从而可以采用较少的结构材料和重量获得较高的结构刚度与强度，提高结构效率。

1.4.4 结构形式、材料和连接方式的选择

在航天器结构方案设计中，确定了整个航天器结构构型后，还需要确定主要构部件的结构形式、材料和连接方式。结构形式、材料和连接方式通常有几种方案可供选择，应从设计要求、结构的性能和功能、制造工艺、研制成本和进度等多方面进行综合分析后确定。结构形式、材料和连接方式三者之间通常是相互关联的，因此需要统一考虑。

1. 结构形式的选择

结构形式是指组成结构的具体方式，例如，杆系结构可采用桁架或刚架形式和不同的杆件配置方式等；壳体结构可采用光壳、波纹壳、加筋壳、夹层壳等。以下分别说明主结构及次结构及第三级结构形式的选择。

(1) 主结构形式的选择。在选择主结构的具体形式时，除了要使主结构满足设计要求，还要考虑结构自身的制造、组装和连接方式等因素，特别是要考虑承受和传递载荷的特点，由此选择最有利的结构形式。

例如，对于主结构为杆系结构情形，在选择具体形式时应考虑到：作用在杆系结构上的载荷应该是节点上的集中力，否则结构的承载能力会降低；杆系结构在方形、矩形、三角形截面的构型中承载能力最高，而构型越接近于圆形(如多边形)时，承载能力会降低；在载荷传递上，杆系结构较难将载荷均匀分布地传到圆形截面的壳体上；在结构上作用的剪切和扭转载荷可转换成对角线构件中的轴向载荷等。

又例如，对于主结构为壳体结构情形，在选择具体形式时应考虑到：作用在壳体结构上的载荷应该是分布载荷；在结构上作用的剪切和扭转载荷可转换成加筋壳蒙皮中的剪切载荷；对于给定压缩或弯曲载荷的壳体结构，夹层壳是最轻的方案，但夹层壳的强度对工艺变化的敏感程度要比加筋壳高等。

(2) 次结构和第三级结构形式的选择。表 1.2 列出了几种次结构和第三级结构的常见结构形式，可供参考。

表 1.2　次结构和第三级结构的常用形式

名称	常用结构形式	说明
太阳翼基板	夹层结构，通常是复合材料为面板的夹层结构	太阳翼基板应该尽量轻，但要能够承受发射时的加速度和声载荷，以及满足一定的固有频率要求
天线支承杆	复合材料圆管	在天线和敏感器需要精确的指向时，采用碳/环氧复合材料制成的支承杆，可以减小热变形并提供高的刚度
设备的安装平台或壁板	夹层板结构，或者挤压成形、机加的金属梁式结构	往往把设备部件装在刚度较大的轻型夹层板上
电缆支架和电接插件板	钣金件(冲压件)	一般采用钣金件，因为它比机加件成本低
部件支架	薄壁支架可采用钣金件；而机加支架可提供更大的刚度和强度	通常大的部件不通过支架而直接安装在主结构和次结构上；支架需要相适应的机械接口

2. 结构材料的选择

实际上，在选择结构部件的形式时，已经同时考虑了结构材料的选择，因为许多结构形式是与结构材料相关联的。航天器的结构材料的选择原则主要包括以下几点。

(1)选用低密度材料。如铝合金、镁合金、钛合金、铝锂合金等金属材料以及碳/环氧、凯芙拉/环氧等复合材料。这是航天器结构设计的一个基本要求，因此，密度较高的材料，如不锈钢、铜合金、玻璃钢等材料，一般不作为主要结构材料。

(2)选用刚度和(或)强度高的材料。这个原则需要结合上述低密度材料的要求来进行。为了能科学地选择又轻又刚或又轻又强的材料，最好根据材料性能指数(参见 2.3.3 节)来进行选择。

(3)选择满足规定物理性能要求的材料。例如，对于具有热稳定性、导热、导电、绝热、绝缘、透波、密封等不同特殊要求的结构，需要选用不同的材料。当然，所有选用的结构材料均应能够承受各种空间环境条件。

(4)选用能够满足制造工艺条件要求的材料。材料应能很好地实现结构设计规定的制造工艺，如切削加工、成形、焊接、铆接、胶接等。

材料的选择除了考虑材料的上述技术性能，还必须考虑与材料使用有关的一些实际条件，如材料的成本、状态、供货条件、加工条件等。表 1.3 列出了几种常用结构形式的材料，可供参考。

表 1.3 常用结构形式的材料

结构形式	材料	加工和(或)连接方式
杆系结构	直杆部分：碳/环氧复合材料 接头：铝、钛、碳/环氧复合材料	胶接
	铝、钛	焊接、螺接
桁条蒙皮结构	铝 碳/环氧复合材料	焊接、铆接 胶接、整体模压成形
隔框蒙皮结构	铝 碳/环氧复合材料	焊接、铆接 胶接
夹层结构	面板：铝、碳/环氧复合材料 芯子：铝蜂窝	胶接
支架结构	铝、镁 碳/环氧复合材料	机械加工、钣金成型、铸造 胶接
带螺纹零部件	钛、钢	机械加工
透波结构	玻璃钢、凯芙拉/环氧复合材料	胶接
耐高温材料	钛	机械加工、焊接

3. 结构连接方式的选择

在上述选择结构形式和材料时，实际上也同时考虑了结构零部件之间的连接方式。结构件的连接主要采用机械紧固连接(螺接或铆接)、焊接和胶接三种方式。

对于某些结构形式，可以明显地确定一种最好的连接方式。但多数情况往往要在各种连接方式中进行比较选择。表 1.4 列出了三种连接方式的比较和它们的应用场合。

表 1.4　连接方式的比较

连接方式	优点	缺点	应用
机械紧固连接	易拆卸(螺接)；通用性强；易控制连接强度；适于相异材料结构的连接；不需昂贵的工艺装备；易控制工艺质量；可增加结构阻尼	重量大；存在连接刚度损失；连接可能漂移；装配费时间；往往需要附加连接件来传递载荷；引入应力集中，一般不适用于脆性材料	大多数塑性材料的结构
焊　接	连接刚度好；最好的密封性；重量较轻；往往比紧固连接费用低	不能拆卸；连接精度低(残余变形引起翘曲)；降低材料的连接强度；工艺质量控制较困难	可焊接金属结构；密封结构；刚度为主的杆系结构；地面保障设备
胶　接	重量轻；最容易和经济的连接方法；应力集中小；抗疲劳；可增加结构阻尼；较好的密封性；可连接相异材料的结构	通常不能拆卸；工艺质量控制较困难；连接强度低(拉伸与剥离强度低)；使用温度范围有限制；有些胶黏剂有脆性	大多数复合材料构件；脆性材料的装配；受剪切的胶合面

1.4.5　结构设计参数的确定

结构的详细设计参数是在初样设计阶段和正样设计阶段确定的。方案阶段的设计主要提供原则性和概念性的技术信息，或者仅提供不太确切的技术数据，离制造实际产品的要求还有很大差距，因此，需要进行详细的设计工作(包括分析工作)才能达到要求。一般说，详细设计工作在初样设计阶段中应该基本完成，正样设计仅是对初样设计结果进行局部的修改、补充和完善。详细设计的工作量大，涉及的工作面广，是完成航天器结构设计工作的主要阶段，也是提供航天器结构设计成果的主要阶段。

1. 确定航天器结构的外形尺寸和接口关系

在航天器系统设计中，已经根据运载火箭的机械接口和包络尺寸以及飞行任务要求确定了航天器构型，并根据航天器构型和设备布局划分了舱段并确定了航天器的轮廓尺寸，这些轮廓尺寸构成了航天器结构设计的初始约束。

按照规定的轮廓尺寸确定各个结构部件的具体位置和外形尺寸，以及各个部件之间的连接关系。

需要详细确定航天器结构与外界的接口关系并进行接口设计。结构分系统与运载火箭、其他分系统及各舱段间的接口要求是由航天器系统设计规定的。另外，在设计中还应考虑到航天器结构与地面安装、储存、运输、吊装、试验等设备的接口关系。接口设计包括确定接口连接方式和连接尺寸，提供适当的连接刚度和强度，规定所需的定位方法和定位精度等。

2. 确定各个结构零部件的设计参数

由于大多数航天器结构设计主要是刚度设计，一般说首先根据刚度要求和实际设计约束条件来初步确定各结构部件的设计参数，即各零部件的材料、形状和各个尺寸细节。主要的刚度要求包括：由运载火箭部门规定的整个航天器的一阶模态要求；大型附件或部件的高阶模态或局部模态要求；受压构件的稳定性要求等。

为了验证所选择设计参数的合理性，需要进行结构静力学和动力学分析，并根据分析结果对设计参数进行适当修改。有关结构静、动力学分析原理和方法参见第 3 章。

以上结构设计参数的确定实际上是一个迭代的过程，即首先设定初步的设计参数，然后进行必要的分析计算，再根据分析结果修改设计，因此可能要进行多次迭代后才能最终确定设计参数。为此，在有条件时，可以采用结构的优化设计方法来直接获得最佳的设计参数，有关结构优化设计的原理和方法参见第 10 章。

对于复合材料结构，除了需要确定与金属结构相同的设计参数，还必须根据设计要求，确定复合材料本身的设计参数，即必须进行复合材料结构的材料设计，有关复合材料结构设计的原理和方法参见第 9 章。

由于满足结构强度要求是结构设计的基本要求，因此对主要的结构零部件最终均需进行强度验证，有关强度验证的详细说明参见 1.5 节。

另外，在有条件或有需求时，应该进一步进行结构的可靠性分析和预计。

3. 确定结构连接的设计参数

在方案设计时，已经选定了结构连接方式，这里还需要确定连接的具体设计参数。如胶接的形式和胶接面积、焊缝形式、紧固件的规格、排列方式和数量等。

结构连接的设计参数通常是根据强度要求来确定的。由于连接关系的复杂性，对连接强度的检查一般不易根据分析方法来正确确定，而需要依靠已有的经验公式或经验数据来判断。如果有必要，需要设计局部连接的试验件，通过试验来验证实际的连接强度。

应该特别强调的是，虽然结构设计参数主要根据结构的刚度和强度来确定，但同时必须考虑到材料的可获取性、零部件的可加工性和装配性，以及其他各种设计要求。往往有些结构设计参数的最终确定是考虑各种因素的综合结果，仅从刚度或强度观点确定的参数不一定是最佳的选择。

1.5　飞行器结构强度设计

强度要求是飞行器结构设计的最基本要求，所有结构件均应满足。大多数航天器结构尽管是根据刚度设计的，但归根结底主要是要满足强度要求。强度要求就是要求飞行器结构在规定的各种载荷条件下不产生危及飞行器任务完成的破坏现象。

结构强度设计就是采用各种计算分析方法，或直接通过试验方法，获得结构部件上的载荷、应力、应变或变形，然后根据相应的强度准则，验证结构强度是否满足设计规定的要求。

1.5.1 强度准则

结构的强度破坏最终体现为材料的破坏，因此需要对材料的破坏方式做进一步的明确。由于实际结构一般不是处于简单的单向应力状态，因此不能直接采用单向应力状态下材料的破坏强度作为结构的强度，而需要建立结构在任意应力状态下发生强度破坏或失效的准则，这个准则就是强度准则。

1. 金属材料的强度准则

金属材料的强度准则是指判断金属材料在任意应力状态下发生破坏的准则。材料在单向应力状态下的极限应力σ_T(发生屈服时为屈服极限σ_s，发生断裂时为强度极限σ_b)与强度准则可以比较容易地通过试验得到。但实际上大多数结构都处于复杂的多向应力状态，很难通过试验来建立其强度准则。

众多工程、日常生活以及试验中的强度失效现象表明，尽管强度失效现象比较复杂，但经过归纳，材料在静载荷作用下强度失效的主要形式还是屈服和断裂两种形式。人们在长期的生产活动中，综合分析材料的失效现象和资料，对强度失效提出了各种假设或学说，这类假设或学说通常称为强度理论。这些理论认为，材料之所以按照某种方式(断裂或屈服)失效，是应力、应变或应变能等因素中某一因素引起的。而且认为，无论是简单或复杂应力状态，引起失效的因素是相同的。这样，利用强度理论，便可由简单应力状态的试验结果，建立复杂应力状态的强度准则。

强度理论既然是推测强度失效原因的一些假说，它是否正确，适用于什么情况，必须由生产实践来检验。经常是适用于某种材料的强度理论，并不适用于另一种材料，而在某一种条件下适用的理论，并不适用于另一种条件。这里主要介绍最大拉应力理论、最大拉应变理论、最大切应力理论和畸变能理论四种工程中常用的强度理论及其对应的强度准则。其中最大拉应力理论和最大拉应变理论是有关工程中断裂的两种强度理论，最大切应力理论和畸变能理论是有关屈服的两种强度理论。

1)最大拉应力理论(第一强度理论)

这一理论认为，引起材料断裂的主要因素是最大拉应力。而且认为，不论材料处于何种应力状态，只要最大拉应力σ_1达到材料单向拉伸断裂时的强度极限σ_T，材料即发生断裂。按照此理论，材料不发生断裂破坏的强度准则为

$$\sigma_1<\sigma_T \tag{1.1}$$

试验表明，脆性材料在二向或三向拉伸断裂时，最大拉应力理论与试验结果相当接近；而当存在压应力时，则只要最大压应力值不超过最大拉应力，或超过不多，最大拉应力理论与试验结果也大致相近。

2)最大拉应变理论(第二强度理论)

这一理论认为，引起材料断裂的主要因素是最大拉应变。而且认为，不论材料处于何种应力状态，只要最大拉应变ε_1达到单向拉伸断裂时的最大拉应变ε_T，材料即发生断裂。按照此理论，材料不发生断裂破坏的强度准则为

$$\varepsilon_1 < \varepsilon_T \tag{1.2}$$

改为主应力表示，则为

$$\sigma_1 - \mu(\sigma_2 + \sigma_3) < \sigma_T \tag{1.3}$$

式中，σ_1、σ_2和σ_3是危险点的第一、第二和第三主应力；μ为材料的泊松比。

试验表明，脆性材料在双向拉伸-压缩状态下，且压应力值超过拉应力时，最大拉应变理论与试验结果大致符合。

3) 最大切应力理论(第三强度理论)

这一理论认为，引起材料屈服的主要因素是最大切应力。而且认为，不论材料处于何种应力状态，只要最大切应力τ_{max}达到材料单向拉伸屈服时的最大切应力值τ_s，材料即发生屈服。按照此理论，材料不发生屈服破坏的强度准则为

$$\tau_{max} < \tau_s \tag{1.4}$$

改为主应力表示，则为

$$\sigma_1 - \sigma_3 < \sigma_s \tag{1.5}$$

式中，σ_s为材料单向拉伸屈服时的屈服极限。

对于塑性材料，最大切应力理论与试验结果接近，因此在工程中得到广泛应用。例如，低碳钢拉伸时沿与轴线成45°的方向出现滑移线，这是材料内部沿这一方向滑移的痕迹。根据这一理论得到的屈服准则和强度条件，形式简单，概念明确，目前广泛应用于机械工业中。但该理论没考虑σ_2的作用，而试验表明，σ_2对材料的屈服确实存在一定的影响。为此，又有人提出了畸变能理论。

4) 畸变能理论(第四强度理论)

这一理论认为，引起材料屈服的主要因素是畸变能密度。而且认为，不论材料处于何种应力状态，只要畸变能密度达到材料单向拉伸屈服时的畸变能密度值，材料即发生屈服。按照此理论，用主应力表示的材料不发生屈服破坏的强度准则为

$$\frac{1}{\sqrt{2}}\sqrt{(\sigma_1-\sigma_2)^2+(\sigma_2-\sigma_3)^2+(\sigma_3-\sigma_1)^2} < \sigma_s \tag{1.6}$$

研究表明，第四强度理论比第三强度理论更符合实验结果，但第三强度理论偏于安全，而且从数学表达式上看，第三强度理论更简单，因此，第三与第四强度理论在工程中均得到广泛应用。

2. 复合材料的强度准则

复合材料的强度准则比较复杂，为了了解实际应用的层合复合材料强度准则，首先要确定单层复合材料的强度准则。对于在多向应力状态下单层复合材料的强度，采用与以上金属材料强度准则相似的处理方法，即建立某种宏观的强度准则。

1) 单层复合材料的强度准则

单层复合材料的强度准则是在金属材料强度准则的基础上形成的，主要包括以下几种。

(1) 最大应力强度准则。

$$
\begin{aligned}
&\text{纵向：} && \sigma_1 < \sigma_{1T}\ (\text{受拉伸时})； && |\sigma_1| < \sigma_{1C}\ (\text{受压缩时}) \\
&\text{横向：} && \sigma_2 < \sigma_{2T}\ (\text{受拉伸时})； && |\sigma_2| < \sigma_{2C}\ (\text{受压缩时}) \\
& && |\tau_{12}| < \tau_B
\end{aligned} \tag{1.7}
$$

式中，下标 1、2 分别代表单层复合材料的纵向（纤维方向）和横向（面内垂直于纤维方向）；σ_{1T}、σ_{1C}、σ_{2T}、σ_{2C}、τ_B 分别代表单层复合材料的纵向拉伸强度、纵向压缩强度、横向拉伸强度、横向压缩强度和面内剪切强度。式（1.7）是各向同性材料最大拉应力强度准则的推广。

（2）最大应变强度准则。

$$
\begin{aligned}
&\text{纵向：} && \varepsilon_1 < \varepsilon_{1T}\ (\text{受拉伸时})； && |\varepsilon_1| < \varepsilon_{1C}\ (\text{受压缩时}) \\
&\text{横向：} && \varepsilon_2 < \varepsilon_{2T}\ (\text{受拉伸时})； && |\varepsilon_2| < \varepsilon_{2C}\ (\text{受压缩时}) \\
& && |\gamma_{12}| < \gamma_B
\end{aligned} \tag{1.8}
$$

式中，ε_{1T}、ε_{1C}、ε_{2T}、ε_{2C}、γ_B 分别代表单层复合材料的纵向拉伸破坏应变、纵向压缩破坏应变、横向拉伸破坏应变、横向压缩破坏应变和面内剪切破坏应变。式（1.8）是各向同性材料最大拉应变强度准则的推广。

（3）Hill-Tsai 强度准则。

$$
\frac{\sigma_1^2}{\sigma_{1T}^2} - \frac{\sigma_1\sigma_2}{\sigma_{1T}^2} + \frac{\sigma_2^2}{\sigma_{2T}^2} + \frac{\tau_{12}^2}{\tau_B^2} < 1 \tag{1.9}
$$

式（1.9）是各向同性材料畸变能强度准则的推广。

（4）Hoffman 强度准则。

$$
\frac{\sigma_1^2 - \sigma_1\sigma_2}{\sigma_{1T}\sigma_{1C}} + \frac{\sigma_2^2}{\sigma_{2T}\sigma_{2C}} + \frac{\sigma_{1C} - \sigma_{1T}}{\sigma_{1T}\sigma_{1C}}\sigma_1 + \frac{\sigma_{2C} - \sigma_{2T}}{\sigma_{2T}\sigma_{2C}}\sigma_2 + \frac{\tau_{12}^2}{\tau_B^2} < 1 \tag{1.10}
$$

式（1.10）是 Hill-Tsai 强度准则的推广，它考虑了拉伸与压缩强度值的不同。

2）层合复合材料的强度准则

现来说明层合复合材料强度的基本概念。在层合复合材料中，各单层的纤维方向是不同的，因此，各单层对外界载荷的抵抗能力也是各不相同的。而且，在一定的载荷作用下，各层的应力状态也不同。因此，一般不可能各层同时发生破坏，而是各层逐步地被破坏。

当载荷逐渐增长时，首先在某个最弱的单层中发生破坏，因而使该层部分或全部地失去承载能力，也就是说，该层的刚度有所减弱或成为零，此时整个层合材料的刚度也开始有所下降。但仍能继续承载。此后，随着载荷的继续增长，再次波及另一个次弱的单层发生破坏，相应地，该单层的刚度被减弱或消除，并使整个层合材料刚度再一次下降。这样，一直延续到整个层合材料的每一层均发生破坏为止，此时整个层合材料才彻底破坏。

因此，从表观看，层合材料呈现的强度特性如图1.5所示，外界载荷P从零逐渐增加，变形δ逐渐增大。当达到某点a时，层合材料的刚度突然变小(此时相当于第一个单层材料开始发生破坏)。接着，层合材料的刚度不断下降，如图中b，c，d…所示，这相当于每个单层材料破坏的开始。最终，在e点发生整个层合材料的彻底破坏，它相当于所有单层材料均已破坏的时刻。这里，a点对应的强度称为“首层破坏”(First Ply Failure，FPF)强度，e点对应的强度称为“末层破坏”(Last Ply Failure， LPF)强度。由于强度变化过程在表观上与金属材料从屈服到断裂过程有相似之处，因此借用金属材料中的术语，也可以把a点称为层合材料的“屈服”强度，把e点称为层合材料的“断裂”强度。层合材料的强度分析就是如何确定首层破坏强度和末层破坏强度。

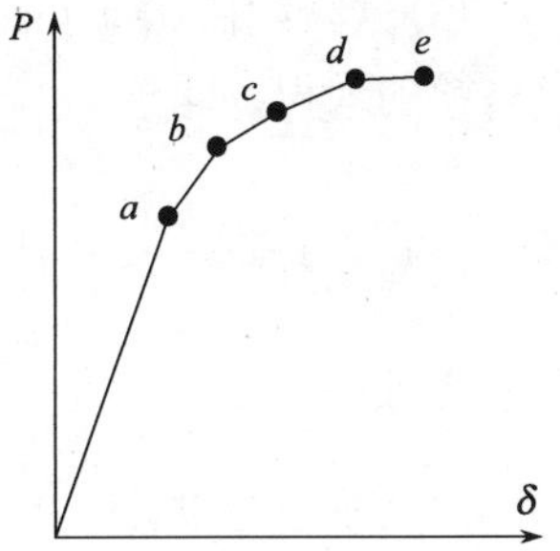

图1.5　层合材料的力-变形曲线

从分析观点看，层合材料的首层破坏强度还比较容易进行分析和计算，而对于层合材料的末层破坏强度就很难做出准确判断。这是因为：①对各层刚度减小或取消的机理尚不很明白，很难对此做出明确和统一的表达方式；②在首层破坏之后，材料实际已呈现非线性的弹塑性性质，再用简单的线弹性方法来分析就欠准确；③最重要的是，在以上强度分析中均未考虑层间应力和层间强度的影响，实际上在很多情形下，由于层合材料的层间强度很低，在层合材料尚未达到理论上的末层破坏强度之前，早已发生层间强度破坏，因而使末层破坏强度的分析失去了实际意义。

综合上述说明可以看出，层合材料的强度分析机理尚不完全清楚，分析方法也非常复杂和困难，因而其分析结果尚不能令人满意。目前对层合材料的强度分析可以有两种处理方式：一是采用首层破坏强度作为材料的破坏强度，这样比较安全但偏于保守；二是采用末层破坏强度作为材料的破坏强度，但在设计中需要添加较大的安全系数。目前倾向于采用前者，因为它的分析比较简单且安全。

1.5.2　结构强度验证

结构设计的强度验证可以采用两种方式：分析方法和试验方法。在结构强度设计中主要采用分析验证方法，但必要时也可以采用试验验证方法。

1. 载荷的确定

在飞行器结构强度验证中规定了三类载荷：使用载荷、设计载荷和试验载荷。

(1)使用载荷(limit load)。也称为飞行载荷或极限载荷，它是飞行器在整个工作环境中可能经受的最大载荷的组合。

(2)设计载荷(design load)。用于飞行器结构强度的分析验证，它是使用载荷与设计安全系数的乘积，即

$$\text{设计载荷}=\text{使用载荷}\times\text{设计安全系数} \tag{1.11}$$

(3) 试验载荷(test load)。用于飞行器结构强度的试验验证，它是使用载荷与试验安全系数的乘积，即

$$试验载荷=使用载荷\times试验安全系数 \tag{1.12}$$

试验载荷一般介于使用载荷与设计载荷之间或等于设计载荷。

2. 安全系数

安全系数与设计分析方法、结构构型与特性、材料性能、制造工艺、连接方法和采用的验证方式等有关，因此，应该由飞行器设计部门作出规定。

表 1.5~表 1.7 列出了美国 NASA_STD_5001 标准中推荐的安全系数值。表中表示了两种验证方式：鉴定方式和原型飞行方式。鉴定方式为采用鉴定试验来验证产品，是一般常规的方法；原型飞行(Proto-flight)方式不专门制造鉴定件和进行鉴定试验，而在高于验收试验量级，但低于鉴定试验量级下直接对首次制造的飞行件进行试验，可称为验证(proof)试验。

表 1.5 表示了金属结构的安全系数。表 1.6 表示了紧固件的安全系数，表中的安全系数在无预紧力时适用于紧固件的使用载荷；在有预紧力时仅需用于附加载荷部分，即对预紧力部分不需添加安全系数。另外，为了防止连接被分离，表中还规定了相应的安全系数，紧固件中的最小预紧载荷应乘以这个安全系数。表中“安全为关键的情形”是指具有压力和储存危险材料容器的连接情形。表 1.7 表示了复合材料结构的安全系数。

表 1.5　金属结构的设计与试验的最小安全系数

验证方式	用于设计的安全系数		用于试验的安全系数	
	按极限强度设计	按屈服强度设计	鉴定试验	验收或验证试验
鉴定方式	1.4	1.0	1.4	不做试验
原型飞行方式	1.4	1.25	不做试验	1.2

表 1.6　紧固件或预紧连接件的设计与试验的最小安全系数

验证方式	用于设计的安全系数			用于试验的安全系数	
	按极限强度设计	按连接不分离设计		鉴定试验	验收或验证试验
		安全为关键情形	其他情形		
鉴定方式	1.4	1.4	1.2	1.4	不做试验
原型飞行方式	1.4	1.4	1.2	不做试验	1.2

最后应该指出，以上安全系数适用于结构需要进行试验验证的情形，对于不做试验验证的情形，目前对安全系数没有作出规定。一般说，在不做试验验证的情形下，应该采用比上述表中数值较高的设计安全系数。

表 1.7 复合材料结构的设计与试验的最小安全系数

验证方式	结构几何特性	用于设计的安全系数	用于试验的安全系数	
		按极限强度设计	鉴定试验	验收或验证试验
鉴定方式	不连续体	2.0	1.4	1.05
	均质	1.4	1.4	1.05
原型飞行方式	不连续体	2.0	不要求	1.2
	均质	1.5	不要求	1.2

3. 安全裕度

安全裕度(Margin of Safety, M.S)是结构设计中校核结构强度是否满足要求的重要指标。在采用分析方法进行强度校核时，安全裕度定义为

$$安全裕度(\mathrm{M.S})=\frac{破坏载荷}{设计载荷}-1 \tag{1.13}$$

式中，设计载荷如式(1.11)所定义，破坏载荷是结构件本身发生破坏时的载荷，可以包括材料断裂破坏、屈服破坏和结构失稳(屈曲)等形式的破坏载荷，它们可通过试验实测得到，但一般是根据已知的材料强度或刚度数据计算得到的。

有时直接采用材料的破坏应力来计算安全裕度更为确切和方便，破坏应力可以包括材料的极限应力或结构的屈曲应力，此时可把式(1.13)改写为

$$安全裕度(\mathrm{M.S})=\frac{破坏应力}{设计应力}-1 \tag{1.14}$$

式中，设计应力定义为

$$设计应力=使用应力\times设计安全系数 \tag{1.15}$$

对于金属材料结构件，可选择 1.5.1 节中不同的金属材料强度准则，然后根据使用载荷计算出与强度准则相应的使用应力。对于复合材料结构件，目前一般采用层合材料首层破坏的强度准则。因此要首先确定最先破坏的单层，然后选择 1.5.1 节中不同的复合材料强度准则，并根据使用载荷计算出与强度准则相应的使用应力。

应注意到，如果载荷与应力不呈线性关系，采用式(1.13)和式(1.14)会得到不同的安全裕度值。

按照结构强度设计规范，上述安全裕度值必须大于或等于零，具体数值可由飞行器结构设计部门规定。例如，表 1.8 推荐了不同材料、不同破坏方式下的安全裕度最小值。

表 1.8 安全裕度最小值

金属材料结构的安全裕度最小值		复合材料结构的安全裕度最小值
按材料的屈服强度计算	0	—
按材料的极限强度计算	0.15	0.25(按首层破坏方式计算)
按构件的稳定性计算	0.25	0.3

以上是采用分析方法的强度校核方法。如果采用试验验证，则需要把上述设计载荷或设计应力替代为按式(1.12)确定的试验载荷或相应的试验应力。

第 2 章　杆系结构设计与分析

2.1　引　　言

杆系结构形式简单，承载效率高，易于设计与分析，是飞行器中常用的结构形式，如运载火箭的级间段、发动机的机架、卫星太阳翼连接架、贮箱支撑结构等。本章将主要讨论杆系结构的功能、设计要求、结构形式、具体设计和分析方法等内容。

2.2　杆系结构简介

2.2.1　杆系结构的形式

杆系结构的形式可以按不同的特征来分类。杆系结构中的杆件按几何形状可分为直杆和曲杆，直杆包括常用的杆、梁、轴等；曲杆最常见的是拱，也可以是环形梁。杆系结构按力学特性可分为静定的杆系结构和静不定的杆系结构。杆系结构按几何特征可分为平面杆系结构和空间杆系结构，全部杆件和全部载荷均处于同一平面内为平面杆系结构；不处于同一平面内为空间杆系结构。杆系结构按节点形式可分为桁架和刚架，桁架是由直杆和铰节点组成的，且载荷作用在节点上，如图 2.1(a)所示；刚架是由杆和刚节点组成的，如图 2.1(b)所示。此外，还有两种节点并存的混合构架，如图 2.1(c)所示。

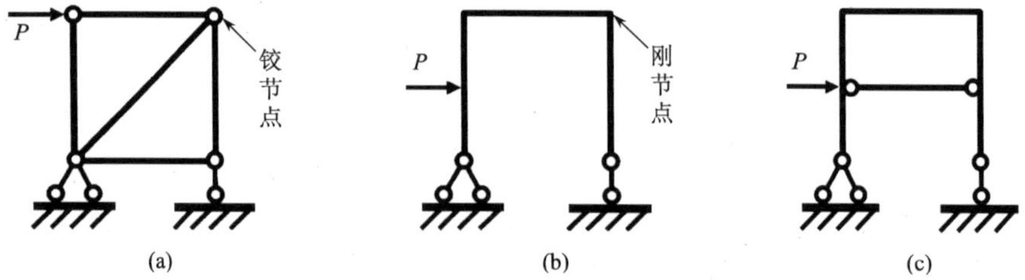

图 2.1　桁架与刚架

实际的杆系结构很少是真正意义上的桁架结构，因为为了每个杆件实现铰接的连接形式，杆的两端需要采用复杂和昂贵的球轴承或特殊接头，为了连接简单和减少费用，实际杆件的连接均采取可传递弯矩的螺接或焊接形式。因此，实际的杆系结构是这样一种结构，其杆件主要承受拉压载荷，但由于不具有理论上的铰接端，其杆件还承受局部的扭矩、剪力和弯矩。在初步设计中，为简化计算，可作为桁架处理，但在详细设计中，需要按刚架计算。

2.2.2　杆系结构的功能

杆系结构在飞行器上既可用于承受载荷，也可用于连接支撑。概括起来，它的主要功能可分为以下四类。

(1) 作为飞行器的主承力结构。杆系结构可作为火箭级间段的主承力结构，也可作为卫星的主结构，但更适用于大型航天器的主结构，如大型空间望远镜的主结构，以承受和传递航天器上的主要载荷。

(2) 作为飞行器的骨架结构。为飞行器的有效载荷和其他分系统提供所需的安装空间和安装位置，对于如空间站的大型航天器，杆系结构是最理想的结构形式。

(3) 作为飞行器的支撑结构。为有效载荷和设备部件提供所需的刚性支撑。如火箭仪器舱内仪器设备的支架结构，卫星天线组件、光学部件和传感器的支架结构，展开太阳电池阵的连接结构等。

(4) 作为飞行器特殊设备的连接结构。例如，卡西尼土星探测器的 300kg 重量的土星“探针”，可通过几根杆件连接到主结构。

2.2.3　杆系结构的设计要求

杆系结构作为飞行器的一种结构类型，应该满足飞行器结构设计的一般要求(参见 1.4.2 节)。本节结合杆系结构的特点，将其结构设计要求综合如下。

(1) 强度要求。杆系结构在飞行器的各种载荷条件下，不能产生影响完成飞行器任务的结构破坏，如塑性变形、断裂、失稳等。

(2) 刚度要求。杆系结构作为飞行器主承力结构或支撑结构时，均要求具有一定的刚度，作为主承力结构时，杆系结构刚度更是决定了整个飞行器的刚度。杆系结构的刚度要求包括杆系结构的固有频率不低于某一值和弹性变形不高于某一值。

(3) 尺寸稳定性要求。要求杆系结构保持某方向上规定的位置精度，以满足飞行器上关键部件(如光学部件、天线等)的位置或指向精度要求。特别是要求在空间温度变化环境下变形尽可能小，以满足尺寸稳定性要求。

(4) 构型要求。杆系结构所形成的主承力构架或作为重要设备支撑结构，其构型应满足飞行器系统或其他分系统要求，如杆件的位置、尺寸及截面形状均应在容许的范围之内。

(5) 重量要求。杆系结构作为主承力结构或作为重要设备的支撑结构，其重量均应小于规定值。

(6) 机械接口要求。杆系结构形成的构架应满足与其他分系统之间的机械配合或连接要求，满足飞行器总装的要求。

(7) 非力学性能要求。杆系结构应满足导电、接地、绝缘、导热等非力学性能要求，以适应飞行器防静电、电磁兼容性等要求。

2.2.4　杆系结构的材料

飞行器结构的性能很大程度上取决于材料的性能，杆系结构也是如此。常用的杆系材料包括铝合金、钛合金、碳 / 环氧复合材料和凯芙拉 / 环氧复合材料。铝合金因其较低的密度，适宜的强度和弹性模量，良好的加工工艺性，以及较低的生产成本，是一种广泛使用的杆件材料。钛合金有很高的比强度，可以用于需要承受较高载荷和应力的结构，如杆件的接头；钛合金的线膨胀系数较小，适用于有较高尺寸稳定性要求的空间构架。碳 / 环氧复合材料比模量高、比强度高，而线膨胀系数小，适用于航天器主承力杆系结构。尤其是该材料具有可设计性和热稳定性，可以设计成基本没有热变形的杆系结构，这是金属材料难以达到的优异性能，非常适用于空间天线或光学系统的支撑结构。凯芙拉 / 环氧复合材料比强度值高，具有低的线膨胀系数、良好的磁波透过性能、抗冲击性能及隔热性能，特别适用于作为有电性能要求的天线支撑杆件。

2.3　杆系结构的整体构型设计与选材

2.3.1　整体构型的选型设计

杆系结构一般由一定的数目和方向的杆件连接后形成某种整体构型。为了达到相同的设计要求，杆系结构中的杆件往往有多种组合形式，对应的构架刚度也不同。在杆系结构方案设计阶段，往往需要确定一个合理的构型，从而在保持杆系结构质量基本不变的条件下得到更高的刚度或固有频率。

以某个空间太阳望远镜为例，其望远镜主构架是由钛合金杆系结构组成的，总高度 4m，直径 1.3m。在进行构型设计时，得到了两种典型构型，如图 2.2 所示。一种是 4 节

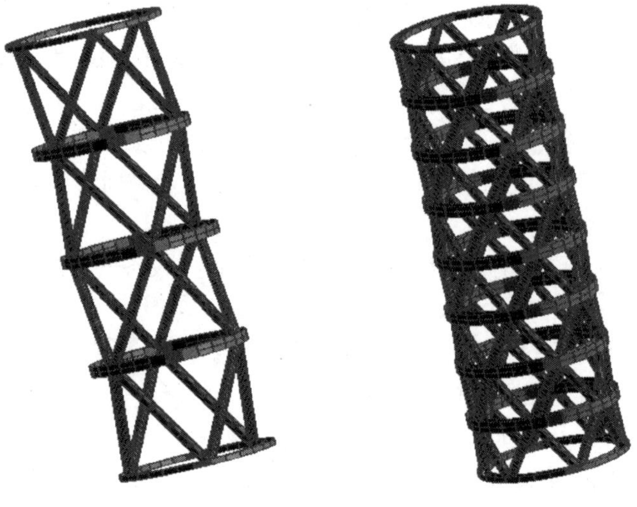

(a)　　(b)

图 2.2　某望远镜主构架的两种构型

的桁架，每节高度 1m，由环梁和斜杆组成。环梁截面为槽形，斜杆为薄壁圆杆，每一层均有 6 根斜杆，每一层杆件壁厚是相同的，第 1~4 节的壁厚依次为 2mm、3mm、6mm、8mm。另一种是 8 节的桁架，每节高度 0.5m，也由环梁和斜杆组成。但斜杆的分布更密，每一层均有 12 根斜杆，每层杆件壁厚相同，第 1~8 节的壁厚依次为 1mm、lmm、2mm、2mm、3mm、3mm 、4mm、4mm。

为比较两种构型的刚度，分别对它们进行了模态分析，结果表明：4 节桁架结构的一阶基频为 15Hz，8 节桁架结构的一阶基频为 19Hz，但 8 节桁架结构的结构质量仅比 4 节桁架增加了 10%。由此可见，选择杆系结构的合理构型对构架性能是至关重要的，较优的构型可以充分发挥材料性能，以同样的结构质量达到较高的性能指标。

2.3.2　整体构型的布局优化设计

杆系结构的优化设计可以分为尺寸优化、截面形状优化、整体构型布局优化三个层次。整体构型布局优化是杆系结构优化的最高层次，它不仅影响杆件的尺寸和截面形状，还可以改变结构的形式，以获得结构的新构型。与尺寸优化和截面形状优化相比，杆系结构的布局优化能够获得重量更小、性能更优的设计。因此，杆系结构的布局优化是方案设计阶段的重点研究内容。复杂结构的布局优化存在建模和求解的困难，一般很难进行优化设计，但对于杆系结构，由于其构型简单且规则化，适合进行布局优化，以下介绍一种从能量观点出发的杆系结构布局优化方法。

在方案设计阶段，把杆系结构作为桁架来考虑，杆件的内力只有轴力。设杆件 i 为直杆，长度为 L_i，横截面积为 A_i，材料的弹性模量为 E_i，轴力为 $F_{\mathrm{N}i}$，则其内储存的应变能为

$$V_{\varepsilon i}=\frac{F_{\mathrm{N}i}^2 L_i}{2E_i A_i} \tag{2.1}$$

具有 n 个杆件的总应变能为

$$V_{\varepsilon}=\sum_{i=1}^{n}\frac{F_{\mathrm{N}i}^2 L_i}{2E_i A_i} \tag{2.2}$$

假设杆系结构只受一个外载荷 P 的作用，其相应位移为δ，由能量守恒定律可知，外载荷所做的功等于杆系结构内部储存的应变能，即$V_{\varepsilon}=P\delta/2$，从而可以得到

$$\delta=\frac{2V_{\varepsilon}}{P}=\frac{1}{P}\sum_{i=1}^{n}\frac{F_{\mathrm{N}i}^2 L_i}{E_i A_i} \tag{2.3}$$

由式(2.3)可知，在外载荷一定的情况下，位移最小的桁架总应变能最小，或者说刚性最大的桁架总应变能最小。

另外可以看到，若每根杆件材料相同，许用应力均为$[\sigma]$，则杆系结构的总质量 W 正比于总体积 V，即$W\propto\sum_i V_i=\sum_i A_i L_i$；若再要求每个杆件的横截面尺寸正好能满足所需的强度条件，即$A_i=\dfrac{F_{\mathrm{N}i}}{[\sigma]}$，则可导出杆系结构的总质量 W 正比于每根杆轴力与长度之

积的和，即 $W \propto \sum_i F_{Ni}L_i$ 。同样的方法也可导出杆系结构的总应变能 V_ε 也正比于每根杆轴力与长度之积的和，即 $V_\varepsilon \propto \sum_i F_{Ni}L_i$ 。这也就是说，杆系结构的总应变能取最小(或最大)与总质量取最小(或最大)是等价的。

由此可以得到一个可用于杆系结构整体构型布局优化的重要推论：**在几种桁架构型布局方案中，在使每个杆件的横截面尺寸正好能满足所需的强度条件下，总应变能(总质量)最小的桁架就是刚性最大的桁架**。利用此推论，方案设计中通过布置各杆，使总应变能(总质量)最小，并仅利用强度条件来确定杆件截面尺寸；若需更大的刚度，则可重点增大单位长度应变能最大的杆件的截面尺寸，因为它们的刚性相对较小。

在如图 2.3(a)所示的三维桁架中，18 个杆件中有 16 个杆件为受载杆件(粗线表示受载的杆件)，若各杆材料相同，许用应力和弹性模量分别为$[\sigma]$和 E，则桁架的总应变能为 $V_\varepsilon = 6PL\dfrac{[\sigma]}{E}$ 。现仅重新布置桁架中顶部和底部的对角线杆件(图 2.3(b))，就可使受载的杆件数目从 16 个减少到 8 个(粗线表示受载的杆件)。桁架的总应变能为 $V_\varepsilon = 4PL\dfrac{[\sigma]}{E}$，因此桁架可以做得更轻更刚，例如，在图 2.3(b)所示的桁架中可以取消 6 个杆件 BC、CD、CG、BF、EF 和 FG，形成一个高效率的桁架设计；其余保留的未受载的杆件是维持杆件 AB 和 GH 稳定所必需的。

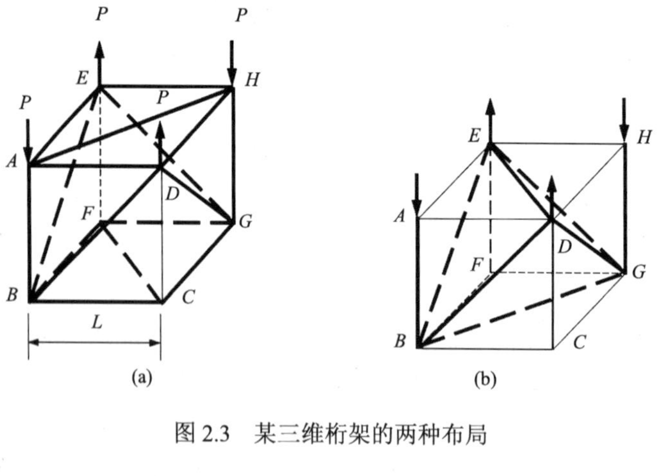

图 2.3　某三维桁架的两种布局

上例中，图 2.3(b)中桁架的杆件数量较少，但需要注意的是，“质量最小(或刚度最大)的桁架”并不意味着该桁架的杆件数量一定最少。布局合理的桁架可以以每个杆件的较小的截面积来实现整个桁架总质量最小。图 2.4 表示了另一个桁架布局优化的例子。对于图 2.4 中两桁架，长边均为短边 2 倍，材料弹性模量 E=72GPa，许用应力$[\sigma]$=110MPa，每杆的横截面面积均由强度条件确定，通过计算可知，图 2.4 (a)中桁架的总应变能为 6.88J，而图 2.4(b)中桁架的总应变能为 6.11J，这说明图 2.4(b)中桁架较轻且刚度较大。这个例子的结果可能会出人意料，四个杆件的桁架反而比两个杆件的桁架更有效，但这正是巧妙地布置了桁架杆件的结果。合理的杆件布局使得每一个杆件承受更小的载荷，从而以较小的截面积来满足强度要求，实现了总重量减小而刚性提高的效果。

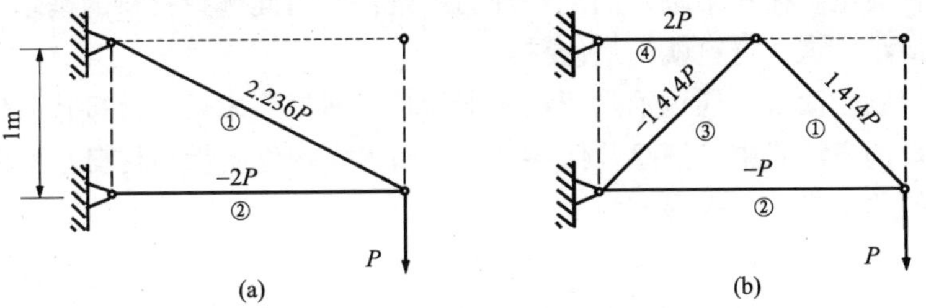

图 2.4　某二维桁架的两种布局

一般说，高效率的桁架具有两个基本特征。一是斜杆应尽量布置在 45° 对角线上，如果桁架的构型要求不允许杆件以 45° 布置，也要尽可能以接近 45° 把它们均匀地隔开。如果杆件以很小的对角线角度布置，则结构效率将大大降低。二是使桁架结构中每个杆件具有几乎相同的应变能。虽然在具有一个以上的载荷条件时，不能设计出具有完全均匀应变能分布的桁架，但是尽量按这个目标努力可以得到结构效率较高的结构。

2.3.3　杆系结构的选材

1. 选材要求

在选择杆系结构材料时，技术上的要求主要包括以下几方面。

(1) 力学性能要求。一般情况下，尽量采用强度 ($[\sigma]$) 高、模量 (E) 高而密度 (ρ) 小，即比模量 ($[\sigma]/\rho$) 和比强度 (E/ρ) 高的材料。

(2) 物理性能要求。杆系结构特别适用于设计尺寸稳定性高的空间构架，因此要求材料具有较小的线膨胀系数。采用特殊设计的复合材料，可以实现某方向、甚至多方向零膨胀系数的设计。

(3) 制造工艺性能要求。杆系结构是比较简单的空间结构，要求其材料工艺性好，便于制造和装配。

(4) 耐空间环境要求。杆系结构所用材料应具有良好的空间环境稳定性，特别是对于长寿命的航天器结构。例如，自由号空间站对其桁架结构材料的要求是 30 年的空间环境稳定性。

2. 材料性能指数

在上面说明的四点要求中，力学性能要求是首要的。但对于结构形式、使用要求和主要承受载荷较为明确的杆件，使用比模量和比强度作为力学性能来选择材料较为粗糙，可以采用“材料性能指数”进行更加精细的选材。

结构的选材，实际上是一个优化的过程。结构最优化设计中，一般将质量 W 作为目标函数，$[\sigma]$、E 和 ρ 作为设计变量，强度、刚度、稳定性、固有频率等作为约束条件。

因此，目前对航天结构材料力学性能进行评价和应用时，习惯使用比强度和比模量作为主要指标。但从定量的角度考虑，结构选材应作为以下优化问题进行考虑：对某种构件形式，在一种典型载荷作用下，满足一种约束条件，由此选择材料的基本力学性能参数使构件质量最小，这一材料就为最佳材料。

此优化问题较简单，通过消除变量法来计算，即把约束条件直接代入以设计变量表示的构件质量的表达式中，消除几何参量，从而得到构件质量与材料基本性能参数$[\sigma]$、E和ρ之间的关系式，一般形式为

$$W=c/I \tag{2.4}$$

式中，c为比例常数；I为材料性能指数，是$[\sigma]$、ρ和E的某种代数式形式，即$I=f([\sigma], E, \rho)$，且I值最大的材料可认为是最优的材料。下面以圆截面杆件弯曲且要求单位质量强度最高为例，说明材料性能指数的计算方法。

设实心圆截面杆件长度为L，直径为D，两端截面上的内力为弯矩M，材料密度为ρ，许用正应力为$[\sigma]$。则按照正应力强度条件设计时，最大正应力等于许用正应力为最优设计，即$\sigma_{\max}=\dfrac{32M}{\pi D^3}=[\sigma]$，将此式与杆件质量表达式$W=\rho g\dfrac{\pi D^2}{4}L$联立，消除杆件直径变量，则可得到$W=\dfrac{\left(16\pi M^2\right)^{\frac{1}{3}}gL}{\dfrac{[\sigma]^{\frac{2}{3}}}{\rho}}$，该式右端是一分式，当杆件长度和内力$M$是给定值时，分子即为比例常数$c$，分母即为“圆截面杆件弯曲且要求单位重量强度最高”时的材料性能指数$I=\dfrac{[\sigma]^{\frac{2}{3}}}{\rho}$。表2.1给出了实心杆件在不同截面、载荷和约束条件下的材料性能指数表达式。对于其他比较复杂的构件和载荷情形，相应的材料性能指数表达式将更加多样化。

表 2.1　实心杆件材料性能指数

杆件截面	圆形			矩形		
载荷形式	拉伸	压缩	弯曲	拉伸	压缩	弯曲
强度要求	$[\sigma_T]/\rho$	$[\sigma_C]/\rho$	$[\sigma]^{\frac{2}{3}}/\rho$	$[\sigma_T]/\rho$	$[\sigma_C]/\rho$	$[\sigma]^{\frac{1}{2}}/\rho$
刚度要求	E/ρ	E/ρ	$E^{\frac{1}{2}}/\rho$	E/ρ	E/ρ	$E^{\frac{1}{3}}/\rho$
稳定性要求		$E^{\frac{1}{2}}/\rho$			$E^{\frac{1}{3}}/\rho$	

从表2.1中可以看出，不同截面形式、载荷形式和约束条件下的材料性能指数的计算公式不尽相同，从采用材料性能指数选材的角度，比强度和比模量只适用于简单拉压情况。因此，在进行选材时，应该认清比强度和比模量在应用上的局限性，以免造成对

某些材料性能过分夸大或贬低，影响材料的正确选择。例如，铝合金 5A06 的密度 ρ=2.64g/cm^3，σ_b=313.9MPa，镁合金 MB1 的密度 ρ=1.76g/cm^3，σ_b=186.4MPa，在选择相同的安全系数的情况下，镁合金圆截面杆件比铝合金的比强度小，但在弯曲状态下满足强度条件的材料性能指数 $I=[\sigma]^{\frac{2}{3}}/\rho$ 大，选择同样质量的 MB1 镁合金杆件的强度要高于 5A06 铝合金杆件。

2.4 杆件的设计

2.4.1 杆件设计方法

1. 杆件截面设计步骤

在确定了杆系结构的构型和材料之后，就需要确定杆系结构各个杆件的截面形状和尺寸，其主要步骤如下。

(1) 根据系统要求和实际情况确定截面形状。

(2) 通过杆系结构的受力分析(参见 2.7 节)确定每个杆件的载荷，方案设计阶段，杆系结构作为桁架来设计，杆件内力只有轴力 F_N。

(3) 根据强度和稳定性条件，确定截面积。对于受拉伸载荷的杆件，要提供足够的横截面积 A 来保证杆件满足如下拉伸强度条件

$$A \geqslant F_N / [\sigma] \tag{2.5}$$

但对于受压缩载荷的杆件，还需要考虑杆件的稳定性条件

$$\sigma \leqslant \frac{\sigma_{cr}}{n_{st}} = [\sigma_{st}] \tag{2.6}$$

式中，n_{st} 为稳定安全因数；$[\sigma_{st}]$为稳定许用应力；σ_{cr} 为与压杆截面积相关的临界应力。一般说，应该把杆件截面的形状和尺寸设计成使得失稳临界应力小于材料的屈服极限，即按失稳强度来设计杆件。

(4) 如果有变形或频率方面的要求，还需考虑杆件的刚度条件。

2. 杆件设计需要注意的问题

金属材料杆件和复合材料杆件的具体设计有所不同。金属材料杆件大多为闭合的圆形或方形截面杆件，采用圆形截面杆件的结构效率最高，可以得到最小的结构重量，但要用较复杂的接头进行连接；采用方形截面可以灵活地适应安装空间，有时为了沿某一方向留出更多的空间，也可以采用长方形截面杆件。开口截面杆件可用于有特殊装配或操作要求的情形。

目前，航天器上的杆系结构除了采用传统的金属材料，更多采用复合材料，特别是碳 / 环氧复合材料，以提供较高的结构效率，但复合材料杆件设计需要考虑更多的因素。复合材料杆件截面大多为圆形或矩形，由于杆件缠绕工艺特点，很少使用开口截面形状。复合材料杆件可以用机加的金属连接接头与杆件的端接头胶接连接，但由于碳 / 环氧复合材料不具有金属材料的延性，不同材料引起的端力矩会降低杆系结构的强度，因此，

可能时可以采用复合材料的三维编织接头。杆件主要承受轴向载荷，为充分利用复合材料的各向异性特性，增强纤维主要沿轴向(0°方向)布置，这样，杆件具有较高的纵向强度、刚度和整体稳定性。但杆受压时，还可能发生局部失稳，因此，杆的周向也要增强，90°层可产生较高的周向刚度，而±45°层可增加其扭转刚度，在提高稳定性方面比 90°层更有效。另外，从制造工艺观点，也必须具有非 0°层。

为了减少结构重量，航天器杆系结构的杆件一般均采用薄壁杆件，其截面形状分为闭口和开口两种，薄壁杆件的力学分析原理和方法参见 2.7.4 节。在薄壁杆件设计时，应该考虑到以下几点：①开口截面杆件的抗扭性能很差，在抗扭能力要求较高时，宜采用闭口截面杆件；②在杆系中各个杆件交汇点，应保证各杆件截面中心线(对复合材料杆件不一定通过形心)相交于一点，以避免产生不应有的附加弯矩；③尽量根据薄壁杆件的截面坐标位置来设计作用在杆件上载荷的方位，以避免产生不希望的耦合响应，增添额外的变形或载荷。

2.4.2　火箭杆式级间段的杆件设计

级间段是连接多级火箭(导弹)上下子级之间的过渡部段，也称为过渡段。在飞行过程中，它主要承受上面子级的惯性载荷和气动力载荷。级间段一般分为壳式和杆式两大类。杆式级间段主要用于级间分离为热分离的火箭，对侧面面积的遮挡量很小(10%左右)，可以满足热分离对燃气排放的要求。图 2.5 给出了连接某火箭一、二级的杆式级间段的三维图。图 2.6 给出了某杆式级间段的平面示意图，该级间段包括上下接头、上下对接框和管子，下面将以图 2.6 所示的杆式级间段为例说明级间段杆系的设计方法。

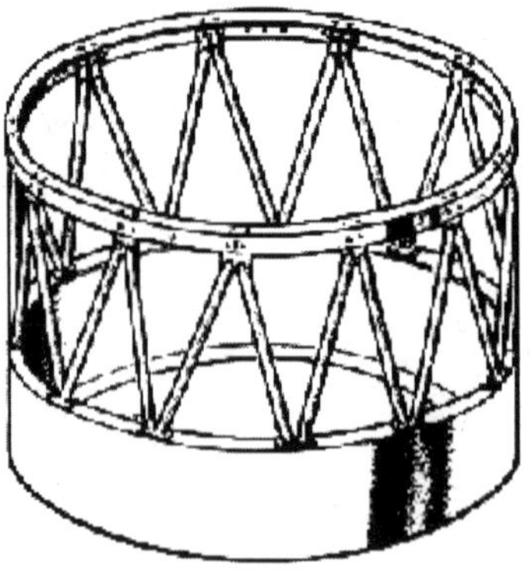

图 2.5　连接某火箭一、二级的杆式级间段的三维图

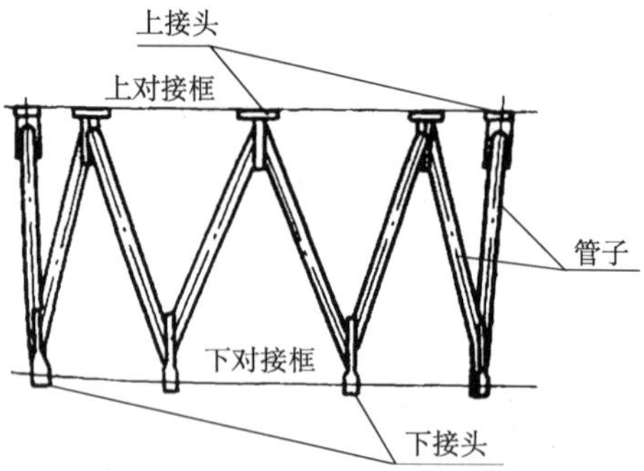

图 2.6　杆式级间段的平面示意图

1. 杆件受力分析

级间段所受的载荷主要来自火箭飞行期间上面各级的惯性力和气动力，它们传递到上对接框时，可转化为对接框上的内力，分别为轴力 F_N、弯矩 M、剪力 F_S 和扭矩 T，如图 2.7 所示。扭矩一般很小，设计时不作考虑。在确定这些载荷值时，主要依赖初步设计文件“强度计算情况”或“载荷计算”给出的数据。当轴力 F_N、弯矩 M 和剪力 F_S

确定后，若杆件数目排列已定，即可进行杆件的受力分析。

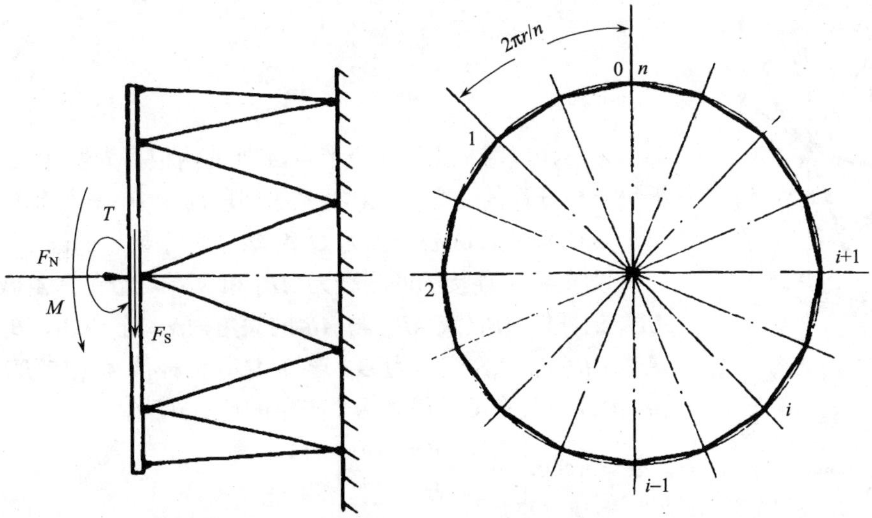

图 2.7　杆式级间段分析模型

首先，分析外力在上对接框周向的分布情况。由材料力学知识可知，当上对接框横截面上存在轴力 F_N、弯矩 M 和剪力 F_S 时，各内力对应应力为拉压正应力、弯曲正应力和环向切应力(图 2.8)，其表达式为

$$\sigma_F = \frac{F_N}{A} \qquad \sigma_M(y) = \frac{My}{I} \qquad \tau(y) = \frac{F_S S^*(y)}{2tI}$$

式中，t、A 和 I 分别为环形对接框的厚度、面积和对中性轴的惯性矩；S^*是所求应力处以外的面积对中性轴的静矩，且 $A = 2\pi R_0 t$， $I = \pi R_0^3 t$， $S^* = 2R_0^2 t \sin\theta$。

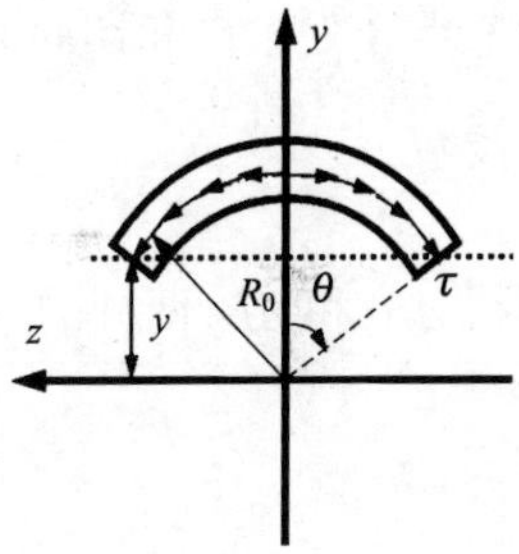

图 2.8　对接框上的环向切应力

由于环形端框截面厚度很小，沿周向分布的轴向力 $\boldsymbol{q}$ 和剪流 $\boldsymbol{s}$ 可近似为

$$q = (\sigma_F + \sigma_M)t = \frac{F_N}{2\pi R_0} + \frac{M}{\pi R_0^2}\cos\theta \tag{2.7}$$

$$s = \tau t = \frac{F_S}{\pi R_0}\sin\theta \tag{2.8}$$

其次，分析外力在杆件节点处的分布情况。由于杆件分布是离散的，需将分布力简化到节点上。假设杆件数目为 $2n$，即有 n 个杆件节点，那么相邻节点间角距为 $2\pi/n$，杆件沿弧长的间距为

$$L_0 = 2\pi R_0/n \tag{2.9}$$

用式(2.9)分别乘以式(2.7)和式(2.8)，得到各节点处近似的轴向力和切向力分别为

$$P_i \approx q l_0 = \frac{F_N}{n} + \frac{2M}{nR_0}\cos\frac{2\pi i}{n} \tag{2.10}$$

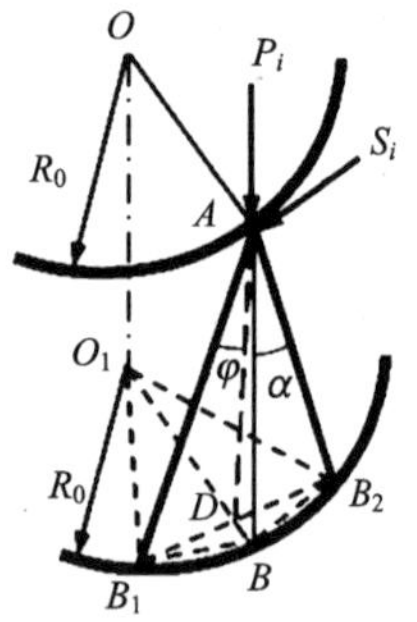

图 2.9　杆件受力分析图

$$S_i \approx s l_0 = \frac{2F_S}{n}\sin\frac{2\pi i}{n} \tag{2.11}$$

最后，以端框上第 i 个节点 A 处的两根杆为例(图 2.9)，分析每一根杆件的受力情况。杆系级间段高为 H，杆件轴向两端都位于半径为 R_0、圆心分别为 O 和 O_1 的两个同轴的圆上。

设节点 A 连接的两根杆为 AB_1 和 AB_2，过节点 A 做铅垂线 AB，记杆件 AB_1(或 AB_2)与 AB 的夹角为α；连接 B_1、B_2 两点，记线 B_1B_2 与 O_1B 交点为 D，连接 AD，记杆件 AB_1 与 AD 夹角为 φ；由几何关系可以得到两个夹角的计算式为

$$\begin{aligned}\alpha &= \arctan\left[\frac{2R_0\sin(\pi/2n)}{H}\right]\\ \varphi &= \arcsin\left[\frac{R_0\sin(\pi/n)}{\sqrt{4R_0^2\sin^2(\pi/2n)+H^2}}\right]\end{aligned} \tag{2.12}$$

由节点 A 处轴向和切向的力平衡方程(这里认为各杆件与框之间的连接形式为铰接)

$$\begin{aligned}F_{N,i1}\cos\alpha + F_{N,i2}\cos\alpha - P_i &= 0\\ F_{N,i1}\sin\varphi - F_{N,i2}\sin\varphi - S_i &= 0\end{aligned} \tag{2.13}$$

可得 AB_1 和 AB_2 两杆的轴力 $F_{N,i1}$ 和 $F_{N,i2}$ 为

$$\begin{aligned}F_{N,i1} &= \frac{P_i\sin\varphi + S_i\cos\alpha}{2\cos\alpha\sin\varphi}\\ F_{N,i2} &= \frac{P_i\sin\varphi - S_i\cos\alpha}{2\cos\alpha\sin\varphi}\end{aligned} \tag{2.14}$$

在火箭飞行过程中，M 和 F_S 的方向是随机的，杆件的受力也是随机的，因此计算杆件参数时，需要确定所有杆件轴力中最大值 $F_{N,max}$ (一般为压力)，至于 $F_{N,max}$ 出现在哪根杆上，要看 M 和 F_S 哪个起作用大而定。若 M 值很大，F_S 很小，则在垂直轴上；反之在水平轴上。若它们的作用为同一数量级，则在垂直轴与水平轴之间的某一位置。因此设计时需要根据实际受力逐点计算，然后按照最大值并取一定的安全系数来确定杆件的各参数。

2. 杆件数量的确定

杆件数量的确定，与杆式结构的长度、相邻各段对传力的要求、排气面积的大小以及杆系本身的刚度与强度要求有关。

从结构简单的观点考虑，越少越好，只要满足几何不变原则，即六根不相交于一点的杆件即可。但不能只取六根，因为杆件数量太少，会引起结构效率降低。对于图 2.6 所示的杆式级间段，相邻杆上下交错连接，杆件与箭体轴线或母线的夹角由杆件数量决

定。数量越少，夹角越大，若夹角大于 45°，杆件轴力将急剧增大，这必然导致级间结构质量增加；其次，杆件数量少时，杆件与相邻部段连接节点也少，每个节点承受杆件传来的集中力增大，当相邻部段是半硬壳式结构时，为使集中力扩散，需增大蒙皮厚度，这也将增加结构质量；再次，杆件数量少时，相交于一点的两杆在垂直于火箭轴线平面内投影的夹角减小，轴力在面内径向分量增大，需增大端框尺寸来承受。杆件数目也不能太多，杆件数目越多，连接同一节点的两杆夹角减小，剪切与扭转刚度降低；环向被杆件遮蔽的侧面积增大，对排气不利。因此要合理地选择杆件的数量。下面利用质量最小确定杆件数量 $2n$。

对于给定的 n，由式(2.14)确定 $F_{\mathrm{N,max}}$，再由强度条件，可得杆的横截面面积为

$$A = F_{\mathrm{N,max}} / [\sigma] \tag{2.15}$$

式中，$[\sigma]$是杆件材料的许用应力。

级间段的质量方程为

$$m = 2nAl\rho + m_{\mathrm{Q}} \tag{2.16}$$

式中，ρ是杆件的材料密度；m_{Q}为除杆件以外的质量。

式(2.16)中级间段的质量 m 与 n 关系比较复杂，理论上通过求导的方法求极值较难，一般可将式(2.16)绘成曲线利用图解法得到最佳的杆件数目 $2n$。

3. 杆件设计

杆件是级间段的主要承力构件。它主要承受压力，除满足强度条件外，一般还需要满足刚度与稳定性条件。为提高稳定性，一般采用圆管，需确定参数有长度 l、外径 D 和内径 d。当杆件数目确定后，l 由几何关系决定。现根据强度、刚度与稳定性条件确定 D 和 d。

(1) 按强度条件确定 D 和 d。当杆件的最大轴力 $N_{\max}$ 已知时，由杆的强度条件：

$$A \geqslant \frac{F_{\mathrm{N,max}}}{\sigma_{\mathrm{s}}} \quad 或 \quad A \geqslant \frac{F_{\mathrm{N,max}}}{\sigma_{0.2}} \tag{2.17}$$

可确定杆件的横截面积 A。式中，σ_{s} 和$\sigma_{0.2}$ 为杆件材料的屈服极限及条件屈服极限。这个条件一般较容易满足。求出 A 后对任意确定的 d 都可以求出 D。

(2) 按稳定性条件确定 D 和 d。级间段杆件为空心圆管，有两种可能的失稳形式，即整体失稳和局部失稳。两种失稳形式的稳定性条件均为

$$\sigma = \frac{F_{\mathrm{N,max}}}{A} = \frac{4F_{\mathrm{N,max}}}{\pi\left(D^2 - d^2\right)} \leqslant \sigma_{\mathrm{cr}} \tag{2.18}$$

式中，σ_{cr} 是杆件失稳的临界应力。

对于整体失稳，空心圆管可看作压杆。由材料力学知识可知，若σ_{cr}不超过材料的比例极限，则

$$\sigma_{\mathrm{cr}} = \frac{c\pi^2 E}{(l/i)^2} = \frac{c\pi^2 E}{16l^2}(D^2 + d^2) \tag{2.19}$$

式中，E 是材料弹性模量；i 是横截面的惯性半径；c 是支持系数，很难精确估计，这里

假定为 1，此时结果偏于安全，根据经验和接头的具体情况也可以取高一些，如 1.1~1.2，经过试验后再进行修正。

将式(2.19)代入式(2.18)可得不产生总体失稳的条件为

$$\frac{c\pi^3 E}{64l^2}\left(D^4-d^4\right)\geqslant F_{\mathrm{N,max}} \tag{2.20}$$

若σ_{cr}超过材料的比例极限，则可近似地采用台特曼直线公式。但由于一般情况下，所设计杆件的临界应力不会超过材料的比例极限，这种情况在这里不予考虑。

对于局部失稳，空心圆管可看作轴压薄壁圆柱壳，其临界应力为

$$\sigma_{\mathrm{cr}}=\frac{kE\delta}{R} \tag{2.21}$$

式中，R 和δ分别是圆柱壳的中面半径和厚度；k 是与材料有关的系数，理论上 $k=\dfrac{1}{\sqrt{3\left(1-\mu^2\right)}}$，当$\mu$=0.3 时，$k$=0.6。实际 k 值比理论值小得多，当$\dfrac{R}{\delta}$较小时，k=0.3；$\dfrac{R}{\delta}$较大时，k=0.15。对于级间杆系中的圆管，可取 k=0.3。从而式(2.21)可改写为

$$\sigma_{\mathrm{cr}}=\frac{0.6E(D-d)}{(D+d)} \tag{2.22}$$

将式(2.22)代入式(2.18)可得不产生局部失稳的条件为

$$0.15\pi E\left(D-d\right)^2\geqslant F_{\mathrm{N,max}} \tag{2.23}$$

从稳定性考虑，最佳设计应是空心圆管的整体失稳应力等于局部失稳应力。联立式(2.20)和式(2.23)，并令两式左右两端相等，可以求得 D 和 d。

(3)按刚度条件确定 D 和 d。因为级间段一般靠近火箭各级飞行时的质心，火箭的振型频率对级间段的刚度变化比较敏感，因此，级间段设计时，有时也提出刚度(拉压、弯曲、剪切、扭转)要求。一般采用单位载荷法计算刚度。假设级间段两端固定的部分为刚体，杆与它们之间的连接为铰接，这种假设稍显保守，但被以往的设计证明是合适的。下面以弯曲刚度计算为例来说明。

所谓弯曲刚度，即为级间段两端框发生单位相对转角时所需要的弯矩。为此，设级间段一端固支，一端受 M 作用，如图 2.10(a)所示。由式(2.14)可计算出此时各杆件的轴力为 $F_{\mathrm{N},i}$。

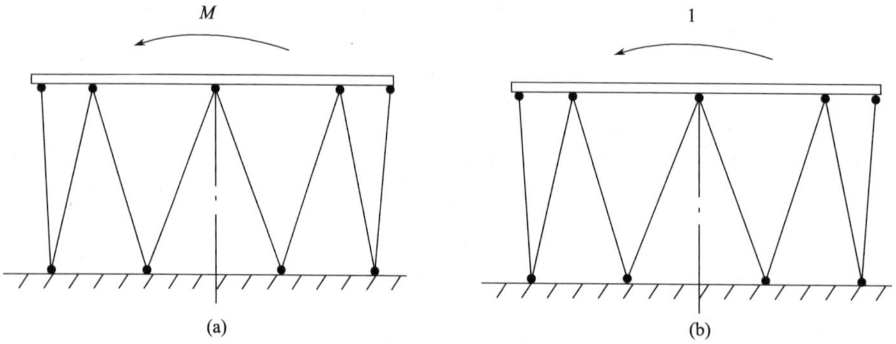

图 2.10　杆式级间段分析模型

以 1 代替 M，如图 2.10(b)所示，得到单位载荷作用下各杆件的轴力为 $\bar{F}_{N,i}$，由叠加原理可知 $F_{N,i}=M\bar{F}_{N,i}$。由单位载荷法可知，若所有杆件的材料(弹性模量为 E)和几何参数(横截面面积为 A，长度为 l)都相同，则 M 作用下级间段两端框发生的相对转角为

$$\Delta\theta=\sum_{i=1}^{2n}\frac{F_{N,i}\bar{F}_{N,i}l}{EA} \tag{2.24}$$

级间段弯曲刚度为

$$C=\frac{M}{\Delta\theta}=\frac{EA}{\sum_{i=1}^{2n}\bar{F}_{N,i}^{2}l} \tag{2.25}$$

同样的方法可以计算拉压、剪切和扭转刚度，只是施加的载荷分别是端框上轴力、剪力和扭矩，得到的位移分别是两端框间的轴向位移、切向位移和扭转角。这里统一用 C 代表广义刚度，对于不同载荷，可以分别表示拉压、弯曲、剪切和扭转刚度，其许用值为[C]。从而由刚度条件 $C\leqslant[C]$可知，杆件横截面面积应满足的条件为

$$A\leqslant\frac{[C]l\sum_{i=1}^{2n}\bar{F}_{N,i}^{2}}{E} \tag{2.26}$$

(4)确定杆件结构参数的步骤。由上述内容可知，按照哪种要求都可以确定杆件的所有或部分参数，但按照不同要求确定的参数一般是不同的。最佳的设计应该是同时刚好满足强度、稳定性和刚度的要求，但一般是不可能的。采用图 2.11 所示的程序，可使设计趋于合理。该设计该程序的具体描述如下。①根据强度条件式(2.17)，确定横截面面积。②按照总体稳定性条件式(2.18)，确定圆管的内外径，并根据式(2.23)校核局部稳定性条件，若满足，则进入下一步；若不满足，则增加横截面面积，重新按照总体稳定性条件式(2.20)，确定圆管的内外径。③判断级间段是否有刚度要求，若没有，则设计结束；若有，则根据式(2.26)校核刚度条件，若满足，则设计结束；若不满足，则减小内径直至满足刚度条件，进而结束设计。④绘制设计图。

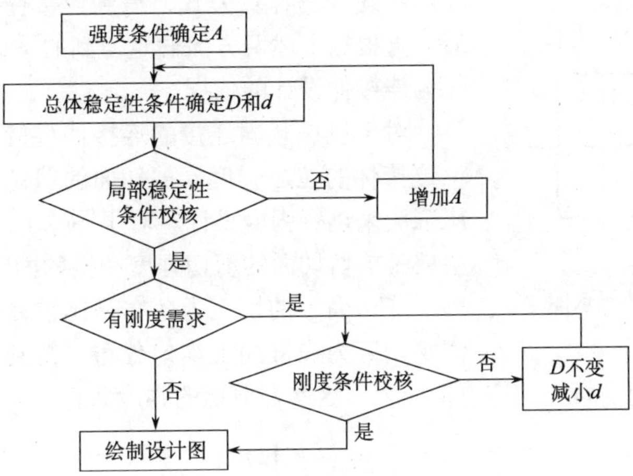

图 2.11　确定杆式参数的程序流程图

2.5　杆系结构的接头设计

2.5.1　接头设计方法

1. 接头设计的重要性

接头的作用是把两根或更多的杆件连接在一起，或者把杆件与其他结构相连，以便在杆件之间或杆件与其他结构之间传递载荷，因此，必须采用接头才能形成实际的杆系结构。接头设计在杆系结构设计中非常重要，其重要性有时甚至超过杆件本身，原因如下。

(1) 接头上的载荷比杆件要复杂得多，一般存在较集中的弯矩和剪力，因此接头是保证杆系结构强度和刚度的关键部位。

(2) 接头的构型比杆件要复杂得多，特别是在空间杆系中或连接位置较特殊的情形。

(3) 接头的重量往往在杆系结构中占较大比例，因此为了减少杆系结构重量，降低接头重量可起到很重要的作用。

2. 接头连接形式

杆系结构可以采用机械紧固连接(螺接或铆接)、胶接接头和焊接接头三种形式，也可采用胶接和螺接结合的接头形式，三种连接方式的优缺点与应用方向如表 1.4 所示。

3. 接头强度设计

一般情况下，对接头主要进行强度设计。初步设计时，由于对接头的应力分布很难做出精确的理论分析，工程设计中大都采取假定计算方法，该计算方法包括两个方面的假定：一是假定应力分布规律，由此计算应力；二是根据实物或模拟实验，由前面所述应力计算公式，得到连接件破坏时应力值。然后，再根据上述两方面假定得到的结果，建立设计准则，作为连接件设计的依据。

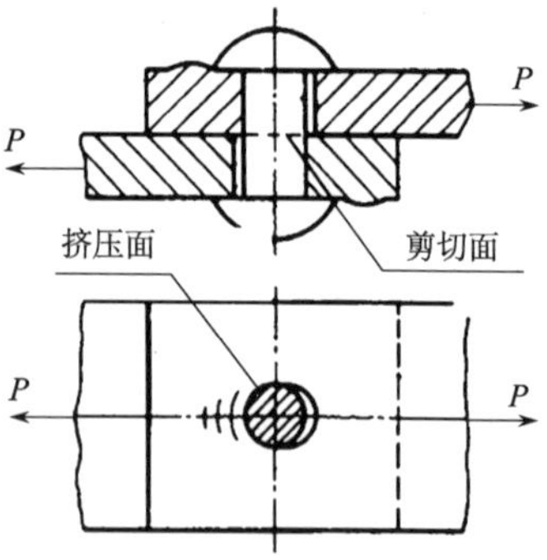

图 2.12　铆接连接示意图

对于机械紧固连接的连接件(铆钉或螺钉)，需要根据连接件的拉压强度、剪切面的剪切强度和接触面的挤压强度来进行强度设计。对于图 2.12 所示的铆钉连接，主要考虑剪切面的剪切强度和接触面的挤压强度。

剪切面上的切应力分布是比较复杂的，工程设计中假定切应力在截面上均匀分布，得到名义应力，同时要求名义切应力不超过材料的许用切应力，这就是剪切的强度条件。其表达式为

$$\tau = \frac{F_S}{A} \leqslant [\tau] \tag{2.27}$$

式中，A 代表剪切面的面积；F_S 为剪切面上的剪力；$[\tau]$ 为许用切应力，其值等于剪切

极限应力 τ_u 除以安全因数。如上所述，剪切极限应力 τ_u 的值，也是按照同样的切应力分布规律并由试验剪切破坏载荷确定的。

挤压接触面上主要存在分布复杂的正应力 σ_{bs}，工程设计中假定挤压应力 σ_{bs} 在有效挤压面上均匀分布。有效挤压面简称挤压面，用 A_{bs} 表示，它是指挤压面面积在垂直于总挤压力 P_{bs} 作用线的平面上的投影。若挤压接触面是平面，如键连接，则挤压面(有效挤压面)就是该挤压接触面；若挤压接触面是圆柱面，如圆柱形的铆钉、销钉、螺栓等的连接，则挤压接触面为半个圆柱面，挤压面(有效挤压面)是过直径的平面。挤压强度条件为

$$\sigma_{bs}=\frac{P_{bs}}{A_{bs}}\leqslant[\sigma_{bs}] \tag{2.28}$$

式中，$[\sigma_{bs}]$为许用挤压应力，可以从有关设计手册中查得。

对于焊缝连接，主要考虑焊缝的剪切强度条件。工程设计中假定剪切面为焊缝最小断面，且切应力在剪切面上均匀分布。相应的剪切强度条件与式(2.27)类似。对于如图 2.13 所示的焊缝，其剪切强度条件为

$$\tau=\frac{F}{2\delta l\cos45^{\circ}}\leqslant[\tau] \tag{2.29}$$

实际应用中，考虑到焊缝两端强度较差，估算时可适当减少焊缝的有效长度 l。

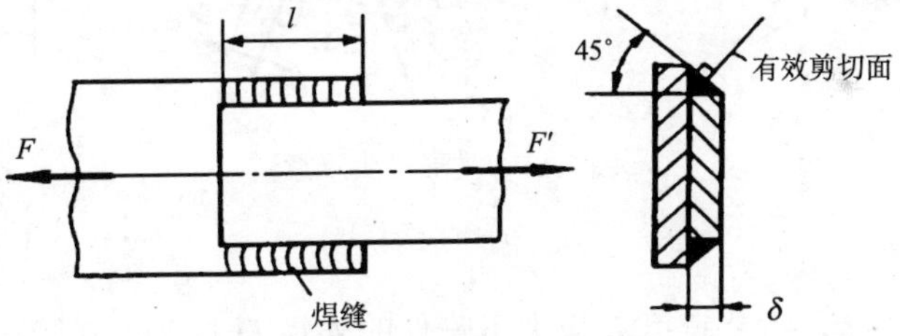

图 2.13　焊缝连接示意图

对于胶接连接，主要考虑胶接面的剪切强度条件。工程设计中假定切应力在胶接面上均匀分布。对于如图 2.14 所示的胶接连接，相应的剪切强度条件也与式(2.27)类似。

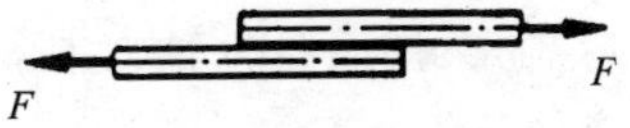

图 2.14　胶接连接示意图

4. 接头设计需要注意的问题

在设计胶接接头时，需要了解所胶接的杆件材料(特别是复合材料)的基本特性，如强度、弹性模量、线膨胀系数、最大延伸率和化学成分等，以及工作环境的温度和湿度条件，以便选择相适应的胶黏剂材料；设计中尽量使整个胶接连接区域承受载荷，并且主要承受剪切载荷；最佳胶接的胶层厚度在 0.1~0. 25mm。

在设计复合材料杆的螺接接头时必须很小心，以避免层间或剪切破坏，因此复合材料杆件的连接通常不采用螺接接头。

焊接接头一般用于较大载荷的金属杆件连接，接头与金属杆件采用焊接，而与其他相邻结构则可以采用螺接。焊接接头的实际受力状态比较复杂，并且焊接的热影响会造成接头强度的下降，因此，焊接接头设计应该采用较大的设计安全系数。

2.5.2　火箭杆式级间段的接头设计

杆式级间段的接头有两个方面的作用：一是将交于一点的两杆连接在一起；二是实现上下子级的连接。因此，接头既要有与杆件连接的部分，又要有与相邻部段连接的部分。级间段的接头可以有多种形式，在这里只介绍一种如图 2.15 所示的叉形接头，与杆件连接部分为舌片，舌片插在管端的开口中间，用电弧焊将其连接一起；与相邻部段连接部分为底板，用螺栓将其连接一起，主要考虑连接刚度，一般比舌片厚一些，以加强对舌片的支持。下面只具体介绍舌片的设计方法。

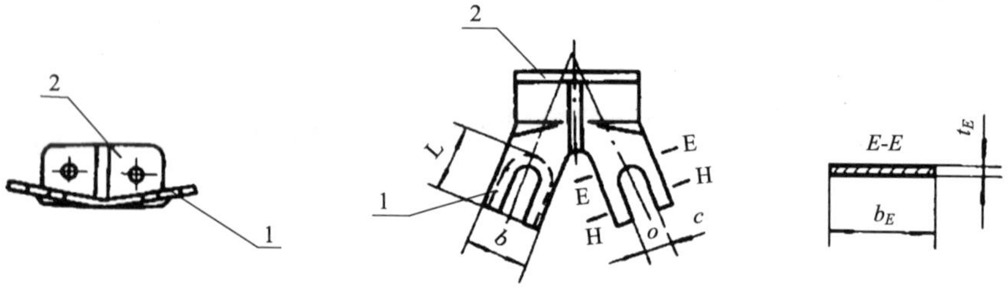

图 2.15　叉形接头示意图

1-舌片；　2-底板

为保证正常焊接，舌片宽度 b 应大于管件的外径 D 与 2 倍焊缝宽度 t 之和，即

$$b \geqslant D + 2t \tag{2.30}$$

舌片长度 L 应满足焊缝剪切强度条件，即

$$L = \frac{F_{\mathrm{N,max}} f}{4t[\tau]} \tag{2.31}$$

式中，$[\tau]$为焊缝许用切应力；$F_{\mathrm{N,max}}$ 为所有杆件轴力中最大值，由式(2.14)确定；f 为接头附加安全系数，一般取为 1.25。

舌片厚度 t_E 应由焊缝以外部分任一横截面 E 处的正应力强度条件来决定，即

$$\frac{F_{\mathrm{N,max}}}{b_E t_E} \leqslant [\sigma] \tag{2.32}$$

式中，$[\sigma]$为舌片许用正应力；b_E 为横截面 E 处的宽度。

如果舌片上有缺口，则缺口部位任一横截面 H 处的厚度 t_H 应满足

$$(b_H - c_H) t_H [\sigma] \geqslant 4[\tau] x_H t \tag{2.33}$$

式中，b_H 和 c_H 分别为横截面 H 处的宽度和缺口宽度；x_H 为横截面 H 到舌片自由端的距

离。这个条件的意义是，缺口部分任一横截面上能承受的轴力应大于管件通过焊缝传递到该截面上的拉力。

2.6　杆系结构的应用

杆系结构可用于飞行器的主结构或次结构，特别是适用于大型或特大型的航天器，如空间站结构，这是其他结构类型所不能替代的。

2.6.1　作为主结构的应用

1. “自由号”空间站的杆系结构

杆系结构是“自由号”空间站构型的主要特征，如图 2.16 所示。杆系结构是空间站的龙骨，空间站的其他部件均安装连接到这个结构上。整个杆系结构采用了在地面预装配的桁架结构方案，图 2.17 表示了其中的一段。预装配桁架共有 7 段，每段的长度不超过航天飞机机舱允许的最大长度 13.7m，横截面直径不大于 4.5m。桁架为六角形截面，单边长度为 3m。主要杆件采用铝合金材料整体机加工成形，并用螺栓相互连接。7 段桁架通过航天飞机数次飞行各自独立地发射上天，在轨道上利用遥控操作系统进行连接装配。这种改进设计的桁架结构具有在轨道上可以简单建造的优点，各节桁架可以在地面检验调试后送上轨道，把大量工作移到地面进行，从而提高了可靠性。

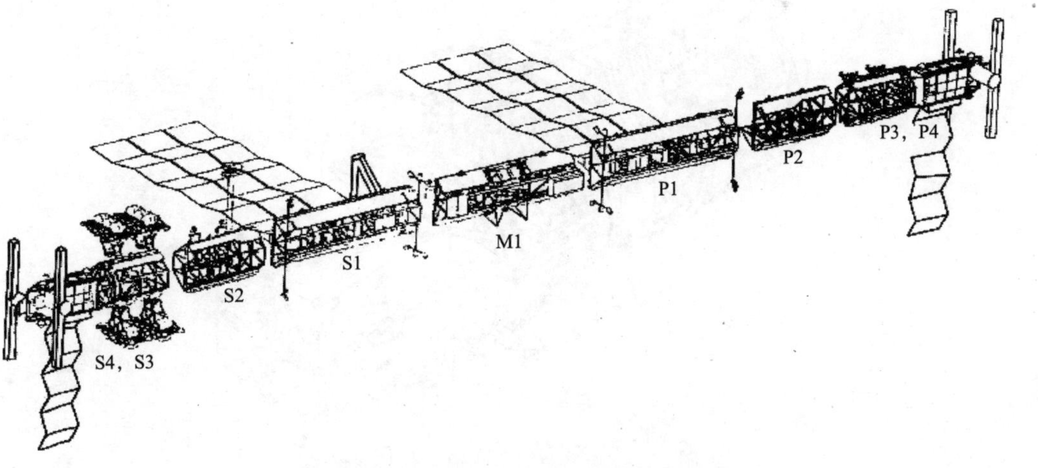

图 2.16　作为“自由号”空间站骨架的杆系结构

2. 哈勃空间望远镜的杆系结构

哈勃空间望远镜(Hubble Space Telescope)于 1990 年 5 月由美国“发现号”航天飞机发射升空，总质量 11 吨，长度超过 13m，主体直径约 4.3m。如图 2.18 所示。其主承力结构是由碳纤维环梁和斜杆组成的主桁架，3 段 4 层，主桁架与环梁之间有 8 个刚性螺接点，构成 16 根斜杆结构，无纵筋。主桁架要保持主镜和次镜之间的光学间隔，并通过

4 个支腿固定次镜组件。

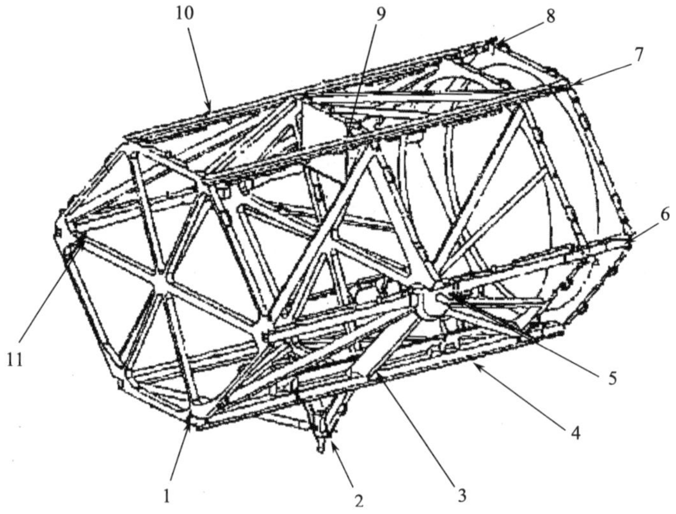

图 2.17　“自由号”空间站的一段桁架结构

1-端框；2-龙骨连接轴；3-耳轴框；4-底部辅梁；5-耳轴桁梁；6-主螺接点；7-顶部辅梁螺接点；8-顶部辅梁螺接点；9,10-顶部辅梁；11-耳轴桁梁

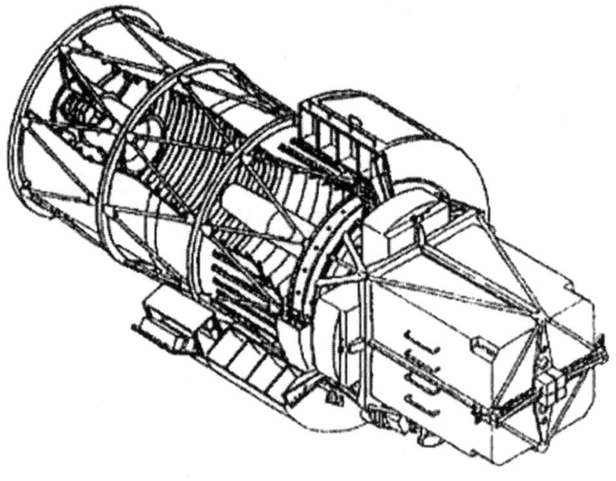

图 2.18　哈勃空间望远镜主体杆系结构

桁架可以采用外部桁架或内部桁架形式，类似于哈勃望远镜的外部桁架特别适合于长镜筒，而内部桁架适合于更为紧凑的结构，即不超过一节的结构。内部桁架的另一个优点是，在总装和测试时，内部桁架比外部桁架提供了更方便的操作性，在紧凑的望远镜设计中，内部桁架结构具有较小的技术风险。

2.6.2 作为次结构的应用

1. 卫星载荷舱支架

一个卫星的载荷舱构型如图 2.19 所示，其中+X 方向为卫星在轨的飞行方向，+Z 方向为对地方向。在图示+Z 方向前端为矩形小舱，外形尺寸为 1.8m×0.67m×1.24m，后端为矩形大舱，外形尺寸为 1.8m×0.36m×2.03m，大、小两舱与载荷舱底板连接，然后再用碳 / 环氧复合料的杆系结构支架把大、小两舱连接起来，形成一个整体刚性良好的舱体。

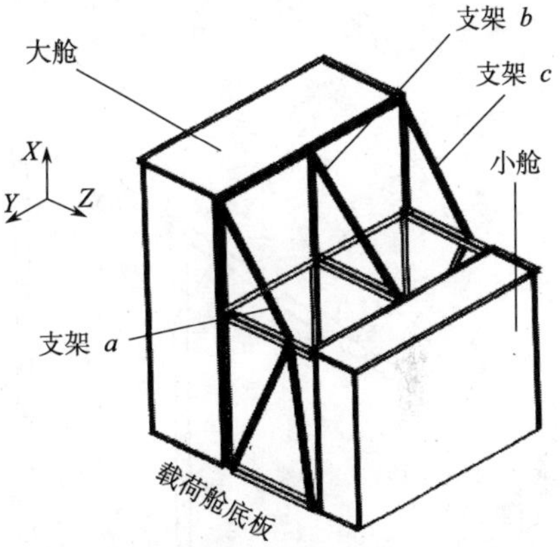

图 2.19 载荷舱杆系结构构型

支架结构为三组平面杆结构，如图 2.20 所示，两组全相同的支架 a、c 分别连接大、小舱背板的左、右端，另一组支架 b 连接大、小舱背板的中间位置，在大、小舱之间分隔出对称的两个 CCD (Charge-Coupled Device) 相机安装空间。两端的杆系结构与大舱两端有上、中、下三个连接点，与小舱两端有上、下两个连接点；中间的杆系结构与大舱中间位置有三个连接点，与小舱中间位置有一个连接点。

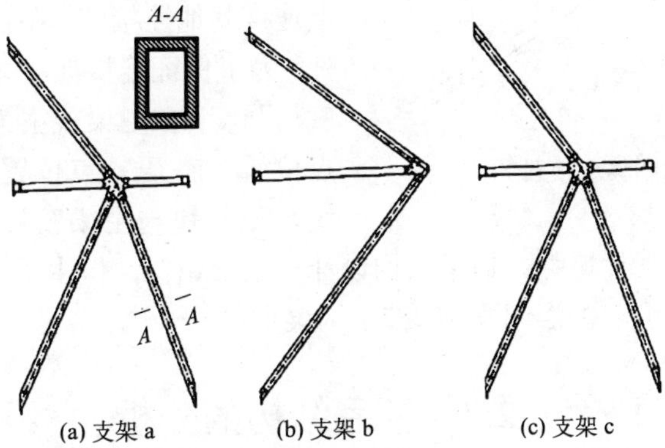

图 2.20 平面杆系结构构型图

由于受相机安装空间的限制，杆系结构采用矩形截面管并使得短边垂直于支架平面方向，杆件材料采用 M40 碳纤维 / 环氧复合材料，在载荷舱达到同样的横向刚度情况下，可以得到杆系结构之间最大的净空间和较轻的杆系结构重量。

杆件接头可以选择金属或非金属接头。杆系结构中的杆件位置具有不同的角度，因此接头形式是多样的，如果也采用碳 / 环氧复合材料接头，将要为各种不同角度的接头制作不同的模具，生产成本较高，因而采用铝合金接头。通过数控加工可以容易地制造不同角度的铝合金接头。大部分接头与杆件采用胶接连接，少数关键性接头采用螺接加胶接的形式。

2. 太阳翼连接结构

太阳翼是航天器的主要空间电源。太阳翼连接结构(或称为连接架)用于把太阳电池板与航天器本体结构相连，使太阳电池板与航天器本体隔开一定距离，避免因航天器本体或其他设备遮挡太阳光而在太阳电池板上产生阴影，从而造成太阳电池的功率损失。连接结构的长度一般可取为太阳电池板宽的1/2，使得在太阳翼折叠时，太阳翼与航天器本体的连接点基本上在太阳电池板的中心。连接结构的最大高度应与太旧电池板高度相一致。图 2.21 表示了一个卫星太阳翼连接架的例子，采用由梁组成的构架形式。它由两根主梁和两根辅梁组成。辅梁用于安装分配太阳电池功率所需的分流器，辅梁与主梁相连接。

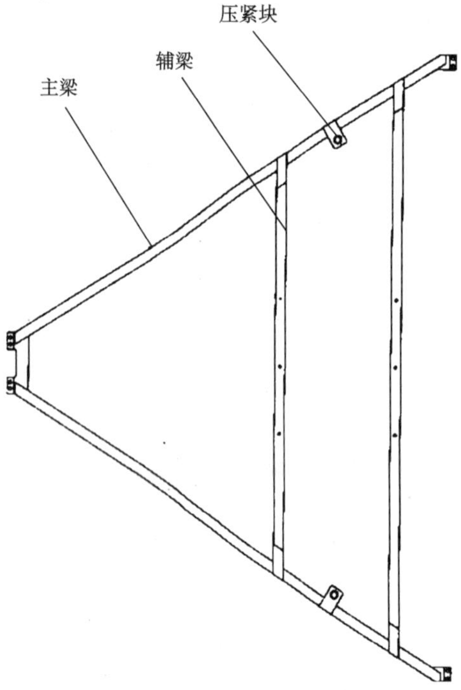

图 2.21　太阳翼连接架

主梁采用方管截面的梁，其截面外形尺寸与太阳板厚度相适应，采用高模量碳纤维 / 环氧复合材料缠绕而成，梁的壁厚和铺层方式根据具体的刚度和强度要求来确定，为了在主梁上连接其他连接件，在管内设置了相应的预埋件。为了保证连接架在太阳翼折叠状态下的刚度与强度，在主梁或主梁附近位置上设有压紧点位置，在压紧点位置上设置了相应的压紧块，压紧块与主梁胶接连接，并采用相同的碳/环氧复合材料加强片增强。辅梁结构设计与主梁相似，但由于它不是主要承载构件，其壁厚和铺层方式可与主梁不同，以减小辅梁重量。

2.7　杆系结构的分析

2.7.1　杆系的几何不变性

杆系是机械系统(以下简称“系统”)的一种特殊形式，本节在介绍杆系的几何不变性时，主要以系统为对象来做说明，其中针对系统介绍的概念和方法可以直接应用于杆系。

1. 系统几何不变性的概念

当系统作为飞行器的承载结构时，各杆件之间不应发生相对刚体运动，以保持结构原来的几何形状。不考虑弹性变形时，系统在载荷作用下保持其几何形状不可改变的特性，称为系统的**几何不变性**。一个系统在载荷作用下，按照其几何形状的可变性分为以下三类：几何可变系统、几何不变系统和几何瞬变系统。

受载后，在各杆件不产生弹性变形的情况下，其几何形状就发生了明显改变的系统，称为**几何可变系统**，也称为“机构”。显然几何可变系统不能作为结构来承载。例如，图 2.22(a)就是一种几何可变杆系，它由 1-2、2-3、3-4 三根杆铰接而成，当有微小的某种载荷 P 作用时，该系统的几何形状将发生巨大的变化，如图 2.22(b)所示，这时的变形并不引起各杆的弹性变形，因而各杆也不会产生与外载荷平衡的内力，只要没有其他阻碍，杆系的变形还将继续变化下去。因此，几何可变系统是不能受力的系统，在结构设计时，必须避免这种情况。

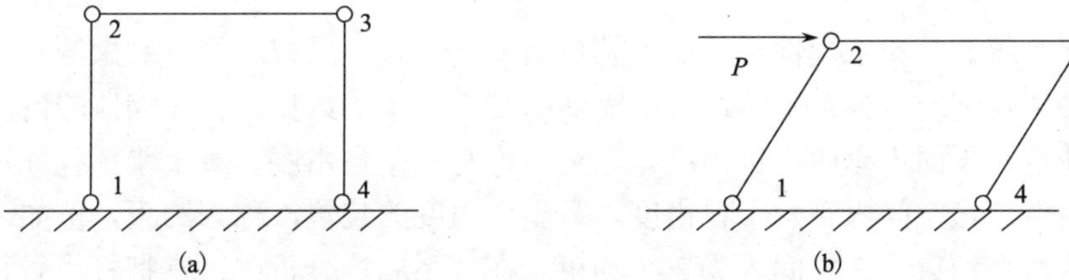

图 2.22　几何可变杆系

受载后，各杆件之间不能发生相对的刚体位移，只能产生弹性变形的系统，称为**几何不变系统**，也称为“结构”。对于几何不变系统，由于各杆件之间互相牵连，将引起有关杆件的弹性变形，几何形状将产生微小的变化，从而产生一定的内力与外载荷平衡，阻止系统几何形状继续改变。因此，这种系统能够作为结构承受任意方向与不同形式的外载荷。图 2.23 就是一个几何不变杆系，它是在图 2.22(a)的基础上，用一根杆件将节点 1 和 3 连接形成的。当外力 P 作用时，由于杆件 1-3 的作用，杆系不能任意改变其几何形状，而只是各杆受力后发生了弹性变形，使其几何形状发生微小改变，但不影响杆系的正常使用。

受载后，先是发生明显的几何形状变化，而后变形引起了系统各元件的相互限制，使形状变化不能继续下去，这种系统称为**几何瞬变系统**。几何瞬变杆系往往是由于杆件安排不合理而造成的，如图 2.24 所示的杆系即几何瞬变杆系。在外载荷 P 作用的瞬时，由于杆件 1-2 和 1-3 均与 P 相垂直，不能阻碍节点 1 沿 P 作用方向的移动，杆系是可变的，这一点与几何不变杆系不同；但当杆系有显著变形后(图 2.24 中虚线所示)，杆件 1-2

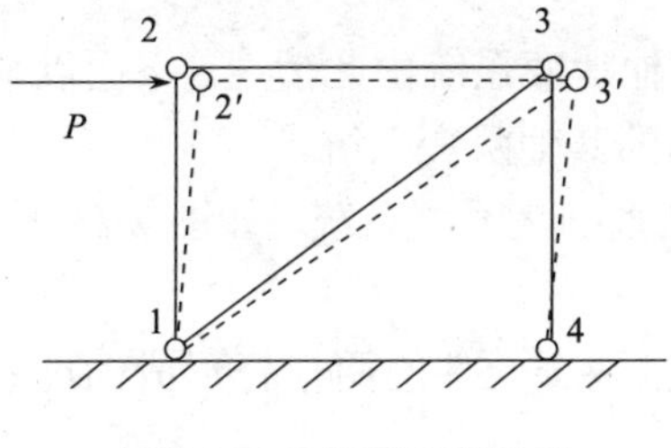

图 2.23　几何不变杆系

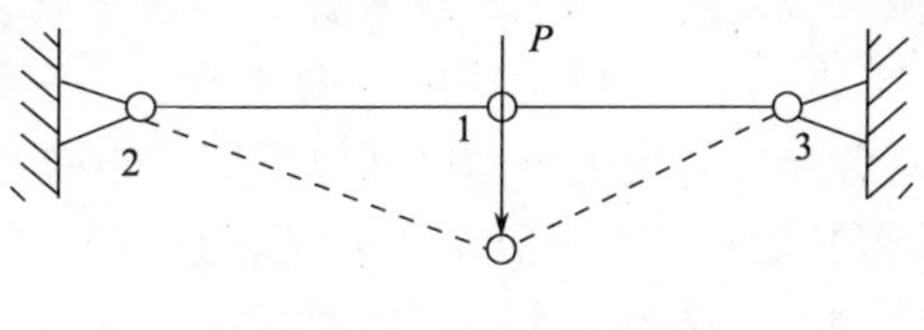

图 2.24　几何瞬变杆系

和 1-3 不在水平线上，就产生了阻止其继续变形的能力，所以几何瞬变系统的几何形状也是不能任意改变的，这一点又与几何可变系统不同。从结构设计的角度，由于受力初始几何形状变化大，而且内力也是巨大的，因此，几何瞬变系统不允许作为结构使用。

与几何瞬变系统相近的结构也是不合理的。在图 2.24 中，如果将节点 1 的位置向下做一个微小移动，使杆件 1-2 和 1-3 的夹角不等于 180°，但接近于 180°，此时系统是几何不变的，但在外载荷 *P* 作用下，两杆的内力和变形均非常大，也不宜作为结构使用。

综上所述，几何可变和几何瞬变系统均不能作为受力系统，只有几何不变系统才能作为受力系统，系统的几何不变性是受力构件的必要条件。

2. 自由度与约束

为判别系统的几何不变性，需要了解自由度、约束、虚铰、冗余约束等几个基本概念。决定物体在某一坐标系中的位置所需要的独立变量的数目，称为物体的**自由度**，例如，一个质点在平面内有两个自由度，在空间内有三个自由度，一个刚体杆件在平面内有三个自由度，在空间内有六个自由度。减少自由度的装置，称为**约束**，例如，一个铰在平面内为两个约束，在空间内为三个约束。在杆系结构分析中，常把杆子看作约束，一根两端带铰的杆子就是一个约束，仅约束沿杆件轴线方向的位移，如图 2.25 中的杆 *AB* 约束了铰节点 *A* 沿杆件轴线方向的位移，但不约束垂直于杆轴线方向的位移。连接两物体的杆延长线的交点称为**虚铰**，如图 2.26 所示的 *B* 点就是一虚铰，运动最初，其作用与实铰相同。不能减少系统自由度的约束称为**冗余约束**，如图 2.27 所示杆系中，没有杆 1-3 时，系统的自由度已经为零了，增加杆 1-3 后，系统的自由度还是为零，那么杆 1-3 就是冗余约束，当然，在这样的一个系统中，也可认为其他杆(如杆 1-2)是冗余约束。

图 2.25　杆件约束

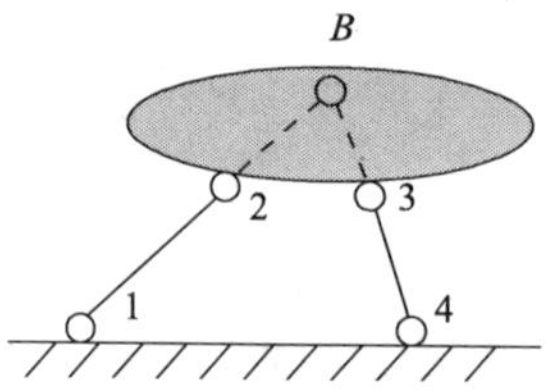

图 2.26　虚铰示意图

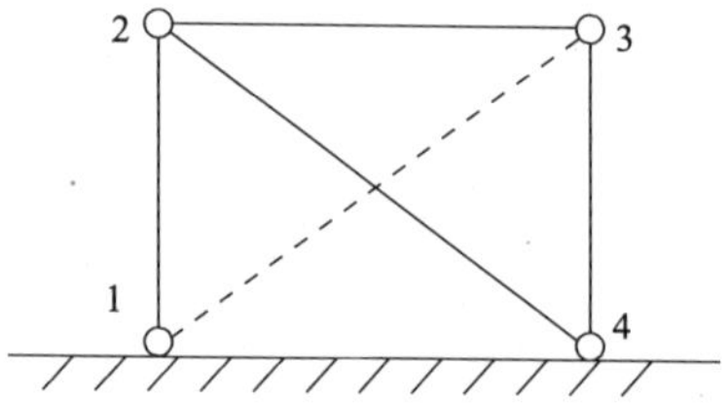

图 2.27　冗余约束示意图

3. 几何瞬变系统的判断

图 2.24 所示系统是几何瞬变系统的基本情况，其他瞬变系统由此衍生。下面以平面机械系统为例，介绍三种由图 2.24 所示系统衍生而出的其他瞬变系统。

(1) 三个元件互相用三个铰连接，但三铰共线，则系统是瞬变系统，如图 2.28 所示。此时各元件可代表平面内几何不变的结构。

(2) 如果三个元件分别用两根杆连接，但三组连接两个元件的两根杆形成的虚铰共线，则系统是瞬变系统，如图 2.29 所示。

图 2.28　三实铰共线的瞬变系统

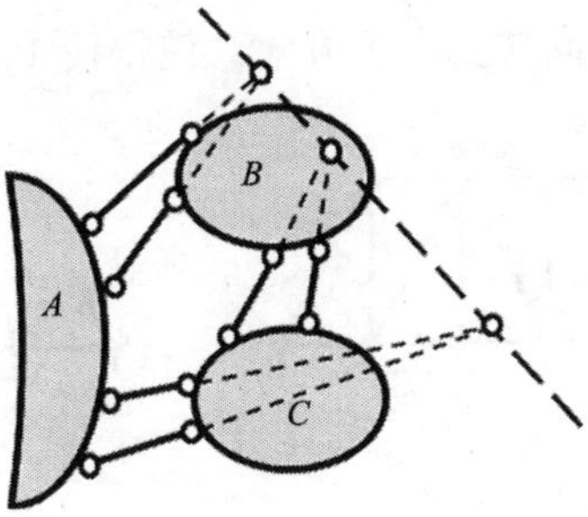

图 2.29　三虚铰共线的瞬变系统

(3) 如果一个系统可以看做由三个铰(包括实铰与虚铰)连接三个刚盘而成，只要这三个铰共线(无论在有限远处，还是在无限远处)，则该系统就是瞬变系统，如图 2.30 所示。

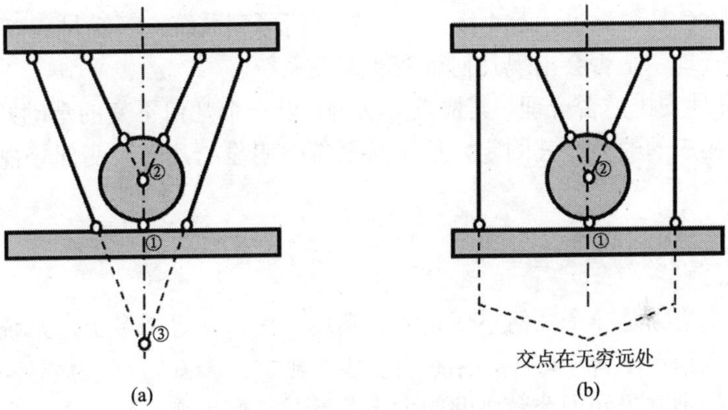

图 2.30　三铰共线的瞬变系统

在判断瞬变系统的过程中，有关虚铰的概念需要注意几个问题：①虚铰与实铰在瞬变系统判断时作用相同；②虚铰可相交于无穷远处；③不是任何两根杆子的延长线交点都是虚铰，必须是连接同样两个物体的两根杆件才能构成虚铰。

空间系统是否为瞬变系统的判断方法与平面系统类似。

4. 几何不变系统的判断

由自由度和约束的概念可知，要保证系统的几何不变性，就要求系统内自由体的自由度数(N)小于或等于系统内约束装置的约束数(C)。即，$N \leqslant C$ **是保证系统几何不变性的必要条件**，但不是充分条件。当 $N \leqslant C$ 不能满足时，系统一定是几何可变的，如图 2.22 所示的杆系，铰 2 和 3 共有 4 个自由度，但只有三根杆提供 3 个约束，$N \leqslant C$ 不能满足，因此系统是几何可变系统。但即便满足 $N \leqslant C$，系统也不一定是几何不变的，还需继续检查杆件安排是否合理，确定是否是几何可变的或几何瞬变的，如图 2.31 所示的自由度和约束相同($C=N$)的三个系统，图 2.31 (a) 是几何不变系统；图 2.31 (b) 只是将图 2.31 (a) 中的杆 4-6 移到 3-5，系统变为几何可变系统；图 2.31 (c) 只是将图 2.31 (a) 中的杆 10-11

由铅垂方向转到水平方向，使得铰 1、10、11 共线，系统变为几何瞬变系统。

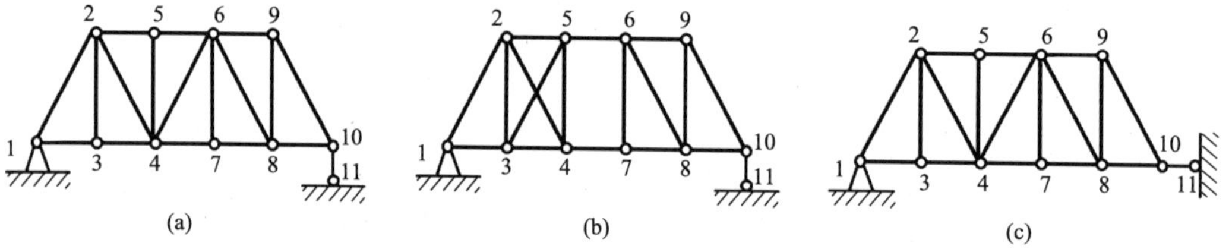

图 2.31　自由度和约束相同的三个系统

综上所述，判断系统的几何不变性时，可按照下列步骤进行。

(1) 将系统看成是由许多元件组成的，其中，某些元件(如铰)是具有自由度的自由体，其余元件(如杆)看作起约束作用的装置。

(2) 判别 $N \leqslant C$ 是否满足。若不满足，则为几何可变系统；若满足 $N \leqslant C$，则继续检查杆件安排是否合理，是否会出现几何可变和瞬变系统。

(3) 检查杆件安排是否合理。其检查方法为：以一个几何不变的基础开始，每增加一个节点，就用相应的约束将其固定，这样将系统中明显的几何不变部分视为刚体，然后进行判断。

5. 几何不变系统的静定性

飞行器结构必须是一个几何不变系统，满足 $N \leqslant C$。N 等于多少，系统就可列出多少个独立的平衡方程；C 等于多少，系统有多少个独立的未知力(内力或外力)。根据独立平衡方程个数与独立未知力个数之间的大小关系，几何不变系统可以分为静定结构和静不定结构两类。

若独立平衡方程的数目等于独立未知力的个数，即 $N=C$，仅由平衡方程便可确定全部未知力，这种系统为**静定结构**，相应的问题称为**静定问题**。静定结构具有最少必需约束，没有冗余约束，比较容易求解其未知力。

若独立平衡方程的数目小于独立未知力的个数，即 $N<C$，仅由平衡方程便无法确定全部未知力，这种系统为**静不定结构**，相应的问题称为**静不定问题**。静定结构有冗余约束，C 与 N 之差，即为冗余约束的个数，称为**静不定度**。求解静不定问题时，只靠平衡方程是不够的，必须要引入补充方程，而静不定度即求解全部未知力所需要的补充方程的个数。

2.7.2 节和 2.7.3 节将分别介绍求解静定杆系和静不定杆系未知力的方法。

2.7.2　静定杆系结构分析

静定杆系结构可分为静定桁架、刚架和混合杆系结构三类，下面分别介绍这三类杆系结构的分析方法。

1. 静定桁架内力分析

桁架是由某些杆系结构(如发动机机架、飞机起落架、各种仪器支架等)经过简化而得到的计算模型，其特点如下。

(1)杆件都是直杆，节点处都是光滑铰链连接。

(2)杆件所受外力作用在节点上，如果是平面桁架，作用线都在桁架平面内。

(3)载荷仅作用在各节点上。

(4)忽略杆的自重，每根杆都是二力杆。

桁架可以看成由一个几何不变的基础(如一根杆)开始，每增加一个节点，就用相应的约束(杆件)将其固定起来的一种结构。因此，桁架的静定性可以根据每次新增节点后，用来固定该节点的约束个数和特点来确定。对于平面桁架，如果每次均用两根不共线的杆件来约束新增节点，则为静定桁架；如果每次均用不少于两根不共线的杆件来约束新增节点，且至少有一次多于两根，则为静不定桁架；如果每次均用不少于两根的杆件来约束新增节点，但至少有一次所有用来约束该节点的所有杆件共线，则为瞬变桁架。对于空间桁架，如果每次均用三根不共面的杆件来约束新增节点，则为静定桁架；如果每次均用不少于三根不共面的杆件来约束新增节点，且至少有一次多于三根，则为静不定桁架；如果每次均用不少于三根的杆件来约束新增节点，但至少有一次所有用来约束该节点的所有杆件共面，则为瞬变桁架。

静定桁架分析方法有两种：**节点法和截面法**。在节点法中，依次选铰接点为研究对象，求各杆内力。在截面法中，假想用某个截面将桁架截开，研究其中一部分的平衡问题，求出被截杆内力。下面用一个例子来说明节点法和截面法的分析过程。

例 2.1　用节点法计算图 2.32(a)中静定平面桁架各杆件的内力，并用截面法计算杆 3-5、4-5 和 4-6 的内力。

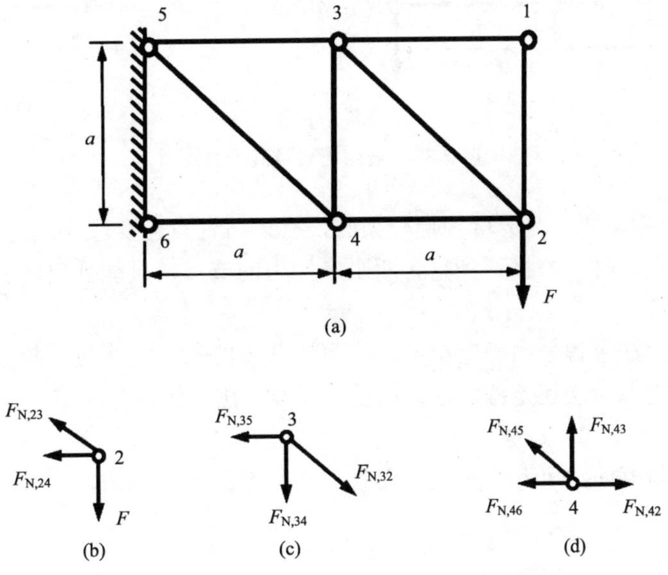

图 2.32　静定桁架及其各节点的受力图

解　当用节点法分析图 2.32(a) 中的静定桁架时，通过观察可知，杆 1-3 和 1-2 的内力为零(这种杆件称为**零力杆**)。然后分别以节点 2、3、4 为研究对象，画出其受力图，分别如图 2.32(b)～(d) 所示，由平衡条件，并考虑到同一杆件的内力只有一个值(如 $F_{N,32}=F_{N,23}$)，列出如下三组方程：

$$\begin{cases}F_{N,23}\sin 45^\circ - F = 0\\ F_{N,23}\cos 45^\circ + F_{N,24} = 0\end{cases},\quad \begin{cases}F_{N,32}\cos 45^\circ - F_{N,35} = 0\\ F_{N,32}\sin 45^\circ + F_{N,34} = 0\end{cases},\quad \begin{cases}F_{N,42} - F_{N,45}\cos 45^\circ - F_{N,46} = 0\\ F_{N,45}\sin 45^\circ + F_{N,43} = 0\end{cases}$$

依次求解三组方程，可得各杆的内力为

$$F_{N,23} = \sqrt{2}F,\quad F_{N,24} = -F,\quad F_{N,34} = -F,\quad F_{N,35} = F,\quad F_{N,45} = \sqrt{2}F,\quad F_{N,46} = -2F$$

当用截面法分析图 2.32(a) 中的静定桁架时，同样，通过观察可知，杆 1-3 和 1-2 的内力为零。然后，若仅需计算杆 3-5、4-5 和 4-6 的内力，可以直接用一截面(图 2.33(a) 中的虚线)将桁架在三中间截开，取右边一部分为研究对象，画出其受力图(由于各杆内力只有沿杆件轴线方向的轴力，因此被截杆件的内力可以直接画在节点上)，如图 2.33(b) 所示，由平衡条件列出如下方程组：

$$\begin{cases}F_{N,45}\cos 45^\circ - F = 0\\ Fa - F_{N,35}a = 0\\ F_{N,35} + F_{N,46} + F_{N,45}\sin 45^\circ = 0\end{cases}$$

由此可解出杆 3-5、4-5 和 4-6 的内力为 $F_{N,35} = F$，$F_{N,45} = \sqrt{2}F$，$F_{N,46} = -2F$。

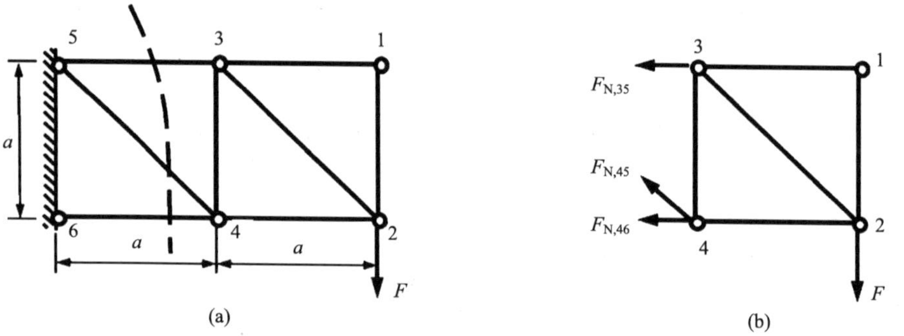

图 2.33　被截桁架及其受力图

从这个例子中可知，在分析静定桁架时，有以下几点需要注意。

(1) 使用节点法时，若找不到只含两个未知力的节点，只能列出所有方程联立求解，或先采用截面法。

(2) 使用截面法求解平面静定桁架时，每次截出的未知力一般不超过三个。

(3) 无论采用节点法还是截面法分析静定桁架，在具体计算之前，都可以先通过观察判断零力杆。

(4) 节点法与截面法可互相验证，而且对于复杂的桁架结构，两种方法常混合使用。

2. 静定刚架内力分析

刚架也是由杆系结构简化而得到的计算模型，各杆件之间采用刚性连接(简称刚接或固接)的几何不变杆系。与桁架相比，刚架(这里主要指平面刚架)主要由以下特点。

(1)各元件可以是直杆也可以是曲杆。

(2)两元件之间是刚性接头连接。

(3)载荷可作用于任意部位。

(4)各杆件的内力有轴力、剪力与弯矩，如果是空间刚架，还有扭矩。

刚架可以看成把杆子用刚性接头逐次连接起来的一种结构。每增加一个杆件，都相应增加了保证几何不变的最少必需约束，只要不组成封闭的框形结构，所得刚架一定是静定的。如果组成了封闭的框形结构，每形成一个封闭框，平面刚架的静不定度数增加 3，空间刚架的静不定度数增加 6；如果封闭框架上存在铰链，每增加一个，平面刚架的静不定度数减少 1，空间刚架的静不定度数减少 3。如图 2.34(a)中的平面刚架即为三度静不定刚架，而当增加一个铰链变成如图 2.34(b)中的平面刚架时，即变成两度静不定刚架。

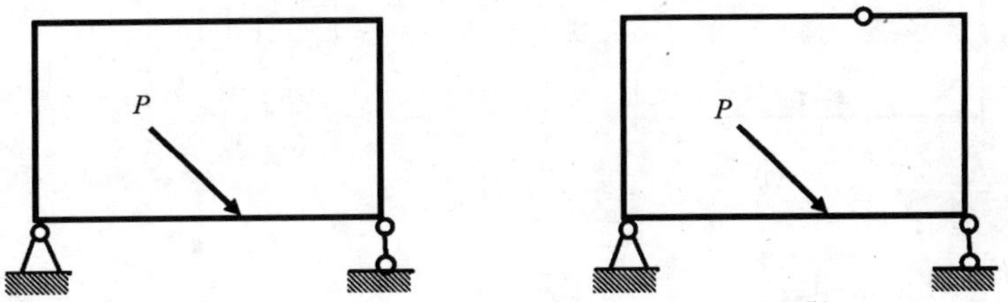

图 2.34　含封闭框和铰链的刚架

静定刚架内力较多，其符号规定是这样的：轴力 F_N拉为正，压为负；剪力 F_S绕研究对象顺时针转为正，逆时针转为负；扭矩 T 以其矢量方向与截面外法线同向为正，反向为正；对于弯矩M，由于找不到一个确切的标准，不规定符号。在画内力图时，轴力 F_N、剪力 F_S和扭矩 T 可画在杆件的任一侧，但须注明正负号，但M图必须画在受压的一侧(弯曲变形凹入的一侧)，不注明正负号。下面以一静定平面刚架为例来说明用截面法分析静定刚架内力的具体过程。

例 2.2　图 2.35(a)为一悬臂刚架，受力如图所示。试画出其内力图。

解　计算内力时，一般应先求支反力。但对于悬臂梁或悬臂刚架，可以取包含自由端部分为研究对象，这样就可以不求支反力。在 CB 和 BA 两段上分别在 x 截面将刚架截开，取含自由端部分为研究对象，则可列出各段杆的内力方程为

$$CB段：\quad \begin{cases} F_N(x)=0 \\ F_S(x)=qx \\ M(x)=\dfrac{qx^2}{2} \end{cases} \qquad (0\leqslant x\leqslant l)$$

$$BA段:\quad \begin{cases} F_N(x) = -ql \\ F_S(x) = ql \\ M(x) = \dfrac{ql^2}{2} + qlx \end{cases} \quad (0 \leqslant x \leqslant l)$$

根据各段的内力方程，即可绘出轴力、剪力和弯矩图。如图 2.35(b)~(d)所示。画图时注意轴力图和剪力图可画在刚架的任一侧，但须注明正负号。弯矩图需画在各杆的受压一侧，其中 *CB* 段下侧受压，*BA* 段右侧受压，不再标注正负号。

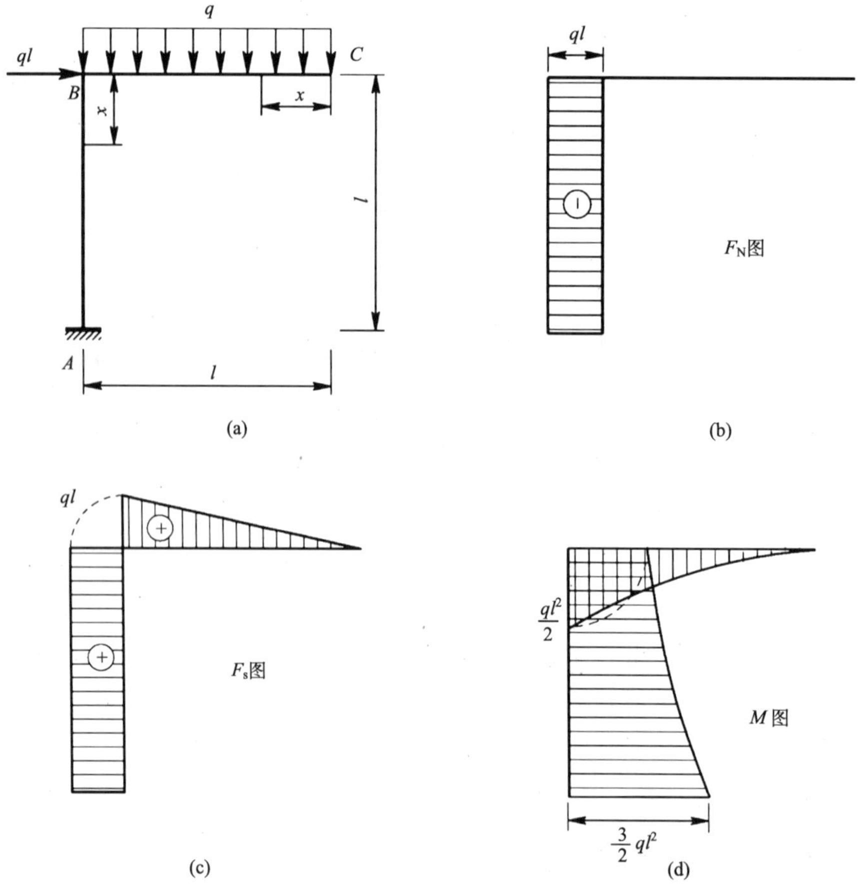

图 2.35　静定刚架及其内力图

3. 静定混合杆系内力分析

在实际工程结构中，常常会遇到由桁架和刚架共同组成的混合杆系结构，如实验室中的一些固定支架和加力系统、某些形式的飞机起落架等。属于桁架部分的杆件只有轴力，属于刚架部分的杆件有轴力、剪力、扭矩与弯矩(平面混合杆系结构刚架部分的内力没有扭矩)。混合杆系结构也有静定与静不定之分，其静定结构的内力计算，前面讲的基本原理和方法仍然适用。下面以图 2.36(a)中的静定平面混合杆系结构为例来说明。

例 2.3　图 2.36(a)为一个非常简单的静定平面混合杆系结构，由横梁 1(刚架)和拉杆 2(桁架)组成，试求其各杆件截面内力。

解　解除横梁 1 左端约束，并截开杆 2，得到横梁 1 的受力图如图 2.36(b)所示。由对横梁 1 左端的力矩平衡方程得

$$F \cdot 2a - F_{N2} a \cos 45° = 0$$

从而可得 $F_{N2} = 2\sqrt{2}F$ 。分别在横梁 1 的 x_1 和 x_2 处截开，取右边部分进行受力分析，由平衡方程可解得各段截面的内力为

$$F_S(x_1) = F, \quad M(x_1) = -F x_1$$

$$F_N(x_2) = -2F, \quad F_S(x_2) = -F, \quad M(x_2) = F(x_2 - a)$$

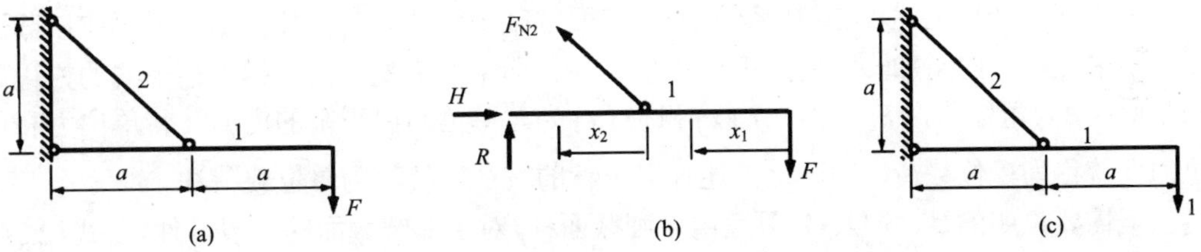

图 2.36　混合杆系结构

4. 静定杆系结构的变形分析

在实际工程结构分析中，不仅需要计算结构的内力，然后计算应力以解决强度问题，而且需要计算结构的变形以解决刚度问题。计算杆系结构位移和变形的方法很多，下面主要介绍基于能量原理的单位载荷法，该方法是计算结构位移和变形的一种常用方法。

单位载荷法可以计算杆系结构任意点沿任意方向的位移。如图 2.37(a)所示的线弹性圆截面任意杆系结构，受到广义力 F_1，F_2，…，F_n(可以是集中力、力偶和分布力)的作用。现求其轴线上任一点 A 沿任意方位 n-n 的位移Δ。其基本步骤如下。

(1) 求出原载荷 F_1，F_2，…，F_n 作用下的内力 $F_N(x)$、$T(x)$ 和 $M(x)$。这里需要说明的是，在 $T(x)$ 和 $M(x)$ 存在的情况下，$F_N(x)$ 和 $F_S(x)$ 对工程杆系结构变形的影响可以忽略不计，因此，计算中常忽略杆系的 $F_N(x)$ 和 $F_S(x)$，只有当横截面上仅存在轴力时，才需计算 $F_N(x)$ 对工程杆系结构变形的影响。

(2) 不考虑 F_1，F_2，…，F_n 的作用，在 A 点沿 n-n 方向施加一大小等于 1 的力，即**单位力**。计算单位力作用下辅助系统(图 2.37(b))的内力 $\bar{F}_N(x)$、$\bar{T}(x)$ 和 $\bar{M}(x)$。

(3) 原结构和轴助系统相同性质内力的乘积除以相应的刚度，沿整个杆系积分，即

$$\Delta = \int_l \frac{F_N(x)\bar{F}_N(x)}{EA}\mathrm{d}x + \int_l \frac{T(x)\bar{T}(x)}{GI_p}\mathrm{d}x + \int_l \frac{M(x)\bar{M}(x)}{EI}\mathrm{d}x \tag{2.34}$$

就可以计算得到所求的位移，式中，I_P 和 I 分别是圆截面对圆心的极惯性矩和对中性轴的惯性矩。

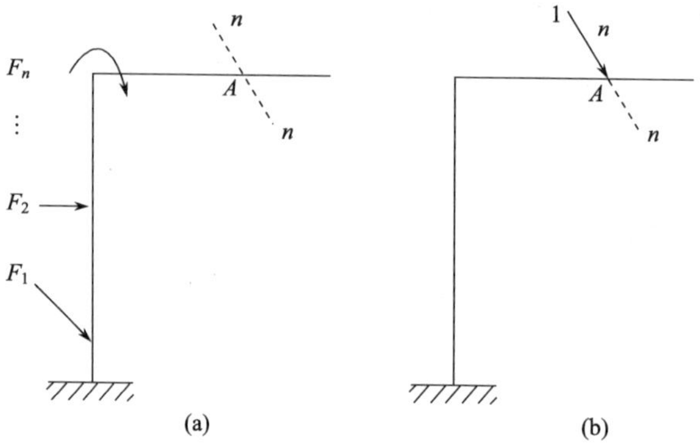

图 2.37　原载荷作用下的杆系及其辅助系统

如果需要计算上述杆(或杆系结构)某截面绕某轴转动的角位移，则只需要在该截面并沿所求位移方向施加一力偶矩等于 1 的力偶，即**单位力偶**，同样得上述形式的方程。只是此时$\varDelta$为角位移，$\bar{F}_{\rm N}(x)$、$\bar{T}(x)$和$\bar{M}(x)$为与单位力偶平衡的内力。将单位力和单位力偶统称为单位载荷，因此，上述计算位移的方法，统称为**单位载荷法**。

但需要说明的是，式(2.34)只适用于圆截面杆，对于非圆截面的一般杆件，公式(2.34)应该写为

$$\varDelta=\int_l \frac{F_{\rm N}(x)\bar{F}_{\rm N}(x)}{EA}{\rm d}x+\int_l \frac{T(x)\bar{T}(x)}{GI_{\rm t}}{\rm d}x+\int_l \frac{M_y(x)\bar{M}_y(x)}{EI_y}{\rm d}x+\int_l \frac{M_z(x)\bar{M}_z(x)}{EI_z}{\rm d}x \tag{2.35}$$

式中，$GI_{\rm t}$ 为非圆截面轴的抗扭刚度。式(2.35)是按照一般组合变形导出的，对于各基本变形同样适用，只是此时杆件截面上内力分量个数少，内力和变形都有各自的特点。对于处于平面弯曲的线性弹性梁或平面刚架，公式(2.35)简化为

$$\varDelta=\int_l \frac{M(x)\bar{M}(x){\rm d}x}{EI} \tag{2.36}$$

对于线性弹性拉压杆件、轴和由 n 根杆组成的桁架，公式(2.35)分别简化为

$$\varDelta=\int_l \frac{F_{\rm N}(x)\bar{F}_{\rm N}(x)}{EA}{\rm d}x \tag{2.37}$$

$$\varDelta=\int_l \frac{T(x)\bar{T}(x){\rm d}x}{GI_{\rm t}} \tag{2.38}$$

$$\varDelta=\sum_{i=1}^{n}\frac{F_{{\rm N}i}(x)\bar{F}_{{\rm N}i}(x)l_i}{E_iA_i} \tag{2.39}$$

在使用式(2.34)~式(2.39)的过程中，有几个方面需要说明。

(1)在分别计算原载荷作用和单位载荷作用下杆系的内力时，所建立的坐标系和内力的符号规定应保持一致。

(2)若所求位移为正，表示所求位移与所加单位载荷方向同向；若所求位移为负，表示所求位移与所加单位载荷方向反向。

(3) 若需要求结构上两点间沿某方向的相对位移，例如，图 2.38(a) 中 A、B 两点沿 α 方向的相对位移 $\Delta_A+\Delta_B$，只需要将辅助系统中的单位载荷改变为在两点沿 α 方向作用的一对方向相反的单位力(图 2.38(b))，再按照单位载荷法计算出来的位移，即为所求相对位移。同理，若要求两截面间绕某轴的相对角位移，就在这两个截面上绕该轴作用一对方向相反的单位力偶。

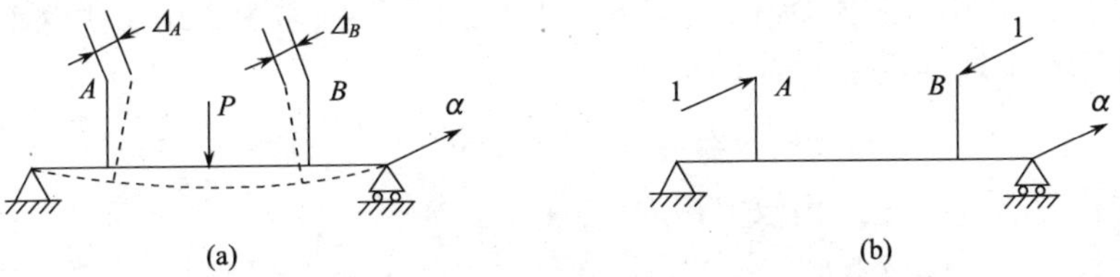

图 2.38　用单位载荷法计算相对位移的示意图

例 2.4　求如图 2.32(a) 所示的静定桁架载荷作用点的位移。设每杆拉压刚度均为 EA。

解　由例 2.1 的计算结果可知，各杆的内力为

$$F_{N,12}=F_{N,13}=0,\quad F_{N,23}=\sqrt{2}F,\quad F_{N,24}=-F,\quad F_{N,34}=-F,\quad F_{N,35}=F,\quad F_{N,45}=\sqrt{2}F,\quad F_{N,46}=-2F$$

为求载荷作用点铅垂方向的位移，不考虑 F 的作用，在节点 2 铅垂方向施加单位力，得到如图 2.39(a) 所示的辅助系统。由节点法可计算出辅助系统的内力为

$$\bar{F}_{N,12}=\bar{F}_{N,13}=0,\quad \bar{F}_{N,23}=\sqrt{2},\quad \bar{F}_{N,24}=-1,\quad \bar{F}_{N,34}=-1,\quad \bar{F}_{N,35}=1,\quad \bar{F}_{N,45}=\sqrt{2},\quad \bar{F}_{N,46}=-2$$

由单位载荷法可以得到载荷作用点铅垂方向的位移为

$$\Delta_y=\sum\frac{F_{Ni}\bar{F}_{Ni}l_i}{E_iA_i}=\left(2\sqrt{2}+1+1+1+2\sqrt{2}+4\right)\frac{Fa}{EA}=\frac{\left(7+4\sqrt{2}\right)Fa}{EA}$$

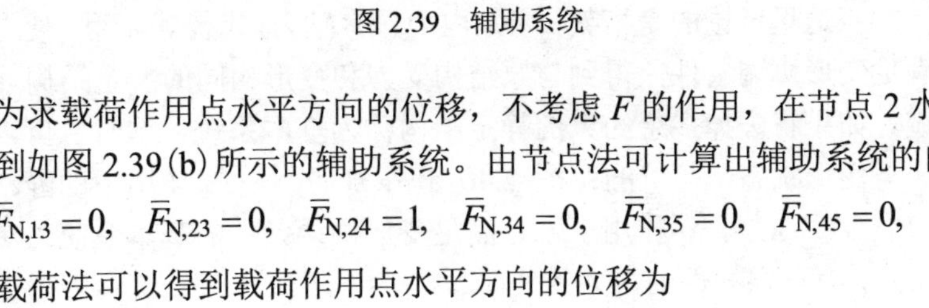

图 2.39　辅助系统

同理，为求载荷作用点水平方向的位移，不考虑 F 的作用，在节点 2 水平方向施加单位力，得到如图 2.39(b) 所示的辅助系统。由节点法可计算出辅助系统的内力为

$$\bar{F}_{N,12}=\bar{F}_{N,13}=0,\quad \bar{F}_{N,23}=0,\quad \bar{F}_{N,24}=1,\quad \bar{F}_{N,34}=0,\quad \bar{F}_{N,35}=0,\quad \bar{F}_{N,45}=0,\quad \bar{F}_{N,46}=1$$

由单位载荷法可以得到载荷作用点水平方向的位移为

$$\Delta_x=\sum\frac{F_{Ni}\bar{F}_{Ni}l_i}{E_iA_i}=-\frac{3Fa}{EA}$$

例 2.5　如图 2.36(a)所示的混合杆系结构，求载荷 F 的**相应位移**(载荷作用点沿载荷作用方向的位移)。设杆 2 拉压刚度为 EA，横梁 1 的弯曲刚度为 EI。

解　由例 2.3 的计算结果可知，杆 2 内力为 $F_{N2}=2\sqrt{2}F$。横梁 1 的各段截面的内力(忽略轴力和剪力)为

$$M(x_1)=-Fx_1,\qquad M(x_2)=F(x_2-a)$$

不考虑 F 的作用，在横梁铅垂方向施加单位力，得到如图 2.36(c)所示的辅助系统。由截面法可计算出辅助系统的内力为

$$\bar{F}_{N2}=2\sqrt{2},\quad \bar{M}(x_1)=-x_1,\ \ \bar{M}(x_2)=x_2-a$$

由单位载荷法可得 F 的相应位移为

$$\begin{aligned}\Delta_y&=\frac{F_{N2}\bar{F}_{N2}l_2}{EA}+\int_0^a\frac{M(x_1)\bar{M}(x_1)}{EI}\mathrm{d}x_1+\int_0^a\frac{M(x_2)\bar{M}(x_2)}{EI}\mathrm{d}x_2\\&=\frac{8Fa}{EA}+\int_0^a\frac{Fx_1^2}{EI}\mathrm{d}x_1+\int_0^a\frac{F(a-x_2)^2}{EI}\mathrm{d}x_2\\&=\frac{8Fa}{EA}+\frac{2Fa^3}{3EI}\end{aligned}$$

2.7.3　静不定杆系结构分析

现代飞行器结构绝大多数都是静不定结构，其独立平衡方程的数目小于独立未知力的个数。在任意给定的外载荷作用下，仅仅依靠平衡方程不能确定静不定结构的全部未知力，必须补充静不定度个方程才能求解。对于复杂的静不定结构，工程上常用有限元方法进行求解，但对于简单的静不定结构，或者经过简化后得到的简单静不定结构，仍然可以采用解析的方法进行求解。解析求解静不定结构的方法有两种：力法和位移法。力法的求解基本量是多余未知力(约束力或内力)，在求出未知力的基础上再计算位移；位移法的求解基本量是节点位移，在求出节点位移的基础上再计算内力。位移法是有限元数值计算方法的基础，但并不常用于解析求解。本节主要介绍常用于解析求解的办法。

1. 两度静不定结构内力的计算

对于图 2.40(a)所示的结构，首先根据节点和杆件数目，可以确定静不定度为 2，即结构有两个多余约束。现假想地将杆 3-5 和 2-4 切开，并在切口①和②处以相应的多余未知内力 X_1 与 X_2(这里讨论的是桁架，未知内力只有轴力)代替其作用，使得切开后的结构在切口处满足变形协调条件，得到与原结构受力和变形相同的静定结构(图 2.40(b))，称为**相当系统**。如果将去掉多余约束的静定结构称为**基本系统**，这时，可以认为以下两种系统的受力与变形状态是等价的：图 2.40(a)外力 P_1 与 P_2 作用下的静不定结构；图 2.40(b)外力 P_1、P_2、X_1 与 X_2 作用下，且满足变形协调条件的基本系统。对相当系统，由叠加原理可知，第 i 根杆件的内力为

$$F_{Ni}=F_{Ni,P}+F_{Ni,X_1}+F_{Ni,X_2}\tag{2.40}$$

式中，$F_{Ni,P}$ (i=1，2，…，m，m 为杆件根数)表示外力 P_1 与 P_2 作用下(原载荷状态)基

本系统第 i 根杆件的内力；F_{Ni,X_1} 与 F_{Ni,X_2} 分别表示 X_1 与 X_2 作用下基本系统第 i 根杆件的内力。如果用 $\bar{F}_{Ni,1}$ 与 $\bar{F}_{Ni,2}$ 分别表示 X_1=1 与 X_2=1 作用下(单位载荷状态)基本系统第 i 根杆件的内力，则式(2.40)可改写为

$$F_{Ni} = F_{Ni,P} + \bar{F}_{Ni,1}X_1 + \bar{F}_{Ni,2}X_2 \tag{2.41}$$

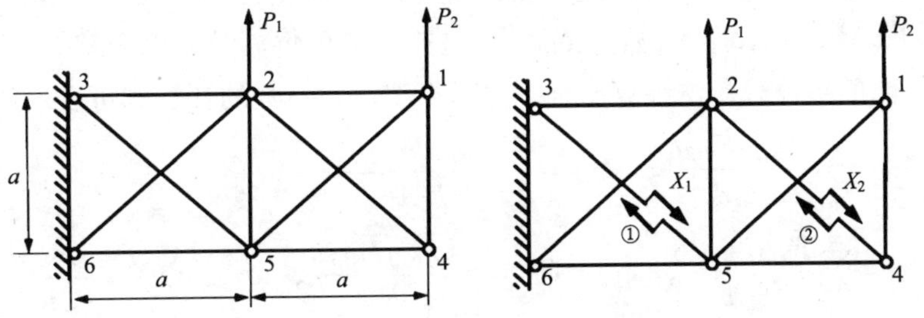

(a)　　(b)

图 2.40　静不定桁架及其相当系统

由相当系统的变形协调条件可知，在外力 P_1 与 P_2、多余内力 X_1 与 X_2 共同作用下，切口①和②处的相对位移 $\varDelta_1$ 和 $\varDelta_2$ 均为 0，故利用叠加原理有

$$\begin{cases}\varDelta_1 = \varDelta_{1,P} + \varDelta_{1,X_1} + \varDelta_{1,X_2} = 0\\ \varDelta_2 = \varDelta_{2,P} + \varDelta_{2,X_1} + \varDelta_{2,X_2} = 0\end{cases} \tag{2.42}$$

式中，$\varDelta_{1,P}$ 和 $\varDelta_{2,P}$、$\varDelta_{1,X_1}$ 和 $\varDelta_{2,X_1}$、$\varDelta_{1,X_2}$ 和 $\varDelta_{2,X_2}$ 分别表示仅外力 P_1 与 P_2 作用下(图 2.41(a))、仅 X_1 作用下、仅 X_2 作用下切口①和②处的相对位移。

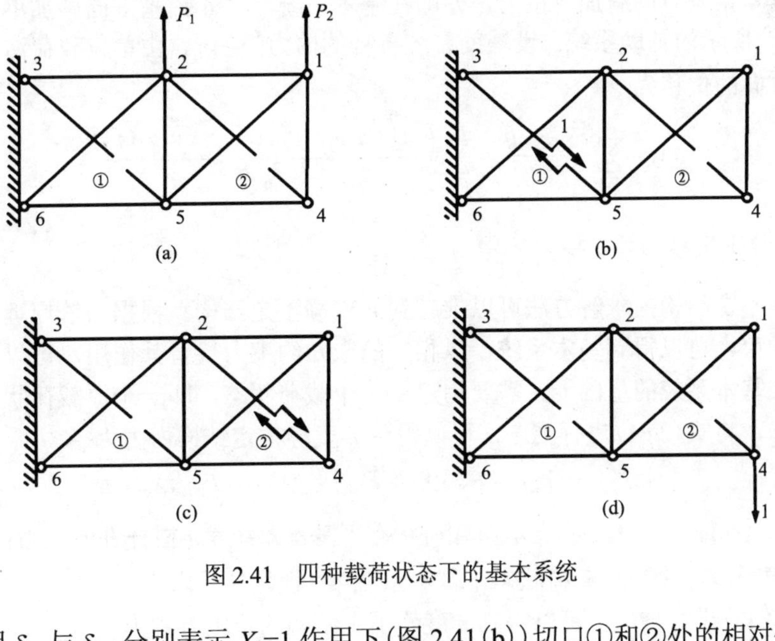

(a)　　(b)

(c)　　(d)

图 2.41　四种载荷状态下的基本系统

如果用 $\delta_{1,1}$ 与 $\delta_{2,1}$ 分别表示 X_1=1 作用下(图 2.41(b))切口①和②处的相对位移，按照叠加原理，则有 $\varDelta_{1,X_1} = \delta_{1,1}X_1$，$\varDelta_{2,X_1} = \delta_{2,1}X_1$；同理，如果用 $\delta_{1,2}$ 与 $\delta_{2,2}$ 分别表示 X_2=1 作

用下(图 2.41(c))切口①和②处的相对位移，则有 $\Delta_{1,X_2}=\delta_{1,2}X_2$， $\Delta_{2,X_2}=\delta_{2,2}X_2$。从而，式(2.42)可改写为

$$\begin{cases}\Delta_{1,P}+\delta_{1,1}X_1+\delta_{1,2}X_2=0\\\Delta_{2,P}+\delta_{2,1}X_1+\delta_{2,2}X_2=0\end{cases}\tag{2.43}$$

式(2.43)就是两度静不定结构的**典型方程式**，也称为**正则方程**。式中，$\Delta_{1,P}$和$\Delta_{2,P}$称为“原载荷影响系数”；$\delta_{1,1}$、$\delta_{2,1}$、$\delta_{1,2}$和$\delta_{2,2}$称为“单位载荷影响系数”。各系数均可用 2.7.2 节介绍的单位载荷法计算出来。对于桁架，各系数的计算式可表示如下：

$$\Delta_{1,P}=\sum_{i=1}^{m}\frac{F_{Ni,P}\bar{F}_{Ni,1}l_i}{E_iA_i},\quad \Delta_{2,P}=\sum_{i=1}^{m}\frac{F_{Ni,P}\bar{F}_{Ni,2}l_i}{E_iA_i}$$

$$\delta_{1,1}=\sum_{i=1}^{m}\frac{\bar{F}_{Ni,1}\bar{F}_{Ni,1}l_i}{E_iA_i},\quad \delta_{1,2}=\delta_{2,1}=\sum_{i=1}^{m}\frac{\bar{F}_{Ni,1}\bar{F}_{Ni,2}l_i}{E_iA_i},\quad \delta_{2,2}=\sum_{i=1}^{m}\frac{\bar{F}_{Ni,2}\bar{F}_{Ni,2}l_i}{E_iA_i}$$

由正则方程(2.43)可计算出未知多余内力 X_1 与 X_2，代入式(2.41)后就可以求出所有杆的内力。

2. 两度静不定结构位移的计算

由于相当系统是与原结构受力和变形相同的静定结构，因此，求静不定结构某点的位移即求相当系统同一点的位移。2.7.2 节已经介绍过静定结构位移的求解方法，这里可以直接应用。

例如，若要计算图 2.40(a)中静不定桁架节点 4 铅垂方向的位移，只需计算图 2.40(b)中相当系统节点 4 铅垂方向的位移。为此，在相当系统中，不考虑 P_1、P_2、X_1 与 X_2 作用，在节点 4 铅垂方向施加单位力，亦即在基本系统节点 4 铅垂方向施加单位力，得到如图 2.41(d)所示的辅助系统。设辅助系统各杆的内力为 $\bar{F}_{Ni}$，由单位载荷法可以得到节点 4 铅垂方向的位移为

$$\Delta_{4y}=\sum_{i=1}^{m}\frac{\bar{F}_{Ni}F_{Ni}l_i}{E_iA_i}=\sum_{i=1}^{m}\frac{\bar{F}_{Ni}\left(F_{Ni,P}+\bar{F}_{Ni,1}X_1+\bar{F}_{Ni,2}X_2\right)l_i}{E_iA_i}\tag{2.44}$$

3. *n* 度静不定结构的求解

两度静不定结构的求解方法可以推广到 n 度静不定结构。根据力法原理，首先解除 n 个多余约束，可以得到基本系统，以相应的未知约束力代替其作用，可以得到相当系统。然后在基本系统的基础上，需要构建 $n+1$ 个载荷状态，即一个原载荷状态和 n 个单位载荷状态，将式(2.41)进行推广，可以得到 n 度静不定结构内力为

$$F_{Ni}=F_{Ni,P}+\bar{F}_{Ni,1}X_1+\bar{F}_{Ni,2}X_2+\cdots+\bar{F}_{Ni,n}X_n\tag{2.45}$$

式中，$F_{Ni,P}$ (i=1，2，…，m)表示原载荷状态下基本系统第 i 根杆件的内力；$\bar{F}_{Ni,j}$ (j=1，2，…，n)表示第 j 个单位载荷状态下基本系统第 i 根杆件的内力。

将式(2.43)进行推广，可以得到 n 度静不定结构的正则方程为

$$\begin{cases} \Delta_{1,P}+\delta_{1,1}X_1+\delta_{1,2}X_2+\cdots+\delta_{1,n}X_n=0 \\ \Delta_{2,P}+\delta_{2,1}X_1+\delta_{2,2}X_2+\cdots+\delta_{2,n}X_n=0 \\ \vdots \\ \Delta_{n,P}+\delta_{n,1}X_1+\delta_{n,2}X_2+\cdots+\delta_{n,n}X_n=0 \end{cases} \tag{2.46}$$

式中，$\Delta_{i,P}$ (i=1，2，…，n)表示原载荷状态下基本系统切口①和②处的相对位移；$\delta_{i,j}$ (i，j=1，2，…，n)表示第 j 个单位载荷状态下基本系统第 i 个切口处的相对位移。注意，$\Delta_{i,P}$ 和 $\delta_{i,j}$ 在这里均表示的是切口处的相对位移，这是因为解除的是内部多余约束，如果解除的是外部的多余约束，它们表示的则是多余约束处的位移。

式(2.46)是一个 n 元线性代数方程组，由它可计算出 n 个未知力 X_i(i=1，2，…，n)，代入式(2.45)后就可以求出所有杆的内力。进一步，再利用上述的方法，可计算出 n 度静不定结构的位移(或变形)。

例 2.6　试画图 2.42(a)中刚架的弯矩图，并求 C 点水平方向的位移。设各杆弯曲刚度 EI 相同。

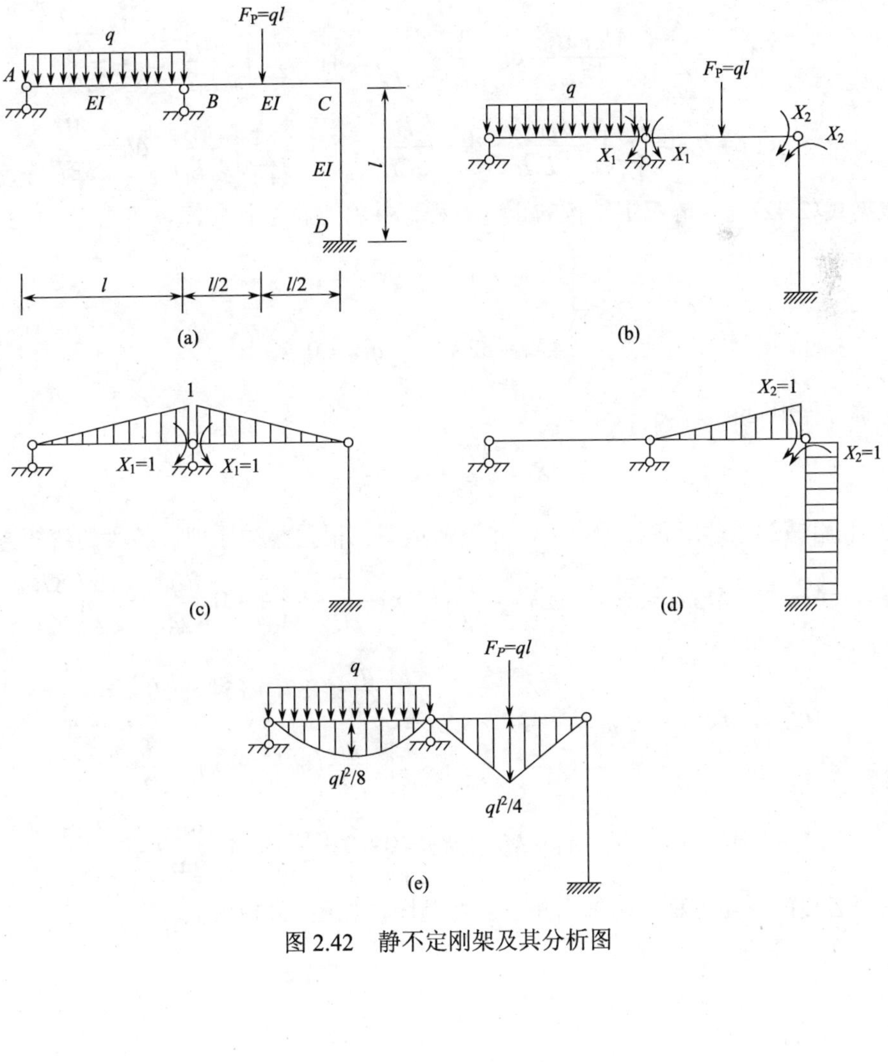

图 2.42　静不定刚架及其分析图

解　(1) 分析结构静不定度。通过观察可知，当不考虑 A、B 两处的活动铰支座时，结构为静定的，而每个活动铰支座各提供一个约束，因此结构为 2 度静不定结构。

(2) 利用正则方程计算多余未知力。解除刚架在 B 和 C 截面处对转角的多余约束，以相应的约束力 X_1 和 X_2 代替它们的作用，得到如图 2.42(b) 所示的相当系统。分别在两多余约束处施加成对的单位力偶，可以得到两个单位载荷状态下的基本系统，其弯矩图如图 2.42(c) 和图 2.42(d) 所示；在基本系统上施加原载荷，可以得到原载荷状态下的基本系统，其弯矩图如图 2.42(e) 所示。注意，本例中弯矩图均画在受拉的一边。原载荷影响系数和单位载荷影响系数计算如下：

$$\begin{aligned}\Delta_{1,P}&=\sum_{i=1}^{3}\int_{l_i}\frac{M_{i,P}\bar{M}_{i,1}}{E_iI_i}\mathrm{d}l_i\\&=\int_0^l\frac{(-x/l)(qlx/2-qx^2/2)}{EI}\mathrm{d}l_1+\int_0^{l/2}\frac{[-(l-x)/l](qlx/2)}{EI}\mathrm{d}l_2+\int_0^{l/2}\frac{[-x/l](qlx/2)}{EI}\mathrm{d}l_2\\&=-\frac{5ql^3}{48EI}\end{aligned}$$

$$\Delta_{2,P}=\sum_{i=1}^{3}\int_{l_i}\frac{M_{i,P}\bar{M}_{i,2}}{E_iI_i}\mathrm{d}l_i=-\frac{ql^3}{16EI},\quad \delta_{1,1}=\sum_{i=1}^{3}\int_{l_i}\frac{\bar{M}_{i,1}^2}{E_iI_i}\mathrm{d}l_i=\frac{2l}{3EI}$$

$$\delta_{1,2}=\delta_{2,1}=\sum_{i=1}^{3}\int_{l_i}\frac{\bar{M}_{i,1}\bar{M}_{i,2}}{E_iI_i}\mathrm{d}l_i=\frac{l}{6EI},\quad \delta_{2,2}=\sum_{i=1}^{3}\int_{l_i}\frac{\bar{M}_{i,2}^2}{E_iI_i}\mathrm{d}l_i=\frac{4l}{3EI}$$

根据式 (2.42) 写出静不定结构的正则方程，并将方程进行化简，可得

$$\begin{cases}16X_1+4X_2-\dfrac{5}{2}ql^2=0\\[2mm]4X_1+32X_2-\dfrac{3}{2}ql^2=0\end{cases}$$

求解方程组可得

$$X_1=\frac{37ql^2}{248},\quad X_2=\frac{7ql^2}{248}$$

(3) 利用叠加原理求各杆的内力，并画弯矩图。根据叠加原理，各段的弯矩方程为

$$M_{AB}=M_{AB,P}+\bar{M}_{AB,1}X_1+\bar{M}_{AB,2}X_2=\frac{qx}{2}(l-x)-\frac{x}{l}\cdot\frac{37ql^2}{248}+0\cdot\frac{7ql^2}{248}=\frac{qx}{2}\left(\frac{87l}{124}-x\right)$$

$$M_{BC}=M_{BC,P}+\bar{M}_{BC,1}X_1+\bar{M}_{BC,2}X_2=\begin{cases}\dfrac{ql}{248}(-37l+154x) & 0\leqslant x\leqslant\dfrac{l}{2}\\[2mm]\dfrac{ql}{248}(87l-94x) & \dfrac{l}{2}\leqslant x\leqslant l\end{cases}$$

$$M_{CD}=M_{CD,P}+\bar{M}_{CD,1}X_1+\bar{M}_{CD,2}X_2=0+0\cdot\frac{37ql^2}{248}-1\cdot\frac{7ql^2}{248}=-\frac{7ql^2}{248}$$

根据各段的弯矩方程，可画出相应的弯矩图，如图 2.43 所示。

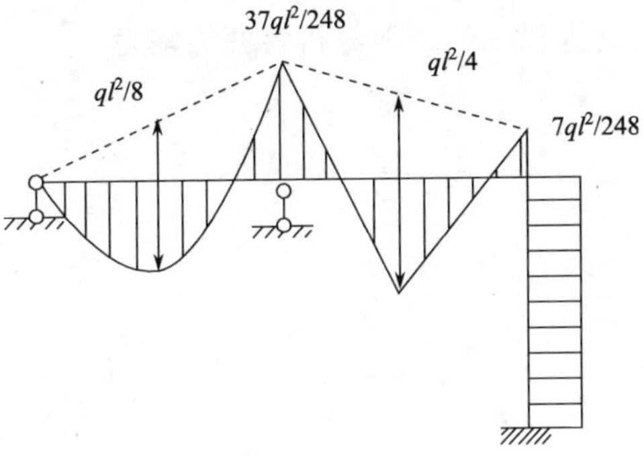

图 2.43　静不定刚架弯矩图

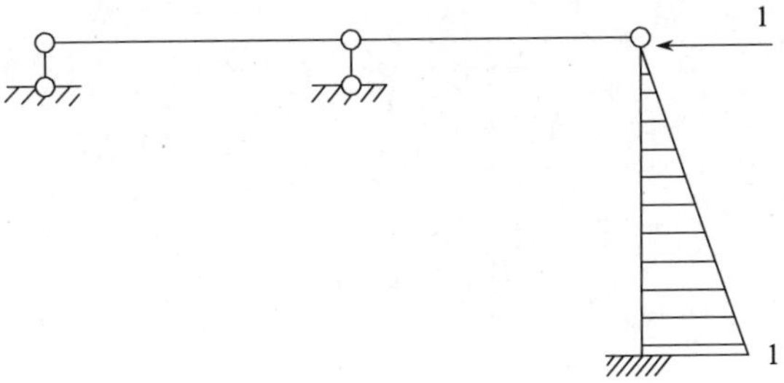

图 2.44　计算位移的单位载荷状态图

(4) 利用单位载荷法计算所求位移。由于相当系统的受力和变形与原静不定结构相同，因此可直接计算相当系统 C 点水平方向的位移，作为原静不定结构 C 点水平方向的位移。在基本系统 C 点水平方向施加单位力，其弯矩图如图 2.44 所示，由单位载荷法可得

$$\varDelta_{Cx}=\int_0^l\frac{M_{AB}\bar{M}_{AB}}{EI}\mathrm{d}x+\int_0^l\frac{M_{BC}\bar{M}_{BC}}{EI}\mathrm{d}x+\int_0^l\frac{M_{CD}\bar{M}_{CD}}{EI}\mathrm{d}x$$

$$=0+0+\int_0^l\frac{\left(-\dfrac{7ql^2}{248}\right)\cdot\left(-\dfrac{x}{l}\right)}{EI}\mathrm{d}x=\frac{7ql^3}{496EI}$$

4. 关于基本系统选择的几点说明

基本系统的选择可以较灵活，只要解除约束的个数等于静不定度，其计算结果就是相同的。但在选择基本系统时，需要注意以下几点。

(1) 约束力(包括内力与外力)已知的约束不能作为多余约束，如零力杆。

(2) 最好由最直接的传力路线组成的静定系统作为基本系统，使得多余未知力对应的内力占次要地位。

(3) 各单位载荷作用状态尽量独立，可以大大简化计算。

(4) 注意对称条件的利用。在对称载荷作用下，对称结构的对称截面上，只存在对称内力(轴力与弯矩)，而反对称内力(剪力与扭矩)为零。在反对称载荷作用下，对称结构的对称截面上，只存在反对称内力(剪力与扭矩)，而对称内力(轴力与弯矩)为零。因此，当对称静不定结构承受对称或反对称载荷时，在对称截面切开，可以减少未知多余约束力。

5. 位移法简介

位移法既可以分析静定问题，又可以分析静不定问题，是有限元方法的基础。在计算机十分发达的今天，位移法以形式统一，便于应用计算机计算而得到了充分发展，但它不是本书介绍的重点，这里只以一桁架结构分析为例进行简要介绍。

如图 2.45(a) 所示桁架，由 n 根杆组成，并在节点 A 承受载荷 F_x 与 F_y 作用。设杆

$i(i=1,2,\cdots,n)$ 的拉压刚度 E_iA_i，杆长 l_i 与方位角 θ_i 均为已知的，现分析各杆的轴力。

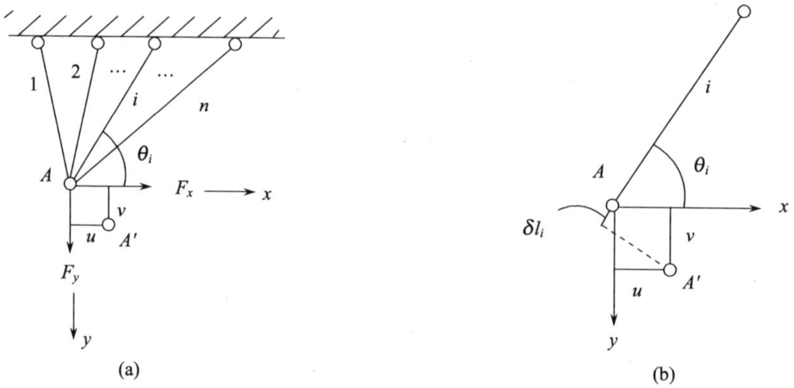

图 2.45　桁架及其位移分析图

桁架受力后，设节点 A 沿坐标轴 x 与 y 方向的位移分量分别为 u 与 v，新的节点位置为 A'。设第 i 根杆的轴向变形为 δl_i，如图 2.45(b)所示，则由变形几何关系得

$$\delta l_i = v\sin\theta_i - u\cos\theta_i \tag{2.47}$$

再利用物理关系可得

$$F_{Ni} = \frac{E_iA_i}{l_i}\delta l_i = \frac{E_iA_i}{l_i}(v\sin\theta_i - u\cos\theta_i) \tag{2.48}$$

取节点 A 为研究对象进行受力分析，由汇交力系平衡条件可得

$$\begin{cases} \sum\limits_{i=1}^{n} F_{Ni}\cos\theta_i + F_x = 0 \\ \sum\limits_{i=1}^{n} F_{Ni}\sin\theta_i - F_y = 0 \end{cases}$$

将式(2.48)代入以上方程得

$$\begin{cases} v\sum\limits_{i=1}^{n}\dfrac{E_iA_i}{l_i}\sin\theta_i\cos\theta_i - u\sum\limits_{i=1}^{n}\dfrac{E_iA_i}{l_i}\cos^2\theta_i + F_x = 0 \\ v\sum\limits_{i=1}^{n}\dfrac{E_iA_i}{l_i}\sin^2\theta_i - u\sum\limits_{i=1}^{n}\dfrac{E_iA_i}{l_i}\sin\theta_i\cos\theta_i - F_y = 0 \end{cases}$$

解上述方程组，即可求出位移 u 与 v，再将其代入式(2.48)和(2.47)，即可求出各杆的轴力与变形。

由以上的分析可知，用位移法求解时，首先是将结构分解成基本杆件或单元，并假定单元结点的位移，然后利用变形几何关系与胡克定律，用节点位移表示单元的变形与内力，最后将各单元组合成结构并由节点的平衡条件确定节点位移，从而求出各单元的变形与内力。

2.7.4　薄壁杆件理论简介

1. 基本概念和假设

为减轻结构重量，在航空航天等工程上常采用各种轧制型钢，如工字钢、槽钢等，同时也常使用薄壁管状杆件，这类杆件的壁厚远小于截面的其他两个尺寸，称为**薄壁杆件**。薄壁杆件是一维形状的结构，根据承受不同载荷情形对构件采用了不同的名称，如受拉时称为“杆”；受压时称为“柱”；受弯时称为“梁”；受扭时称为“轴”，实际上它们均是指相同的结构，因此这里统称为杆件。薄壁杆横截面的壁厚平分线，称为**截面中心线**。截面中心线为封闭曲线的薄壁杆，称为**闭口薄壁杆**，如图 2.46(a)所示；截面中心线为非封闭曲线的薄壁杆，称为**开口薄壁杆**，如图 2.46(b)所示。两类薄壁杆件的力学性质和力学分析方法是不完全相同的。

从力学分析的观点看，薄壁杆件本身可以看做一种特殊形式的柱形壳体或者是几块长条薄板的组合。但是，由于薄壁杆件形状的复杂性和多样性，直接利用板壳理论来进行解析法分析过于复杂；而利用板壳有限元方法来进行数值分析，不仅工作量太大，而且不易得出对工程设计有指导作用和物理意义的分析结果。为此，人们提出了一种在工程上适用的薄壁杆件理论，其分析方法已经比较成熟，且简单实用。

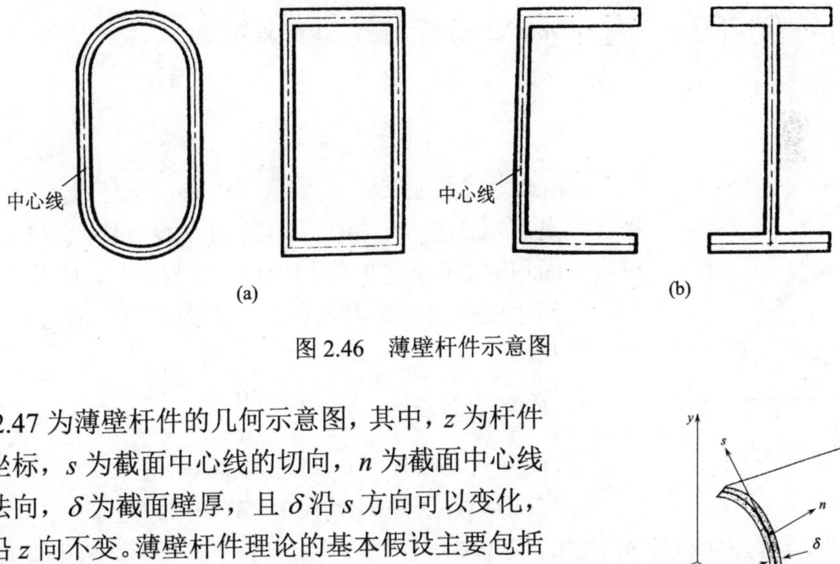

图 2.46　薄壁杆件示意图

图 2.47 为薄壁杆件的几何示意图，其中，z 为杆件的纵向坐标，s 为截面中心线的切向，n 为截面中心线的面内法向，δ 为截面壁厚，且 δ 沿 s 方向可以变化，但截面沿 z 向不变。薄壁杆件理论的基本假设主要包括两点。

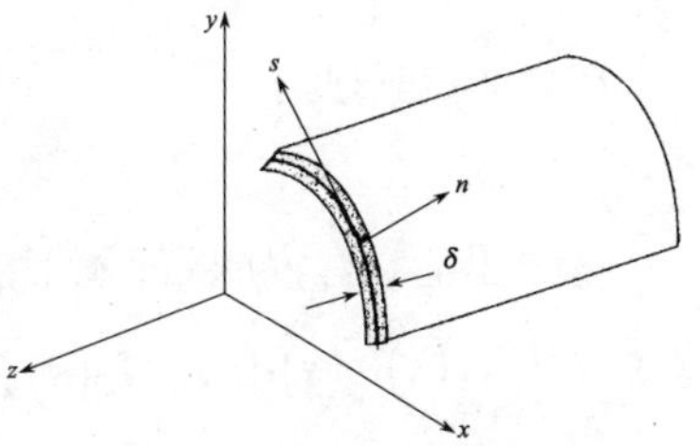

图 2.47　薄壁杆件的几何示意图

(1) 刚周边假定，即横截面中心线无伸长和弯曲，只能发生刚性平移、转动和出平面翘曲。

(2) 仅考虑壁面的应力 σ_z 和 τ_{zs}，且沿壁厚不变，只有开口截面杆受扭时，τ_{zs} 沿壁厚呈线性分布。

2. 约束扭转理论

一般说，薄壁杆件受扭转时将同时产生沿纵向(z 向)的变形(圆管情形除外)，即发生截面翘曲。如果这个翘曲变形不受约束，称为自由扭转；如果受到约束，称为约束扭转。自由扭转的分析方法较为简单，在材料力学教材中都有介绍。但在实际结构中，杆件往往是处于约束扭转的情形，因此采取简单的自由扭转分析不够准确。

薄壁杆件理论的主要贡献就是约束扭转理论。约束扭转理论可分为开口截面扭转理论和闭口截面扭转理论，由于基本假设不同，这两个理论的分析方法是不同的。闭口截面扭转理论比较复杂，但对于如圆管之类的对称闭合截面情形，实际扭转时的纵向翘曲量很小或基本没有，因此一般可以按自由扭转方式来处理。

这里仅不加推导地说明开口截面约束扭转理论分析结果，将其应力与自由扭转切应力叠加得到实际应力。开口截面约束扭转的基本微分方程为

$$GI_{\mathrm{t}}\frac{\mathrm{d}^2\theta}{\mathrm{d}z^2}-EI_{\omega}\frac{\mathrm{d}^4\theta}{\mathrm{d}z^4}+m(z)=0 \tag{2.49}$$

式中，θ 为薄壁杆件扭转角；$m(z)$ 为薄壁杆件沿轴向的分布扭力偶矩(单位长度上作用的扭力偶矩)；GI_t 为自由扭转刚度；EI_{ω} 为扇形弯曲刚度，且 $GI_{\mathrm{t}}=\frac{G}{3}\int_s\delta^3(s)\mathrm{d}s$，$EI_{\omega}=E\int_s\omega^2(s)\delta(s)\mathrm{d}s$，其中，$\omega(s)$ 为扇形坐标，其定义为

$$\omega(s)=\int_0^s r(s)\mathrm{d}s$$

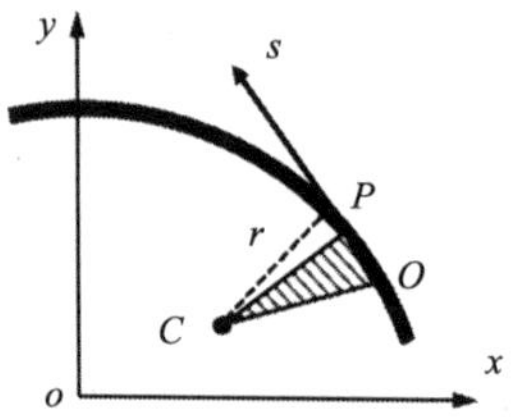

图 2.48　扇形坐标

式中，$r(s)$ 为截面上某点 C 到截面中心线上任意点 P 处切线的垂直距离，$\omega(s)$ 的大小相当于自起始点 O 到终点 P 的 $r(s)$ 所扫过扇形面积的 2 倍，逆时针扫为正，否则为负，如图 2.48 所示。

类似于梁弯曲的边界条件，杆件约束扭转的边界条件一般有以下几种。

(1) 固支边界条件：$\theta=0$，$\frac{\mathrm{d}\theta}{\mathrm{d}x}=0$。

(2) 简支边界条件：$\theta=0$，$M_z=0$。

(3) 自由边界条件：$B_{\omega}=0$，$M_z=0$。

这里，M_z 为端部截面作用的集中扭矩，B_{ω} 为端部截面作用的双力矩，$B_{\omega}=\int N_z(s)\omega(s)\mathrm{d}s$，$N_z(s)$ 为端部截面沿 s 方向作用的单位长度纵向力。在已知边界条件下，由式(2.49)可以求出扭转角沿轴向的分布，然后进一步可求出薄壁杆件约束扭转的应变与应力。

3. 薄壁杆件的拉压与弯曲分析理论

理论研究已经证明：可以直接应用材料力学的杆和梁理论的方法分析薄壁杆件，但

需要注意选择截面坐标位置，否则将导致不正确的分析结果。

一般说，薄壁杆件的截面形状不完全对称，作用在截面上的轴力、弯矩、剪力或扭矩可能会引起与之不相应的变形，例如，轴力会引起弯曲或扭转，弯矩或剪力会引起拉压变形或扭转，扭矩会引起拉压变形或弯曲，一个方向的弯矩或剪力会引起另一个方向的弯曲等，这种现象称为耦合效应。为了避免在分析中出现耦合效应而造成计算错误或困难，首先要正确确定截面上的各种坐标位置。以下不加证明地给出确定各向同性材料薄壁杆件截面坐标位置的方法。

(1)形心轴。如图2.49所示截面内任意坐标系 ox_0y_0，截面面积为 A，其形心坐标为

$$\begin{cases} B_x = \int_A x_0 \delta \mathrm{d}s / A \\ B_y = \int_A y_0 \delta \mathrm{d}s / A \end{cases} \tag{2.50}$$

在形心上建立坐标系 Bxy。采用这种坐标系，可以避免在拉压分析中出现弯曲变形(拉弯耦合)。

(2)主形心轴。将形心坐标系 Bxy 绕形心 B 旋转角度 β，且

$$\tan 2\beta = \frac{2\int xy\delta \mathrm{d}s}{\int x^2\delta \mathrm{d}s - \int y^2 \delta \mathrm{d}s} \tag{2.51}$$

得到主形心坐标系 Bx_1y_1。采用这种坐标系，可以避免在平面弯曲分析中出现另一平面的弯曲变形(弯弯耦合)。

(3)刚心(弯心、扭心)轴。如图2.50所示，$C_0(C_{0x}, C_{0y})$为截面形心坐标系 Bxy 内任意点，ω_{C_0} 为相应扇形坐标，截面的刚心(弯心、扭心)C 的坐标计算公式为

$$\begin{cases} C_x = C_{0x} + \int_0^s \omega_{C_0} \delta \mathrm{d}s / I_x \\ C_y = C_{0y} + \int_0^s \omega_{C_0} \delta \mathrm{d}s / I_y \end{cases} \tag{2.52}$$

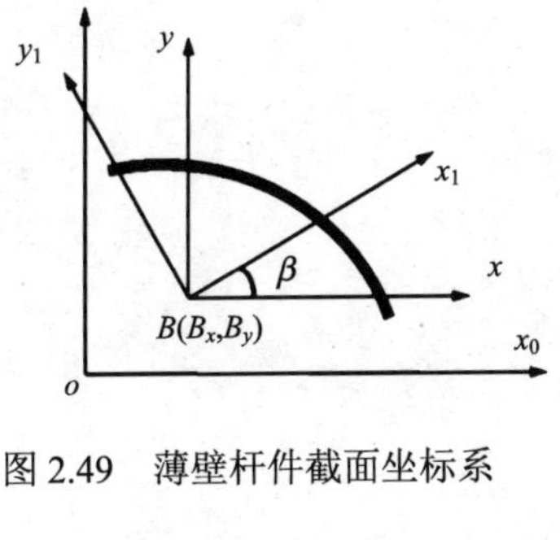

图2.49　薄壁杆件截面坐标系

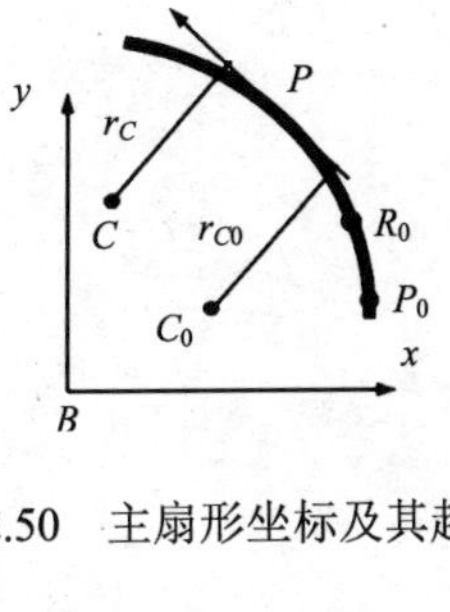

图2.50　主扇形坐标及其起点

式中，I_x 和 I_y 为截面对 x 轴和 y 轴的惯性矩。采用在 C 点建立的面内坐标系，可以避免在弯曲分析中出现扭转变形(弯扭耦合)。

(4)主扇形坐标轴。在截面中心线上取一个任意的起点 R_0，则 P 点的扇形坐标为

$\omega(s)=\int_0^{s(P,R_0)} r_C(s)\mathrm{d}s$。设扇形坐标规定的起点 P_0，则由

$$\omega_C(P,P_0)=\omega_C(P,R_0)-\frac{\int_0^s \omega_C(P,R_0)\delta\mathrm{d}s}{A} \tag{2.53}$$

可以从任意起点 R_0 推断出扇形坐标规定的起点 P_0，由规定的起点 P_0 计算的扇形坐标为主扇形坐标。采用这种坐标，可以避免在拉压分析中出现扭转变形(拉扭耦合)。

因此，对于任意截面薄壁杆件在任意外载荷下的静力分析，应该采用以下步骤。

(1)针对具体薄壁杆件截面形状把任意外载荷进行分解，包括相对于形心 B 位置形成的轴力，相对于主轴 x_1 和 y_1 形成的弯矩和剪力，以及相对于刚心 C 形成的扭矩和双力矩。

(2)在上述已分解的载荷状态下，分别独立地对薄壁杆件进行纵向拉压、x_1 和 y_1 方向的弯曲及绕刚心 C 的扭转分析。

(3)将分析结果进行叠加，得到最终结果。

这里需要强调的是，对于薄板杆件，如果没有按上述方法正确选择截面几何参数和正确进行载荷分解，或者根本没有进行参数选择和载荷分解，而凭直觉按照一般的杆或梁方法进行分析，则薄壁杆件的拉压、弯曲和扭转之间实际在着相互耦合的复杂关系，严重影响分析的正确性，这是在薄壁杆件分析中需要特别重视的问题。

第 3 章　飞行器结构力学理论与分析方法

3.1　引　　言

飞行器结构力学分析的内容主要包括两个方面：①分析飞行器结构的力学特征，如结构刚度、结构动力特性(频率、振型等)、结构临界载荷等；②计算已知载荷下的响应，如应力、应变、加速度等。结构力学分析的结果可以用于以下多个方面。

(1)结构分析是飞行器结构设计的一个重要环节。结构的初步设计一般是根据设计经验和简单的分析计算进行的，设计方案确定后再进行详细分析，检验设计是否满足技术要求(主要是强度、刚度方面的要求)，检验之后对结构进行必要的修改，而后再进行分析检验，直到得到满意的设计为止。

(2)结构分析是飞行器结构方案选择的一个重要依据。设计初期往往会做出多种设计方案，并最终选择一个合理的，结构分析结果对设计方案的选择具有重要的参考价值和指导意义。

(3)结构分析是飞行器结构优化设计的一个重要步骤。在优化设计中，结构分析也是必须进行的一步。

(4)结构分析是验证设计的常用方法之一。结构分析还可以解决一些设计中难以进行试验的问题，并对试验进行预计，指导试验的进行；与结构试验相比，结构分析可以在没有结构硬件的条件下进行，从而节省研制时间和费用。

飞行器结构力学分析的专业性较强，其基础是弹性力学，以及在其基础上通过几何和物理简化后得到的各种理论(梁理论、板理论、壳理论等)。通过这些理论可以建立结构力学分析的数学模型，进而对这些数学模型进行求解。结构力学理论的求解方法主要有两种：解析法和数值法。本章首先简要介绍结构力学的基础理论及其解析求解方法，然后介绍基于商用有限元软件的结构分析数值求解方法。

3.2　飞行器结构力学理论及其解析求解

结构力学的解析求解方法仅适用于一些形状和边界条件简单的杆、梁、板、壳构件。由于航天器实际结构的复杂性以及数值分析技术和计算机软件的发展，目前航天器结构的分析主要依靠数值法。尽管如此，结构力学的理论和相关解析方法也不可忽视，它们在飞行器结构分析与设计中有如下作用。

(1) 为正确运用数值方法提供理论基础。结构力学理论提供了结构分析的基本概念和简化假设，这些概念和假设是建立数值计算方法的理论基础，具有指导性或普遍性意义。只有理解和掌握这些基本概念，才能在数值分析中正确合理地建立数学模型，选择和运用计算方法，以及分析所得的计算结果。

(2) 提供工程适用的简单分析方法。解析法的分析结果虽然有局限性，但简单明了，适于方案设计阶段的初步分析。此时结构的详细设计状态还不明确，无法进行数值计算，而解析方法结果可表示为简单计算公式或设计参数的函数形式，因此非常适用于设计方案中的定性分析和参数比较，这是数值方法很难做到的。

(3) 结合试验提供实用的经验或半经验公式。在结构设计中，目前尚有许多问题无法完全由分析方法来正确确定，如连接强度、局部临界应力、应力集中等。为此，可通过大量的试验结果，结合解析方法导出简单的经验或半经验公式。

(4) 提供数值分析所需的输入数据。在数值分析中有时需要输入结构的各种力学参数和几何参数，如结构的刚度参数和截面几何特性，这必须依靠解析方法，通过适当运算和分析才能得到。

(5) 提供“标准”的理论解。虽然目前能够得到的精确解析解有限，但解析解的结果可靠，物理意义明确，可以用于检验数值方法中数学模型或计算软件的正确性。

3.2.1　弹性力学理论

1. 基本假设

为了简化计算，在弹性力学中对所研究物体的材料特性和变形做了一些假设。广泛的工程实践证明，在以下假设的基础上建立的弹性力学理论和得出的力学分析结果在大多数工程设计中是合理可行的。

(1) 连续性假设。认为所研究的物体材料内各点之间不存在空隙，构成物质的基本粒子连续地充满了物体所占有的空间，而且物体变形以后仍保持连续性。因此，可以用物体所占空间位置的连续函数描述物体的力学量，如位移、应变、应力等。

(2) 均匀性假设。认为所研究的物体是由同一类型均匀的固体材料构成的，并且各处都具有相同的力学性质。由于物体的外观尺寸与构成材料的基本粒子尺寸相差极其悬殊，因此这个假设对大多数金属材料均适用。

(3) 各向同性假设。认为材料沿任何方向的力学性质都相同，物体的物理性质不随方向的变化而改变。就多数金属材料而言，虽然微观上并不是各向同性的，但宏观上表现为各向同性。但大多复合材料不是各向同性材料，沿不同方向其力学性质不同。

(4) 弹性变形假设。物体在外载荷的作用下将发生变形，但认为在外载荷消失时，物体仍恢复到其原始状态，即不产生塑性变形。

(5) 线性假设。认为物体在受载后产生的应变不大，应力与应变关系符合线性关系(胡克定律)。

(6) 小变形假设。认为物体变形远小于其尺寸，可用原始构型分析其受力，并可以忽略变形的高阶项。

2. 基本关系

弹性力学包括了三个基本关系或基本规律：平衡(运动)关系、几何关系和应力应变关系（或称本构关系）。

(1) 平衡关系。对于三维问题，建立空间坐标系 $oxyz$。在 x、y 和 z 三个方向，物体内某一点受到的体积力分别为 X、Y 和 Z，该点的应力状态可用三个正应力分量 σ_x、σ_y、σ_z 和三个切应力分量 τ_{xy}、τ_{yz}、τ_{zx} 来表示，且满足

$$\begin{cases} \dfrac{\partial \sigma_x}{\partial x}+\dfrac{\partial \tau_{xy}}{\partial y}+\dfrac{\partial \tau_{zx}}{\partial z}+X=0 \\ \dfrac{\partial \tau_{xy}}{\partial x}+\dfrac{\partial \sigma_y}{\partial y}+\dfrac{\partial \tau_{yz}}{\partial z}+Y=0 \\ \dfrac{\partial \tau_{zx}}{\partial x}+\dfrac{\partial \tau_{yz}}{\partial y}+\dfrac{\partial \sigma_z}{\partial z}+Z=0 \end{cases} \tag{3.1}$$

式 (3.1) 即为三维（空间）问题的平衡关系。当体积力为零或可以忽略不计时，以上三式中的 X、Y 和 Z 均为零。

(2) 几何关系。物体受力后各点的位移是位置的函数。对于三维问题，物体内任一点三个方向的位移可用 $u(x,y,z)$、$v(x,y,z)$ 和 $w(x,y,z)$ 来表示，该点的应变状态可用三个正应变分量 ε_x、ε_y、ε_z 和三个切应变分量 γ_{xy}、γ_{yz}、γ_{zx} 来表示。在小变形条件下，它们满足

$$\begin{cases} \varepsilon_x=\dfrac{\partial u}{\partial x} & \gamma_{xy}=\dfrac{\partial u}{\partial y}+\dfrac{\partial v}{\partial x} \\ \varepsilon_y=\dfrac{\partial v}{\partial y} & \gamma_{yz}=\dfrac{\partial v}{\partial z}+\dfrac{\partial w}{\partial y} \\ \varepsilon_z=\dfrac{\partial w}{\partial z} & \gamma_{zx}=\dfrac{\partial w}{\partial x}+\dfrac{\partial u}{\partial z} \end{cases} \tag{3.2}$$

式 (3.2) 即三维（空间）问题的几何关系。在式 (3.2) 中消除三个位移分量后，可以得到关于六个应变分量之间的三个关系式，称为相容方程。

(3) 应力应变关系。对于符合线弹性假设的各向同性材料（飞行器结构中的大多数金属材料），应力分量和应变分量之间满足如下关系：

$$\begin{cases} \varepsilon_x=\dfrac{\sigma_x}{E}-\mu\dfrac{\sigma_y}{E}-\mu\dfrac{\sigma_z}{E} & \gamma_{xy}=\dfrac{\tau_{xy}}{G} \\ \varepsilon_y=\dfrac{\sigma_y}{E}-\mu\dfrac{\sigma_z}{E}-\mu\dfrac{\sigma_x}{E} & \gamma_{yz}=\dfrac{\tau_{yz}}{G} \\ \varepsilon_z=\dfrac{\sigma_z}{E}-\mu\dfrac{\sigma_x}{E}-\mu\dfrac{\sigma_y}{E} & \gamma_{zx}=\dfrac{\tau_{zx}}{G} \end{cases} \tag{3.3}$$

式 (3.3) 即空间问题的广义胡克定律。式中，E、μ 和 G 分别为材料的弹性模量（杨氏模量）、泊松比和切变模量，三者之间满足 $G=\dfrac{E}{2(1+\mu)}$。

式 (3.1)~式 (3.3) 中的 15 个方程就构成了弹性力学的基本方程，描述了弹性体的位移、应变和应力等 15 个变量之间的关系与变化规律，加上相关的边界条件或其他补充条

件后，就可以利用解析法或数值法求解。对于二维问题(平面应力问题或平面应变问题)，建立平面坐标系 oxy，平衡关系、几何关系和应力应变关系可简化为式(3.4)~式(3.6)8 个方程:

$$\begin{cases} \dfrac{\partial \sigma_x}{\partial x}+\dfrac{\partial \tau_{yx}}{\partial y}+X=0 \\ \dfrac{\partial \tau_{xy}}{\partial x}+\dfrac{\partial \sigma_y}{\partial y}+Y=0 \end{cases} \tag{3.4}$$

$$\begin{cases} \varepsilon_x=\dfrac{\partial u}{\partial x} \\ \varepsilon_y=\dfrac{\partial v}{\partial y} \\ \gamma_{xy}=\dfrac{\partial u}{\partial y}+\dfrac{\partial v}{\partial x} \end{cases} \tag{3.5}$$

$$\begin{cases} \varepsilon_x=\dfrac{\sigma_x}{E}-\mu\dfrac{\sigma_y}{E} \\ \varepsilon_y=\dfrac{\sigma_y}{E}-\mu\dfrac{\sigma_x}{E} \\ \gamma_{xy}=\dfrac{\tau_{xy}}{G} \end{cases} \tag{3.6}$$

在不同情况下，可以对式(3.1)~式(3.3)或式(3.4)~式(3.6)这些方程进行简化，得到不同理论，如梁理论、板理论、壳理论等。

3.2.2 梁理论

梁理论在材料力学中已经有详细的论述，这里从由弹性力学理论进行简化的角度介绍。图 3.1(a)为一具有纵向对称面 x-z 的梁 AB 的示意图，x 轴与梁轴线重合，$q(x)$是简化后作用在纵向对称面内横向分布载荷的集度，因此可在 x-z 平面内建立梁模型，即作为二维问题进行建模。

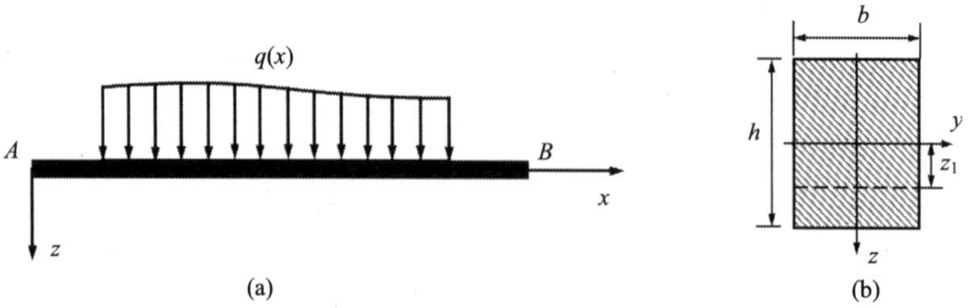

图 3.1　梁的示意图

梁理论中引入的最基本假设是“直法线”假设，即认为垂直于梁轴线的直线在变形后依然为垂直于挠曲轴的直线(平面假设)。由此可知 $\gamma_{zx}=0$，由式(3.5)(将坐标 y 换成 z，

将位移 v 换成 w) 可得

$$\frac{\partial w}{\partial x}+\frac{\partial u}{\partial z}=0 \tag{3.7}$$

另外，在横向载荷作用下，梁中性层内纵向纤维长度不变，轴向变形可忽略不计，而轴线可以看成中性层内的一根纤维，因此，当 z=0 时，$u=0$。由式(3.7)并结合此条件可得

$$u=-z\frac{\mathrm{d}w}{\mathrm{d}x} \tag{3.8}$$

由式(3.5)可得

$$\varepsilon_x=\frac{\mathrm{d}u}{\mathrm{d}x}=-z\frac{\mathrm{d}^2w}{\mathrm{d}x^2} \tag{3.9}$$

梁理论中引入的另一个假设是“单向受力”假设，即梁变形过程中，各纵向纤维之间没有挤压，$\sigma_y=\sigma_z=0$。由胡克定律可得

$$\sigma_x=E\varepsilon_x \tag{3.10}$$

将式(3.9)代入式(3.10)，可得

$$\sigma_x=-Ez\frac{\mathrm{d}^2w}{\mathrm{d}x^2} \tag{3.11}$$

设梁横截面上的弯矩为 $M_x(x)$，横截面面积为 A，由静力平衡关系可得

$$M_x(x)=\int_A\sigma_x z\mathrm{d}A \tag{3.12}$$

将式(3.11)代入式(3.12)，可得

$$\frac{\mathrm{d}^2w}{\mathrm{d}x^2}=-\frac{M_x(x)}{EI} \tag{3.13}$$

式中，I 是截面的惯性矩，$I=\int_A z^2\mathrm{d}A$。将式(3.13)代入式(3.11)，可得

$$\sigma_x=\frac{M_x(x)}{I}z \tag{3.14}$$

在纯弯曲(梁横截面上剪力为零)的情况下，梁横截面上只有正应力，直法线假设以及以上推导结果精确成立。

在横力弯曲情况下，梁横截面上不仅有弯矩 M_x，还有剪力 F_S，与之相应正应力和切应力同时存在，直法线假设不再成立，但 l/h 较大(>5)时，式(3.14)计算的正应力结果一般能够满足工程问题所要求的精度。横力弯曲梁横截面上的切应力可利用平衡关系进行计算，下面以矩形截面(图 3.1(b))为例来说明。

在横力弯曲情况下，q、F_S、M_x 之间满足以下微分关系：

$$\begin{cases}\dfrac{\mathrm{d}F_S(x)}{\mathrm{d}x}=-q(x)\\[2mm]\dfrac{\mathrm{d}M_x(x)}{\mathrm{d}x}=F_S(x)\end{cases} \tag{3.15}$$

由平衡方程 $\frac{\partial \sigma_x}{\partial x}+\frac{\partial \tau_{xz}}{\partial z}=0$ 可得

$$\tau_{xz}(z_1)-\tau_{xz}(z_0)=-\int_{z_0}^{z_1}\frac{\mathrm{d}\sigma_x}{\mathrm{d}x}\mathrm{d}z=-\int_{z_0}^{z_1}\frac{\mathrm{d}M_x}{\mathrm{d}x}\frac{z}{I}\mathrm{d}z=-\frac{F_S}{I}\int_{z_0}^{z_1}z\mathrm{d}z$$

取 $z_0=-h/2$，由上下表面上无轴向分布力可知 $\tau_{xz}(z_0)=0$，从而由上式可得

$$\tau_{xz}(z_1)=-\frac{F_S}{I}\left(z_1^2-\frac{h^2}{4}\right) \tag{3.16}$$

对于静定梁，内力可由截面法直接计算得到，从而利用式(3.14)和式(3.16)可以计算应力，解决强度问题。对于如图 3.1(b)所示的矩形截面梁，强度条件为

$$\begin{cases}\sigma_{\max}=\dfrac{6M_x}{bh^2}\leqslant[\sigma]\\[2ex]\tau_{\max}=\dfrac{3}{2}\dfrac{F_S}{bh}\leqslant[\tau]\end{cases} \tag{3.17}$$

对于静不定梁，可由式(3.13)和式(3.15)推导得到

$$EI\frac{\mathrm{d}^4w}{\mathrm{d}x^4}=q \tag{3.18}$$

其解可写为

$$w=\frac{1}{EI}\int\int\int\int q(x)\mathrm{d}x\mathrm{d}x\mathrm{d}x\mathrm{d}x+a_3x^3+a_2x^2+a_1x+a_0 \tag{3.19}$$

利用边界条件确定待定系数 a_0、a_1、a_2 和 a_3，然后再计算 σ_x 和 τ_{xz}。但实际求解中一般用材料力学中的力法。

3.2.3　板壳理论

在飞行器结构中，广泛采用薄壁的板或壳元件，如卫星载荷底板和顶板、火箭贮箱壳等，本节主要介绍薄板的基本理论，并对薄壳理论作简要说明。

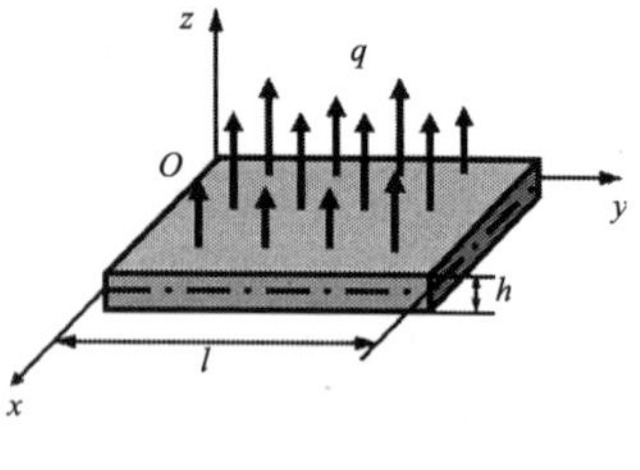

图 3.2　板的示意图

图 3.2 为一板的示意图。建立空间坐标系 $Oxyz$，其中 x、y 轴在板中面内互相垂直的两个方向，z 轴在板厚度方向。设板的厚度为 h，中面内最小尺寸为 l，根据二者之间的比例关系，可将板分为三类。

(1)厚板，$l/h<5$，一般作为空间问题来分析。

(2)薄板，$80>l/h>5$，一般作为弯曲问题来分析。

(3)膜板，$l/h>80$，一般作为膜问题来分析。

这里只简单介绍薄板小挠度弯曲问题的理论与解析求解方法。

1. 经典薄板理论

薄板在垂直于中面的载荷，即**横向载荷**的作用下，其中面弯成一个曲面，简称**挠曲面**，中面每一点的横向位移，称为**挠度** w，其一般为面内坐标的函数，即 $w=w(x, y)$，称为**挠曲面方程**。

经典薄板小挠度理论有三个基本假设。

(1) 忽略厚度方向的正应力，即 $\sigma_z = 0$，并假定厚度方向无变形，即 $\varepsilon_z = 0$，由几何关系式(3.2)可得 $\dfrac{\partial w}{\partial z} = 0$，从而得

$$w = w(x, y) \tag{3.20}$$

(2) 直法线假设，即认为垂直于板中面的直线在变形后依然为垂直于挠曲面的直线。由此可知 $\gamma_{yz} = \gamma_{zx} = 0$，由几何关系式(3.2)可得

$$\frac{\partial v}{\partial z} + \frac{\partial w}{\partial y} = 0,\quad \frac{\partial w}{\partial x} + \frac{\partial u}{\partial z} = 0$$

通过积分可得

$$u = -z\frac{\partial w}{\partial x} + f_1(x, y),\qquad v = -z\frac{\partial w}{\partial y} + f_2(x, y) \tag{3.21}$$

式中，$f_1(x, y)$、$f_2(x, y)$ 为待定函数。

(3) 薄板中面内各点都没有平行于中面的位移，即挠曲面在 xOy 平面内的投影为薄板变形前的中面。由此假设可得，当 z=0 时，$u = v = 0$，将此条件应用于式(3.21)可得 $f_1(x, y) = f_2(x, y) = 0$，从而得

$$\begin{cases} u = -z\dfrac{\partial w}{\partial x} \\ v = -z\dfrac{\partial w}{\partial y} \end{cases} \tag{3.22}$$

由几何关系和物理关系可得应变与应力如式(3.23)和式(3.24)所示：

$$\begin{cases} \varepsilon_x = \dfrac{\partial u}{\partial x} = -z\dfrac{\partial^2 w}{\partial x^2} \\ \varepsilon_y = \dfrac{\partial v}{\partial y} = -z\dfrac{\partial^2 w}{\partial y^2} \\ \gamma_{xy} = \dfrac{\partial u}{\partial y} + \dfrac{\partial v}{\partial x} = -2z\dfrac{\partial^2 w}{\partial x \partial y} \end{cases} \tag{3.23}$$

$$\begin{cases} \sigma_x = \dfrac{E}{1-\mu^2}(\varepsilon_x + \mu\varepsilon_y) = \dfrac{-Ez}{1-\mu^2}\left(\dfrac{\partial^2 w}{\partial x^2} + \mu\dfrac{\partial^2 w}{\partial y^2}\right) \\ \sigma_y = \dfrac{E}{1-\mu^2}(\varepsilon_y + \mu\varepsilon_x) = \dfrac{-Ez}{1-\mu^2}\left(\dfrac{\partial^2 w}{\partial y^2} + \mu\dfrac{\partial^2 w}{\partial x^2}\right) \\ \tau_{xy} = G\gamma_{xy} = -2Gz\dfrac{\partial^2 w}{\partial x \partial y} = -\dfrac{Ez}{1+\mu}\dfrac{\partial^2 w}{\partial x \partial y} \end{cases} \tag{3.24}$$

按假设，σ_z、τ_{xz} 和 τ_{yz} 为零，而实际上，它们只是远小于 σ_x、σ_y 和 τ_{xy} 的分量，对于它们引起的变形可略去不计，但对于维持平衡，却是必需的。将边界条件 $(\tau_{zx})_{z=\pm\frac{h}{2}} = 0$ 和

$(\tau_{yz})_{z=\pm\frac{h}{2}}=0$ 代入不计体积力的平衡方程，可得

$$\begin{cases}\tau_{zx}=-\int_{-\frac{h}{2}}^{z}\left(\dfrac{\partial\sigma_x}{\partial x}+\dfrac{\partial\tau_{xy}}{\partial y}\right)\mathrm{d}z=\dfrac{E}{2\left(1-\mu^2\right)}\left(z^2-\dfrac{h^2}{4}\right)\dfrac{\partial}{\partial x}\nabla^2 w\\ \tau_{yz}=-\int_{-\frac{h}{2}}^{z}\left(\dfrac{\partial\tau_{xy}}{\partial x}+\dfrac{\partial\sigma_y}{\partial y}\right)\mathrm{d}z=\dfrac{E}{2\left(1-\mu^2\right)}\left(z^2-\dfrac{h^2}{4}\right)\dfrac{\partial}{\partial y}\nabla^2 w\end{cases}\tag{3.25}$$

薄板横截面单位宽度上的内力(弯矩 M_x 和 M_y、扭矩 M_{xy}、剪力 F_{Sx} 和 F_{Sy})，简称为**内力素**，分别为

$$\begin{cases}M_x=\int_{-\frac{h}{2}}^{\frac{h}{2}}\sigma_x z\mathrm{d}z=\int_{-\frac{h}{2}}^{\frac{h}{2}}\dfrac{-Ez^2}{1-\mu^2}\left(\dfrac{\partial^2 w}{\partial x^2}+\mu\dfrac{\partial^2 w}{\partial y^2}\right)\mathrm{d}z=-D\left(\dfrac{\partial^2 w}{\partial x^2}+\mu\dfrac{\partial^2 w}{\partial y^2}\right)\\ M_y=\int_{-\frac{h}{2}}^{\frac{h}{2}}\sigma_y z\mathrm{d}z=\int_{-\frac{h}{2}}^{\frac{h}{2}}\dfrac{-Ez^2}{1-\mu^2}\left(\dfrac{\partial^2 w}{\partial y^2}+\mu\dfrac{\partial^2 w}{\partial x^2}\right)\mathrm{d}z=-D\left(\dfrac{\partial^2 w}{\partial y^2}+\mu\dfrac{\partial^2 w}{\partial x^2}\right)\\ M_{xy}=\int_{-\frac{h}{2}}^{\frac{h}{2}}\tau_{xy} z\mathrm{d}z=\int_{-\frac{h}{2}}^{\frac{h}{2}}-\dfrac{Ez^2}{1+\mu}\dfrac{\partial^2 w}{\partial x\partial y}\mathrm{d}z=-D\left(1-\mu\right)\dfrac{\partial^2 w}{\partial x\partial y}\\ F_{Sx}=\int_{-\frac{h}{2}}^{\frac{h}{2}}\tau_{xz}\mathrm{d}z=-D\dfrac{\partial\left(\nabla^2 w\right)}{\partial x}\\ F_{Sy}=\int_{-\frac{h}{2}}^{\frac{h}{2}}\tau_{yz}\mathrm{d}z=-D\dfrac{\partial\left(\nabla^2 w\right)}{\partial y}\end{cases}\tag{3.26}$$

式中，$D=\dfrac{Eh^3}{12\left(1-\mu^2\right)}$ 称为薄板的弯曲刚度。

考虑薄板的任一微分块，其中面的尺寸为 dx 及 dy，如图 3.3 所示。为简单起见，图中只画该微分块的中面，并将横向分布载荷 q 和内力素画在中面上。由微分块的平衡条件可得

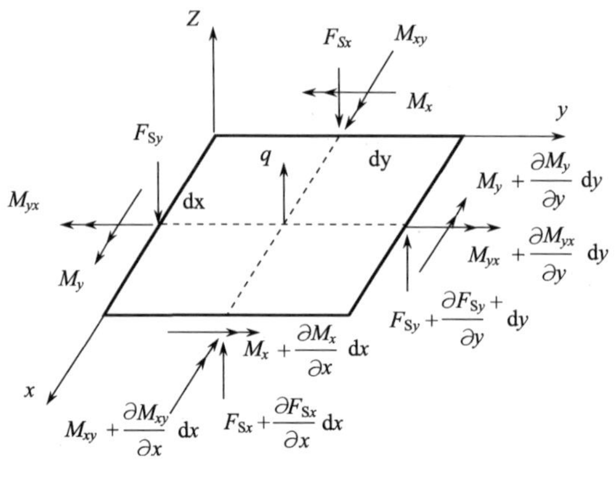

图 3.3　薄板微分块受力示意图

$$\begin{cases} \dfrac{\partial F_{Sx}}{\partial x}+\dfrac{\partial F_{Sy}}{\partial y}+q=0 \\ \dfrac{\partial M_x}{\partial x}+\dfrac{\partial M_{xy}}{\partial y}-F_{Sx}=0 \\ \dfrac{\partial M_{xy}}{\partial x}+\dfrac{\partial M_y}{\partial y}-F_{Sy}=0 \end{cases} \tag{3.27}$$

在微分方程组(3.27)中消除剪力 F_{Sx} 和 F_{Sy}，可得薄板的平衡方程为

$$\frac{\partial^2 M_x}{\partial x^2}+2\frac{\partial^2 M_{xy}}{\partial x \partial y}+\frac{\partial^2 M_y}{\partial y^2}+q=0 \tag{3.28}$$

将式(3.26)中的弯矩 M_x 和 M_y、扭矩 M_{xy} 代入式(3.28)，可得薄板弯曲的基本微分方程为

$$\frac{\partial^4 w}{\partial x^4}+2\frac{\partial^4 w}{\partial x^2 \partial y^2}+\frac{\partial^4 w}{\partial y^4}=\frac{q}{D} \tag{3.29}$$

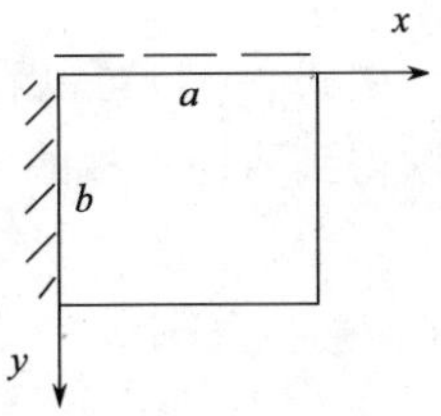

图 3.4　薄板边界条件示意图

薄板的常规边界条件主要有三类：简支、固支和自由。对于如图 3.4 所示的薄板，$y=0$ 的边简支，边界条件为

$$w=0,\quad M_y=-D\left(w_{,yy}+\mu w_{,xx}\right)=0$$

即

$$w=0,\quad w_{,yy}=0$$

$x=0$ 的边固支，边界条件为

$$w=0,\quad w_{,x}=0$$

$x=a$ 和 $y=b$ 的边自由，$x=a$ 边的边界条件为

$$\begin{cases} M_x=-D\left(\dfrac{\partial^2 w}{\partial x^2}+\mu\dfrac{\partial^2 w}{\partial y^2}\right)=0 \\ F_{Sx}^t=F_{Sx}+\dfrac{\partial M_{xy}}{\partial x}=-D\left[\dfrac{\partial^3 w}{\partial x^3}+(2-\mu)\dfrac{\partial^3 w}{\partial x \partial y^2}\right]=0 \end{cases}$$

对于常规边界条件下简单几何板，可以得到其级数解。例如，边长为 a、b 的四边简支矩形薄板，在任意分布 $q(x,y)$ 作用下，其挠度的纳维解为

$$w=\frac{1}{\pi^4 D}\sum_{m=1}^{\infty}\sum_{n=1}^{\infty}\frac{a_{mn}}{\left(\dfrac{m^2}{a^2}+\dfrac{n^2}{b^2}\right)^2}\sin\frac{m\pi x}{a}\sin\frac{n\pi y}{b}$$

式中，$a_{mn}=\dfrac{4}{ab}\int_0^a\int_0^b q(x,y)\sin\dfrac{m\pi x}{a}\sin\dfrac{n\pi y}{b}\mathrm{d}x\mathrm{d}y$

2. 剪切薄板理论(Mindlin 薄板理论)

经典薄板理论中由于引入了直法线假设，所得到的位移形式使得横截面上的切应变为零，这一假设对于横截面上没有剪力的情况可以满足，但对于横向集中力或分布力作用的板，其横截面上存在剪力，这一假设显然不够合理。为此，人们在保持经典薄板理论中的其他假

设不变的情况下，把直法线假设进行修正，提出**斜法线假设**，即认为垂直于板中面的直线在变形后依然为直线，但不要求其垂直于挠曲面。由此可将薄板的位移形式改写为

$$\begin{cases} u(x,y,z)=z\varphi_x(x,y) \\ v(x,y,z)=z\varphi_y(x,y) \\ w(x,y,z)=w(x,y) \end{cases} \tag{3.30}$$

式中，φ_x 和 φ_y 表示板横截面变形后绕 y 轴和 x 轴的转角。将式(3.30)代入式(3.2)可以得到剪切薄板的应变：

$$\begin{cases} \varepsilon_x = z\dfrac{\partial \varphi_x}{\partial x} & \gamma_{zx}=\varphi_x+\dfrac{\partial w}{\partial x} \\ \varepsilon_y = z\dfrac{\partial \varphi_y}{\partial y} & \gamma_{yz}=\varphi_y+\dfrac{\partial w}{\partial y} \\ \gamma_{xy}=z\left(\dfrac{\partial \varphi_x}{\partial y}+\dfrac{\partial \varphi_y}{\partial x}\right) & \varepsilon_z=0 \end{cases} \tag{3.31}$$

由式(3.31)可以看出，剪切薄板理论中的横向切应变不为零。将式(3.31)代入式(3.3)可以得到剪切薄板的应力：

$$\begin{cases} \sigma_x=\dfrac{E}{1-\mu^2}(\varepsilon_x+\mu\varepsilon_y)=\dfrac{Ez}{1-\mu^2}\left(\dfrac{\partial \varphi_x}{\partial x}+\mu\dfrac{\partial \varphi_y}{\partial y}\right) \\ \sigma_y=\dfrac{E}{1-\mu^2}(\varepsilon_y+\mu\varepsilon_x)=\dfrac{Ez}{1-\mu^2}\left(\dfrac{\partial \varphi_y}{\partial y}+\mu\dfrac{\partial \varphi_x}{\partial x}\right) \\ \tau_{xy}=G\gamma_{xy}=Gz\left(\dfrac{\partial \varphi_x}{\partial y}+\dfrac{\partial \varphi_y}{\partial x}\right) \\ \tau_{xz}=G\gamma_{xz}=G\left(\varphi_x+\dfrac{\partial w}{\partial x}\right) \\ \tau_{yz}=G\gamma_{yz}=G\left(\varphi_y+\dfrac{\partial w}{\partial y}\right) \end{cases} \tag{3.32}$$

将式(3.32)代入内力素的定义式(3. 62)，可得

$$\begin{cases} M_x=\int_{-\frac{h}{2}}^{\frac{h}{2}}\sigma_x z\mathrm{d}z=D\left(\dfrac{\partial \varphi_y}{\partial y}+\mu\dfrac{\partial \varphi_x}{\partial x}\right) \\ M_y=\int_{-\frac{h}{2}}^{\frac{h}{2}}\sigma_y z\mathrm{d}z=D\left(\dfrac{\partial \varphi_y}{\partial y}+\mu\dfrac{\partial \varphi_x}{\partial x}\right) \\ M_{xy}=\int_{-\frac{h}{2}}^{\frac{h}{2}}\tau_{xy} z\mathrm{d}z=\dfrac{D(1-\mu)}{2}\left(\dfrac{\partial \varphi_x}{\partial y}+\dfrac{\partial \varphi_y}{\partial x}\right) \\ F_{Sx}=k^2\int_{-\frac{h}{2}}^{\frac{h}{2}}\tau_{xz}\mathrm{d}z=k^2Gh\left(\varphi_x+\dfrac{\partial w}{\partial x}\right) \\ F_{Sy}=k^2\int_{-\frac{h}{2}}^{\frac{h}{2}}\tau_{yz}\mathrm{d}z=k^2Gh\left(\varphi_y+\dfrac{\partial w}{\partial y}\right) \end{cases} \tag{3.33}$$

式中，k 为剪切修正系数，$k^2=5/6$，因为剪切薄板理论认为横向切应力沿厚度不变，而实为按抛物线规律变化。

剪切薄板理论的平衡关系与经典薄板理论的平衡关系式(3.27)相同。将各内力素代入平衡关系，可以得到含三个独立变量 w、φ_x 和 φ_y 的微分方程组，但由于较复杂，能得到实际解析解的情况较少。但在航天结构分析中一般采用剪切薄板理论，原因有三点：①实际结构分析主要依靠有限元方法的数值计算，经典薄板理论的节点位移包括挠度微分，单元边界的位移连续不好保证，而剪切薄板理论的节点位移不包括挠度微分，易于保证单元边界的连续；②航天器结构中已广泛采用复合材料，由于复合材料横向剪切刚度较差，一般不能忽略横向切应变，因此不宜采用经典薄板理论；③剪切薄板理论的计算精度通常高于经典薄板理论。

3. 夹层板理论

由于具有较好的比强度与比刚度，夹层板是飞行器结构中常用的结构形式。夹层板通常由上、下面板和中间芯子组成，如图 3.5 所示。从力学分析的观点，夹层板可按剪切薄板理论来分析，但计算的刚度系数不同。根据夹层板的特点，现引入几个基本假设。

(1) 一般来说，面板厚度与芯子厚度相比很小，且厚度、材料均相同，作为平面应力状态下的薄板来处理，即不考虑面板的弯曲和扭转刚度。

(2) 将芯子看作正交各向异性的均匀材料，且只能承受横向切应力而不能承受板平面内的应力，即认为 $\tau_{xyC}=\sigma_{xC}=\sigma_{yC}=0$(这里及以下均用下标 C 表示芯子)。

(3) 与薄板理论的假设相同，认为在面板和芯子中 $\sigma_z=0$。

(4) 沿板厚方向，面板和芯子的挠度 w 相同。

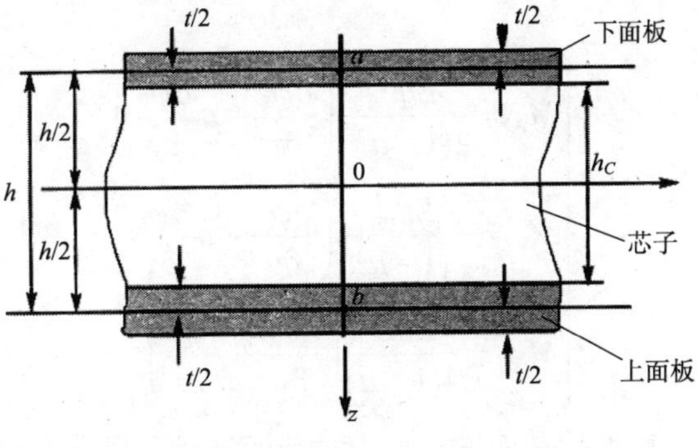

图 3.5　夹层板示意图

根据这些假设，上下面板的位移可假设为

$$\begin{cases} u_i(x,y)=\pm h\varphi_x(x,y)/2 \\ v_i(x,y)=\pm h\varphi_y(x,y)/2 \\ w_i(x,y)=w(x,y) \end{cases} \tag{3.34}$$

式中，下标 $i=1,2$ 分别代表上下面板，前两式中右端分别取正号和负号；φ_x 和 φ_y 可以看作夹层板的相当截面转角。

将式(3.34)代入式(3.2)可以得到上下面板内的应变为

$$\begin{cases}\varepsilon_{xi}=\pm\dfrac{h}{2}\dfrac{\partial\varphi_x}{\partial x}\\ \varepsilon_{yi}=\pm\dfrac{h}{2}\dfrac{\partial\varphi_y}{\partial y}\\ \gamma_{xyi}=\pm\dfrac{h}{2}\left(\dfrac{\partial\varphi_x}{\partial y}+\dfrac{\partial\varphi_y}{\partial x}\right)\end{cases}\quad(i=1,2)\tag{3.35}$$

由于面板内应力沿厚度不变，上下面板的内力与应变关系为

$$\begin{cases}N_{xi}=\sigma_{xi}t=\dfrac{Et}{1-\mu^2}\left(\varepsilon_{xi}+\mu\varepsilon_{yi}\right)\\ N_{yi}=\sigma_{yi}t=\dfrac{Et}{1-\mu^2}\left(\varepsilon_{yi}+\mu\varepsilon_{xi}\right)\\ N_{xyi}=\tau_{xyi}t=\dfrac{Et}{2(1+\mu)}\gamma_{xyi}\end{cases}\quad(i=1,2)\tag{3.36}$$

整个夹层板截面上的内力矩可表示为

$$\begin{cases}M_x=\left(N_{x1}-N_{x2}\right)h/2\\ M_y=\left(N_{y1}-N_{y2}\right)h/2\\ M_{xy}=\left(N_{xy1}-N_{xy2}\right)h/2\end{cases}\tag{3.37}$$

将式(3.35)代入式(3.36)，再代入式(3.37)，可以得到夹层板的截面内力矩与截面转角之间的关系为

$$\begin{cases}M_x=\dfrac{Eth^2}{2(1-\mu^2)}\left(\dfrac{\partial\varphi_x}{\partial x}+\mu\dfrac{\partial\varphi_y}{\partial y}\right)\\ M_y=\dfrac{Eth^2}{2(1-\mu^2)}\left(\dfrac{\partial\varphi_y}{\partial y}+\mu\dfrac{\partial\varphi_x}{\partial x}\right)\\ M_{xy}=\dfrac{Eth^2}{4(1+\mu)}\left(\dfrac{\partial\varphi_x}{\partial y}+\dfrac{\partial\varphi_y}{\partial x}\right)\end{cases}\tag{3.38}$$

类似地，可导出夹层板的截面横向剪力与截面转角和挠度之间的关系为

$$\begin{cases}F_{Sx}=\dfrac{h^2}{4h_C}G_{zxC}\left(\varphi_x+\dfrac{\partial w}{\partial x}\right)\\ F_{Sy}=\dfrac{h^2}{4h_C}G_{yzC}\left(\varphi_y+\dfrac{\partial w}{\partial y}\right)\end{cases}\tag{3.39}$$

式中，G_{zxC}和G_{yzC}分别表示芯子沿xz和沿yz方向的切变模量。

从式(3.38)和式(3.39)中可以看出，夹层板的各内力素与剪切薄板理论中的各内力素的形式是一样的，只是其中的刚度系数不同，而且进一步可以推导出与剪切薄板理论同样的平

衡关系。因此，夹层板理论的分析方法与剪切薄板理论完全相同，在这里也不再赘述。

4. 薄壳理论

薄壳与薄板的理论基础相同，也可以建立相应的经典薄壳理论、剪切薄壳理论和夹层壳理论。

但由于壳体具有曲率，实际分析的表达式和求解要复杂得多。一方面，由于曲率的存在，几何关系和平衡关系需要在曲面上的复杂坐标系中表示；另一方面，几何关系中的面内应变与挠度有联系，平衡关系中的面内内力与横向内力有联系，使得平面问题与弯曲问题之间相互耦合，而薄板理论中是解耦的。例如，对于几何形状最简单的圆柱壳，由于中面为可展开曲面，可以采用与薄板相似的简单坐标表示，即以 x 表示轴向坐标，以 y 表示周向坐标。在剪切薄壳理论中，几何关系为

$$\begin{cases}\varepsilon_x=\dfrac{\partial u_0}{\partial x}+z\dfrac{\partial\varphi_x}{\partial x}\\ \varepsilon_y=\dfrac{\partial v_0}{\partial y}+\dfrac{w}{R}+z\dfrac{\partial\varphi_y}{\partial y}\\ \gamma_{xy}=\dfrac{\partial v_0}{\partial x}+\dfrac{\partial u_0}{\partial y}+z\left(\dfrac{\partial\varphi_y}{\partial x}+\dfrac{\partial\varphi_x}{\partial y}\right)\end{cases}\tag{3.40}$$

式中，u_0 和 v_0 为面内沿 x 和 y 方向的位移；R 为圆柱壳中面的曲率半径。平衡关系为

$$\begin{cases}\dfrac{\partial F_{Nx}}{\partial x}+\dfrac{\partial F_{Sxy}}{\partial y}=0\\ \dfrac{\partial F_{Sxy}}{\partial x}+\dfrac{\partial F_{Ny}}{\partial y}+\dfrac{F_{Sx}}{R}=0\\ \dfrac{\partial F_{Sx}}{\partial x}+\dfrac{\partial F_{Sy}}{\partial y}-\dfrac{F_{Ny}}{R}+q=0\\ \dfrac{\partial M_x}{\partial x}+\dfrac{\partial M_{xy}}{\partial y}-F_{Sx}=0\\ \dfrac{\partial M_{xy}}{\partial x}+\dfrac{\partial M_y}{\partial y}-F_{Sy}=0\end{cases}\tag{3.41}$$

式中，F_{Nx} 与 F_{Ny}、F_{Sxy} 分别为面内沿 x 和 y 方向的轴力和剪力。

从式(3.40)和式(3.41)可以看出，薄壳理论中平面问题与弯曲问题之间相互耦合，因此将形成较为复杂的基本方程组，实际求解很困难。为了简化薄壳理论的分析，人们曾提出了许多简化理论，其中比较有工程实用意义的简化理论有如下几种。

(1) 工程壳体理论(Donnell 理论)。忽略曲率与位移关系中的面内位移项且忽略面内平衡方程中的横向剪力项，上述式(3.40)和式(3.41)中已采用了这种简化表示方式。

(2) 扁壳理论。适用于壳体的拱高与壳体宽度之比小于约 1/5 时，此时曲面坐标可以直接用平面直角坐标来替代。

(3) 无矩理论。完全忽略壳体薄壁内的力矩和横向剪力。

在航天器结构的实际分析中，一般采用工程壳体理论，有时在简单的受压密封壳体分析中，也可以采用无矩理论。

3.2.4　复合材料结构力学理论

复合材料是由两种或两种以上单一材料用物理或化学的方法、经过人工复合而成的一种多相固体材料，具有比强度与比刚度高、可设计性强等优点，在航空航天领域得到了广泛应用。航天中用的复合材料主要由增强体(大多为长纤维，影响主要性能)、基体(支撑、保护增强体)和界面层(增强体外的涂层，力学分析中一般不考虑)构成，一般可分为单层复合材料(图 3.6(a))、层合复合材料(图 3.6(b))和编织复合材料。这里主要介绍单层复合材料和层合复合材料结构性能。

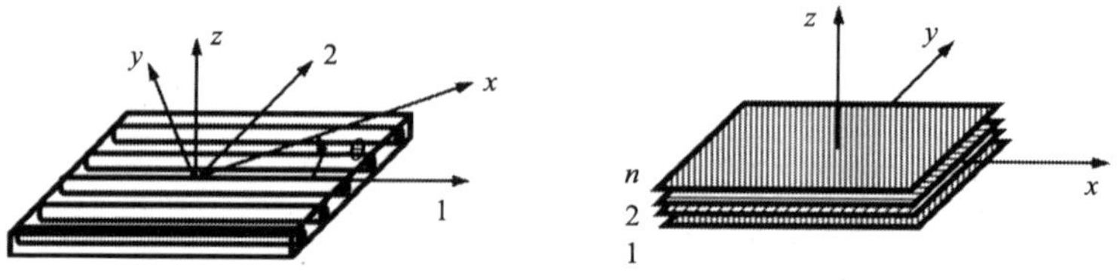

图 3.6　复合材料示意图

1. 单层复合材料

单层复合材料是指纤维均按照同一方向排列的复合材料，如图 3.6(a)所示。对单层复合材料，建立坐标系 1-2-z：1 代表纤维方向，即纵向；2 代表面内与纤维垂直的方向，即横向；z 代表与单层复合材料平面垂直的方向。

单层复合材料是一种正交各向异性材料，其主要力学性能参数有：E_1(纵向弹性模量)、E_2(横向弹性模量)、μ_{12}(泊松比)、G_{12}(切变模量)、σ_{1T}(纵向拉伸强度)、σ_{1C}(纵向压缩强度)、σ_{2T}(横向拉伸强度)、σ_{2C}(横向压缩强度)、τ_B(层内剪切强度)、δ(延伸率)等。其他物理性能参数有：密度、线膨胀系数、热导率、比热容、电导率。主要优点包括密度小、比模量高、比强度高、热稳定性好(线膨胀系数小)、热导率低、可设计等。主要缺点包括脆性材料、层间性能差、吸湿性、加工性能差、损伤多且不确定、贵等。

在坐标系 1-2-z 内，单层复合材料的应力应变关系可表示为

$$\begin{Bmatrix}\sigma_1\\\sigma_2\\\tau_{12}\end{Bmatrix}=\begin{bmatrix}Q_{11}&Q_{12}&0\\Q_{21}&Q_{22}&0\\0&0&Q_{66}\end{bmatrix}\begin{Bmatrix}\varepsilon_1\\\varepsilon_2\\\gamma_{12}\end{Bmatrix}\tag{3.42}$$

式中，σ_1 和 σ_2 分别表示纵向和横向的正应力；τ_{12} 表示面内的切应力；ε_1 和 ε_2 分别表示纵向和横向的正应变；γ_{12} 表示面内的切应变；Q_{11}、Q_{12}、Q_{21}、Q_{22} 和 Q_{66} 是单层复合材料的顺轴刚度系数，它们与单层复合材料的主要力学性能参数之间的关系如下：

$$Q_{11}=E_1/\left(1-\mu_{12}\mu_{21}\right),Q_{12}=\mu_{12}E_2/\left(1-\mu_{12}\mu_{21}\right)$$

$$Q_{22}=E_2/\left(1-\mu_{12}\mu_{21}\right),Q_{66}=G_{12}$$

式中，μ_{21} 表示仅在 2 方向作用正应力时，引起的 1、2 方向正应变之比的负值，满足 $\mu_{21}/E_2=\mu_{12}/E_1$。

单层复合材料在用于板结构时，其面内主方向 1 和 2 可能与板的面内方向 x 和 y 并不一致，设所成夹角为θ，如图 3.6(a)所示，则单层复合材料在面内坐标 x-y 内的应力应变关系可表示为

$$\boldsymbol{\sigma}=\bar{\boldsymbol{Q}}\boldsymbol{\varepsilon} \tag{3.43}$$

式中，

$$\boldsymbol{\sigma}=\begin{Bmatrix}\sigma_x\\ \sigma_y\\ \tau_{xy}\end{Bmatrix};\quad \boldsymbol{\varepsilon}=\begin{Bmatrix}\varepsilon_x\\ \varepsilon_y\\ \gamma_{xy}\end{Bmatrix};\quad \bar{\boldsymbol{Q}}=\begin{bmatrix}\bar{Q}_{11} & \bar{Q}_{12} & \bar{Q}_{16}\\ \bar{Q}_{21} & \bar{Q}_{22} & \bar{Q}_{26}\\ \bar{Q}_{61} & \bar{Q}_{62} & \bar{Q}_{66}\end{bmatrix}$$

式中，σ_x 和 σ_y 分别表示 x 和 y 向的正应力；τ_{xy} 表示 x-y 面内的切应力；ε_x 和 ε_y 分别表示 x 和 y 向的正应变；γ_{xy} 表示面 x-y 内的切应变；$\bar{\boldsymbol{Q}}$ 是单层复合材料的偏轴刚度系数矩阵，矩阵中各刚度系数与单层复合材料的顺轴刚度系数之间的关系如下：

$$\begin{Bmatrix}\bar{Q}_{11}\\ \bar{Q}_{22}\\ \bar{Q}_{12}\\ \bar{Q}_{66}\\ \bar{Q}_{16}\\ \bar{Q}_{26}\end{Bmatrix}=\begin{bmatrix}m^4 & n^4 & 2m^2n^2 & 4m^2n^2\\ n^4 & m^4 & 2m^2n^2 & 4m^2n^2\\ m^2n^2 & m^2n^2 & m^4+n^4 & -4m^2n^2\\ m^2n^2 & m^2n^2 & -2m^2n^2 & \left(m^2-n^2\right)^2\\ m^3n & -mn^3 & mn^3-m^3n & 2\left(mn^3-m^3n\right)\\ mn^3 & -m^3n & m^3n-mn^3 & 2\left(m^3n-mn^3\right)\end{bmatrix}\begin{Bmatrix}Q_{11}\\ Q_{22}\\ Q_{12}\\ Q_{66}\end{Bmatrix}$$

式中，$m=\cos\theta$；$n=\sin\theta$。

2. 层合复合材料

将多层单层复合材料按照某种次序叠放并黏结在一起制成的整体结构板，称为层合复合材料板，简称层合板。这里基于经典层合板理论建立其应力应变关系。在经典层合板理论中，主要有以下基本假设。

(1) 忽略厚度方向的正应力，并假定厚度方向无变形。

(2) 直法线假设，即认为垂直于板中面的直线在变形后依然为垂直于挠曲面的直线。

(3) 各铺层处于平面应力状态。

基于这些假设，层合板的位移模式可写为

$$\begin{cases}u=u_0(x,y)-z\dfrac{\partial w(x,y)}{\partial x}\\ v=v_0(x,y)-z\dfrac{\partial w(x,y)}{\partial y}\\ w=w(x,y)\end{cases} \tag{3.44}$$

式中，$u_0(x,y)$、$v_0(x,y)$ 和 $w(x,y)$ 分别为层合板中面沿 x、y 和 z 方向的位移。

将式(3.44)代入式(3.5)中，可以得到层合板的应变为

$$\begin{cases}\varepsilon_x = \dfrac{\partial u_0}{\partial x} - z\dfrac{\partial^2 w}{\partial x^2} \\ \varepsilon_y = \dfrac{\partial v_0}{\partial y} - z\dfrac{\partial^2 w}{\partial y^2} \\ \gamma_{xy} = \dfrac{\partial u_0}{\partial y} + \dfrac{\partial v_0}{\partial x} - 2z\dfrac{\partial^2 w}{\partial x \partial y}\end{cases} \tag{3.45}$$

将式(3.45)写成矩阵形式可得

$$\boldsymbol{\varepsilon} = \boldsymbol{\varepsilon}_0 + z\boldsymbol{\kappa} \tag{3.46}$$

式中

$$\boldsymbol{\varepsilon}_0 = \begin{Bmatrix}\varepsilon_{x0} \\ \varepsilon_{y0} \\ \gamma_{xy0}\end{Bmatrix} = \begin{Bmatrix}\dfrac{\partial u_0}{\partial x} \\ \dfrac{\partial v_0}{\partial y} \\ \dfrac{\partial u_0}{\partial y} + \dfrac{\partial v_0}{\partial x}\end{Bmatrix}; \quad \boldsymbol{\kappa} = \begin{Bmatrix}\kappa_x \\ \kappa_y \\ \kappa_{xy}\end{Bmatrix} = -\begin{Bmatrix}\dfrac{\partial^2 w}{\partial x^2} \\ \dfrac{\partial^2 w}{\partial y^2} \\ 2\dfrac{\partial^2 w}{\partial x \partial y}\end{Bmatrix}$$

式中，$\boldsymbol{\varepsilon}_0$ 和 $\boldsymbol{\kappa}$ 分别表示中面的应变和曲率，均为面内坐标 x 和 y 的函数。

将式(3.46)代入应力应变关系式(3.43)中，可以得到每一铺层(假设为层合板的第 k 层)的应力为

$$\boldsymbol{\sigma}_k = \bar{\boldsymbol{Q}}_k\left(\boldsymbol{\varepsilon}_0 + z\boldsymbol{\kappa}\right) \tag{3.47}$$

式中，$\boldsymbol{\sigma}_k = \begin{bmatrix}\sigma_x & \sigma_y & \tau_{xy}\end{bmatrix}_k^{\mathrm{T}}$ 和 $\bar{\boldsymbol{Q}}_k$ 分别表示层合板的第 k 层的面内应力向量和偏轴刚度系数矩阵。

根据内力素的定义，层合板横截面单位宽度上的内力(轴力 $F_{\mathrm{N}x}$ 和 $F_{\mathrm{N}y}$、剪力 $F_{\mathrm{S}xy}$、弯矩 M_x 和 M_y、扭矩 M_{xy})分别为

$$\begin{cases}\boldsymbol{N} = \begin{Bmatrix}F_{\mathrm{N}x} \\ F_{\mathrm{N}y} \\ F_{\mathrm{S}xy}\end{Bmatrix} = \displaystyle\int_{-\frac{h}{2}}^{\frac{h}{2}} \begin{Bmatrix}\sigma_x \\ \sigma_y \\ \tau_{xy}\end{Bmatrix} dz = \sum_{k=1}^{n}\int_{z_{k-1}}^{z_k} \begin{Bmatrix}\sigma_x \\ \sigma_y \\ \tau_{xy}\end{Bmatrix}_k dz \\ \boldsymbol{M} = \begin{Bmatrix}M_x \\ M_y \\ M_{xy}\end{Bmatrix} = \displaystyle\int_{-\frac{h}{2}}^{\frac{h}{2}} \begin{Bmatrix}\sigma_x \\ \sigma_y \\ \tau_{xy}\end{Bmatrix} z dz = \sum_{k=1}^{n}\int_{z_{k-1}}^{z_k} \begin{Bmatrix}\sigma_x \\ \sigma_y \\ \tau_{xy}\end{Bmatrix}_k z dz\end{cases} \tag{3.48}$$

式中，h 为层合板的厚度。将应力表达式(3.47)代入式(3.48)可得

$$\begin{cases}\boldsymbol{N} = \boldsymbol{A}\boldsymbol{\varepsilon}_0 + \boldsymbol{B}\boldsymbol{\kappa} \\ \boldsymbol{M} = \boldsymbol{B}\boldsymbol{\varepsilon}_0 + \boldsymbol{D}\boldsymbol{\kappa}\end{cases} \tag{3.49}$$

式中，$\boldsymbol{A} = \sum\limits_{k=1}^{n}\bar{\boldsymbol{Q}}_k\left(z_k - z_{k-1}\right), \boldsymbol{B} = \dfrac{1}{2}\sum\limits_{k=1}^{n}\bar{\boldsymbol{Q}}_k\left(z_k{}^2 - z_{k-1}{}^2\right), \boldsymbol{D} = \dfrac{1}{3}\sum\limits_{k=1}^{n}\bar{\boldsymbol{Q}}_k\left(z_k{}^3 - z_{k-1}{}^3\right)$ 分别为层合板

的拉压刚度、拉弯耦合刚度和弯曲刚度，其具体形式如下：

$$\boldsymbol{A}=\begin{bmatrix} A_{11} & A_{12} & A_{16} \\ A_{12} & A_{22} & A_{26} \\ A_{16} & A_{26} & A_{66} \end{bmatrix},\quad \boldsymbol{B}=\begin{bmatrix} B_{11} & B_{12} & B_{16} \\ B_{12} & B_{22} & B_{26} \\ B_{16} & B_{26} & B_{66} \end{bmatrix},\quad \boldsymbol{D}=\begin{bmatrix} D_{11} & D_{12} & D_{16} \\ D_{12} & D_{22} & D_{26} \\ D_{16} & D_{26} & D_{66} \end{bmatrix} \tag{3.50}$$

式中，

$$\begin{cases} A_{ij}=\int_{-\frac{h}{2}}^{\frac{h}{2}}\bar{Q}_{ij}dz=\sum_{k=1}^{n}\left(\bar{Q}_{ij}\right)_k\left(z_k-z_{k-1}\right) \\ B_{ij}=\int_{-\frac{h}{2}}^{\frac{h}{2}}\bar{Q}_{ij}zdz=\sum_{k=1}^{n}\left(\bar{Q}_{ij}\right)_k\left(z_k^2-z_{k-1}^2\right) \qquad (i,j=1,2,6) \\ D_{ij}=\int_{-\frac{h}{2}}^{\frac{h}{2}}\bar{Q}_{ij}z^2dz=\sum_{k=1}^{n}\left(\bar{Q}_{ij}\right)_k\left(z_k^3-z_{k-1}^3\right) \end{cases}$$

由式(3.49)和式(3.50)可以看出，由于耦合刚度 $\boldsymbol{B}$ 的存在，中面内力 $\boldsymbol{N}$ 可以产生弯曲和扭曲变形，而弯矩和扭矩也可以产生面内拉压和剪切变形，这种现象称为拉弯耦合效应。另外，A_{16} 和 A_{26} 的存在会导致拉剪耦合效应，D_{16} 和 D_{26} 的存在会导致弯扭耦合效应。这些复杂的耦合效应，在各向同性材料中是不存在的，在目前的复合材料结构设计中，大多数情况下需要避免这些耦合效应，但在一些特殊情况下，也需要利用这些耦合效应设计具有特殊性能的结构。

3. *复合材料板壳理论*

在复合材料板壳理论中，由于引入了物理关系式(3.49)，在理论模型和分析方法上也出现了一些变化。以下对实际的复合材料板壳结构分析作一些简要说明。

(1) 实际复合材料结构一般设计中，为避免拉弯耦合效应，一般将复合材料层合结构设计成对称铺层结构，使得耦合刚度矩阵为零，即 $\boldsymbol{B}=0$，从而避免拉弯耦合效应。

(2) 一般采用正交或正规对称角铺层，使得 A_{16}、A_{26}、D_{16} 和 D_{26} 均为零。此时，层合板的基本方程为

$$D_{11}\frac{\partial^4 w}{\partial x^4}+2\left(D_{12}+2D_{66}\right)\frac{\partial^4 w}{\partial x^2\partial y^2}+D_{22}\frac{\partial^4 w}{\partial y^4}=q\left(x,y\right) \tag{3.51}$$

(3) 若采用复合材料薄板的剪切理论，不仅分析的难度增加，而且由于修正系数不为常数，而与薄板的具体铺层方式有关，需要通过较复杂的计算得到。

(4) 复合材料薄壳理论更复杂，实际上主要仅限于圆柱薄壳的分析。

3.2.5　结构稳定性理论

当结构受到某些特殊载荷(压缩或剪切)，且载荷或应力达到一定值时，结构可以存在一个以上的平衡位置，原来稳定的平衡位置变成不稳定的平衡位置，在稍有外界干扰下，将从这个不稳定的平衡位置趋向另外一个平衡位置，由此将造成不希望的很大结构变形，或者完全坍塌。这种现象称为结构的**失稳**(或**屈曲**)现象，达到这个失稳现象的载

荷值，称为**临界载荷**(或**屈曲载荷**)，相应的应力称为**临界应力**。一般在压缩状态下结构容易发生失稳现象，特别是刚度较差的薄壁结构，如图 3.7 所示的压杆变弯、圆形拱受均布压力变为非圆形、深梁侧偏、薄壁圆筒受扭起皱等。

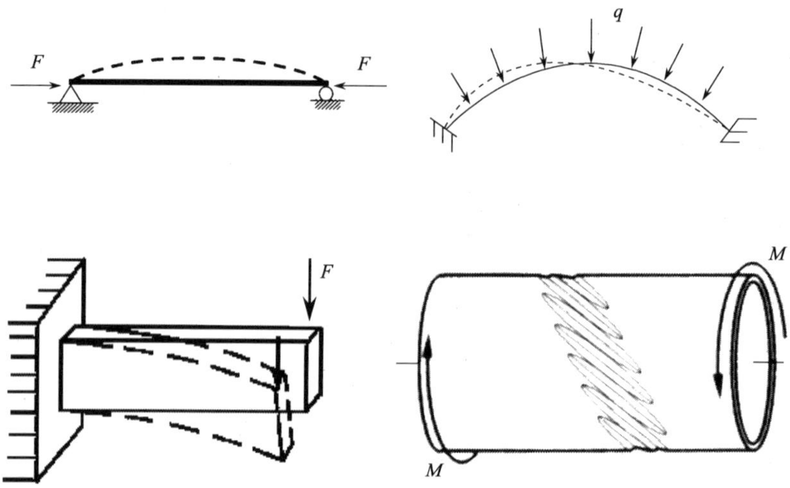

图 3.7　失稳现象示意图

具体结构的失稳现象是比较复杂的，根据不同的结构形式和载荷条件，可以存在多种失稳模式。如果整个结构发生失稳，称为**整体失稳**；如果仅结构的局部区域发生失稳，称为**局部失稳**。

—般说，在飞行器结构中，特别是在飞行器的主要结构中，结构失稳是不容许的。因此，把结构失稳也归入强度验证的范围，有时也把失稳应力称为“失稳强度”。但是，结构失稳与结构材料的屈服和断裂破坏具有本质上的不同之处。

(1) 屈服和断裂破坏是“材料”破坏，而失稳是“结构”破坏，失稳不仅与材料性能有关，而且与结构形式和载荷状态有很大关系。

(2) 屈服和断裂破坏强度取决于结构的材料强度，而失稳强度取决于结构刚度，与材料的弹性模量有关，但与材料的强度无关。

(3) 屈服和断裂破坏强度目前主要依靠试验测定(对于复合材料需要辅以一定的计算分析)，而失稳强度可以通过分析计算，或者通过分析与试验结合的方法得到。

结构稳定性分析具有重要的意义。目前航天结构使用的材料强度和刚度较高，且为了减轻重量，结构壁厚一般较小，有时结构失稳的临界载荷要比结构材料破坏载荷低得多，因此对于很多结构，有时把失稳强度作为强度验证的首要条件，如圆柱壳的轴压临界载荷、夹层板的局部屈曲应力等。

1. 压杆稳定性分析

对于细长压杆，可采用材料力学中学习的欧拉公式计算其临界载荷：

$$F_{cr} = \frac{\pi^2 EI}{(\mu l)^2} \tag{3.52}$$

式中，乘积μl称为压杆的**相当长度或有效长度**，即原压杆相当μl这么长的两端铰支杆，系数μ称为**长度因数**，代表支持(约束)方式对临界载荷的影响。几种常见支持方式细长压杆的长度因数与临界载荷如表 3.1 所示。

表 3.1　几种常见支持方式细长压杆的长度因数与临界载荷

支持方式	两端铰支	一端固定 另一端自由	两端固定	一端固定 另一端铰支
长度因数μ	1.0	2.0	0.5	0.7
临界载荷 F_{cr}	$\frac{\pi^2 EI}{l^2}$	$\frac{\pi^2 EI}{(2l)^2}$	$\frac{\pi^2 EI}{(0.5l)^2}$	$\frac{\pi^2 EI}{(0.7l)^2}$

压杆失稳后，仍能在弯曲的平衡状态下承受轴向载荷，如图 3.8 中的曲线 ac，这种现象称为后屈曲现象，此时的应变与位移之间呈现非线性几何关系。当然，由于后屈曲过程中挠度将急剧增长，这种后屈曲现象在航天器结构设计中一般是不容许的。另外，实际压杆的轴线在施加压力之前可能已有微小弯曲(即所谓初曲或初始几何缺陷)，外界压力也可能不沿杆件轴线(偏心压缩或斜压等)，压杆材料也有可能不均匀。因此，对于实际压杆，开始施加压力时，就会有挠度产生，且随着压力增大缓慢增长；当轴向压力 F 接近临界载荷 F_{cr} 时，挠度急剧增大，如图 3.8 中的虚线 og，而理想压杆小挠度理论对应的折线 oab 可看作它的极限情况。

2. 矩形薄板稳定性分析

板在失稳时常出现较大的挠度和转动，需要考虑挠度的几何非线性效应，因此板的挠度会引起板中面应变的变化，从而引起中面内力的变化。考虑一个四边简支的复合材料矩形薄板，正交对称铺层，因此可看做一个正交各向异性材料的薄板，并设薄板四周分别承受沿 x 和 y 向的平面压缩载荷 $\bar{N}_x$ 和 $\bar{N}_y$，如图 3.9 所示。

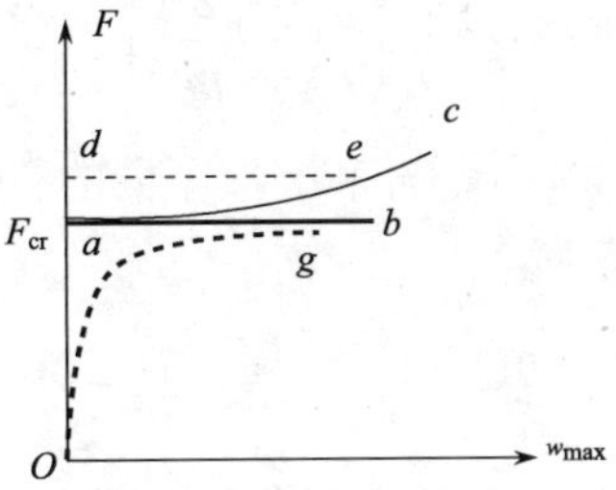

图 3.8　压杆失稳时压力与最大挠度关系

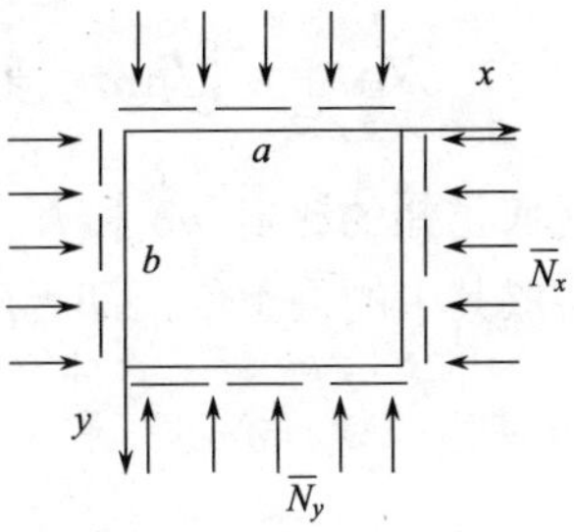

图 3.9　面内受压薄板

当载荷较小时，薄板只有面内变形这一种平衡状态；当载荷增加到一定值时，薄板将增加另一种产生横向挠度的平衡状态，而此时平面的平衡状态成为不稳定状态，薄板在此时发生了屈曲失稳。从理论上说，薄板的屈曲形式和相应的失稳载荷值可以有无穷个。但作为实际应用，往往仅需要知道其中最小的载荷值，这个值称为临界载荷。此时的基本方程为

$$D_{11}\frac{\partial^4 w}{\partial x^4}+2\left(D_{12}+2D_{66}\right)\frac{\partial^4 w}{\partial x^2\partial y^2}+D_{22}\frac{\partial^4 w}{\partial y^4}=-\bar{N}_x\frac{\partial^2 w}{\partial x^2}-\bar{N}_y\frac{\partial^2 w}{\partial y^2} \tag{3.53}$$

假设挠度为双傅里叶级数形式，即

$$w=\sum_{m=1}^{\infty}\sum_{n=1}^{\infty}w_{mn}\sin\frac{m\pi x}{a}\sin\frac{n\pi y}{b} \tag{3.54}$$

式中，m 和 n 分别表示薄板失稳时沿 x 和 y 方向的正弦半波数。将式(3.54)代入式(3.53)，可以得到

$$\pi^2\left[D_{11}\lambda^{-2}+2\left(D_{12}+2D_{66}\right)+D_{22}\lambda^2\right]=\bar{N}_x\frac{b^2}{n^2}+\bar{N}_y\frac{a^2}{m^2} \tag{3.55}$$

式中，$\lambda=\dfrac{na}{mb}$。式(3.55)称为确定 $\bar{N}_x$ 和 $\bar{N}_y$ 临界值的特征方程。

下面讨论两种实用的特殊情况。

(1)在加载过程中 $\bar{N}_y$ 保持为常数。此时设 $\bar{N}_y=k\dfrac{\pi^2 D_{22}}{b^2}$，其中，$k$ 为已知常数。将 $\bar{N}_y=k\dfrac{\pi^2 D_{22}}{b^2}$ 代入式(3.55)，此时 n 应该等于 1，$\bar{N}_x$ 的临界值为

$$\bar{N}_{x\text{cr}}=\frac{\pi^2}{b^2}\left[D_{11}\lambda^{-2}+2\left(D_{12}+2D_{66}\right)+D_{22}\left(1-k\right)\lambda^2\right] \tag{3.56}$$

式(3.56)对 λ^2 求导等于 0，确定出相应的 λ_{cr}^2，再代入式(3.56)可得出 $\bar{N}_{x\text{cr}}$ 的最小值，即临界载荷为

$$\bar{N}_{x\text{cr,min}}=\frac{2\pi^2}{b^2}\left\{\left(D_{12}+2D_{66}\right)+\left[D_{11}D_{22}\left(1-k\right)\right]^{1/2}\right\} \tag{3.57}$$

(2)在加载过程中 $\bar{N}_y$ 与 $\bar{N}_x$ 的比值保持为常数，即 $\bar{N}_y=l\bar{N}_x$，l 为已知的比例常数。代入特征方程(3.55)可得

$$\bar{N}_{x\text{cr}}=\pi^2\left[D_{11}\lambda^{-2}+2\left(D_{12}+2D_{66}\right)+D_{22}\lambda^2\right]\bigg/\left(\frac{b^2}{n^2}+l\frac{a^2}{m^2}\right) \tag{3.58}$$

对于任何已知的比值 a/b 和 l，都可以在式(3.58)中命 m 和 n 取不同的整数，求出不同的 $\bar{N}_{x\text{cr}}$，取其中的最小值，即为所求的临界载荷 $\bar{N}_{x\text{cr,min}}$

3. 圆柱薄壳稳定性分析

薄壳稳定性分析比较复杂，这里仅不加推导地给出圆柱壳屈曲问题的小挠度经典解。设 R 和 δ 分别是圆柱壳的中面半径和厚度，则

(1)轴压圆柱壳临界应力 σ_{cr} 可用式(2.21)进行计算。

(2)外压圆柱壳临界外压 p_{cr} 的计算公式如下。

对于长度$l>4.9R\sqrt{\dfrac{R}{\delta}}$的自由边界长圆柱壳：

$$p_{cr}=\frac{1}{4}\frac{E}{1-\mu^2}\frac{\delta^3}{R^3} \tag{3.59}$$

对于环向约束的短圆柱壳：

$$p_{cr}=0.807\frac{E\delta^2}{lR}\sqrt[4]{\left(\frac{1}{1-\mu^2}\right)^3\frac{\delta^2}{R^2}} \tag{3.60}$$

以上对薄板和薄壳的稳定性分析的结果均是基于理想结构得到的。实际的薄板和薄壳的中面均不可能是理想的平面或规定壳面，总是有一定的初始挠度(或称为初始缺陷)，由于初始缺陷以及其他因素的影响，薄板和薄壳的临界载荷要比理论计算值低，特别是金属薄壳。因此，在必要的时候需要通过试验进行验证和修正。

3.2.6　热弹性理论

考虑温度引起的热变形与热应力对飞行器结构设计非常重要。空间轨道环境的温度变化，可能造成结构上不容许的热变形，如相机支架的变形会影响成像精度、高频天线反射器的热变形造成增益的下降；地面或轨道环境温度变化和飞行器在大气层内高速飞行的气动热，都有可能造成结构上不容许的热应力，甚至造成结构破坏，如航天飞机返回时的气动加热使结构产生热应力、复合材料固化降温可能使结构存在一定的内应力等。

有三种温度状态可能会引起结构的热变形或热应力：①结构上的温度分布不均匀；②整个结构的温度发生改变，并且结构具有一定的边界约束条件；③整个结构的温度发生改变，并且结构中具有材料热膨胀系数不同的部分。在分析热变形和热应力时，一般采取如下假设。

(1) 定常状态的假设。认为温度随时间的变化不快，也就是温度是“稳态”变化而不是“瞬态”变化，这个假设一般符合飞行器(特别是航天器)结构的实际环境条件。因此，这里热变形和热应力分析属于静力分析范畴，而不考虑热冲击、热弹性振动、热弹性波传播等动力学问题。

(2) 非耦合状态假设。一般说，温度场影响结构的变形，反过来结构的变形也会影响温度场的分布，因此存在相互耦合的关系。但由于结构的变形量很小，可以不考虑这个耦合效应，传热分析与热弹性分析可以分开考虑。因此在热弹性分析中，认为温度场已由航天器热分析得到，并作为分析的输入条件。

1. 热弹性理论的物理关系

热弹性理论与一般弹性理论的平衡关系和几何关系是相同的，区别在于物理关系的不同。下面首先推导物理关系。

对于一维杆问题，考虑一根长为l的金属杆，弹性模量为E，线膨胀系数为α，当温度均匀升高ΔT时，自由膨胀的热变形为$\Delta l_T=\alpha l\Delta T$；当杆横截面上正应力为$\sigma$时，载荷引起的变形为$\Delta l_F = \dfrac{\sigma}{E} l$。而当金属杆既有温度变化(均匀升高$\Delta T$)，又有载荷作用(横截面上正应力为$\sigma$)时，总的变形为$\Delta l = \Delta l_F + \Delta l_T = \alpha l \Delta T + \dfrac{\sigma}{E} l$，从而可得到一维热弹性问题的物理关系为

$$\varepsilon = \frac{\Delta l}{l} = \frac{\sigma}{E} + \alpha \Delta T \tag{3.61}$$

由式(3.61)可以看出，温度变化会引起应变或变形，作用效果与机械载荷类似，因此通常也将温度变化称为**热载荷**。但某点的温度变化不会引起剪切变形和切应变，因此，对于三维问题，当考虑热载荷时，应力应变关系为

$$\begin{cases} \varepsilon_x = \dfrac{1}{E}\left[\sigma_x - \mu\left(\sigma_y + \sigma_z\right)\right] + \alpha\Delta T & \gamma_{xy} = \dfrac{\tau_{xy}}{G} \\ \varepsilon_y = \dfrac{1}{E}\left[\sigma_y - \mu\left(\sigma_z + \sigma_x\right)\right] + \alpha\Delta T & \gamma_{yz} = \dfrac{\tau_{yz}}{G} \\ \varepsilon_z = \dfrac{1}{E}\left[\sigma_z - \mu\left(\sigma_x + \sigma_y\right)\right] + \alpha\Delta T & \gamma_{zx} = \dfrac{\tau_{zx}}{G} \end{cases} \tag{3.62}$$

在实际分析中，当温度变化较大时，式(3.62)中的材料常数E、μ、G、α均应考虑为温度的函数。

2. 梁的热变形与热应力

考虑一个如图3.1所示的简单梁，不考虑其上作用的分布载荷，而考虑其温度升高ΔT，且ΔT沿梁的高度方向变化，即$\Delta T = \Delta T(z)$。此时，梁的轴向位移为

$$u = u_0 - z\frac{\mathrm{d}w}{\mathrm{d}x} \tag{3.63}$$

式中，u_0为梁中面上的轴向位移。

由几何关系式(3.2)，可得梁轴向应变为

$$\varepsilon_x = \frac{\mathrm{d}u}{\mathrm{d}x} = \frac{\mathrm{d}u_0}{\mathrm{d}x} - z\frac{\mathrm{d}^2 w}{\mathrm{d}x^2} \tag{3.64}$$

再由物理关系式(3.62)，可得梁横截面上的应力为

$$\sigma_x = E\left(\varepsilon_x - \alpha\Delta T\right) \tag{3.65}$$

由于没有外载荷，因此横截面上的轴力与弯矩均为零，即

$$\begin{cases} F_{\mathrm{N}}(x) = \displaystyle\int_A \sigma_x \mathrm{d}A = 0 \\ M(x) = \displaystyle\int_A \sigma_x z \mathrm{d}A = 0 \end{cases} \tag{3.66}$$

由式(3.64)~式(3.66)可得

$$
\begin{cases}
\dfrac{\mathrm{d}u_0}{\mathrm{d}x}=\dfrac{\int_A \alpha\Delta T\mathrm{d}A}{A} \\
\dfrac{\mathrm{d}^2 w}{\mathrm{d}x^2}=\dfrac{\int_A \alpha\Delta Tz\mathrm{d}A}{I}
\end{cases}
\tag{3.67}
$$

将式(3.67)代入式(3.65)，可得温度引起的应力为

$$
\sigma_x = E\left(\frac{\int_A \alpha\Delta T\mathrm{d}A}{A}+\frac{z\int_A \alpha\Delta Tz\mathrm{d}A}{I}-\alpha\Delta T\right)
\tag{3.68}
$$

对于温度引起的变形，可由式(3.67)和相应的边界条件确定。

3. *层合复合材料的零膨胀系数与残余热应力*

1)含热载荷的单层复合材料物理关系

设单层纤维增强复合材料面内纵向与横向的线膨胀系数分别为α_1和α_2，当考虑温度升高ΔT时，其顺轴方向(图 3.6(a)中 1-2 方向)的应力应变关系可由式(3.42)改写为

$$
\begin{Bmatrix}\sigma_1\\ \sigma_2\\ \tau_{12}\end{Bmatrix}=\begin{bmatrix}Q_{11} & Q_{12} & 0\\ Q_{21} & Q_{22} & 0\\ 0 & 0 & Q_{66}\end{bmatrix}\left(\begin{Bmatrix}\varepsilon_1\\ \varepsilon_2\\ \gamma_{12}\end{Bmatrix}-\begin{Bmatrix}\alpha_1\\ \alpha_2\\ 0\end{Bmatrix}\Delta T\right)
\tag{3.69}
$$

在偏轴方向(图 3.6(a)中 x-y 方向)，应力应变关系可由式(3.43)改写为

$$
\boldsymbol{\sigma}=\bar{\boldsymbol{Q}}\left(\boldsymbol{\varepsilon}-\bar{\boldsymbol{\alpha}}\Delta T\right)
\tag{3.70}
$$

式中，

$$
\boldsymbol{\sigma}=\begin{Bmatrix}\sigma_x\\ \sigma_y\\ \tau_{xy}\end{Bmatrix};\quad \boldsymbol{\varepsilon}=\begin{Bmatrix}\varepsilon_x\\ \varepsilon_y\\ \gamma_{xy}\end{Bmatrix};\quad \bar{\boldsymbol{\alpha}}=\begin{Bmatrix}\bar{\alpha}_1\\ \bar{\alpha}_2\\ \bar{\alpha}_{12}\end{Bmatrix}=\begin{Bmatrix}\alpha_1 m^2+\alpha_2 n^2\\ \alpha_1 n^2+\alpha_2 m^2\\ 2(\alpha_1-\alpha_2)mn\end{Bmatrix}
$$

2)含热载荷的层合复合材料物理关系

对于层合复合材料板，其应变可以写成与式(3.46)相同的形式，考虑温度变化后，第 k 层的应力为

$$
\boldsymbol{\sigma}_k=\bar{\boldsymbol{Q}}_k\left(\boldsymbol{\varepsilon}_0+z\boldsymbol{\kappa}-\bar{\boldsymbol{\alpha}}_k\Delta T\right)
\tag{3.71}
$$

将式(3.71)代入式(3.48)，可以得到层合复合材料板内力与应变之间的关系，即物理关系为

$$
\begin{cases}
\boldsymbol{N}=\boldsymbol{A}\boldsymbol{\varepsilon}_0+\boldsymbol{B}\boldsymbol{\kappa}-\boldsymbol{N}^{\mathrm{t}}\\
\boldsymbol{M}=\boldsymbol{B}\boldsymbol{\varepsilon}_0+\boldsymbol{D}\boldsymbol{\kappa}-\boldsymbol{M}^{\mathrm{t}}
\end{cases}
\tag{3.72}
$$

式中，$\boldsymbol{N}$、$\boldsymbol{M}$、$\boldsymbol{A}$、$\boldsymbol{B}$ 和 $\boldsymbol{D}$ 与式(3.42)中的含义相同，$\boldsymbol{N}^{\mathrm{t}}=\left\{N_x^{\mathrm{t}}\quad N_y^{\mathrm{t}}\quad N_{xy}^{\mathrm{t}}\right\}^{\mathrm{T}}$ 和 $\boldsymbol{M}^{\mathrm{t}}=\left\{M_x^{\mathrm{t}}\quad M_y^{\mathrm{t}}\quad M_{xy}^{\mathrm{t}}\right\}^{\mathrm{T}}$ 是由于温度变化引起的，分别称为温度内力和温度内力矩，它

们的定义式为

$$\begin{cases} \boldsymbol{N}^{\mathrm{t}} = \sum_{k=1}^{n} \int_{z_{k-1}}^{z_k} \bar{\boldsymbol{Q}}_k \bar{\boldsymbol{\alpha}}_k \Delta T dz \\ \boldsymbol{M}^{\mathrm{t}} = \sum_{k=1}^{n} \int_{z_{k-1}}^{z_k} \bar{\boldsymbol{Q}}_k \bar{\boldsymbol{\alpha}}_k \Delta T z dz \end{cases} \tag{3.73}$$

由式(3.72)可知，当层合复合材料温度改变ΔT时，即使ΔT沿厚度方向不变，也有可能发生翘曲现象，因为$\boldsymbol{M}^{\mathrm{t}}$有可能不为零，即$\boldsymbol{M}^{\mathrm{t}}$的存在使得层合板在不受力的情况下也可能翘曲。而复合材料成形过程中，一般要经历固化降温过程，因此这种翘曲现象通常是不允许的。为消除这种翘曲现象，最简单的方法就是把复合材料做成对称铺层的形式，当ΔT沿厚度方向不变时，由式(3.73)可知，$\boldsymbol{M}^{\mathrm{t}}$为零，且对称铺层复合材料的$\boldsymbol{B}$也为零，因此，不会出现翘曲现象。

3）“零膨胀系数”材料设计

各向同性材料各个方向的线膨胀系数是相同的，而单层复合材料纵向与横向的线膨胀系数是不同的，而且某些复合材料(如高模量碳纤维、凯芙拉纤维增强环氧树脂复合材料)的纵向线膨胀系数α_1为负值，这为零膨胀系数的层合复合材料的设计提供了可能。

为简单起见，这里仅讨论对称铺层的层合复合材料，此时$\boldsymbol{B}$=0，$\boldsymbol{M}^{\mathrm{t}}$=0。在没有外载荷的情况下，当温度升高$\Delta T$时，由式(3.72)可知

$$\begin{cases} \boldsymbol{\varepsilon}_0 = \boldsymbol{A}^{-1}\boldsymbol{N}^{\mathrm{t}} \\ \boldsymbol{\kappa} = 0 \end{cases} \tag{3.74}$$

由于没有外载荷作用，式(3.74)第一式中的$\boldsymbol{\varepsilon}_0$即由温度引起的层合板中面的应变，由线膨胀系数的含义，可得到层合板的线膨胀系数为

$$\bar{\boldsymbol{\alpha}}_c = \boldsymbol{\varepsilon}_0 / \Delta T = \boldsymbol{A}^{-1}\boldsymbol{N}^{\mathrm{t}} / \Delta T \tag{3.75}$$

式中，$\bar{\boldsymbol{\alpha}}_c = \{\bar{\alpha}_{1c} \quad \bar{\alpha}_{2c} \quad \bar{\alpha}_{12c}\}^{\mathrm{T}}$，$\bar{\alpha}_{1c}$、$\bar{\alpha}_{2c}$和$\bar{\alpha}_{12c}$分别为层合板在 x-y 坐标系中的三个线膨胀系数。通过选择合适铺层方式、纤维种类、基体材料、纤维体积含量等变量，可以使得$\bar{\boldsymbol{\alpha}}_c$中的全部或部分分量为零，即可以得到全方向或单方向的“零膨胀系数”材料的设计。

4)残余热应力

对于对称铺层的层合复合材料，设固化温度与室温之差为ΔT。固化降温后，层合复合材料的总残余变形为式(3.74)第一式中的$\boldsymbol{\varepsilon}_0$。

将式(3.74)代入式(3.71)，就可以得到层合复合材料在固化降温后，第k层的残余应力为

$$\boldsymbol{\sigma}_k = \bar{\boldsymbol{Q}}_k \left(\boldsymbol{A}^{-1}\boldsymbol{N}^{\mathrm{t}} - \bar{\boldsymbol{\alpha}}_k \Delta T\right) \tag{3.76}$$

3.3　飞行器结构分析

3.2 节介绍了飞行器结构力学基本理论及其解析求解方法，但实际飞行器结构一般较为复杂且不规则，解析求解方法很难求解其力学特性和各种环境条件下的响应。因此，飞行器结构分析常常是指采用数值求解方法对其理论模型进行求解。数值求解方法通过对飞行器结构进行离散，对表征飞行器结构力学特征的方程(组)进行数值近似求解，它能够解决复杂的结构分析问题，应用广泛，发展迅速，典型的代表是有限元方法。

采用有限元方法进行飞行器结构分析一般必须依靠商用软件来实现。目前航空航天领域的商用结构分析有限元分析软件主要有美国 MSC 公司的 NASTRAN 和 ANSYS 公司的 ANSYS 软件，NASTRAN 采用 PATRAN 作为其前后处理程序，而 ANSYS 则本身自带前后处理器。

本节首先简要介绍有限元方法的基本原理，在此基础上说明采用商用有限元分析软件进行结构分析时的建模方法，然后较详细地分别阐述结构静力分析和动力分析(包括模态分析和动态响应分析)的数值法原理与方法。

3.3.1　结构有限元方法的基本原理

1. 有限元方法的基本概念

目前常用的有限元方法(FEM，finite element method)为以位移为变量的有限元方法，称为位移有限元方法。它是随着计算机应用的推广而迅速发展起来的一种具有坚实理论基础和行之有效的数值分析方法，在飞行器结构分析中得到了广泛应用。结构有限元方法的基本思想主要基于以下两点。

(1) 将实际的结构划分为有限数目、相互连接的微小单元，这些单元形成了一个网格，网格的交点称为节点(有些单元在边界上或内部也有节点)，整个结构的力学性能参数(如位移、应变、应力等)由节点的力学性能参数来表征，结构上的载荷和质量也可以按照一定的原则分配到这些节点上。因此，有限元方法的实质就是将一个连续的无限自由度问题转变成有限自由度问题来求解。

(2) 在划分好的网格上，需要建立用节点的力学性能参数表征的结构力学分析的数学模型，并进行求解，这就需要利用弹性力学中的变分原理。目前应用较广泛的是以节点位移为变量的最小势能原理(或虚位移原理)，它在实质上是替代了弹性力学中的平衡关系。根据变分原理可以导出单元的基本特性(如刚度矩阵、质量矩阵等)，从而建立用节点的力学性能参数表征的数学模型(一组线性代数或微分方程组)，使问题可以求解。

因此可以说，有限元方法的离散化思想为分析飞行器等实际复杂形状结构提供了可能性，弹性力学的变分原理为有限元方法提供了理论基础，而计算机的发展为有限元方法提供了实际可行的软硬件条件。

2. 有限元方法的基本过程

有限元法的基本思路可以归结为：将连续系统分割成有限个分区或单元，对每个单元提出一个近似解，再将所有单元按标准方法加以组合，从而形成原有系统的一个数值近似系统，也就是形成相应的数值模型。现以结构静力分析为例，简要说明采用有限元方法进行结构分析的基本过程。

1) 结构的离散

在结构理想化的基础上，将待分析的结构划分成有限个单元，以代替原有的实际结构。在该过程中，需要根据结构的具体形式、分析精度要求、计算机性能等条件，确定单元数目、单元形状和每个单元的节点数目(与单元精度相关)。

2) 单元形状函数的选择

设某一单元体内任意一点的待求位移向量为 $\boldsymbol{U}^e$，单元所有边界节点位移向量为 $\boldsymbol{u}^e$。选择单元的形状函数(或称插值函数)为 $\boldsymbol{N}$，那么单元内的位移向量 $\boldsymbol{U}^e$ 可以用节点位移向量 $\boldsymbol{u}^e$ 近似地表示为

$$\boldsymbol{U}^e=\boldsymbol{N}\boldsymbol{u}^e \tag{3.77}$$

形状函数一般采取单元内局部坐标的代数多项式形式，具体形式与单元形状、节点数目等有关。

3) 单元平衡方程的建立

由弹性力学及其简化后得到的各种理论中的几何关系(如弹性力学中的式(3.2)、薄板理论中的式(3.23)等)，单元内任意一点的应变向量 $\boldsymbol{\varepsilon}^e$ 可以用该点的位移向量 $\boldsymbol{U}^e$ 来表示，即

$$\boldsymbol{\varepsilon}^e=\boldsymbol{L}\boldsymbol{U}^e \tag{3.78}$$

式中，$\boldsymbol{L}$ 一般为一微分关系矩阵。将式(3.77)代入式(3.78)，可得单元内任意一点的应变向量与单元节点位移向量 $\boldsymbol{u}^e$ 之间的关系为

$$\boldsymbol{\varepsilon}^e=\boldsymbol{B}\boldsymbol{u}^e \tag{3.79}$$

式中，$\boldsymbol{B}$ 中元素一般为单元内局部坐标的代数多项式。

再由相应理论的应力应变关系(如式(3.3)和式(3.24)等)，可得单元内任意一点的应力向量与单元节点位移向量 $\boldsymbol{u}^e$ 之间的关系为

$$\boldsymbol{\sigma}^e=\boldsymbol{D}\boldsymbol{\varepsilon}^e=\boldsymbol{D}\boldsymbol{B}\boldsymbol{u}^e \tag{3.80}$$

式中，$\boldsymbol{D}$ 为表示相应理论中应力应变之间关系的刚度系数矩阵。

如果单元在整个体积 V_e 内受到体力 $\bar{\boldsymbol{f}}^e$，在表面积 S_e 上受到面力 $\bar{\boldsymbol{T}}^e$，则虚功原理可写为

$$\int_{V_e}\left(\delta\boldsymbol{\varepsilon}^{e\mathrm{T}}\boldsymbol{\sigma}^e-d\boldsymbol{U}^{\mathrm{T}}\bar{\boldsymbol{f}}^e\right)\mathrm{d}V-\int_{S_e}\delta\boldsymbol{U}^{e\mathrm{T}}\bar{\boldsymbol{T}}^e\mathrm{d}S=0 \tag{3.81}$$

式中，δ表示变分符号；上标 T 代表向量或矩阵的转置。

将式(3.79)和式(3.80)代入式(3.81)，再利用$\delta\boldsymbol{u}^e$ 的任意性，可以导出以下方程：

$$\boldsymbol{K}^e\boldsymbol{u}^e = \boldsymbol{F}^e \tag{3.82}$$

式中，$\boldsymbol{K}^e = \int_{V_e}\boldsymbol{B}^{\mathrm{T}}\boldsymbol{D}\boldsymbol{B}\mathrm{d}V$ 为单元刚度矩阵；$\boldsymbol{F}^e = \int_{V_e}\boldsymbol{N}^{\mathrm{T}}\bar{\boldsymbol{f}}^e\mathrm{d}V + \int_{S_e}\boldsymbol{N}^{\mathrm{T}}\bar{\boldsymbol{T}}^e\mathrm{d}S$ 为单元等效节点载荷向量。

需要说明的是，这里在建立单元平衡方程的时候，没有考虑作用在节点上的外部集中力和其他单元通过节点传递过来的内力，这是因为内力在下一步组装过程中将自动消失，而外部集中力可以在建立整体结构平衡方程时统一处理。

4) 整体结构平衡方程的建立

把所有单元的平衡方程(3.82)进行集成，可以得到整体结构的平衡方程。集成的理论根据是单元界面间的位移相等(变形协调)和内力大小相等、方向相反(力的平衡)。集成的内容主要包括三个方面：①将所有的单元边界节点位移 $\boldsymbol{u}^e$ 按照节点编号顺序排列成整体结构的总体节点位移向量；②将所有的单元刚度矩阵 $\boldsymbol{K}^e$ 集成为整个结构的整体刚度矩阵 $\boldsymbol{K}$；③将所有的单元等效节点载荷向量 $\boldsymbol{F}^e$ 集合再叠加上作用在节点上的外部集中力组成整个结构的节点载荷向量 $\boldsymbol{F}$。

但是，由于在建立单元刚度矩阵 $\boldsymbol{K}^e$ 时，单元节点位移 $\boldsymbol{u}^e$ 和载荷向量 $\boldsymbol{F}^e$ 各分量的方向均为局部坐标系的各方向，且维数均为单元节点位移的维数。在集成之前，必须考虑两个方面的问题：①单元局部坐标系与整体坐标系之间的关系；②单元的平衡方程与整体平衡方程的维数匹配问题。对于第一个问题，如果各单元局部坐标系的方向与整体坐标系相同，可以对 $\boldsymbol{u}^e$、$\boldsymbol{F}^e$ 和 $\boldsymbol{K}^e$ 不做任何改变；如果各单元局部坐标系的方向与整体坐标系不同，那么首先必须将单元局部坐标系下的单元节点位移 $\boldsymbol{u}^e$ 和载荷向量 $\boldsymbol{F}^e$ 变换到整体坐标系下，同时将单元刚度矩阵 $\boldsymbol{K}^e$ 进行相应的变换。对于第二个问题，则只需将单元刚度矩阵和载荷向量进行扩维到与整体平衡方程的维数相同即可。因此，这两个问题可以用一个单元节点转换矩阵 $\boldsymbol{G}$ 同时解决，$\boldsymbol{G}$ 是对坐标变换矩阵用零元素扩维后得到的，其列数等于整体平衡方程的维数，行数等于单元平衡方程的维数。

下面用一个例子来说明整体刚度矩阵的集成过程。

设结构离散化后共有 m 个单元，编号为 1～m，有 n 个节点，编号为 1～n。某单元 e 有三个节点 2、3 和 6，每个节点有 k 个自由度，在局部坐标系下形成的单元刚度矩阵 $\boldsymbol{K}^e$ 和节点载荷向量 $\boldsymbol{F}^e$ 分别为

$$\boldsymbol{K}^e = \begin{bmatrix} \boldsymbol{K}_{22}^e & \boldsymbol{K}_{23}^e & \boldsymbol{K}_{26}^e \\ \boldsymbol{K}_{32}^e & \boldsymbol{K}_{33}^e & \boldsymbol{K}_{36}^e \\ \boldsymbol{K}_{62}^e & \boldsymbol{K}_{63}^e & \boldsymbol{K}_{66}^e \end{bmatrix}, \quad \boldsymbol{F}^e = \begin{Bmatrix} \boldsymbol{F}_2^e \\ \boldsymbol{F}_3^e \\ \boldsymbol{F}_6^e \end{Bmatrix}$$

式中，$\boldsymbol{K}^e$ 的各子阵均为 $k\times k$ 阶；$\boldsymbol{F}^e$ 的各子向量均有 k 个元素。

利用单元节点转换矩阵 $\boldsymbol{G}$ 对单元刚度矩阵 $\boldsymbol{K}^e$ 和节点载荷向量 $\boldsymbol{F}^e$ 进行转换，可以得到在整体坐标系内表示的、已经扩维的单元刚度矩阵 $\boldsymbol{K}^{eg}$ 和节点载荷向量 $\boldsymbol{F}^{eg}$：

$$
\boldsymbol{K}^{eg}=\boldsymbol{G}^{\mathrm{T}}\boldsymbol{K}^{e}\boldsymbol{G}=\begin{bmatrix} 0 & 0 & 0 & 0 & 0 & 0 & 0 \\ 0 & K_{22}^{eg} & K_{23}^{eg} & \cdots & K_{26}^{eg} & \cdots & 0 \\ 0 & K_{32}^{eg} & K_{33}^{eg} & \cdots & K_{36}^{eg} & \cdots & 0 \\ \vdots & \vdots & \vdots & \vdots & \vdots & \vdots & \vdots \\ 0 & K_{62}^{eg} & K_{63}^{eg} & \cdots & K_{66}^{eg} & \cdots & 0 \\ \vdots & \vdots & \vdots & \vdots & \vdots & \vdots & \vdots \\ 0 & 0 & 0 & 0 & 0 & 0 & 0 \end{bmatrix},\quad \boldsymbol{F}^{eg}=\boldsymbol{G}^{\mathrm{T}}\boldsymbol{F}^{e}=\begin{Bmatrix} \boldsymbol{0} \\ \boldsymbol{F}_2^{eg} \\ \boldsymbol{F}_3^{eg} \\ \vdots \\ \boldsymbol{F}_6^{eg} \\ \vdots \\ \boldsymbol{0} \end{Bmatrix}
$$

将变换后的单元刚度矩阵 $\boldsymbol{K}^{eg}$ 和节点载荷向量 $\boldsymbol{F}^{eg}$ 叠加到整体刚度矩阵和载荷向量上，即可得到

$$
\boldsymbol{K}=\begin{bmatrix} \boldsymbol{K}_{11} & \boldsymbol{K}_{12} & \boldsymbol{K}_{13} & \cdots & \boldsymbol{K}_{16} & \cdots & \boldsymbol{K}_{1n} \\ \boldsymbol{K}_{21} & \boldsymbol{K}_{22}^{+}\boldsymbol{K}_{22}^{eg} & \boldsymbol{K}_{23}^{+}\boldsymbol{K}_{23}^{eg} & \cdots & \boldsymbol{K}_{26}^{+}\boldsymbol{K}_{26}^{eg} & \cdots & \boldsymbol{K}_{2n} \\ \boldsymbol{K}_{31} & \boldsymbol{K}_{32}^{+}\boldsymbol{K}_{32}^{eg} & \boldsymbol{K}_{33}^{+}\boldsymbol{K}_{33}^{eg} & \cdots & \boldsymbol{K}_{36}^{+}\boldsymbol{K}_{36}^{eg} & \cdots & \boldsymbol{K}_{3n} \\ \vdots & \vdots & \vdots & \vdots & \vdots & \vdots & \vdots \\ \boldsymbol{K}_{61} & \boldsymbol{K}_{62}^{+}\boldsymbol{K}_{62}^{eg} & \boldsymbol{K}_{63}^{+}\boldsymbol{K}_{63}^{eg} & \cdots & \boldsymbol{K}_{66}^{+}\boldsymbol{K}_{66}^{eg} & \cdots & \boldsymbol{K}_{6n} \\ \vdots & \vdots & \vdots & \vdots & \vdots & \vdots & \vdots \\ \boldsymbol{K}_{n1} & \boldsymbol{K}_{n2} & \boldsymbol{K}_{n3} & \cdots & \boldsymbol{K}_{n6} & \cdots & \boldsymbol{K}_{nn} \end{bmatrix},\quad \boldsymbol{F}=\begin{Bmatrix} \boldsymbol{F}_1 \\ \boldsymbol{F}_2+\boldsymbol{F}_2^{eg} \\ \boldsymbol{F}_3+\boldsymbol{F}_3^{eg} \\ \vdots \\ \boldsymbol{F}_6+\boldsymbol{F}_6^{eg} \\ \vdots \\ \boldsymbol{F}_n \end{Bmatrix}
$$

当全部 m 个单元依次计算和集成后，即可得到结构整体刚度矩阵 $\boldsymbol{K}=\sum_{e=1}^{m}k^{eg}$ 和载荷向量 $\boldsymbol{F}$。由此可以建立整个结构的平衡方程：

$$
\boldsymbol{K}\boldsymbol{u}=\boldsymbol{F} \tag{3.83}
$$

式中，$\boldsymbol{u}$ 是整体坐标系内按照节点编号顺序排列的整体节点位移向量。

5) 位移约束条件的引入

由于单元刚度矩阵是对称和奇异的，由它们集成的整体刚度矩阵 $\boldsymbol{K}$ 也是对称和奇异的，至少需给出能限制刚体位移的约束条件才能消除 $\boldsymbol{K}$ 的奇异性，由方程(3.83)才能求得节点位移。

设有 l 个已知的位移约束条件，即

$$
u_c=\bar{u}_c \qquad (c=c_1,c_2,\cdots,c_l) \tag{3.84}
$$

有限元方法中可以采用以下三种方法引入位移约束条件

(1) 直接代入法。将方程(3.83)中的整体节点位移向量 $\boldsymbol{u}$ 分成 l 个已知节点位移 $\boldsymbol{u}_c$ 和 $kn-l$ 个未知节点位移 $\boldsymbol{u}_s$ 两部分，且按节点位移已知和待定重新组合方程(3.83)得

$$
\begin{bmatrix} \boldsymbol{K}_{ss} & \boldsymbol{K}_{sc} \\ \boldsymbol{K}_{cs} & \boldsymbol{K}_{cc} \end{bmatrix}\begin{Bmatrix} \boldsymbol{u}_s \\ \boldsymbol{u}_c \end{Bmatrix}=\begin{Bmatrix} \boldsymbol{F}_s \\ \boldsymbol{F}_c \end{Bmatrix} \tag{3.85}
$$

由式(3.85)的上式可得

$$
\boldsymbol{K}_{ss}\boldsymbol{u}_s=\boldsymbol{F}_s-\boldsymbol{K}_{sc}\boldsymbol{u}_c \tag{3.86}
$$

方程(3.86)为一组只含 $kn-l$ 个未知节点位移的修正方程组，若结构的位移约束足以限制刚体位移，则左端的 $\boldsymbol{K}_{ss}$ 必定是非奇异的，右端含已知的载荷 $\boldsymbol{F}_s$ 和节点位移 $\boldsymbol{u}_c$，因

此可以通过求解方程(3.86)得到左端的未知位移 $\boldsymbol{u}_s$。在求出 $\boldsymbol{u}_s$ 后，可以利用式(3.85)的下式求出未知的约束力 $\boldsymbol{F}_c$。

这种方法降低了整体平衡方程的维数，对于划分的单元和节点数较少的结构，有利于手工计算，但节点位移的顺序性被破坏，对于编程计算将会带来一些麻烦。

(2)对角元素置 1 法。当给定位移值是零时，如固定铰支座、固定端约束等，可以在整体刚度矩阵 $\boldsymbol{K}$ 中相应行列的主对角元素置 1，其他元素置 0，在整体载荷向量 F 中，将相应的元素置 0 即可。例如，有 $u_j=0$，则令 $K_{jj}=1$，$K_{ij}=0$，$K_{ji}=0$，$F_j=0$ $(i=1, 2,\cdots,j-1, j+1, \cdots, kn)$ 即可。这样修正后，解方程可得 $u_j=0$。对于多个给定的零位移，则依次修正 $\boldsymbol{K}$ 和 $\boldsymbol{F}$，全部修正完毕后再求解。

这种方法引入位移边界条件比较简单，不改变原来方程的维数和未知位移的顺序，有利于编程计算。但这种方法只能适用于给定的零位移。

(3)对角元素乘大数法。当有节点位移为给定值 $u_j=\bar{u}_j$ 时，方程(3.83)中的第 j 个方程可做如下修改：刚度矩阵 $\boldsymbol{K}$ 的对角线元素 K_{jj} 乘以大数 α(α 可取 10^{10} 左右量级)，并将载荷向量 $\boldsymbol{F}$ 中的 F_j 用 $\alpha K_{jj}\bar{u}_j$ 取代。经修改后的第 j 个方程为

$$K_{j1}u_1+K_{j2}u_2+\cdots+\alpha K_{jj}u_j+\cdots+K_{jn}u_{(kn)}=\alpha K_{jj}\bar{u}_j$$

式中，由于 $\alpha K_{jj} >> K_{ji}\left(i\neq j\right)$，因此可得 $u_j\approx\bar{u}_j$。当有多个给定位移时，依次修正 $\boldsymbol{K}$ 和 $\boldsymbol{F}$，全部修正完毕后再求解。

这个方法使用简单，对于任何给定位移(零值或非零值)都适用，且方程维数和节点位移顺序不变，编制程序十分方便，因此在有限元方法中经常使用。

6)节点位移和单元应力的求解

引入位移约束条件后，消除了刚度矩阵 $\boldsymbol{K}$ 的奇异性，得到了修正后的整体平衡方程，求解此方程可以得到整体节点位移向量 $\boldsymbol{u}$。

利用单元节点转换矩阵 $\boldsymbol{G}$ 对整体节点位移向量 $\boldsymbol{u}$ 进行逆变换，可以得到单元局部坐标系内的单元节点位移 $\boldsymbol{u}^e$，然后按照式(3.79)和式(3.80)就可以求出单元的应变与应力。

3.3.2　结构分析模型的建立

为了进行结构分析，首先要建立一个有效的结构分析模型。建立分析模型是指把实际结构转化为一个可以进行分析计算(包括采用解析法或数值法)的数学模型，一般说，分析模型对实际结构做了不同程度的简化，但仍包含了结构分析所需的主要力学特性。分析模型的合理性和精确性在很大程度上决定了分析结果的合理性和精确性，因此结构分析模型的建立是结构分析中非常重要的环节。

1. 结构的理想化

结构分析模型是结构分析的基础，建立结构分析模型首先要对实际结构进行简化，即将实际结构表示成一种能够进行分析的形式，这一过程就是结构的理想化。

结构理想化的合理性是结构分析准确与否的关键，所谓的“合理性”是指理想化后的结构是一个能够可靠地得到所需信息(如载荷、应力、应变、模态振型、位移、加速度

等）和计算精度的模型。结构理想化是结构分析中最难掌握的一个问题，因为它取决于分析人员对结构的认识程度（包括结构特点、连接情况、边界条件、传力路线等）、力学知识水平与分析实际经验，以及分析软件和硬件（包括分析人员对软件和硬件的了解和掌握程度）等诸多因素，同时也取决于结构的特征和分析的目的。

结构理想化的关键是如何合理处理“简化”和“可靠”之间的关系。在简化过程中必然会引入一些假设，这些假设可以使问题得到简化，从而在很短的时间内得到问题的解，但也可能给出偏离实际结果的答案。但并不是分析模型越详细、越复杂，其分析结果就一定越可靠、越精确。因为详细的数学模型并不一定就能够反映结构的实际情况；并且采用详细的数学模型有更多出错的机会，以至于使分析结果反而不可靠。

结构理想化时主要需要考虑三个方面的问题：结构几何特征、连接形式和边界条件。下面分别说明这三个方面的问题。

1）结构几何特征的确定

结构几何特征主要由其形状特征和受力特征来确定。理想化结构时，大多数情况下可以根据结构件的实际形状，将它抽象为线、面或体，进而简化为杆、梁、板、壳、体等力学模型。但在一些特殊情况下，还必须结合结构件的受力情况和分析要求来简化。例如，一个工字梁，按照形状可以简化为杆或者梁，如果只承受沿轴向的简单拉压载荷，则简化为杆；如果同时承受弯矩，则简化为梁；如果加载位置离中性轴较远并且要计算各个板的应力，则简化为三个板。

从一定意义上讲，确定结构的几何特征与所分析的内容和精度要求以及计算的可行性密切相关。例如，一块装有设备的蜂窝夹层结构板，设备边界通过埋件用螺钉固定。如果要求计算埋件的受力，蜂窝夹层结构板可以抽象为面，埋件可作为固定点处理，由此可以计算出固定点的支反力，也就是埋件的受力；如果要求计算固有频率，上述简化也是可行的，因为结构板的固有频率主要取决于蜂窝夹层结构板的弯曲刚度和边界条件，而以上的简化已经考虑了这两个主要因素；但是，如果要求通过分析来研究蜂窝夹层结构板埋件的破坏机理，以上的简化显然是不行的，因为这里需要考虑的是局部问题，包括面板、蜂窝芯子、埋件、黏结胶内的应力，同时还要考虑面板与埋件、蜂窝芯子之间的应力，以及面板、蜂窝芯子的失稳等。合理的简化方式是：面板、蜂窝芯子抽象为面，埋件、黏结胶抽象为体，并且只针对埋件附近的局部区域进行分析。显然，如果在计算埋件的受力和固有频率时也采用这种简化方式，则将会使分析模型的规模非常庞大，甚至超出计算机容量的限制而无法实现。

2）连接形式的确定

飞行器结构的连接形式主要有胶接、铆接、螺接和焊接四种。对于胶接、铆接和焊接形式，一般理想化为刚性连接（限制 6 个自由度，划分单元后等效节点）。对于螺接形式要视具体情况而定，有时需要理想化为刚性连接，有时需要理想化为限制 5 个自由度（放松绕螺钉轴线的转动自由度）的连接或限制 3 个平移自由度的铰接。例如，图 3.10（a）所示两块结构板之间的连接形式，理想化为限制 5 个自由度的连飞接就比较合适，而图 3.10（b）所示两块结构板之间的连接形式理想化为刚性连接更为合理。

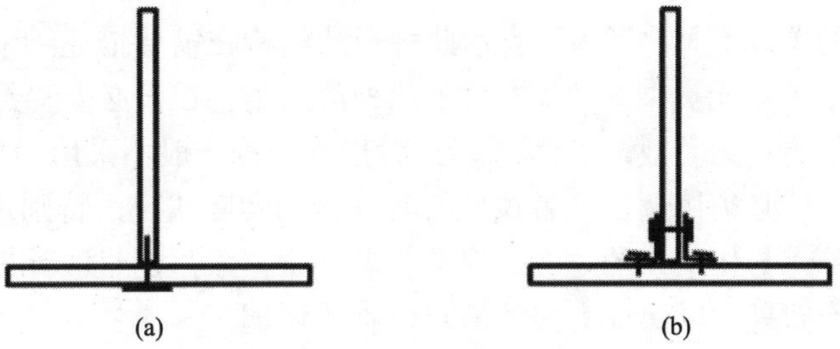

图 3.10　结构板间的连接形式

在飞行器结构的整体分析中，往往将两个接触体简化为一体的结构(划分单元后整个接触面或线上共用节点)，如舱段框之间对接、法兰连接等。这种简化的合理性应符合结构力学的基本原理和假设。例如，两个法兰通过螺钉连接，如果连接螺钉较多、连接螺钉的预紧力较大、法兰刚度较大，则结构受力后两个法兰之间不会开缝或滑移，此时可将两个法兰简化为一体结构(如简化为梁或板)；反之，如果连接螺钉较少、法兰刚度较低，受力后两个法兰间会开缝或滑移，垂直于两个法兰面的截面受力后不再合成一个平面，此时已不符合梁或板的平截面假设，因此不能简化为一体结构。

3)边界条件的确定

结构的边界条件主要包括 3 种：固支、简支、弹性约束。一般说，采用固支边界条件，与实际情况相比偏刚，分析得到的位移偏低，固有频率偏高；与此相反，采用简支边界条件，与实际情况相比偏柔，分析得到的位移偏高，固有频率偏低。如果采用弹性边界条件，必须正确确定弹性基础的刚度，因为弹性刚度的准确性直接影响分析结果的正确性。由于确定弹性基础的刚度存在一定难度，因此较少采用弹性边界条件。

实际边界条件一般介于固支和简支之间，有时可以采用不同简化方式的边界条件来建立分析模型，从而了解简化程度对分析结果的影响。如果影响很小，则边界的简化很容易处理，否则就要对边界的细节进行更为深入的研究，以识别合适的边界条件简化方式。对于结构件之间的连接条件也可采用类似的方法进行研究。

2. 单元类型的选择

在结构的线弹性分析中，采用的常规单元主要包括质量点单元、弹簧元、杆单元、梁单元、三角形板或四边形板壳单元等，对于某些特殊结构部位，也有可能采用四面体、五面体或六面体单元。只有对常规单元以及所采用软件中的特殊单元特性有了充分的了解，才能合理地选择单元类型。

例如，采用三角形板或四边形板壳单元和梁元来模拟飞行器加筋板壳类的主结构；采用弹簧元或刚性单元来模拟某些结构连接点的连接刚度，弹簧元用于必须考虑局部连接结构刚度的情形，如模拟能够承受拉压、剪切和扭转的螺钉和铰链；刚性单元用于连接结构刚度很强而无必要细化的情形；集中质量元用于模拟飞行器上的仪器设备，并用多点约束连接到结构板的安装位置上；对于不易建模且对刚度贡献较小的结构，如线缆、防热层等，可以用均布的非结构质量(NSM)定义在适当区域的结构板单元上。

表 3.2 给出了飞行器中常见结构形式对应的常用单元类型。表中，“♥”表示此种形

式结构一般采用的单元类型，“♣”表示此种形式结构在需要描述细节部分的应力或评价应力集中时采用的单元类型，“♦”表示此种形式结构在没必要详细求解且可用低维模型来简化时采用的单元类型，“\”表示此种形式结构一般不采用的单元类型。

单元之间的连接必须协调，或者说应符合连接的实际状况，特别是需要注意梁单元与板单元以及板单元与体单元的过渡。在分析软件中，多采用过渡元或多点约束来解决不同单元间的匹配问题，以保证有限元节点位移的协调。

表 3.2　飞行器中常见结构形式对应的常用单元类型

<table>
<tr><th>结构形式
单元类型</th><th>连杆、筋、框</th><th>板壳结构</th><th>三维结构</th><th>连接结构</th><th>仪器设备</th><th>刚性部分</th></tr>
<tr><td>弹簧元</td><td>♦</td><td>♦</td><td>♦</td><td>♥</td><td>\</td><td>\</td></tr>
<tr><td>杆单元或梁单元</td><td>♥</td><td>♦</td><td>♦</td><td>♥</td><td>♣</td><td>\</td></tr>
<tr><td>板单元或壳单元</td><td>♣</td><td>♥</td><td>♦</td><td>♣</td><td>♣</td><td>♣</td></tr>
<tr><td>体单元</td><td>♣</td><td>♣</td><td>♥</td><td>♣</td><td>♣</td><td>♣</td></tr>
<tr><td>点单元</td><td>\</td><td>\</td><td>\</td><td>\</td><td rowspan="2">♥</td><td>\</td></tr>
<tr><td>多点约束单元</td><td>\</td><td>\</td><td>\</td><td>♥</td><td>\</td></tr>
<tr><td>刚性单元</td><td>\</td><td>\</td><td>\</td><td>\</td><td>\</td><td>♥</td></tr>
</table>

3. 网格的划分

从连续的弹性体离散为有限单元的集合体，单元划分越细，节点就越多，则集合体越接近于弹性体本身，一般情况下计算结果精度越高。但当节点数达到一定数量后，再增加节点对提高计算精度的效果已不明显，而计算机内存容量、计算时间和费用会显著增加。因此，在单元划分时应综合考虑，以得到最佳效果。

为了提高计算的精度，单元的几何形状需要满足一定的要求。例如，在划分三角形单元时，三条边应尽量相等，一般不应出现钝角三角形；在划分四边形单元时，应尽量接近于正方形，通常情况下，四边形的内角应不小于 45°或不大于 135°；要避免出现畸形单元等。

在划分单元时，应先根据经验判断应力集中区域，在应力集中区域要将网格细化，在应力变化平缓区域少划分一些网格，且粗网格和细网格之间变化要平缓。

4. 单元特性的定义

在划分网格时，结构的材料属性并没有给出，几何信息也不完整，必须通过单元特性的定义赋予单元材料特性和必要的几何特性。

(1) 材料特性的赋予。根据所使用的结构材料以及所分析的内容定义材料的力学性能参数。一般情况下，金属材料按各向同性材料定义，复合材料以及蜂窝芯子按正交各向异性材料定义。应该考虑复合材料板壳的横向剪切修正系数，在 NASTRAN 软件中，在形成单元刚度矩阵时会自动给出复合材料板壳的横向剪切修正系数。

(2) 几何特性的赋予。对于不同的单元，所赋予的几何特性是不一样的。对于体单元，由于单元几何已给出了其所有的几何特性，因此不需要再赋予其他几何特性。对于板壳单元，面内几何已由单元给定，普通金属薄壁结构只需定义厚度；夹层板或层合复合材料板可按层合板定义(即依据每个单层的特性来定义)，也可以利用试验或计算结果得到的材料属性和厚度直接定义整个夹层板或层合复合材料板。对于梁单元，需要定义梁截面的参考坐标系、截面面积、抗弯和抗扭刚度、剪切修正系数等。当板单元或梁单元的节点与自身中性面不重合时，需要定义中性面的偏置；当采用板壳 / 梁单元组合模型来模拟加筋板壳时，需要定义加强筋中性面的偏置位置。

5. 分析模型检验

为了建立一个有效的结构分析模型，需要对分析模型进行检验，以保证分析模型的正确性。这里所说的模型检验是指逻辑关系正确性检验，而不是指数据正确性的检验。常用的分析模型检验有质量特性检验、自由模态检验、刚度检查等。

(1) 质量特性检验。检查模型的质量和惯性张量的大小以及质心的位置，几乎所有的结构分析软件都有计算质量特性的功能。为了掌握更准确的质量分配，通常要对模型某些结构部件(或对结构刚度有较大影响的组件，如大型天线、太阳翼、相机等)进行质量、惯性张量以及质心的检验。当然，质量特性检验也是对模型数据正确性的检验。

(2) 自由模态检验。一个未受边界约束的结构应该有 6 个固有频率为零的刚体模态。检验时将边界约束条件放开，如果分析结果少于 6 个零模态，说明模型有多余的约束；如果分析结果多于 6 个零模态，说明模型为“机构”状态，也就是对结构缺少足够的约束。

(3) 刚度检查。一个未受约束的结构，在一个节点沿每个平移和转动方向施加一个单位位移，所产生的单元载荷或应变应该接近于零。这一方法用于检查不适当的单元之间连接和不需要的边界条件。

有些有限元分析的前处理软件具有一定的模型检验功能，如自由边检查、重复单元检查、畸形单元检查等，这些模型检验功能有助于保证建模的正确性。

6. 某半硬式舱外航天服硬式结构有限元模型

硬式结构是半硬式舱外航天服的主要承载结构。某半硬式舱外航天服的硬式结构主要包括躯干壳体、头盔面窗、边框组合体、背包壳体、固定支架和仪器设备等部分，如图 3.11(a) 所示。

采用 MSC.PATRAN 软件建立硬式结构有限元模型。建模过程中，各部分网格的几何体是通过将产品 3D 数字模型导入有限元建模软件 MSC.PATRAN 中，利用 MSC.PATRAN 的 GEOMETRY 模块功能来提取的。根据各部分结构形状与尺寸，以及分析目的不同，分别采用了 CBEAM、CQUAD4、CTRIA3、CHEXA、RBE3、RBE2 和 CONM2 等多种单元类型建立模型，例如，躯干壳体和背包壳体采用壳单元 CQUAD4 或 CTRIA3 建模，连接销座采用梁单元 CBEAM 建模，仪器设备采用 RBE2 和 CONM2 建模，袖子和裤子采用 RBE3 和 CONM2 建模。经过网格划分，共产生 109201 个节点、89773

个单元，其中 MPC 单元 149 个，如图 3.11 (b) 所示。

躯干壳体和背包壳体材料为铝合金，厚度只有 1.2mm，承受内压载荷过程中可能发生塑性变形，材料模型采用弹塑性模型，其他材料采用线弹性模型。单元特性定义后，模型质量特性(总质量、转动惯量和质心位置)与产品 3D 数字模型存在一定偏差，通过在局部区域施加非结构质量来消除(或尽量减小)结构质量特性偏差。

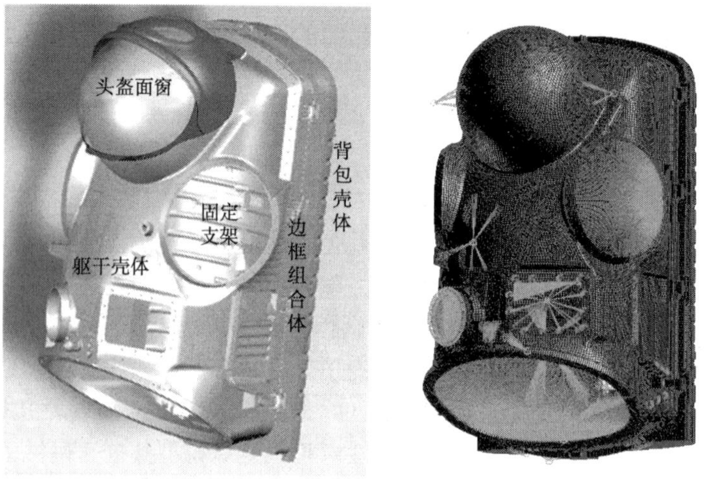

(a)　　(b)

图 3.11　某半硬式舱外航天服硬式结构及其有限元模型

3.3.3　结构静力分析

这里说的静力分析包括应力分析与稳定性分析，主要研究结构在静载或准静载条件下的力学行为，解决结构的静强度、刚度和稳定性问题。

1. *静力分析的载荷与目的*

飞行器在起吊、翻转、运输等过程，以及发射和在轨运行阶段(返回式卫星还包括返回再入和着陆)都要经历相当复杂的载荷环境，由此对飞行器结构造成的静、动载荷条件即为结构设计的载荷来源。飞行器(以卫星为例)静力分析的载荷条件主要包括：①运载火箭部门提供的发射准静态载荷；②起吊、翻转、运输过程的准静态载荷；③子结构系统动态耦合响应载荷的准静态等效载荷；④板的法向准静态载荷(声振载荷的准静态等效)；⑤舱体结构内、外压力载荷；⑥变轨机动载荷；⑦再入过程压力载荷。另外，静力试验的预示分析也是结构静力分析的一项重要内容，此时结构的载荷与试验中采用的载荷一致。

飞行器结构设计以静载荷为中心进行。通过获得结构在设计载荷作用下的响应特性来指导和验证结构构型设计和参数设计，验证结构的强度和稳定性。根据静力分析结果，可以对结构的薄弱环节进行有针对性的加强，保证结构安全可靠，也可以对安全裕度较高的区域进行削减，以减小结构质量。

2. 结构位移与应力分析

在位移有限元方法中，结构位移与应力分析的有限元基本方程是线性代数方程组(3.83)，在进行边界条件处理后，求解此线性代数方程组可以得到节点位移。线性代数方程组的解法可分为两大类：直接解法和迭代解法。直接解法有高斯消去法、矩阵三角分解法、波前法等；迭代解法有雅可比迭代法、高斯-赛德尔迭代法、共轭梯度法等。求解过程完全由计算机软件来实现。

求解线性代数方程组(3.83)得到节点位移是在整体坐标系内的位移分量，再利用坐标逆变换，得到单元局部坐标系内的位移分量，再根据几何方程(3.79)和本构关系(3.80)计算应变和应力，求解过程同样完全由计算机软件来实现。需要注意的是，由于式(3.79)和式(3.80)中的 $\boldsymbol{B}$ 矩阵式通过对形函数矩阵微分得到，因此，在理论上，位移有限元方法中应变和应力的精度一般不如位移精度高。

由于应力分析中最终目标一般是希望得出结构正确的应力分布，从而可以进行结构的强度验证，因此在建模与分析过程中，需要想办法有意识地提高应力的精度。主要办法有以下几点。

(1) 分析结构特点和载荷约束条件，确定建模方案。主要应用三节点或四节点壳单元和适当的两节点梁单元来模拟主结构，用弹簧元来模拟连接以求解部件间内力。一般情况下，较大的星载设备用集中质量元来模拟，有较多固定点的设备大多作为均布非结构质量。

(2) 为了提高应力计算的准确性，要求单元满足一定的几何形状要求，并通过网格细化后再次进行计算，直到应力变化对于单元数的增加不再敏感时为止。当主结构整体不规则时，需细化整体网格；当主结构整体较规则时，只需在应力集中区和关注区域细化单元网格。实现网格细化的方法为单元剖分或局部重新划分单元。另外，为了提高计算精度，也可以采用高阶单元。

(3) 由于静力分析的载荷主要为惯性载荷，因此应采用整个飞行器模型来分析主结构的应力，模型的质量分布和质心位置应尽可能与设计值一致。

(4) 在复合材料结构的开孔、自由边、几何不连续、胶接接头等部位，应力状态复杂，并且往往存在严重的层间应力，采用一般的板壳单元模拟不能得到层间应力。为此，可采用整体板壳单元 / 局部体单元模型，板壳单元与体单元之间通过多点约束单元来连接。在板壳单元无法准确计算的复杂应力区域用体单元进行模拟，从而获得层间应力的所有应力分量。

3. 稳定性分析

结合 3.2.5 节的结构稳定性理论和 3.3.1 节的结构有限元方法基本原理，可以得到结构稳定性分析的有限元位移法基本方程为

$$\left(\boldsymbol{K}+\lambda \boldsymbol{K}_G\right)\boldsymbol{u}=0 \tag{3.87}$$

式中，$\boldsymbol{K}_G=\sum_{e=1}^{m}\boldsymbol{K}_G^e$ 为结构几何刚度矩阵(微分刚度矩阵)；$\boldsymbol{K}_G^e$ 为单元几何刚度矩阵(微分刚度矩阵)，它是由于几何非线性引起的刚度矩阵；λ 为结构稳定性系数(失稳因子)。

设 $\boldsymbol{F}_{\rm b}$ 为结构上的基态载荷，即扰动载荷 $\Delta\boldsymbol{F}$ 作用前施加于结构的载荷，可以为零或某一确定值(多数情况下为零)。稳定性分析是求解扰动载荷 $\Delta\boldsymbol{F}$ 的临界状态，如果求解出 λ，则结构的失稳临界载荷为

$$\boldsymbol{F}_{\rm cr}=\boldsymbol{F}_{\rm b}+\lambda\Delta\boldsymbol{F} \tag{3.88}$$

稳定性分析为典型的广义特征值问题，其特征值 λ 和特征矢量$\boldsymbol{\varphi}$分别表征临界载荷的大小及相应的失稳形式。一般说，稳定性分析仅对最小的临界载荷感兴趣，因此仅需求解最小的特征值和相应的特征向量，即进行线性屈曲分析。线性屈曲分析的求解过程完全由计算机软件来实现，计算方法参考 3.3.4 节的说明。采用有限元分析可以得到失稳临界载荷和对应的失稳波形，并在后处理软件中直观显示。根据失稳波形可以判断可能的结构失效模式，检验结构设计的合理性。例如，一般说，加筋结构的桁条先于蒙皮失稳的设计是不合理的。

稳定性分析问题的有限元方程表达式中，几何刚度矩阵的获取必须依据应力分析确定的变形模式，因此，稳定性分析与位移和应力分析的思路是一致的。而且，两者在分析过程中引入的边界条件和载荷条件基本相同，可以采用相同的有限元模型。但相对于位移和应力分析，稳定性分析中应注意以下问题。

(1) 稳定性分析不十分关注应力集中区域，而是关注压应力和切应力相对严重的区域。一般说，借用应力分析模型已经相当准确，整体上不需要再考虑网格细化的问题。但在压应力和切应力严重的局部区域，尽管可得到准确的应力和变形，仍有可能需要进一步细化网格，才能保证有足够的单元数目来准确表示失稳波形。否则，单元网格过疏，引起结构局部刚化，导致计算结果不合理。例如，在 NASTRAN 软件中，一个失稳波形内至少要求有 6 个单元。

(2) 在复杂结构的应力分析模型中，通常在局部连接处引用弹簧元来模拟，但在进行稳定性分析时，由于弹簧元不能够提供几何刚度，因此尽可能在对失稳波形有较大影响的局部连接处使用其他合适的单元。例如，在 NASTRAN 软件中，尽管弹簧元的引入不影响稳定性分析过程，但计算结果不一定可信。

(3) 在结构的稳定性分析中，可能还要考虑结构基态载荷的影响。而在应力分析中，初始位移仅作为一般的边界条件，并且不考虑初载荷，因为对于线弹性分析，应力分析结果与加载过程无关，只与最终的加载状态和边界条件有关。

(4) 稳定性分析结果受边界条件的影响较大。尽管一般采取与应力分析相同的边界条件，但仍要借鉴以往的分析经验和试验情况来修正。

(5) 这里考虑的稳定性分析属于线弹性范围，或称为经典的稳定性分析。实际上，由于结构制造几何缺陷、材料缺陷以及作用载荷不均匀，对于一般金属薄壳，经典的稳定性分析结果与试验结果偏差可能很大。为了弥补经典稳定性分析的不足，可采用非线性的几何关系，进行考虑大挠度的稳定性分析(超临界变形分析)。对于加筋板壳结构，由

于加筋降低了对于初始缺陷的敏感性，经典的失稳载荷比较接近于试验失稳载荷。在工程实际上，较多地采用有限元分析结合经验系数修正的方法。

4. 某半硬式舱外航天服硬式结构静力分析

航天员出舱活动时，为保证航天员的安全与健康，舱外航天服硬式结构将承受一定的工作内压，为此，必须对舱外航天服硬式结构在内压作用下的强度与刚度进行分析。由于躯干和背包为薄壳类结构，在内压作用下变形较大，因此，必须考虑变形的几何非线性。此外，分析表明躯干和背包在工作载荷下局部结构将发生塑性变形，从而在计算过程中必须考虑结构的材料非线性。躯干和背包采用的材料为 5A06 铝合金，其硬化曲线如图 3.12 所示。利用 NASTRAN 软件对结构进行 40kPa 内压作用下的结构位移与应力分析，应力与位移云图如图 3.13 所示，最大应力为 168MPa，最大位移为 9.31mm。

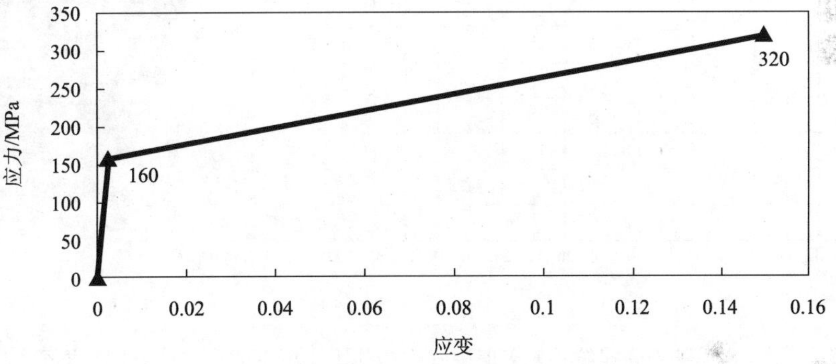

图 3.12　5A06 铝合金材料硬化曲线

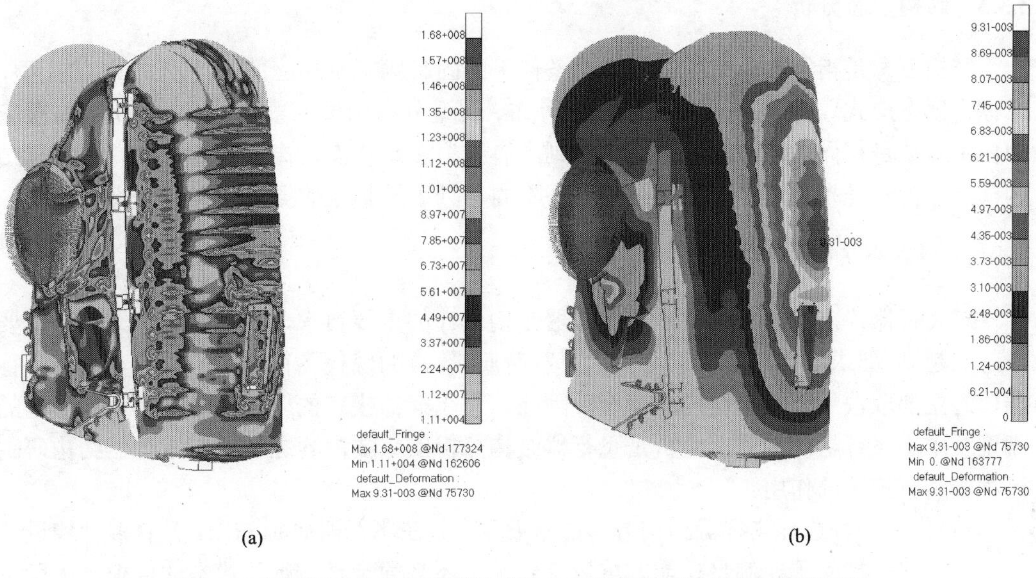

图 3.13　某半硬式舱外航天服硬式结构内压作用下的应力与位移云图

航天员完成出舱活动返回到气闸舱后，气闸舱进行复压，这一过程中航天服将会承受外压作用。为防止外压过大导致结构发生失稳，躯干上装有安全阀，安全阀的启动压力为 20kPa，因此结构失稳载荷必须大于 20kPa。结构失稳临界载荷的计算方法分为线性分析方法和非线性分析方法，为准确求解结构临界失稳载荷，这里基于非线性方法求解，采用弧长法追踪后屈曲路径。结构承受外压时的压力变化过程和失稳后的位移分布如图 3.14 所示。

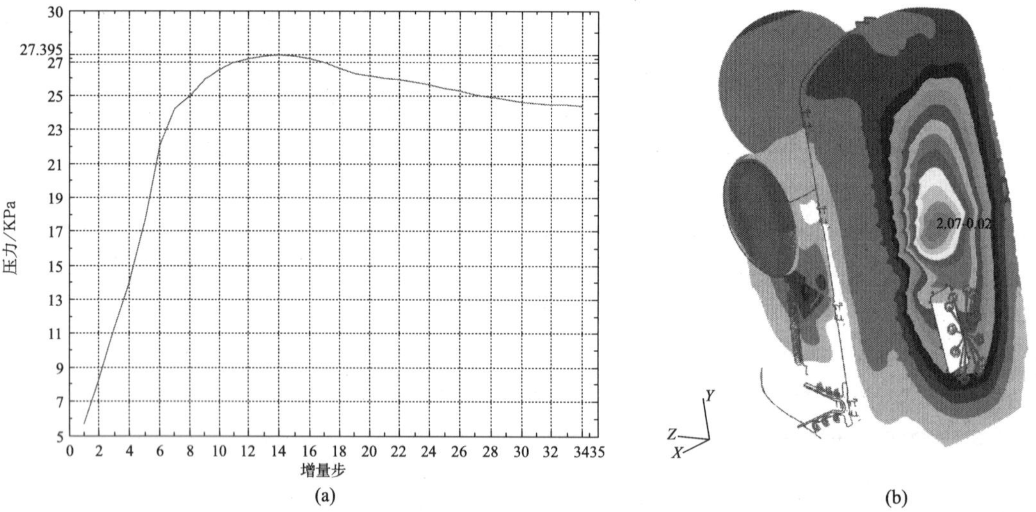

图 3.14　某半硬式舱外航天服硬式结构外压作用下的稳定性分析结果图

3.3.4　结构模态分析

结构模态是指结构系统在某一特定条件下的固有频率及相应的振动形式(简称振型，或称为模态形式)，它与结构系统的刚度分布、质量分布和边界条件有关，其阶数与系统的自由度数目相同，对于连续系统，原则上有无穷多阶模态，离散后则变成有穷阶。结构模态分析则是指通过计算得到结构的各阶固有频率及相应的振型，并分析模态特征。

1. 模态分析的目的和作用

对飞行器模态的要求是大多数飞行器结构设计的重要要求，特别是对于结构特性要求越来越高(要求结构质量小但刚度大，载荷质量大)的现代飞行器结构设计。由于飞行器模态主要取决于飞行器结构的刚度，因此，对飞行器模态的要求有时也称为对结构的刚度要求。飞行器结构模态分析是飞行器结构分析的重要内容之一，在飞行器结构研制过程中具有重要的作用。

(1)作为一种选择飞行器结构方案的重要手段。在飞行器研制初期，具有多种构设计方案。这些方案除了要满足功能、重量等要求，还必须满足飞行器模态的要求。由于飞行器模态一般很难通过定性分析得到，因此需要通过飞行器结构模态分析来获取具体数据。

(2) 作为一种验证飞行器结构设计的重要方法。在方案阶段，由于不能通过试验进行模态验证，只有通过模态分析验证飞行器模态。在初样阶段，模态分析结果可以来验证设计是否满足模态要求，然后再进行试验验证；对于不准备进行试验验证的结构设计，模态分析更是唯一有效的验证方法。在正样阶段，可以充分考虑正样设计相对于初样设计的改变来修改初样设计的分析模型，然后通过模态分析快速验证正样设计是否满足模态要求，并最终通过验收试验来验证结构的模态。

(3) 用于分配飞行器上设备支架刚度和设备固有频率。利用整个飞行器或主要部段的模态分析结果，可以合理地分配设备安装支架的刚度和设备的固有频率，避免因设备模态与整个飞行器或主要部段模态相近而引起过大的动态耦合载荷。

(4) 用于预计飞行器上设备环境趋势。当飞行器在固有频率附近的频段内振动时，结构上的响应将明显地放大。对于飞行器(特别是航天器)上的设备，在这一频段内的振动环境条件必然较高，而其他频段的振动环境条件相对较低。因此可以通过模态分析定性地预计飞行器上设备的环境趋势。

(5) 用于辅助诊断飞行器结构故障。在飞行器进行振动试验之后，如果结构发生故障，则飞行器的模态将发生变化(通常为固有频率降低)，但要断定结构中产生故障的具体位置并不是一件易事。可通过模态特征分析进行有效的故障诊断。基本思路是：先根据结构发生故障前的试验结果对分析模型进行修正，使分析模型反映无故障状态的航天器结构；在此模型基础上，根据假定的可能故障模式和故障发生位置修改模型，对修改后的有故障模型进行模态分析，将分析结果与结构发生故障后的试验结果进行比较，由此判定结构发生的故障模式和故障的发生位置。

2. 模态分析方法

当考虑结构动力学问题时，结构所受外载荷随时间而发生改变，结构各点除了位移还有速度和加速度，相应地，作用在各点上的力还有阻尼力和惯性力。因此，在结构静力有限元分析的基本方程(3.83)中再加上阻尼力和惯性力项，就可以得到利用有限元方法离散后的动力学方程：

$$\boldsymbol{M}\ddot{\boldsymbol{u}}+\boldsymbol{C}\dot{\boldsymbol{u}}+\boldsymbol{K}\boldsymbol{u}=\boldsymbol{F}(t) \tag{3.89}$$

式中，$\boldsymbol{M}$ 和 $\boldsymbol{C}$ 分别为整体质量矩阵和整体阻尼矩阵。

结构模态是结构的固有特性，与外界载荷无关，而且实际经验证明，阻尼对结构模态的影响不大。因此，在分析结构模态时，可以忽略不计外载荷和结构阻尼。令式(3.89)中的激振力 $\boldsymbol{F}(t)$ 和阻尼 $\boldsymbol{C}$ 为零，可得无阻尼自由振动方程为

$$\boldsymbol{M}\ddot{\boldsymbol{u}}+\boldsymbol{K}\boldsymbol{u}=\boldsymbol{0} \tag{3.90}$$

设 $\boldsymbol{u}(t)=\boldsymbol{\varphi}\sin\omega(t-t_0)$，代入式(3.90)可得自由振动的特征方程为

$$(\boldsymbol{K}-\omega^2\boldsymbol{M})\boldsymbol{\varphi}=0 \tag{3.91}$$

式中，ω 为结构的固有频率，与之对应的特征向量$\boldsymbol{\varphi}$即相应的振型。形如式(3.91)的特征值问题称为广义特征值问题。

由于模态分析就是通过结构理想化得到刚度矩阵和质量矩阵，然后求解特征方程得

到模态频率和振型，并分析振型特征。因此，模态分析方法的实质是求解特征值的方法。NASTRAN 中特征值分析的方法及其特点如表 3.3 所示。

采用有限元法对大型复杂结构进行模态分析，对计算机的内存和速度有很高要求，为了提高计算效率、降低计算费用，希望能够缩减模态分析的规模，即缩减系统的自由度，动态子结构模态综合法(或简称模态综合法)就是一个行之有效的方法。

表 3.3　特征值分析的方法及其特点

分析方法		Givens-Householder	修正 Givens-Householder	逆幂迭代法	Sturm 检验反幂迭代法	Lanczos
可靠性		高	高	低 可能漏根	高	高
经济性	分析模态个数少时	中	中	低	低	中
	分析多阶模态时	高	高	高	高	中
局限性		不能分析奇异质量矩阵；占用内存大	对多阶段模态费时；占用内存大	可能漏根；对多阶模态费时	对多阶模态费时	对无质量机构系统求解有困难
适用范围		小而密集矩阵有效；可以用动态缩聚	小而密集矩阵有效；可以用动态缩聚	能确定一些模态	能确定一些模态	中、大型模型

模态综合法将整体结构划分为若干个子结构，首先分析自由度很少的子结构的振动特性，而后通过模态综合，得到整体结构的近似模态。例如，在进行星 / 箭耦合动力分析时，分别将卫星和运载火箭作为子结构，应用模态综合法进行分析；在卫星研制中，卫星上的一些大型部件如大型天线、太阳翼、贮箱等可能由不同的研制单位研制，通常这些大型部件已经由研制单位建立了分析模型，有的甚至已经有了试验结果，在进行整星模态分析时，就可以将卫星本体、大型部件分别作为子结构，应用模态综合法进行分析，从而提高分析效率和分析精度。

按照对界面处理方法的不同，模态综合法分为固定界面法、自由界面法和混合界面法，在卫星模态分析及星 / 箭耦合动力分析时大多采用固定界面模态综合法。该方法可以有效缩减结构自由度，大幅提高计算效率，并且精度可控，已成为大型复杂结构的有效计算方法，应用十分广泛。

3. 模态的特性

若结构离散后具有 n 个自由度，求解式(3.91)表示的特征值问题，可以得到 n 个特征解 ω_i(i=1，2，…，n)。对于第 i 阶固有频率 ω_i，必存在一个相应的特征向量 $\boldsymbol{\varphi}_i$，即第 i 阶振型，就是振动的形状，它反映的是结构按照此频率振动时，在空间上的变化特性。结构模态具有以下特性。

1)频率的有序性

当整体质量矩阵 $\boldsymbol{M}$ 和整体刚度矩阵 $\boldsymbol{K}$ 均为实对称矩阵时，广义特征值为实数，特征

向量也为实向量。此时，当整体质量矩阵 $\boldsymbol{M}$ 是 n 阶正定矩阵时，有

$$0 \leqslant \omega_1^2 \leqslant \cdots \leqslant \omega_n^2 \tag{3.92}$$

式(3.92)就表示了频率的有序性。其中，ω_1 称为基频，它在飞行器及其部件频率设计时具有重要作用。进一步，若 $\boldsymbol{K}$ 也是正定矩阵，$\omega_1 > 0$，没有刚体自由度；若 $\boldsymbol{K}$ 不是正定矩阵，$\omega_1 = 0$，有刚体自由度。若整体质量矩阵 $\boldsymbol{M}$ 是奇异的(如板壳结构采用集中质量矩阵)，进行动力缩聚后有类似性质。

频率的有序性所代表的物理意义为：①低阶模态对应低频振动，高阶模态对应高频振动；②在模态叠加法中考虑模态截断时，由于激励频率主要在低频段，一般截断高阶模态，保留低阶模态，而不是任意取舍；③不同阶次的频率对应不同模态，同时也就对应了不同的物理现象，对于板来说，有一阶弯曲、二阶弯曲、一阶扭转、二阶扭转等。

2) 模态的正交性

设(ω_i^2，$\boldsymbol{\varphi}_i$)和(ω_j^2，$\boldsymbol{\varphi}_j$)为特征方程(3.91)的两组特征对，则有

$$\boldsymbol{K}\boldsymbol{\varphi}_i = \omega_i^2 \boldsymbol{M}\boldsymbol{\varphi}_i, \quad \boldsymbol{K}\boldsymbol{\varphi}_j = \omega_j^2 \boldsymbol{M}\boldsymbol{\varphi}_j$$

分别用 $\boldsymbol{\varphi}_j^{\mathrm{T}}$ 和 $\boldsymbol{\varphi}_i^{\mathrm{T}}$ 前乘以上两式，可得

$$\boldsymbol{\varphi}_j^{\mathrm{T}}\boldsymbol{K}\boldsymbol{\varphi}_i = \omega_i^2 \boldsymbol{\varphi}_j^{\mathrm{T}}\boldsymbol{M}\boldsymbol{\varphi}_i, \quad \boldsymbol{\varphi}_i^{\mathrm{T}}\boldsymbol{K}\boldsymbol{\varphi}_j = \omega_j^2 \boldsymbol{\varphi}_i^{\mathrm{T}}\boldsymbol{M}\boldsymbol{\varphi}_j \tag{3.93}$$

两式相减，且考虑到 $\boldsymbol{M}$ 和 $\boldsymbol{K}$ 的对称性，可得

$$\left(\omega_i^2 - \omega_j^2\right)\boldsymbol{\varphi}_j^{\mathrm{T}}\boldsymbol{M}\boldsymbol{\varphi}_i = 0$$

当 $\omega_i^2 \neq \omega_j^2$ 时，必然有

$$\boldsymbol{\varphi}_i^{\mathrm{T}}\boldsymbol{M}\boldsymbol{\varphi}_j = 0 \qquad (i \neq j) \tag{3.94}$$

再根据式(3.93)可得

$$\boldsymbol{\varphi}_i^{\mathrm{T}}\boldsymbol{K}\boldsymbol{\varphi}_j = 0 \qquad (i \neq j) \tag{3.95}$$

式(3.94)和式(3.95)分别称为模态对质量矩阵和刚度矩阵的正交性，简称模态的正交性。它是结构动力学最重要的特征之一，物理意义为：①结构系统全部 n 阶模态将形成 n 维向量空间，结构任意变形形式的位移均可由 n 阶模态的线性组合来表示；②如果阻尼矩阵可以写成质量矩阵和刚度矩阵的某种线性组合，结构动力学基本方程(3.89)可以利用模态的正交性进行解耦。

由于振型 $\boldsymbol{\varphi}_i$ 只是反映其中各元素之间的比值(各节点之间的相对位移)，没有大小的概念，即振型 $\boldsymbol{\varphi}_i$ 乘以某一常数后表示的还是同一振型，因此，为使用的方便，人们常常对振型(模态)进行正则化(或称归一化)，称为正则振型(模态)。振型正则化的方法有多种，如按最大值正则化、质量正则化等，但在结构动力学中常用质量正则化的方法，即规定

$$\boldsymbol{\varphi}_i^{\mathrm{T}}\boldsymbol{M}\boldsymbol{\varphi}_i = 1 \qquad (i=1,\ 2,\ \cdots,\ n) \tag{3.96}$$

3) 特征值的隔离定理

对于一个具有 n 个自由度的结构系统，其固有频率具有式(3.92)所示的顺序，如果在该系统上增加一个约束，则得到一个具有 $n-1$ 个自由度的新系统，这个新系统的固有频率 $\bar{\omega}_i^2$ $(i=1, 2, \cdots, n-1)$ 仍然有序，即

$$0 \leqslant \bar{\omega}_1^2 \leqslant \cdots \leqslant \bar{\omega}_{n-1}^2$$

且约束前后的两个结构系统的固有频率满足以下关系：

$$0 \leqslant \omega_1^2 \leqslant \bar{\omega}_1^2 \leqslant \omega_2^2 \leqslant \bar{\omega}_2^2 \leqslant \cdots \leqslant \omega_{n-1}^2 \leqslant \bar{\omega}_{n-1}^2 \leqslant \omega_n^2 \tag{3.97}$$

式(3.97)就表示了特征值隔离定理，其物理意义为：①增加约束使得固有频率增大或保持不变，但不可能减小；②增加约束不可能使任何一阶的固有频率大到超过下一阶的频率；③在原系统的相继两个特征值之间必有新系统的特征值；④在新系统的相继两个特征值之间必有原系统的特征值。

4. 模态的特征分析

在利用式(3.91)求得结构固有频率和振型的同时，也可以对模态特征进行进一步的分析，包括模态有效质量分析与模态的动能和势能分析。

1)模态有效质量分析

结构通过界面自由度与其他结构相连。包括界面自由度 $\boldsymbol{u}_j$ 在内的结构运动方程为

$$\begin{bmatrix} m_{ii} & m_{ij} \\ m_{ji} & m_{jj} \end{bmatrix} \begin{Bmatrix} \ddot{u}_i \\ \ddot{u}_j \end{Bmatrix} + \begin{bmatrix} k_{ii} & k_{ij} \\ k_{ji} & k_{jj} \end{bmatrix} \begin{Bmatrix} u_i \\ u_j \end{Bmatrix} = \begin{Bmatrix} 0 \\ f_j \end{Bmatrix} \tag{3.98}$$

式中，$\boldsymbol{u}_i$ 为结构内部自由度向量；$\boldsymbol{u}_j$ 为界面自由度向量；$\boldsymbol{f}_j$ 为界面力。

在结构运动时，如果全部界面在运动中保持为刚体，即只需通过某个参考点的自由度就能表示出所有界面自由度的运动，这样的界面称为静定界面。因此，可以以此参考点作为理论上的界面，认为结构通过参考点与其他结构相连，所有界面自由度 $\boldsymbol{u}_j$ 可以用一个参考点 6 个自由度形成的向量 $\boldsymbol{u}_r$ 来表示：

$$\boldsymbol{u}_j = \boldsymbol{T}_{jr}\boldsymbol{u}_r \tag{3.99}$$

式中，$\boldsymbol{T}_{jr}$ 为刚体位移变换矩阵。

将式(3.99)代入式(3.98)得

$$\begin{bmatrix} m_{ii} & m_{ir} \\ m_{ri} & m_{rr} \end{bmatrix} \begin{Bmatrix} \ddot{u}_i \\ \ddot{u}_r \end{Bmatrix} + \begin{bmatrix} k_{ii} & k_{ir} \\ k_{ri} & k_{rr} \end{bmatrix} \begin{Bmatrix} u_i \\ u_r \end{Bmatrix} = \begin{Bmatrix} 0 \\ f_r \end{Bmatrix} \tag{3.100}$$

式中，$m_{rr} = T_{jr}^{\mathrm{T}} m_{jj} T_{jr}$；$m_{ir} = m_{ri}^{\mathrm{T}} = m_{ij} T_{jr}$；$k_{rr} = T_{jr}^{\mathrm{T}} k_{jj} T_{jr}$；$k_{ir} = k_{ri}^{\mathrm{T}} = k_{ij} T_{jr}$。

子结构内部自由度可以用一组截断的自由振动模态及界面约束模态来表示。由于静定界面的界面约束模态就是子结构的刚体运动模态，因此有

$$\boldsymbol{u}_i = \boldsymbol{\varPhi}_{it}\boldsymbol{q}_t + \boldsymbol{T}_{ir}\boldsymbol{u}_r \tag{3.101}$$

式中，$\boldsymbol{\varPhi}_{it}(t=1,2,\cdots,m)$ 为界面固定时结构的模态矩阵，每一列为一个振型，$\boldsymbol{\varPhi}_{it}$ 已进行了模态截断，只保留了所要求的 m 个模态；$\boldsymbol{q}_t$ 为与之对应的模态自由度；$\boldsymbol{T}_{ir}$ 为 $\boldsymbol{u}_r$ 引起的内部自由度刚体位移变换矩阵，其性质与 $\boldsymbol{T}_{jr}$ 相似。

将式(3.101)代入式(3.100)得

$$\boldsymbol{\mu}\ddot{\boldsymbol{q}} + \boldsymbol{k}\boldsymbol{q} = \boldsymbol{F} \tag{3.102}$$

式中，$\boldsymbol{q}$ 为结构的广义自由度；$\boldsymbol{\mu}$ 为广义质量矩阵；$\boldsymbol{k}$ 为广义刚度矩阵，形式分别如下：

$$q=\begin{Bmatrix} q_t \\ u_r \end{Bmatrix},\quad \boldsymbol{\mu}=\begin{Bmatrix} \boldsymbol{\mu}_{tt} & \boldsymbol{\mu}_{tr} \\ \boldsymbol{\mu}_{rt} & \boldsymbol{\mu}_{rr} \end{Bmatrix},\quad k=\begin{Bmatrix} k_{tt} & k_{tr} \\ k_{rt} & k_{rr} \end{Bmatrix}$$

其中，$\boldsymbol{\mu}_{tt}=\boldsymbol{I}_t$；　$\boldsymbol{\mu}_{tr}=\boldsymbol{\mu}_{rt}^{\mathrm{T}}=\boldsymbol{\varphi}_{it}^{\mathrm{T}}\boldsymbol{m}_{ii}\boldsymbol{T}_{ir}+\boldsymbol{\varphi}_{it}^{\mathrm{T}}\boldsymbol{m}_{ir}$（$t$×6 矩阵）；　$\boldsymbol{\mu}_{rr}=\boldsymbol{m}_{rr}+\boldsymbol{T}_{ir}^{\mathrm{T}}\boldsymbol{m}_{ii}\boldsymbol{T}_{ir}+\boldsymbol{T}_{ir}^{\mathrm{T}}\boldsymbol{m}_{ir}+\boldsymbol{m}_{ri}\boldsymbol{T}_{ir}$（6×6 矩阵）；　$\boldsymbol{k}_{tt}=\mathrm{diag}(\omega_1^2,\ \omega_2^2,\ \cdots,\ \omega_m^2)$；在广义刚度矩阵中，由于刚体模态与自由振动模态无刚度耦合，故 $\boldsymbol{k}_{tr}=\boldsymbol{k}_{rt}^{\mathrm{T}}=\boldsymbol{0}$，又由于刚体运动本身不产生支反力，因此 $\boldsymbol{k}_{rr}=\boldsymbol{0}$。

对于静定界面情况，$\boldsymbol{\mu}_{rr}$ 实际上就是包括界面自由度本身质量在内的结构刚体质量矩阵。其对角元分别为结构的平移质量和结构绕通过参考点而平行于坐标轴的转动惯量。$\boldsymbol{T}_{ir}^{\mathrm{T}}\boldsymbol{m}_{ii}\boldsymbol{T}_{ir}+\boldsymbol{T}_{ir}^{\mathrm{T}}\boldsymbol{m}_{ir}+\boldsymbol{m}_{ri}\boldsymbol{T}_{ir}$ 为结构内部自由度的刚体质量矩阵。其中各元素的意义与 $\boldsymbol{\mu}_{rr}$ 中相应元素相同，只是没有把界面自由度的质量包括进去。

$\boldsymbol{\mu}_{tr}$ 中的第 i 行 $\boldsymbol{\mu}_{ir}$ 为第 i 个自由振动模态与刚体模态的质量耦合。定义矩阵

$$\boldsymbol{M}_{rr}^{i}=\boldsymbol{\mu}_{ir}^{\mathrm{T}}\boldsymbol{\mu}_{ir} \tag{3.103}$$

称为第 i 个自由振动模态的有效刚体质量矩阵，或简称有效质量矩阵。

可以证明，所有自由振动模态的有效刚体质量矩阵之和等于结构内部自由度的刚体质量矩阵，即

$$\sum_{i}^{m}\boldsymbol{M}_{rr}^{i}=\boldsymbol{T}_{ir}^{\mathrm{T}}\boldsymbol{m}_{ii}\boldsymbol{T}_{ir}+\boldsymbol{T}_{ir}^{\mathrm{T}}\boldsymbol{m}_{ir}+\boldsymbol{m}_{ri}\boldsymbol{T}_{ir} \tag{3.104}$$

式(3.104)表明：内部自由度的刚体质量矩阵是全部自由振动模态的有效质量矩阵之和，因此也把它称为总有效质量矩阵。或者说，每一个 $\boldsymbol{M}_{rr}^{i}$ 就是第 i 个自由振动模态对总的有效质量矩阵的贡献。$\boldsymbol{M}_{rr}^{i}$ 中每个元素的意义与 $\boldsymbol{\mu}_{rr}$ 中相应元素相同，从中可以提取第 i 个自由振动模态的三个平动方向和三个转动方向有效刚体质量在总的有效质量矩阵中占的比例，即模态的有效质量因子。

由此可见，模态的有效质量可以用于以下两个方面：①结合模态振型图，判定一个模态是整体模态(主要模态)还是局部模态，以及模态主要是哪个方向的运动；②作为模态截断的一种判定方法，当所得到的前 m 阶模态的模态有效质量之和占总质量的份额很大，即前 m 阶模态各个方向的有效质量因子之和均接近 1(一般要求达到 99%)时，就可以认为主要模态已包含在前 m 阶模态中。例如，某小卫星组合体的前十阶模态的有效质量因子如表 3.4 所示，其前四阶振型图如图 3.15 所示，结合图表可知第一阶模态是 x 方向平动(实际上是绕 y 轴弯曲)的整体模态，第三阶模态是绕 z 轴转动的整体模态，前十阶振型的有效质量因子之和均未达到 99%，模态截断时，需要取更高阶的模态。

表 3.4　某小卫星组合体的前十阶模态的有效质量因子

阶数	频率/Hz	TX 有效质量因子	TY 有效质量因子	TZ 有效质量因子	RX 有效质量因子	RY 有效质量因子	RZ 有效质量因子
1	18.035	**9.174×10^{-1}**	7.135×10^{-3}	5.930×10^{-6}	1.637×10^{-4}	4.049×10^{-1}	4.995×10^{-1}
2	21.30	7.697×10^{-3}	**8.949×10^{-1}**	7.631×10^{-4}	3.965×10^{-2}	3.057×10^{-3}	8.534×10^{-6}
3	39.37	4.724×10^{-4}	9.289×10^{-3}	4.679×10^{-5}	1.987×10^{-7}	2.817×10^{-4}	**4.364×10^{-1}**
4	54.79	3.094×10^{-6}	1.274×10^{-2}	4.422×10^{-2}	**5.785×10^{-1}**	1.792×10^{-4}	2.216×10^{-4}
5	56.70	2.134×10^{-5}	1.643×10^{-4}	**4.319×10^{-1}**	2.211×10^{-1}	1.901×10^{-2}	2.319×10^{-5}

续表

阶数	频率/Hz	TX 有效质量因子	TY 有效质量因子	TZ 有效质量因子	RX 有效质量因子	RY 有效质量因子	RZ 有效质量因子
6	78.83	2.830×10^{-4}	4.422×10^{-13}	7.758×10^{-2}	3.567×10^{-2}	3.004×10^{-2}	4.718×10^{-6}
7	84.45	2.191×10^{-5}	1.766×10^{-5}	4.644×10^{-2}	3.546×10^{-2}	2.892×10^{-2}	2.065×10^{-4}
8	101.18	1.890×10^{-5}	1.326×10^{-5}	9.019×10^{-2}	2.892×10^{-2}	3.408×10^{-7}	1.172×10^{-5}
9	153.56	4.695×10^{-6}	2.854×10^{-6}	8.951×10^{-3}	4.930×10^{-3}	4.583×10^{-4}	4.113×10^{-6}
10	182.46	3.511×10^{-5}	2.020×10^{-5}	4.079×10^{-4}	1.201×10^{-4}	$\mathbf{1.589\times10^{-1}}$	2.728×10^{-4}
合计		9.260×10^{-1}	9.243×10^{-1}	7.005×10^{-1}	9.445×10^{-1}	6.457×10^{-1}	9.367×10^{-1}

注：TX、TY、TZ 分别代表 x,y,z 轴方向的平动位移，RX、RY、RZ 分别代表绕 x、y、z 轴的转动位移。

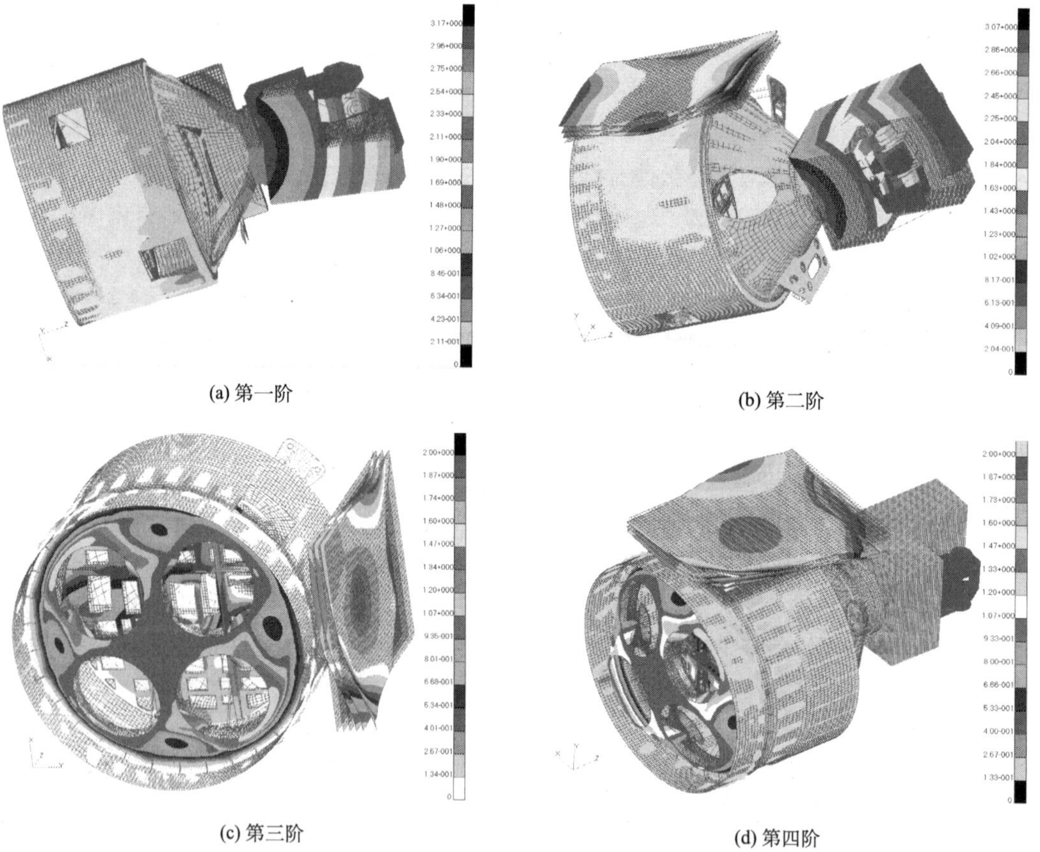

(a) 第一阶　(b) 第二阶

(c) 第三阶　(d) 第四阶

图 3.15　某小卫星组合体的前四阶模态振型图

2) 模态的动能和势能分析

第 i 个正则化模态 $\boldsymbol{\varphi}_i$ 的总动能 T 和总势能 V 分别为

$$T=\dot{\boldsymbol{\varphi}}_i^{\mathrm{T}}\boldsymbol{M}\dot{\boldsymbol{\varphi}}_i/2=\omega_i^2/2 \tag{3.105}$$

$$V=\boldsymbol{\varphi}_i^{\mathrm{T}}\boldsymbol{K}\boldsymbol{\varphi}_i/2=\omega_i^2/2 \tag{3.106}$$

某个自由度的位移为 u，其上的质量为 m，则在此模态中，该自由度的动能 t 为

$$t = m\dot{u}^2 / 2 = \omega_i^2 m u^2 / 2 \tag{3.107}$$

该自由度动能在总动能中的百分比为 mu^2。

若某个单元在总体坐标系中的单元刚度矩阵为 $\boldsymbol{k}_e$，单元各节点的位移为 $\boldsymbol{u}_e$，则在此模态中，该单元的势能 v 为

$$v = \boldsymbol{u}_e^{\mathrm{T}} \boldsymbol{k}_e \boldsymbol{u}_e / 2 \tag{3.108}$$

此单元的势能在模态总势能中的百分比为

$$\bar{v} = \boldsymbol{u}_e^{\mathrm{T}} \boldsymbol{k}_e \boldsymbol{u}_e / \omega_i^2 \tag{3.109}$$

式(3.107)对每个自由度给出了模态动能公式，式(3.108)对每个单元给出了模态势能公式。实际计算中是把节点和单元分别归并为若干个部件(或部位)，对各部件进行模态动能或模态势能计算，部件的模态动能、势能就是本部件所包含的节点模态动能或单元模态势能的和。

通过计算模态的动能可以判定：对一个模态，结构的哪些节点在模态运动中起主导作用，在动力凝聚时，可以选择模态动能较大的点进行凝聚。

通过计算模态的势能可以判定：对一个模态，结构的哪些部位在模态运动中变形更严重，如果设计时想改变这阶模态，修改势能较大部位的刚度会取得较好的效果。

5. 提高模态分析准确性的手段

1）建模中注意刚度的模拟

由于模态主要与结构的刚度和质量相关，而飞行器系统的质量分布容易较准确地反映在模型中，刚度的精确模拟就显得尤为重要。建立模态分析所用的有限元模型时，尽量将有限元网格划分得大小均匀，单元尺寸不要变化太大，这种要求与应力分析时对模型的要求不同。要注意边界处以及部件连接处的准确模拟，这些部位对结构刚度的影响很大，建模时不能忽视。

2）通过试验数据修正模型

对于不易进行简化或者进行了简化但难以确定参数的局部结构进行试验，根据试验数据进行建模，可以有效提高模态分析的准确性。如太阳帆板收紧后的刚度模拟，部件连接处的简化和参数确定等。

对于有一定继承性的结构设计，根据以前型号试验结果进行模型修正是很有必要的。在同一型号正样设计阶段，如果初样研制阶段进行了试验，则要充分利用试验数据。

3.3.5　结构动态响应分析

飞行器在整个飞行期间经受振动、声、冲击等各种复杂动力学载荷(简称“动载荷”)，这些动载荷可能引起飞行器结构和飞行器上设备的失效或破坏，从而影响飞行器的正常工作。结构动态响应分析的基本目的是确定结构在各类动载荷作用下的响应特性。根据动载荷的激励特性，结构动态响应分析的主要内容包括瞬态响应分析、频率响应分析、随机振动响应分析、噪声响应分析、冲击响应分析等。限于篇幅，本书仅简单介绍结构频率响应分析和结构随机振动响应分析的基本方法。

1. 结构频率响应分析

飞行器结构频率响应分析(简称“频响分析”)就是飞行器结构在基础正弦激励条件下的响应分析。一般来说把不同正弦频率激励下所得到的响应分析结果绘成曲线，就可以得到频率响应曲线。设结构系统受到的正弦强迫激励 $\boldsymbol{F}(t)=\boldsymbol{P}(\omega)e^{\mathrm{i}\omega t}$ 时，由方程(3.89)可得动力学方程为

$$\boldsymbol{M}\ddot{\boldsymbol{u}}+\boldsymbol{C}\dot{\boldsymbol{u}}+\boldsymbol{K}\boldsymbol{u}=\boldsymbol{P}(\omega)\mathrm{e}^{\mathrm{i}\omega t} \tag{3.110}$$

求解动力学方程(3.110)的主要方法有两种：直接积分法和模态叠加法。直接积分法将直接求解系统的运动方程，即用 t 时刻的位移、速度、加速度等向量，应用动力学方程(3.110)去计算 $t+\Delta t$ 时刻的这些量，常用的方法有线性加速度法、威尔逊θ 法、纽马克 β 法，它们的主要区别在于加速度表达式不同。为了得到较为准确的结果，直接积分法中步长Δt 一般取得较小，因此计算量较大。直接积分法多用于有复杂的动载荷作用，并且响应中有高频成分出现，不得不用多振型表达才能获得解的情况。但是在大多数情况下，飞行器结构频率响应分析模拟的是低频激励下的响应，只有少数低频振型对结构系统的响应贡献较大,此时采用模态叠加法可以获得较满意的计算精度和较高的计算效率。下面主要介绍结构频率响应分析的模态叠加法。

1)基本原理

模态叠加法利用结构固有模态进行求解，当激励的频率不高时，求解精度和效率较高。其基本原理是：首先将位移的物理坐标转换为模态坐标，利用模态的正交性，在模态坐标系下将动力学方程进行解耦；然后求解每个解耦的模态坐标方程，得到与各模态对应的模态坐标；最后将得到的模态坐标代回位移的变换式，即可求得结构系统的响应。下面具体说明。

将位移变量的物理坐标转换为模态坐标，并根据振型向量的完备性，假设其关系为

$$\boldsymbol{u}=\boldsymbol{\Phi}\boldsymbol{q}(\omega)\mathrm{e}^{\mathrm{i}\omega t} \tag{3.111}$$

式中，$\boldsymbol{\Phi}=\begin{bmatrix}\boldsymbol{\varphi}_1 & \boldsymbol{\varphi}_2 & \cdots & \boldsymbol{\varphi}_n\end{bmatrix}$为结构系统的振型向量矩阵，其各列为系统的各阶固有振型向量；$\boldsymbol{q}(\omega)=\{q_1(\omega)\quad q_2(\omega)\quad \cdots \quad q_n(\omega)\}^{\mathrm{T}}$ 为模态坐标向量，其各元素为与各阶固有振型对应，n 为系统离算后的自由度。

将式(3.111)代入式(3.110)，消除 $\mathrm{e}^{\mathrm{i}\omega t}$，再左乘以$\boldsymbol{\Phi}^{\mathrm{T}}$可得

$$-\omega^2\boldsymbol{\Phi}^{\mathrm{T}}\boldsymbol{M}\boldsymbol{\Phi}\boldsymbol{q}(\omega)+\mathrm{i}\omega\boldsymbol{\Phi}^{\mathrm{T}}\boldsymbol{C}\boldsymbol{\Phi}\boldsymbol{q}(\omega)+\boldsymbol{\Phi}^{\mathrm{T}}\boldsymbol{K}\boldsymbol{\Phi}\boldsymbol{q}(\omega)=\boldsymbol{\Phi}^{\mathrm{T}}\boldsymbol{P}(\omega) \tag{3.112}$$

令 $\tilde{\boldsymbol{M}}=\boldsymbol{\Phi}^{\mathrm{T}}\boldsymbol{M}\boldsymbol{\Phi}$、$\tilde{\boldsymbol{K}}=\boldsymbol{\Phi}^{\mathrm{T}}\boldsymbol{K}\boldsymbol{\Phi}$、$\tilde{\boldsymbol{C}}=\boldsymbol{\Phi}^{\mathrm{T}}\boldsymbol{C}\boldsymbol{\Phi}$ 和 $\boldsymbol{p}(\omega)=\boldsymbol{\Phi}^{\mathrm{T}}\boldsymbol{P}(\omega)$，分别为广义(或模态)质量矩阵、广义(或模态)刚度矩阵、广义(或模态)阻尼矩阵和模态激励向量。根据模态的正交性可知，若振型是质量正则化的，则 $\tilde{\boldsymbol{M}}$ 为 n 阶单位矩阵，$\tilde{\boldsymbol{K}}$ 为对角线元素为各阶固有频率平方的 n 阶对角线矩阵，但 $\tilde{\boldsymbol{C}}$ 通常为非解耦矩阵，一般通过两种方法进行解耦：一是将 $\boldsymbol{C}$ 简化为 $\boldsymbol{K}$ 和 $\boldsymbol{M}$ 线性组合的瑞利阻尼矩阵；二是直接输入已解耦的模态阻尼比。工程中一般采用第二种方法，这样方程(3.110)可写成一组解耦的单自由度系统：

$$-\omega^2 q_i(\omega)+2\mathrm{i}\omega\xi_i\omega_i q_i(\omega)+\omega_i^2 q_i(\omega)=p_i(\omega) \tag{3.113}$$

式中，下标 i 对应第 i 阶振型。由上式可以直接求得每个振型对响应的贡献 $q_i(\omega)$ ，将 $q_i(\omega)$ 代入坐标转换式(3.111)后，即可得到各个节点在物理坐标下的响应。

2) 需要注意的几个问题

(1) 频率范围选取。为提高计算效率，模态叠加法中均需进行模态截断，即在坐标转换式(3.111)中，不需取所有的 n 阶振型，只需取某一频率范围内的振型即可。分析所用频率范围的选取原则是：至少保留强迫激励频率范围内的所有振型。为提高分析精度，一般可将分析所用频率范围拓宽 1 倍左右。例如，卫星正弦振动试验的激励频率范围一般为 5～100Hz，分析所用频率范围最好为 5～200Hz。

(2) 模态阻尼。模态阻尼一般根据以往试验数据或经验数据确定，对分析结果有很大影响，特别是低频的正弦激励响应分析，一般只出现一个或几个明显的共振峰，共振峰处对应频率的模态阻尼对峰值的影响很大。但由于阻尼产生的机理复杂，试验测量误差较大，目前基本没有有效手段能准确获取，而且结构的模态阻尼一般还会随着激励量级的提高而增大，因此一般很难获得准确的阻尼值。若没有可靠的实验数据，可以根据经验进行粗略取值：金属结构模态阻尼比取 2%～3%，复合材料结构模态阻尼比取 5%～8%。

(3) 结果输出。输出参数可以是位移、速度、加速度、应力和应变等，结果为复数，一般用幅值和相位随频率的变化来表示。另外，为了得到更为真实的峰值点，在共振频率附近应增加若干频率点。

3) 应用实例

本节以 3.3.4 节的小卫星组合体为例，利用 NASTRAN 软件求解其在低频正弦激励下的振动响应。加速度激励为：5～100Hz 带宽内，施加加速度幅值为 1g 的平直谱激励，x、y、z 三个方向分别施加，计算时选取模态阻尼为 3%。经计算得到小卫星质心处的加速度响应幅频曲线如图 3.16 所示。

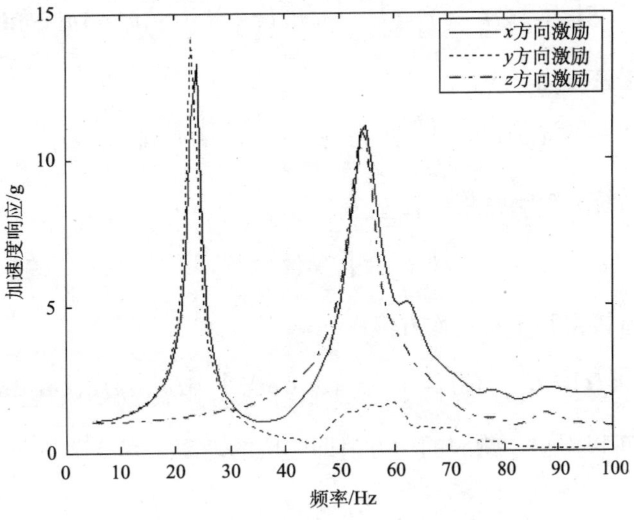

图 3.16　小卫星质心加速度响应幅频曲线

2. 结构随机振动响应分析

振动可以分为确定性振动和随机振动两大类，随机振动的振动状态无法用确定的函数来描述，不具有重复再现性，只能用统计意义上的规律进行描述。随机振动可分为平稳随机振动和非平稳随机振动，平稳随机振动又进一步分为各态历经随机振动和非各态历经随机振动：如果随机过程的统计特性与时间无关，则为平稳随机过程；如果各样本函数计算出来的时间平均统计特性都相等，则为该过程为平稳各态历经随机过程。这里主要介绍平稳各态历经随机振动，这也是航天结构随机振动试验中常用的激励方式。

1) 分析方法

表征随机过程的特征量和特征函数有：均值、均方差、方差、自相关函数、互相关函数、自功率谱密度函数、互功率谱密度函数等，随机振动响应分析就是计算得到响应的这些特征量和特征函数。随机振动响应分析有两条途径：时域求解和频域求解。

(1) 时域求解。先求得系统的单位脉冲响应函数，再将此函数与激励函数求卷积，就可得到常系数线性系统对任意激励的响应。

(2) 频域求解。先求得系统的频率响应函数，然后通过激励功率谱和结构系统频率响应函数之间的矩阵运算得到系统响应的功率谱。

考虑线性系统受单个随机激励的作用，设激励为 $x(t)$，其自相关函数为 $R_x(t)$，功率谱密度为 $S_x(\omega)$，系统响应为

$$y(t)=\int_{-\infty}^{\infty}x(t-\tau)h(\tau)\mathrm{d}\tau \tag{3.114}$$

式中，$h(\tau)$ 为单位脉冲响应函数。

响应的自相关函数为

$$R_y(\tau)=E\left[y(t)y(t+\tau)\right]=\int_{-\infty}^{\infty}\int_{-\infty}^{\infty}R_x(\tau+\tau_1-\tau_2)h(\tau_1)h(\tau_2)\mathrm{d}\tau_1\,\mathrm{d}\tau_2 \tag{3.115}$$

响应的功率谱密度为

$$S_y(\omega)=\frac{1}{2\pi}\int_{-\infty}^{\infty}R_y(\tau)\mathrm{e}^{-\mathrm{i}\omega\tau}\,\mathrm{d}\tau=\left|H(\omega)\right|^2S_x(\omega) \tag{3.116}$$

式中，$H(\omega)$ 为系统的频响函数，且

$$H(\omega)=\int_{-\infty}^{\infty}h(\tau)\mathrm{e}^{-\mathrm{i}\omega\tau}\,\mathrm{d}\tau \tag{3.117}$$

这样就可以直接得到响应的均方值：

$$D_y^2(t)=E\left[y^2(t)\right]=\int_{-\infty}^{\infty}S_y(\omega)\mathrm{d}\omega=\int_{-\infty}^{\infty}\left|H(\omega)\right|^2S_x(\omega)\mathrm{d}\omega \tag{3.118}$$

从式(3.118)可以看出，响应的均方值即响应的功率谱密度函数曲线下的面积。

2) 应用实例

还是以 3.3.4 节的小卫星组合体为例，利用 NASTRAN 软件求解其在表 3.5 中验收级随机激励下的振动响应。

表 3.5 给出了实际工程中 10～2000Hz 验收级和鉴定级的激励谱，由于非“白谱”区

域是用倍频程(oct)带宽增加或减少的分贝(dB)数 q 表示的，即在双对数坐标系下呈线性关系，如图 3.17 所示，因此在计算时需要转换为具体的数值以供计算使用，转换方法如下。

表 3.5　实际工程中 10~2000Hz 验收级和鉴定级的激励谱

频率范围/Hz	加速度功率谱密度	
	验收级	鉴定级
10～80	+6dB/oct	
80～90	1.0 g^2/Hz	1.69 g^2/Hz
90～140	−21.8 dB/oct	
140～500	0.0406 g^2/Hz	0.0686 g^2/Hz
500～2000	−18dB/oct	
振动方向	分别沿 x、y、z 三个方向	
加载时间	60s/向	120s/向
总均方根值	7.76 grms	10.75 grms

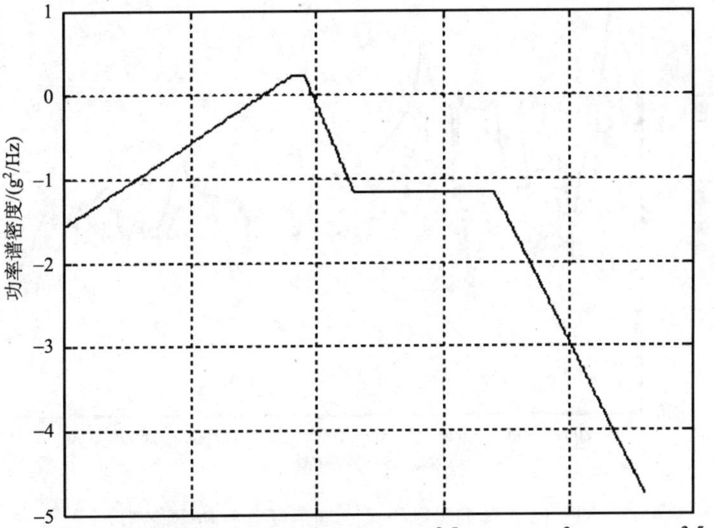

图 3.17　随机加速度激励功率谱密度

根据倍频程的定义可知，1oct=lg(f_2/f_1)，f_2 和 f_1 分别为非“白谱”区域两个频率点，且 $f_2=2f_1$，计算时一般选取 f_1 为与“白谱”区域交点处的频率；又根据分贝的定义可知，10lg(G_2/G_1)=qdB，G_2 和 G_1 分别为与 f_2 和 f_1 对应的功率谱密度值。由双对数坐标系下的线性关系可知，非“白谱”区域任意一个频率点 f 处的功率谱密度值 G 可由下式确定：

$$\frac{10(\lg G-\lg G_1)}{\lg f-\lg f_1}=\frac{10(\lg G_2-\lg G_1)}{\lg f_2-\lg f_1}=\frac{q}{\lg 2}$$

由于 lg2≈0.3，由此可得

$$G=G_1\left(\frac{f}{f_1}\right)^{\frac{q}{3}} \tag{3.119}$$

例如，在 10～80 Hz 内，每倍频程带宽增加 6 分贝，取 f_1=80Hz，则 G_1=1.0g^2/Hz，功率谱密度值 $G=1.0\times\left(\frac{f}{80}\right)^{\frac{6}{3}}=\left(\frac{f}{80}\right)^2$。又如在 90～140 Hz 内，每倍频程带宽减少 21.8 分贝，取 f_1=90Hz，则 G_1=1.0g^2/Hz，功率谱密度值 $G=1.0\times\left(\frac{f}{90}\right)^{\frac{-21.8}{3}}=\left(\frac{f}{90}\right)^{-7.27}$。

计算时选取模态阻尼为 3%。经计算得到在 x 向激励下，某点加速度响应在 x、y、z 三方向功率谱密度分量的曲线如图 3.18 所示。

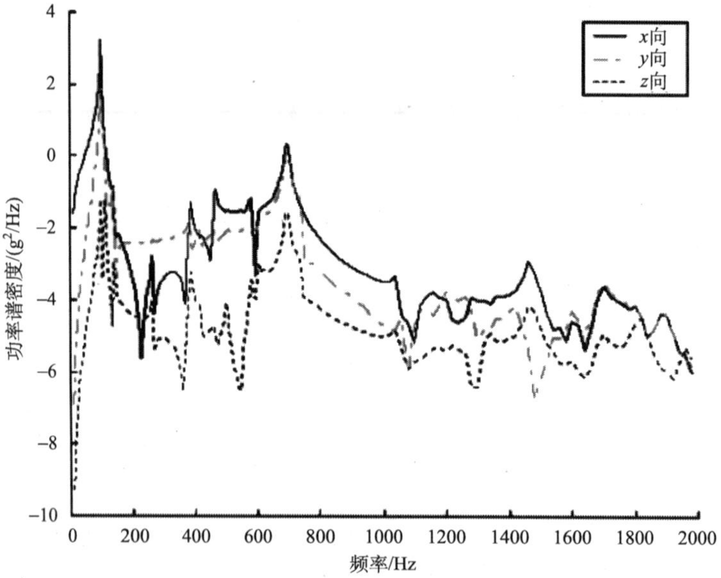

图 3.18　x 向激励下某点加速度响应功率谱密度

3.3.6　结构热变形及热应力分析

1. 结构的热效应

飞行器在各个飞行阶段，总要经历不同的温度环境。温度的变化使结构产生热应力，可能导致结构产生有害变形，甚至于屈服、疲劳和断裂。而且，温度突变导致的热弹性冲击还有可能引起结构振动，影响飞行器的姿态等。在强热流环境下，结构产生很高的温度变化，材料的强度、刚度、本构关系甚至于线膨胀系数、热导率等会发生明显变化，导致结构热效应问题非常复杂。随着未来可重复使用飞行器、高超声速飞行器等热防护系统的开发，防热材料和结构材料的一体化设计，热/力耦合问题将会更加突出，热效应研究将更加有实际意义。

热引起的结构运动可大致分为四类：①热变形，由温度缓慢变化及其分布的不均匀性导致结构产生的准静态变形；②热弹性冲击，由温度突变导致飞行器上柔性结构产生的瞬态非振荡运动；③热振动，由温度突变导致飞行器上柔性结构产生的振荡运动；④热颤振，由于入射热载荷和结构的变形耦合导致的非稳态振动响应。本节将主要介绍采用有限元方法分析热变形和热应力，以及热稳定性问题的方法。

2. 结构热变形和热应力分析

结构热变形和热应力分析以热分析得到的温度场分布作为载荷输入条件，计算在给定热载荷作用下的平衡位移及应力分布，并且认为结构的变形和应力只与热载荷的大小和分布有关，而与加载的路径和方式无关。由于温度场变化缓慢，结构的热效应基本上可以看作线性的，并且与时间无关，一般采用线性静力学方法来描述。

在有温度变化的条件下，线弹性材料本构关系如式(3.62)所示，其中，$\Delta T = T - T_0$，T_0 为材料的初始温度，T 为材料的工作温度。热载荷相当于使结构具有一定的初应变，在本构关系中，可以把与温度相关的项当做初应变来理解。

结构热变形问题和一般的结构静力问题可以统一起来考虑。按照结构力学求解的一般过程，将材料本构关系、几何关系代入力平衡方程，引入相应的载荷和位移边界条件，通过求解力平衡方程来获得结构的热变形，进而根据变形和应力的关系来获得热应力。

结构热变形和热应力的有限元分析实质上是结构静力有限元分析的延伸，分析步骤几乎相同，应用有限元法求解热应力问题时，一般应用位移法，只不过引入机械载荷的同时需要引入热载荷，引入材料力学性能的同时需要引入材料的线膨胀系数。温度场应该表述为结构空间的离散场，材料的力学特性参数也应该建立为与温度相关的离散场。

当只存在热载荷时，结构有限元基本方程为

$$\boldsymbol{K}\boldsymbol{u} = \boldsymbol{R} \tag{3.120}$$

式中，$\boldsymbol{R} = \sum \int_{V_e} \boldsymbol{B}^{\mathrm{T}} \boldsymbol{D} \alpha \Delta T \mathrm{d}V$ 为结构温度节点载荷列阵；V_e 为单元体积；$\boldsymbol{u}$ 为结构节点的位移列阵；$\boldsymbol{K}$ 为结构整体刚度矩阵。

热变形和热应力分析与静力分析有限元要求基本相同，但要注意，如果结构为厚板或者蜂窝夹层板壳，上下表面的温差可能是结构变形的主要原因，不可忽略，应采用体单元模拟。

对于以热变形为主要分析内容的结构，初始参考温度可以定义为结构装配完成时的温度；对于以强度为主要设计考虑的结构，应以结构无应力状态的温度作为分析的初始参考温度。

在通用的结构分析软件(如 NASTRAN)中，热变形和热应力分析仍引用静力分析模块，在引入温度条件下材料的本构关系和热载荷条件后，具体分析过程和结果处理与静力分析完全相同。

3. 结构热失稳分析

热失稳是指结构在约束边界下，由于热载荷作用而产生压应力(或切应力)，并在内应力作用下失稳。如直接暴露于空间的超静定桁架结构，在热载荷下存在杆件的失稳问题等。

与分析机械载荷作用下结构失稳类似，热失稳分析是求解结构所能承受的失稳临界温度和失稳波形，引入温度条件下材料的本构关系和热载荷条件后，两者的分析基本相同。

热失稳分析的有限元法基本方程即式(3.87)，只是单元几何刚度矩阵 $\boldsymbol{K}_G^e$ 是由于几何非线性引起的、与温升 ΔT 有关的刚度矩阵。

热失稳分析包括两个阶段。对于给定的温升 ΔT，首先进行线性静力分析，确定结构的热变形；然后用分析结果来计算几何刚度矩阵，并用式(3.87)求得最小的特征值 λ 和特征向量，λ 为结构稳定性系数(失稳因子)，特征向量即失稳波形。结构能承受的临界温度为

$$T_{\mathrm{cr}} = T_0 + \lambda \Delta T \tag{3.121}$$

式中，T_0 为初始参考温度。

第 4 章　弹翼结构设计

4.1　引　　言

弹翼是指导弹各种空气动力面，它包括主翼(图 4.1 中的 6)、尾翼(包括稳定面，图 4.1 中的 12)、前翼(图 4.1 中的 2)、操纵面(包括舵面、副翼，图 4.1 中的 9)等，由于比较薄，弹翼也被称为翼面。导弹一般都有弹翼。弹翼是导弹的重要组成部分，其设计的好坏对保证导弹的总体性能有重要影响。弹翼设计的主要任务就是根据任务书和总体设计提供的翼平面形状、翼型、翼身相对位置和质量特性等要求，完成弹翼全部零部件的分析与设计，并提供完整的工作图纸和技术文件。本章主要介绍弹翼的结构形式和设计方法。

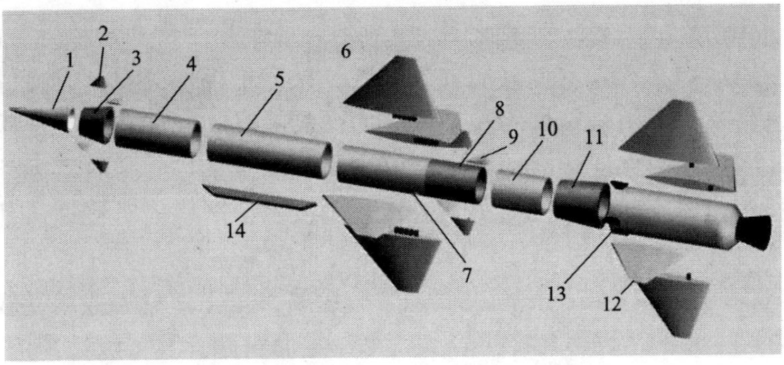

图 4.1　“萨姆-2”防空导弹弹体分解图

1-一舱；2-前翼；3-二甲舱；4-二乙舱；5-三舱；6-弹翼；7-四甲舱；8-四乙舱；9-舵面；10-五舱；11-六舱；12-稳定面；13-固体助推器；14-整流罩

4.2　弹翼的功用与设计要求

4.2.1　弹翼的功用

我们知道，导弹要快速稳定灵活地飞行，是靠各种力的作用来实现的，其中发动机推力是其主要动力，而弹翼产生的空气动力(图 4.2 中的升力 Y、阻力 X、控制力 Y_c 等)是其稳定灵活飞行的必要条件，主翼产生的升力可以平衡导弹的重量，以实现导弹的飞行；主翼和其他弹翼产生的控制力和力矩，可以实现导弹的机动飞行；同时，通过调整弹翼的几何参数和布局，保证导弹的压心位置及其变化规律，使导弹具有必要的操纵性和稳定性。因此弹翼在导弹飞行中具有重要功用。

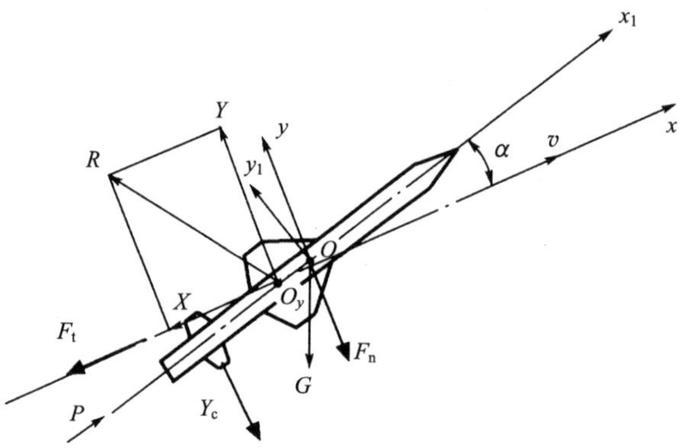

图 4.2 有翼导弹受力简图

4.2.2 弹翼的设计要求

在弹翼的设计过程中，除满足飞行器结构设计的基本要求外，还需满足以下几点特殊要求。

(1) 外形准确度要求。对于弹翼来说，空气动力要求是一种“前提性”的基本要求。它要求设计出的结构必须具有良好的气动特性，以便于保证导弹具有良好的气动升力和阻力特性，具有良好的操纵性和稳定性。而弹翼的气动性能与外形准确度和表面质量密切相关，因此，应保证弹翼的外形准确度和表面质量，如弹翼实际外形相对理论外形的偏差和各弹翼安装角偏差要小，对称弹翼应保证严格的对称性，几何型面必须严格符合等。当然，在设计弹翼的外形时，还要考虑工艺性，以确保表面质量。

(2) 刚度要求。对弹翼结构，刚度要求十分重要。首先弹翼一般承受较大的法向载荷，而其截面尺寸较薄，很容易产生较大变形，进而引起弹翼气流性能的变化；其次，如果弹翼的刚度不足，很容易发生气动弹性不稳定现象(如颤振)，导致弹翼的破坏；最后，对于高速飞行的弹翼，局部气动载荷较大，为了保证弹翼截面不发生显著变形，也要求弹翼有较大的刚度。总之，无论是总体刚度还是局部刚度，对于弹翼都是十分重要的。

通常，弹翼采用刚度较大的金属材料，也可采用特殊结构(如夹层结构)来提高结构刚度，以达到不增加或不显著增加结构重量的目的。

(3) 气动加热要求。当高速气流流过导弹表面时，摩擦、压力改变和速度受到阻滞等原因，会使导弹周围的空气温度升高产生热量，称为空气动力热。这种热量通过热传导和辐射等方式传给导弹，而使导弹温度升高的现象称为空气动力加热。速度越高，气动加热越严重。导弹高速飞行时，弹翼表面将受到气动加热的影响。尤其是弹翼前缘，气动加热问题更加严重。必须通过专门的防热材料或结构设计来满足弹翼的气动加热要求。

4.3　弹翼的结构形式

当今世界上导弹种类很多，弹翼的结构种类也很多，综合分析各种弹翼结构，按照结构形式一般可分为三类：骨架蒙皮式，包括单梁式、多梁式、内撑梁式、单块式等；整体壁板式，包括辐射梁式、整块网格式、实心壁板式等；夹层结构式，包括梁式蜂窝夹层结构、内撑梁式蜂窝夹层结构、夹层蜂窝板组合式、玻璃钢蜂窝夹层结构、轻填料夹层结构等。按照安装方式，弹翼也可分为三类：固定式弹翼、折叠式弹翼和伸缩式弹翼。下面按照结构形式分类进行介绍。

4.3.1　骨架蒙皮式弹翼

骨架蒙皮式弹翼结构继承了飞机机翼的形式，使用得比较早，材料沿四周分布，强度刚度高，质量轻，应用广泛，是其他弹翼形式的基础。骨架蒙皮式弹翼结构的典型构件包括蒙皮、桁条、翼肋、翼梁、纵墙、连接件，如图 4.3 所示。

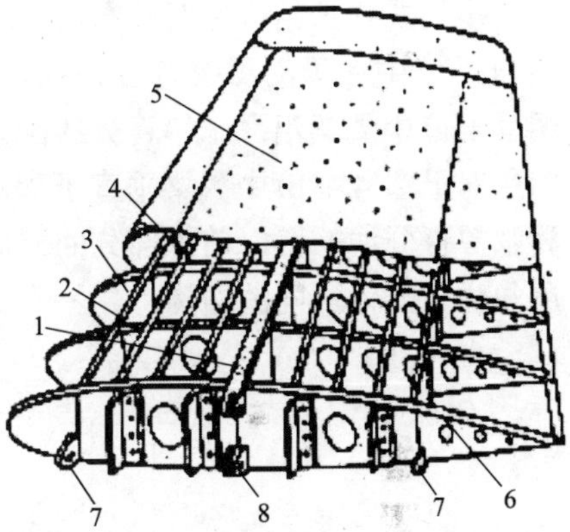

图 4.3　骨架蒙皮式弹翼

1-翼梁；2-前墙；3-翼肋；4-桁条；5-蒙皮；6-后墙；7-辅助接头；8-主接头

蒙皮使得弹翼形成流线形的气动外形。气动载荷直接作用在蒙皮上，因此蒙皮受垂直于其表面上的局部气动载荷，并把载荷传递到纵向、横向受力骨架上。蒙皮还与内部结构一起形成封闭的盒形薄壁结构承受弹翼的扭矩，并与桁条一起形成壁板，承受弹翼弯矩引起的部分轴向力。

桁条支撑蒙皮，承受和传递蒙皮传来的横向载荷，增加了蒙皮的临界应力。桁条一般与翼肋相连，并受翼肋支持。

翼肋形成和维持弹翼的翼型，与桁条一起支持蒙皮，并将局部气动载荷从蒙皮、桁条传递到翼梁。

翼梁一般为由凸缘和腹板组成的工字梁，它是梁式弹翼的主要纵向受力元件。蒙皮、桁条和翼肋所承受的载荷最后都要传给翼梁。因而，弹翼上的全部或大部分弯矩、大部分剪力和由扭矩引起的切向力，都是通过翼梁传给接头所在的舱段的。

纵墙的结构与翼梁相似，只是它的凸缘远比翼梁弱，而腹板则较强，接头为铰接接头。它与翼梁一起承受和传递弹翼的剪力与扭矩。

对装配式结构，所有结构元件都通过连接件(如铆钉、螺钉等)连接成一体，从而能承受作用在弹翼上的载荷。因此连接件也是必不可少的。

骨架蒙皮式弹翼主要由以上这 6 种构件组成，但在不同形式的骨架蒙皮式弹翼中，这 6 种构件的比重与作用又稍有差别，这里主要介绍三种典型骨架蒙皮式弹翼：单梁式弹翼、多梁式弹翼和单块式弹翼。

1. 单梁式弹翼

图 4.3 所示的弹翼即单梁式弹翼，由翼梁、翼肋、桁条、蒙皮、纵墙(包括前墙和后墙)及连接件组成。

弹翼蒙皮较薄，翼梁很强，桁条较弱。翼梁沿弹翼最大厚度线布置，这种布置能使梁具有最大的截面高度，且沿翼展方向直线变化，在强度和刚度上都有利。该弹翼的翼肋顺气流方向排列，翼肋的间距影响屏格蒙皮的横向变形，普通翼肋的间距一般为 250~300mm。翼梁根部的固接接头很强，是一个能传弯矩的主接头(图 4.3 中的 8)，与弹身上的加强框上的接头相连接。另外，前墙和后墙各有一个不能传弯矩但能传剪力的辅助接头(图 4.3 中的 7)。

2. 多梁式弹翼

多梁式弹翼结构有两种布局，如图 4.4 所示，主要区别在于翼梁的配置方向不同，图 4.4(a)中翼梁沿翼弦等百分线配置，图 4.4(b)中翼梁垂直于弹身的方向配置。对于图 4.4(a)中翼梁沿翼弦等百分线配置的弹翼，由于翼梁后掠，翼梁将一部分弯矩传给根肋；对于图 4.4(b)中翼梁垂直于弹身方向配置的弹翼，三个翼梁都垂直于弹身，前墙沿翼弦等百分线布置，前缘部分的翼肋垂直于前墙，这种弹翼的前缘可根据热保护要求采用与弹翼主体不同的结构。

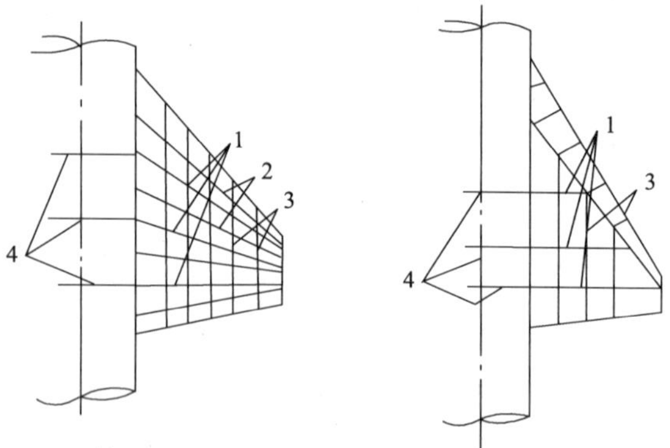

图 4.4　多梁式弹翼

1-翼梁；2-桁条；3-翼肋；4-加强框

与单梁式弹翼相比，多梁式弹翼传力较直接，但工艺性较差，与弹体的连接较复杂。总之，在梁式结构中，弹翼的弯矩主要由翼梁的凸缘承受，剪力由翼梁腹板承受，而扭矩则由蒙皮与翼梁和纵墙腹板组成的闭室承受。剪力、弯矩和扭矩由翼尖传到翼根，最后通过弹翼与弹身的对接接头传给弹身。梁式结构常用于小展弦比弹翼。

3. 单块式弹翼

由于导弹的速度不断增加，要求弹翼所承受的载荷越来越大，有时光靠薄的蒙皮不能保证弹翼有足够的局部刚度，因而需增加蒙皮的厚度或加强桁条，故出现了单块式弹翼。

如图 4.5 所示，单块式弹翼有 4 根纵墙和 6 根桁条，它们都沿翼肋的等百分线布置，5 根翼肋顺气流方向配置，上下蒙皮较厚，并有 12 对可与弹身相连的连接孔，根肋上的槽口用以放置螺帽。由于蒙皮较厚和桁条布置较密，弹翼的弯矩通过由蒙皮、纵墙、桁条组成的壁板承受拉压来传递；弹翼的剪力由纵墙的腹板传递，扭矩由闭合蒙皮传递。此形式弹翼的优点是刚度大，蒙皮和桁条的材料得到充分利用，缺点是不宜在弹翼上开大开口，且与弹身的装配协调比较复杂。单块式结构常在展弦比较大的弹翼上使用。

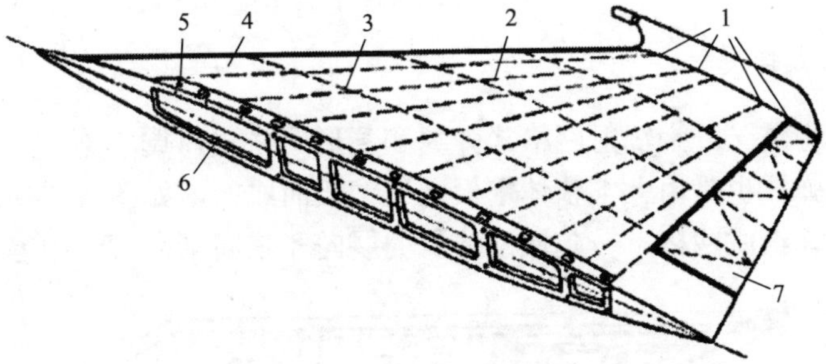

图 4.5　单块式弹翼

1.-纵墙；2-桁条；3-翼肋；4-蒙皮；5-槽口；6-对接口；7-副翼

4.3.2　整体壁板式弹翼

随着飞行速度的提高，导弹的气动阻力和弹翼载荷也随之提高。为了减小弹翼阻力，应采用相对厚度较小的翼型；为了提高弹翼的承载能力，则需增加蒙皮厚度。若仍采用蒙皮骨架结构，常常难以满足强度、刚度要求，而且会给装配工作带来困难，于是便出现了整体壁板式弹翼。它的特点是：蒙皮与骨架合为一体，零件之间的连接件少，弹翼的蒙皮容易实现变厚度，加强筋可以合理布置，强度、刚度好，承载能力大，气动外形较好，结构简单，材料单一，装配工作量小，生产率高，成本低。这里主要介绍三种典型整体壁板式弹翼：辐射梁式弹翼、整块网格式弹翼和实心壁板式弹翼。

1. 辐射梁式弹翼

辐射梁式弹翼由整体加工的上下壁板铆接而成，如图 4.6 所示。每块壁板上有辐射加强筋，加强筋的作用与装配式结构中的翼梁和翼肋类似，并能将弹翼的载荷以最短的传力路线传给主接头。主接头位于翼根截面高度较大的部位，以梳状齿形插入相连的舱段，形成固接接头。在翼根前后缘的两个辅助接头可以提高翼根的弦向刚度，并将弹翼的扭矩传给弹身。

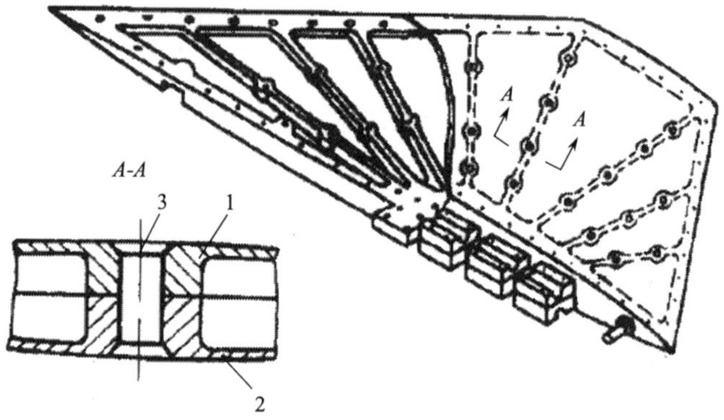

图 4.6　辐射梁式弹翼

1-上壁板；2-下壁板；3-铆钉

2. 整块网格式弹翼

整块网格式弹翼又分为辐射网格式弹翼和菱形网格式弹翼。

辐射网格式弹翼也是由上下整体壁板通过铆接而成的，如图 4.7 所示。上下壁板有辐射和横向加强筋组成网格，一起保证弹翼的展向和弦向刚度大致相等。

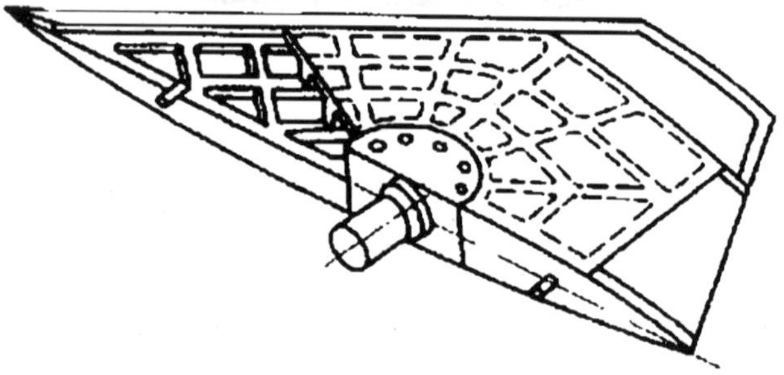

图 4.7　辐射网格式弹翼

菱形网格式弹翼是通过螺钉将上、下壁板连接而成的，如图 4.8 所示。上下壁板上有菱形网格的加强筋，壁板的前缘和后缘起着纵墙的作用，壁板的根部组成加强根肋，根肋上有托板螺帽，构成弹翼的分散传力式接头。

3. 实心壁板式弹翼

对于尺寸小的薄弹翼(相对厚度 c<2%~2.5%)，常采用实心壁板式结构，如图 4.9 所示。它可以用机械加工、铸造、锻造等方法加工而成，按照刚度要求，实心弹翼与弹身连接长度占弦长的 20%~30%。实心壁板式弹翼的质量较大，但工时少，成本低。

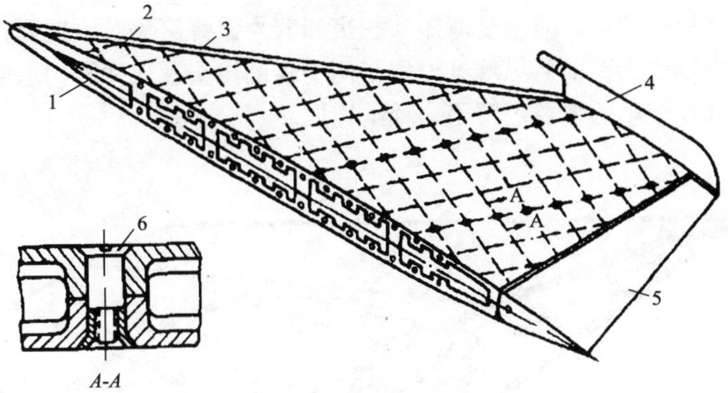

图 4.8　菱形网格式弹翼

1-下壁板；2-上壁板；3-前缘；4-翼尖；5-副翼；6-连接件

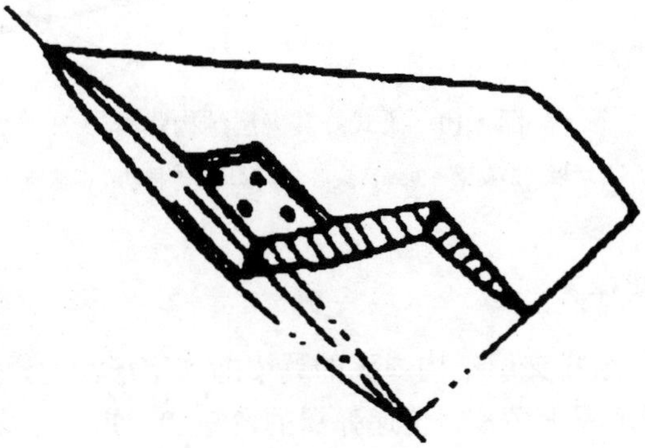

图 4.9　实心壁板式弹翼

4.3.3　夹层结构式弹翼

随着导弹飞行速度的进一步提高，单位翼载进一步增大，气动加热也越来越严重，为了提高弹翼整体和局部的承载能力，以及预防气动加热，人们提出了各种新型的夹层结构式弹翼。夹层结构式弹翼的主体由上下面板和夹芯组成，夹芯可以是蜂窝、轻填料或波纹构架，上下面板与夹芯被钎焊或胶接成一体，夹芯中可以有若干骨架(翼梁、翼肋等)。

夹层结构式弹翼的特点是：采用了夹层板作为元件，抗弯能力较大，耐热绝热性好，气动外形好，装配工艺性好；但制造工艺较复杂，工艺质量不稳定，特别是接头和分段处加工制造更困难，而且夹层结构上不宜开舱口。

夹层结构式弹翼也有多种形式，这里主要介绍三种典型形式：梁式蜂窝夹层结构弹翼、轻填料夹层结构弹翼、玻璃钢蜂窝夹层结构弹翼。

1. 梁式蜂窝夹层结构弹翼

如图 4.10 所示，梁式蜂窝夹层结构弹翼由面板、翼梁、蜂窝夹芯、纵墙、根肋和接头组成。翼梁是矩形截面，能承受弯矩、扭矩和剪力，蜂窝夹芯沿展向排列，同时为了增加翼根的弦向刚度，在前后纵墙处设置了两个辅助接头，该弹翼构造简单，零件少，工艺性较好，面积较小的弹翼上常用这种结构。

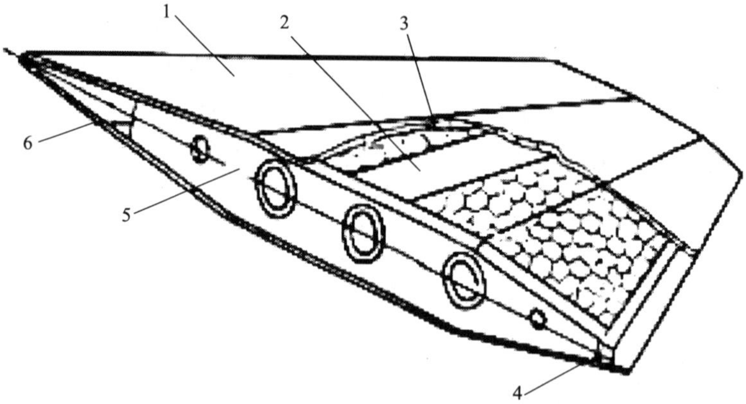

图 4.10 梁式蜂窝夹层结构弹翼

1-面板；2-翼梁；3-蜂窝夹芯；4-后墙；5-根肋；6-前墙

2. 轻填料夹层结构弹翼

如图 4.11 所示的轻填料夹层结构弹翼的翼梁为工字形截面，但凸缘较弱，没有安排桁条。主要受力元件是变厚度蒙皮，传递弹翼的弯矩和扭矩，轻填料夹芯(这里是泡沫塑料)传递剪力，夹芯还能够阻止蒙皮出现波纹状变形。为了减轻重量，在根肋中间部位开了几个减轻孔。

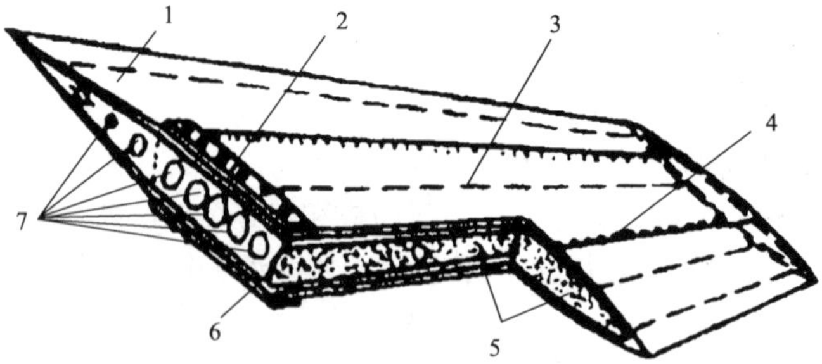

图 4.11 轻填料夹层结构弹翼

1-变厚度蒙皮；2-加强板；3-翼梁；4-纵墙；5-泡沫塑料；6-根肋；7-减轻孔

3. 玻璃钢蜂窝夹层结构弹翼

如图 4.12 所示的玻璃钢蜂窝夹层结构弹翼主要由上下面板和蜂窝夹芯等组成。面板是用无碱玻璃布以环氧树脂胶为黏合剂制成的玻璃钢。在弹翼的主体上，蜂窝的纵向沿展向安排。在翼根前后缘部分，蜂窝的纵向沿翼弦方向安排，这对传递载荷有利。若采用变密度格子，按等强度原则来布置，受力上更有利。与弹身相连采用分散式传力接头，翼根前缘处有一辅助接头。

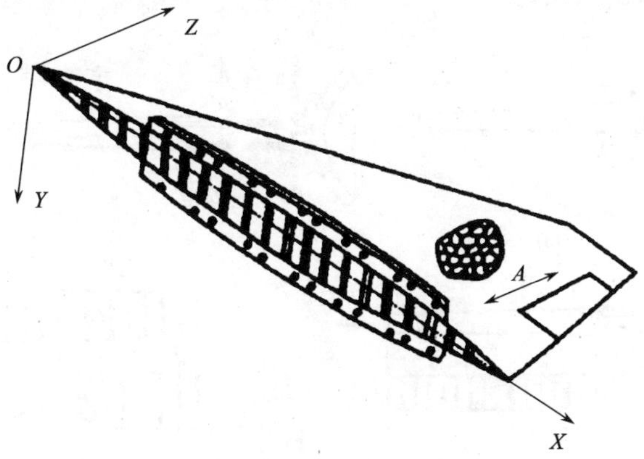

图 4.12　玻璃钢蜂窝夹层结构弹翼

4.4　弹翼的传力分析

结构在所有载荷(包括动载荷)作用下必须是平衡的。例如，弹翼上作用有分布的气动载荷和各接头传来的集中载荷，这些载荷是通过各受力构件之间的相互传递达到平衡的。由此可见，导弹结构的绝大部分元件(或者说其主要元件)都是为了合理地传递载荷而布置的。因此为了设计出符合设计要求的结构，必须进行传力分析。

弹翼作为导弹的一个重要结构部件，也是在合理的传力分析基础上进行结构设计的。本节将在简要介绍传力分析的基本概念的基础上，以单梁式弹翼为例介绍弹翼的传力分析方法。

4.4.1　传力分析的概念

当支撑在某基础上的一个结构受有某种外载荷时，将这一结构的各个受力元件简化成典型受力构件(如杆、梁、板、薄壁结构等)，分析这种载荷如何通过这些受力元件逐步向支撑它的基础传递的过程，就称为该结构的**传力分析**。

例如，如图 4.13(a)所示支撑在弹身上的弹翼 AB，在 A 端受到沿轴线方向的载荷 P_1，如图 4.13(c)所示，则弹翼可简化为压杆结构，取弹翼 AB 为分离体，由平衡原理可求出支座 B 的支反力为 N_B，用空心箭头表示，根据力的作用与反作用原理，可以把 N_B 反作用在弹身上，用实心箭头表示，即弹翼 AB 在 P_1 作用下传给弹身支座 B 处的力。由于传力分析是一种定性分析，因此，分析时将结构的各个受力元件简化成典型受力构件，且认为结构外形是理想的、材料是均匀没有缺陷的，由此可知，P_1 在杆 AB 内部产生的内力也是均匀的。

又如，弹翼 AB 在 A 端若受到铅垂方向的载荷 P_2，如图 4.13(b)所示，则弹翼可简化为悬臂梁，仍取弹翼 AB 为分离体，由平衡原理可求出支座 B 的支反力矩 M_B 和支反力

R_B，用空心箭头表示它们，将 M_B 和 R_B 反作用在弹身上，用实心箭头表示，就是弹翼 AB 在 P_2 作用下传给弹身支座 B 处的力。而 P_2 在梁 AB 内部是以均匀的剪力和线性变化的弯矩进行传递的，如图 4.13(d)所示。

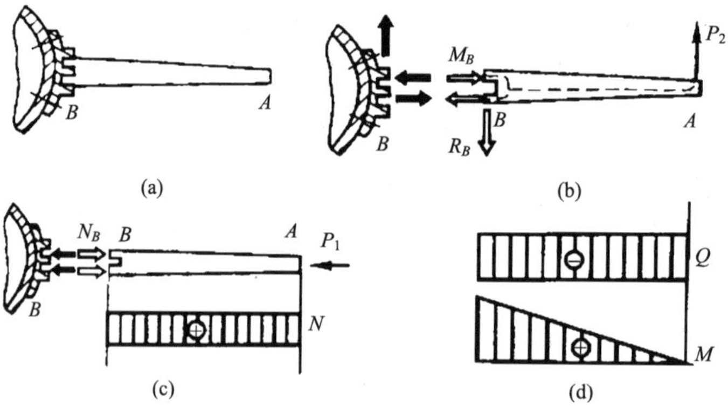

图 4.13　弹翼的受力分析

需要说明的是，传力分析时只考虑主要受力元件上力的总体传递，不考虑次要受力元件和局部加强元件，以及次要受力部位，如弹翼的前后缘等。

传力分析中涉及两个概念：力的转化和传力路线。**力的转化**是指力由结构的一部分传给另一部分时，力在形式上的变化。例如，铅垂力 P_2 传递给弹身时，就转化为铅垂方向支反力 R_B 和由水平方向两个力组成的支反力矩 M_B。这种变化与连接接头的构造有关，后面将会具体介绍。**传力路线**是一种形象化的描述，它描述的是外载荷由作用处经过结构内部传给支座的路线。例如，P_1 的传力路线为 P_1 沿 AB 传递给支座 B，得到支反力 N_B 作用在弹身 B 处。显然，力的传递越直接，传力路线越短，结构质量越轻。

4.4.2　单梁式弹翼的传力分析

如图 4.14 所示，某导弹的稳定尾翼是单梁式骨架蒙皮弹翼，由翼梁、辅助梁、后墙、翼肋、桁条和蒙皮组成。翼梁垂直于弹身轴线，通过双耳片与弹身的耳片相连。这种接头能传递弯矩和剪力，可把它看成固支支座，它是弹翼的主要接头。辅助梁与弹身轴线

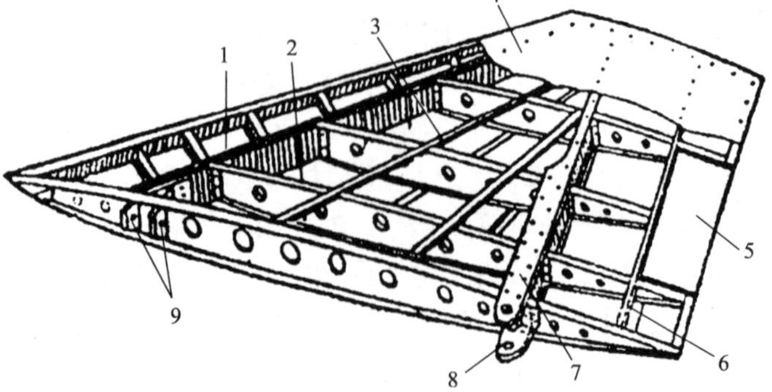

图 4.14　单梁式弹翼

1-辅助梁；2-翼肋；3-桁条；4-蒙皮；5-副翼；6-后墙；7-翼梁；8-主接头；9-辅助接头

斜交，通过轴铰与弹身相连，不能传递弯矩，只能传递剪力，可把它看成铰支座和辅助接头，其后端某处搭接于翼梁。后墙上悬挂有副翼。翼肋由前缘肋、中肋和后缘肋组成，前缘肋垂直于辅助梁，中肋和后缘肋垂直于翼梁，桁条铆接在中肋上。

在导弹作高亚声速和超声速飞行时，作用在弹翼上的外载荷主要是气动力，如图 4.15 所示。在超音速的情况下，空气动力是以气动吸力或压力的形式作用在翼表面上的。下面从直接承受空气动力的蒙皮开始，分析空气动力在弹翼结构中的传递过程。

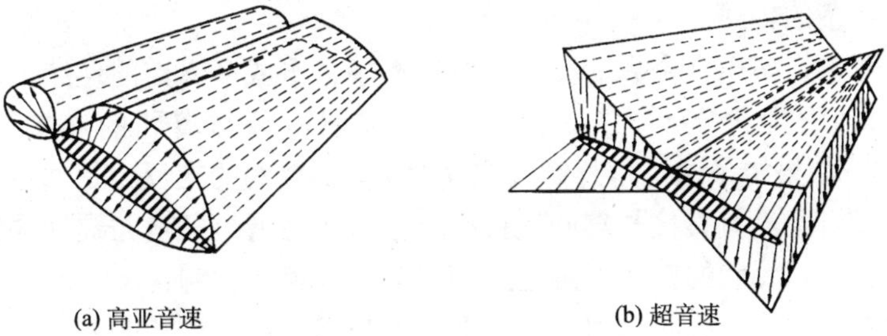

(a) 高亚音速　　(b) 超音速

图 4.15　弹翼气动力的分布

1. *蒙皮的传力分析*

作用在蒙皮上的气动吸力或压力是垂直于蒙皮中面的横向载荷，蒙皮被铆接在由桁条、翼肋和翼梁等组成的骨架上，骨架就是蒙皮的支座。这块被支撑在相邻的横向、纵向骨架之间的蒙皮称为屏格。可以通过分析屏格蒙皮来说明蒙皮的传力过程。

当蒙皮受吸力作用时，屏格蒙皮产生的局部挠曲为鼓起，如图 4.16 所示，使连接蒙皮和骨架的铆钉受拉，骨架提供向内的支反力，图 4.17 中桁条和翼肋的反作用力，使得屏格蒙皮处于平衡的状态。因铆钉布置较密，这些支反力可表示为连续分布的力。当蒙皮受气动力为压力时，屏格蒙皮发生凹陷变形，铆钉基本不受力，骨架直接提供向外的反力，使屏格蒙皮受力平衡。这里，屏格蒙皮可以看成支持在骨架上的硬板，若四边用单排铆钉连接，可看成四边铰支；若用双排铆钉连接，可看成是四边半固支或固支。

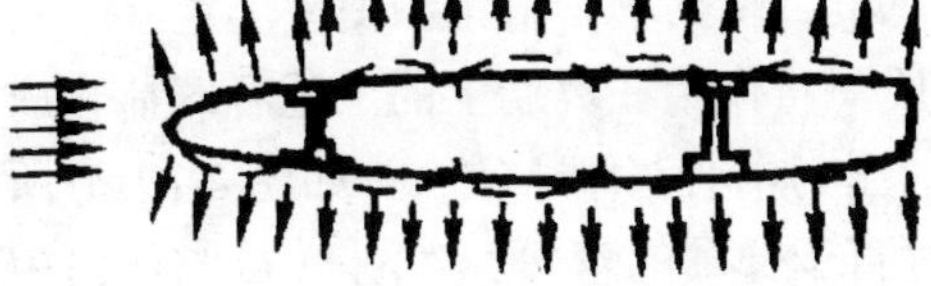

图 4.16　蒙皮的受力与变形

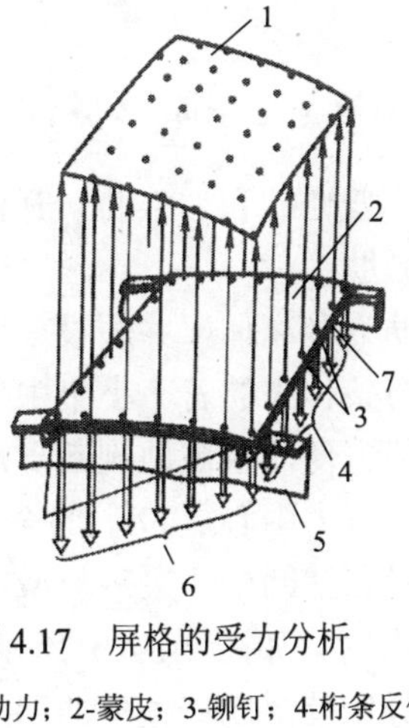

图 4.17　屏格的受力分析

1-局部空气动力；2-蒙皮；3-铆钉；4-桁条反作用力；5-翼肋；6-翼肋反作用力；7-桁条

将骨架的支反力反个方向作用在骨架上，就是蒙皮传给骨架的力，这样，蒙皮就把自己承受的气动力传给了骨架。

2. 桁条的传力分析

由上述分析可知，桁条的载荷是蒙皮传给的，当蒙皮受吸力作用时，它是由蒙皮通过铆钉传来的拉力；当蒙皮受压力作用时，它是由蒙皮直接传来的压力。这些力沿铆缝分布并垂直于桁条的轴线。

从结构上看，桁条由几个翼肋支持，这样桁条可看成多支点的连续梁(图 4.18(a))，支持它的翼肋为它提供支反力。支反力的形式同桁条与翼肋的连接形式有关，如图 4.18(b)所示：如果桁条通过角片铆接在翼肋上，则翼肋的支反力是通过这些角片的铆钉施加的；如果桁条没有直接与翼肋连接在一起，而是通过蒙皮与翼肋的铆接，将其与翼肋连接在一起，则翼肋的支反力是通过铆接蒙皮与翼肋的铆钉施加的。

将翼肋的支反力反个方向作用在翼肋上，就是桁条传给翼肋的力。

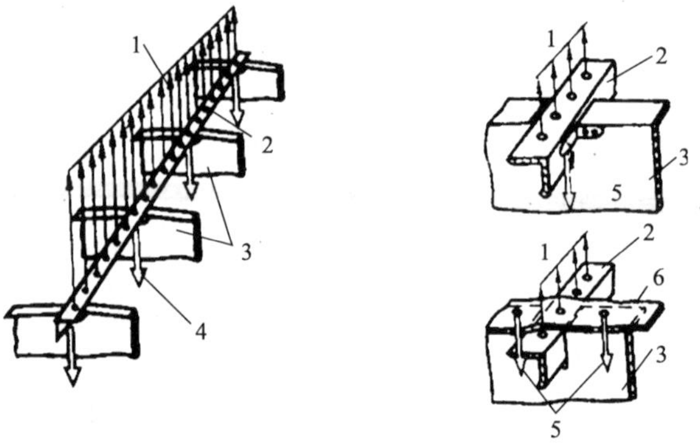

(a) 桁条的受力平衡　　(b) 桁条与翼肋的连接

图 4.18　桁条的受力分析

1-蒙皮传来的力；2-桁条；3-翼肋；4-翼肋的支反力；5-铆钉的支反力；6-蒙皮

3. 翼肋的传力分析

翼肋分普通肋和加强肋，其传力分析有与蒙皮和桁条有不同的特点。

1) 普通肋

取翼肋为分离体，并假设翼肋是刚硬的，作用在其上的载荷包括由蒙皮传来的分布载荷和由桁条传来的若干小集中力。翼肋支持在翼梁、辅助梁、桁条和蒙皮上。

为了能方便而直观地判断支反力的来源和性质，将作用在翼肋上的上述各载荷合成一个作用在压力中心点 O 上的合力 ΔQ。若翼肋的压力中心与刚心重合，如图 4.19(a)所示，在翼梁和辅助梁约束下，ΔQ 只使翼肋产生垂直于弹翼的弯曲。当刚心 O'与压力中心 O 不重合时，如图 4.19(b)所示，将 ΔQ 移至 O'点，产生一个扭矩 ΔM_t，刚心上的 ΔQ 和 ΔM_t 将分别使翼肋产生弯曲和扭转变形。

在 ΔQ 作用方向上，由于桁条和蒙皮的刚度远小于两根梁的刚度，根据静不定结构传力按刚度比分配原则，可以认为 ΔQ 仅由两根梁的腹板提供的支反力 R_1 和 R_2 来平衡。对承受的扭矩 ΔM_t，由于梁或桁条的扭转刚度远比蒙皮小，可以认为 ΔM_t 只由翼肋截面的封闭蒙皮，通过铆钉受剪提供支反剪流相平衡。

将这些支反力和支反剪流反个方向，就是翼肋传给两梁腹板和蒙皮的力。形象地说，就是翼肋流入这些元件的载荷。

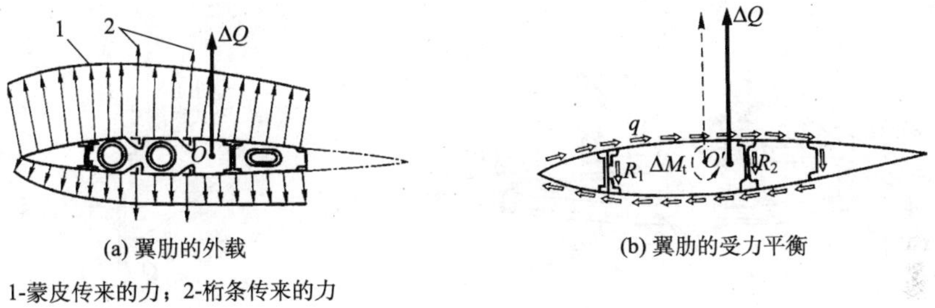

图 4.19　翼肋的受力分析

翼肋的内力不能按照合力ΔQ 来确定，而应按照实际的分布载荷来确定。将蒙皮传给翼肋上、下表面的分布力相叠加，得到载荷 p，并使之作用在上表面，再根据材料力学知识，计算得到翼梁和辅助梁的支承力 R_1、R_2 后，可画出翼肋的剪力和弯矩图，如图 4.20 所示。这里需要说明两点：一是在这里没有考虑桁条传递来的力；二是如果刚心 O'与压力中心 O 不重合，翼肋横截面上还存在一个与 ΔM_t 相平衡的扭矩内力。

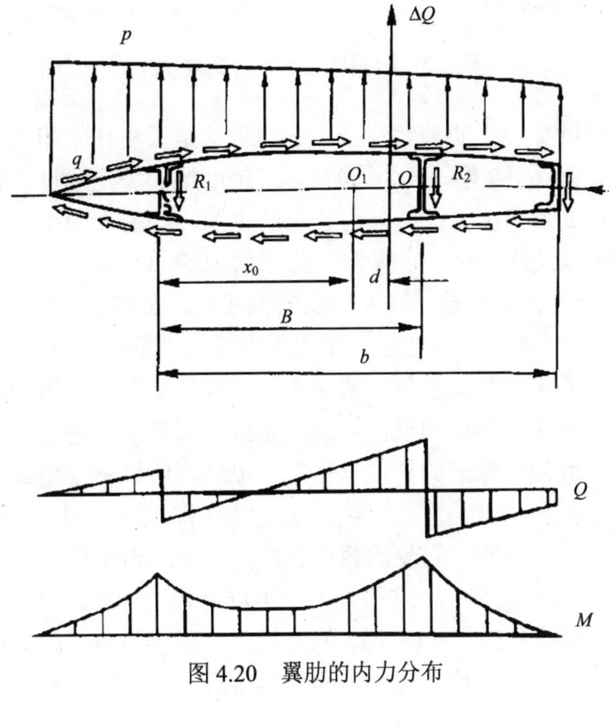

图 4.20　翼肋的内力分布

由以上讨论可知，翼肋与蒙皮间存在相互支持、相互传力的辩证关系。当蒙皮受局部气动载荷时，由于翼肋的支持，蒙皮的一部分气动载荷传给了翼肋；当翼肋受自身平面内的力矩作用时，它是依靠蒙皮的支持，将扭矩转化为蒙皮内的剪流。其间，连接蒙皮和翼肋的铆钉通过受拉或受剪，起到传递载荷的作用。

以上是将翼肋看作整肋进行分析的，有时实际翼肋结构并非如此，如图 4.21(a)所示的翼肋是由前、中、后三段肋组成的，且前缘肋垂直于辅助梁的轴线，与中肋不在同一平面内。

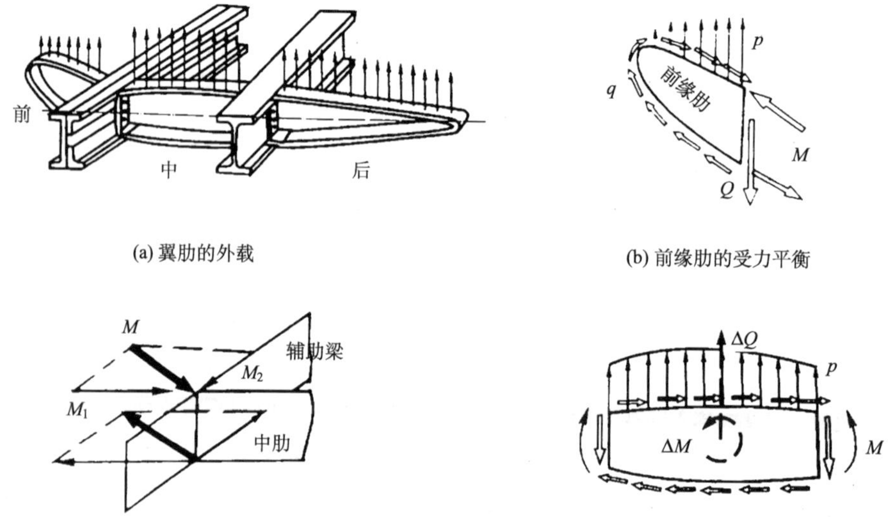

(a) 翼肋的外载　(b) 前缘肋的受力平衡

(c) 前缘肋传出的力　(d) 中肋的受力平衡

图 4.21　翼肋各部分的受力分析

前缘肋支持在辅助梁、中肋和蒙皮上。它的载荷是蒙皮传来的分布载荷 p。该载荷使前缘肋受弯、受剪和受扭，如图 4.21(b)所示。辅助梁和蒙皮通过铆钉受剪提供支反力使其平衡，其中蒙皮支反剪流 q 的方向与整个肋企图转动的方向相反，平衡扭矩。

前缘肋传给辅助梁弯矩 M，分解为中肋平面内的 M_1 和辅助梁平面内的 M_2，如图 4.21(c)所示，由于开截面的辅助梁和中肋的抗扭能力都很弱，因此 M 将分两路传递：M_1 传给中肋；M_2 传给辅助梁，均使它们受弯而少受或不受扭。

后缘肋的受力传力与前缘肋类似，载荷将使后缘肋受弯、受剪和受扭，蒙皮的支反剪流平衡扭矩。但与前缘肋不同的是，后缘肋垂直于翼梁，与中肋在同一平面内。当这些力传到翼梁处时，因为开截面的翼梁抗扭能力很弱，所以弯矩传给中肋，剪力传给翼梁腹板。

中肋一般比前后肋强一些，它受的载荷包括：蒙皮和桁条传来的力 p，前、后缘肋传来的弯矩 M，如图 4.21(d)所示。这些外力也可以合成为作用在刚心上的剪力 ΔQ 和扭矩 ΔM，两个梁的腹板能够提供平衡 ΔQ 的支反力，蒙皮与两梁腹板通过周缘铆钉受剪提供平衡 ΔM 的支反剪流。将这些支反力和支反剪流反个方向，就是中肋传给梁和蒙皮的力。

2) 加强肋

加强肋常用来承受集中载荷。如图 4.22 所示的副翼支持在两个加强肋上，图中 N 为副翼舵机的作用力，P 为副翼上气动载荷的合力，作用在副翼的压力中心上。当力 N 和力 P 绕副翼转轴的力矩相等时，副翼就保持一定的偏转角。这时，支持副翼的两加强翼肋只需提供垂直和水平的支反力 P_1 和 N_1，使副翼处于平衡状态。将支反力反个方向，就是副翼传给加强翼肋的力。

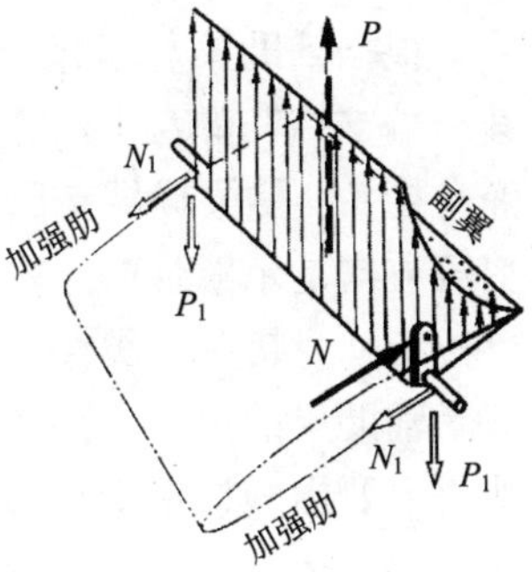

图 4.22　副翼的受力分析

在图 4.23 中，副翼传来的 P_1 和 N_1 作用在加强翼肋上。P_1 企图使加强肋发生平移和转动，由于加强肋与蒙皮、两梁相连，梁的腹板和蒙皮提供支反力，使之平衡。副翼传来的 N_1 可以由蒙皮提供对称的支反剪流来平衡(图中没有画出)。

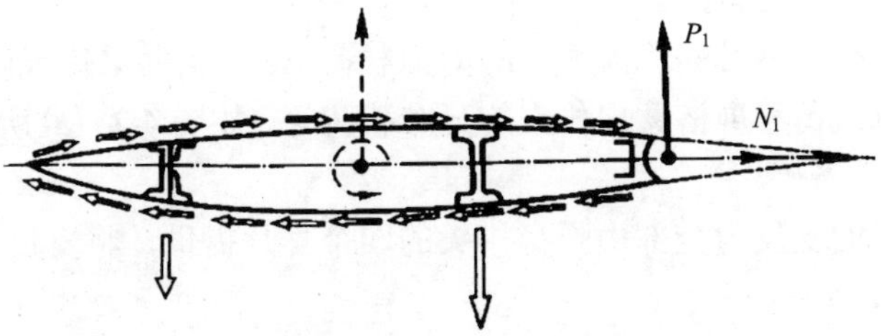

图 4.23　加强肋的受力分析

事实上，梁腹板提供的支反力也是一种支反剪流。这样，副翼传给加强肋的集中载荷，通过加强肋被分散化为分布力传给了蒙皮和梁腹板。可见，在传递载荷中，加强肋起到了将集中载荷转化为分布载荷的作用。在薄壁结构中，凡有集中载荷作用之处，都应采用一些分散集中载荷的中间元件，以保证集中载荷的传递，如加强框、盖板、角材及加强隔板等。

4. 辅助梁的传力分析

取辅助梁作为分离体，如图 4.24(a)所示，作用在它上面的载荷主要有：屏格蒙皮传来的分布力(图中没有表示出)、翼肋传来的剪力 ΔQ 和前缘肋传来的弯矩 M_2。

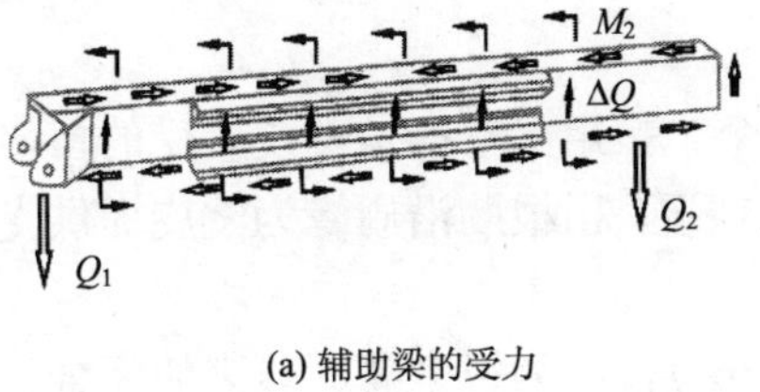

(a) 辅助梁的受力

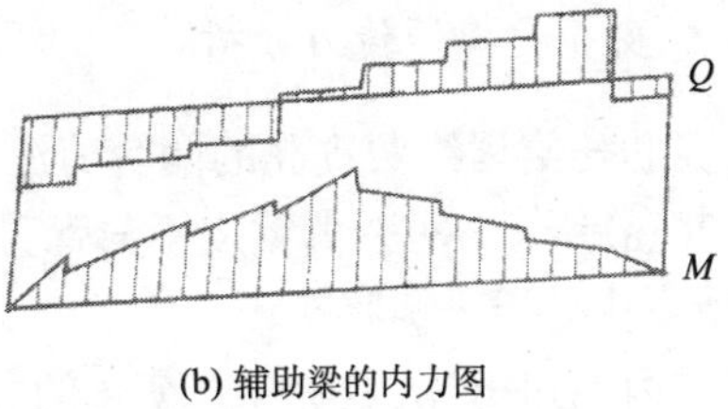

(b) 辅助梁的内力图

图 4.24　辅助梁的受力分析

根据辅助梁与相邻元件的连接情况和辅助梁的实际变形情况，可以把它看作一根梁。其一端支持在弹身上，另一端附近支持在翼梁上，并受蒙皮支持。当它处于平衡状态时，弹身接头、翼梁提供支反力 Q_1 和 Q_2，蒙皮提供支反剪流(需要说明的是，图 4.24 中支反剪流方向是示意性的，具体方向应由实际情况确定)。将支反力和支反剪流反向就是辅助梁传给弹身接头、翼梁和蒙皮的力。

辅助梁的内力主要包括弯矩与剪力，如图 4.24(b)所示，弯矩主要由上下凸缘承受，剪力主要由腹板承受。由图可知，弯矩的变化规律是中间大两头小，结构设计中应使梁凸缘面积适应内力变化规律，以保证强度，如实际结构中部铆接了两根角材来加大辅助梁凸缘中间部位的抗弯截面系数。

5. 翼梁的传力分析

弹翼是通过翼梁的双耳片与弹身接头的四个耳片相连接的，该连接可以承弯，故可将翼梁看作一端固支的悬臂梁。

翼梁的载荷包括：从翼肋“流入”的剪力载荷 ΔQ、辅助梁传来的集中载荷 Q_2，以及蒙皮传来的剪流载荷和屏格蒙皮传来的分布载荷等，如图 4.25(a)所示，后两种载荷图中没有画出。

平衡这些载荷的支反力全部由弹身接头的四个耳片提供，将支反力反向就是弹翼梁传给弹身接头的力。

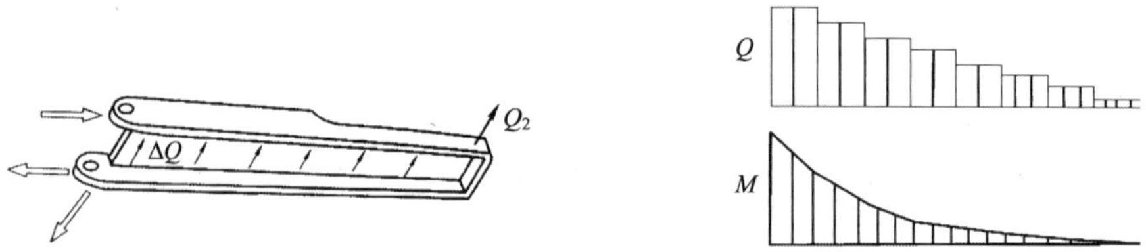

(a) 翼梁的受力　　(b) 翼梁的内力图

图 4.25　翼梁的受力分析

翼梁的内力主要是剪力与弯矩，如图 4.25(b)所示，剪力是阶梯式变化的，主要由腹板承担，弯矩呈斜折线规律分布，斜率从翼尖到翼根逐步增加，主要由凸缘承担。腹板和凸缘的受力也可以继续单独分析，这里不再详述。

6. 蒙皮壳受扭的传力分析

由翼肋传给周缘蒙皮壳的闭合剪流形成一个个扭矩，它就是蒙皮所受的扭转载荷，如图 4.26(a)所示。对弹翼蒙皮不与弹身相连的情况，由根肋沿周缘为蒙皮提供支反剪流 q_{M_t0}，使蒙皮处于平衡状态。

蒙皮内的扭矩 M_t 是阶梯式变化的(图 4.26(b))，因为每个翼肋传来的闭合剪流都是一个扭矩增量，所以蒙皮内的扭矩由翼尖向翼根是增加的。

与扭矩内力相对应，蒙皮壳内任意微体处于纯剪切状态，将发生如图 4.26(c)所示的扭转变形。

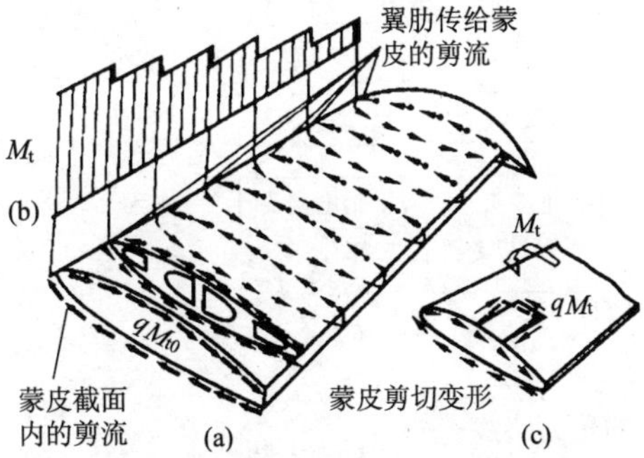

图 4.26　蒙皮壳受扭的受力分析

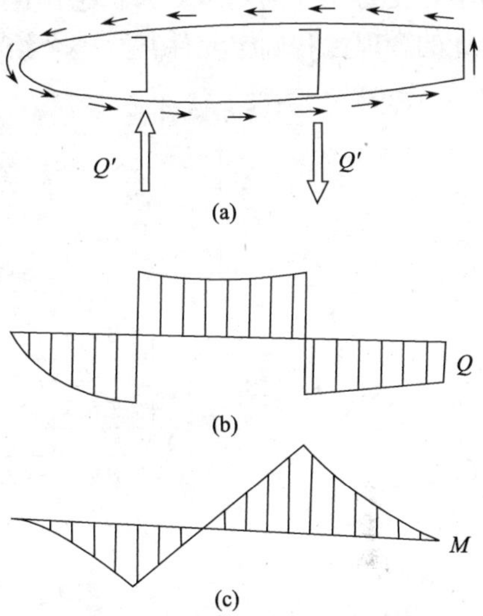

图 4.27　根肋的受力分析

7. 根肋的传力分析

作用在根肋上的载荷有：受扭蒙皮传来的周缘剪流、屏格蒙皮传来的分布载荷、桁条传来的小集中载荷以及其他载荷。在周缘剪流作用下，由主、辅梁接头提供支反力 Q'，使根肋处于平衡状态，如图 4.27(a)所示。根肋在外载荷作用下的内力 Q、M 分布如图 4.27(b)和(c)所示。

将支反力反个方向所得的力，就是根肋传给两梁接头的力。由此可见，根肋在这里起了将分布载荷转化为集中载荷的作用。

8. 单梁式弹翼的传力路线

以上对单梁式弹翼各元件的受力传力进行了分析，总结一下，其总的传力路线是这样的：首先弹翼的主要载荷是分布气动载荷，它以压力或吸力作用在蒙皮上；然后传递到桁条和肋等骨架上，当然，桁条上的力还是要传到肋上，另外副翼上的载荷也会以集中载荷的形式传到加强肋上；这些载荷在肋上形成的合力为一横向力和一扭矩。其中，横向力会以剪力的形式传到梁和墙上，这些剪力主要由梁和墙的腹板承担，进一步汇总后将传给主接头和辅助接头,而梁腹板上下沿的剪流又会传到梁凸缘，梁凸缘将其转化为轴力再传给主接头，形成总的弯矩ΣM；另外，翼肋和加强翼肋中的扭矩转化为蒙皮截面的剪流，汇总后传给根肋，形成总的扭矩$\Sigma\Delta M_t$，根肋将其转化为剪力传给梁和墙的腹板，再传给主接头和辅助接头，这些剪力与前面分析出来的剪力与弯矩一起，得到总的弯矩ΣM 和总的剪力ΣQ，由主接头和辅助接头传给弹身接头。

这就形成了单梁式弹翼总的传力路线。如图 4.28 所示。通过传力分析可以了解结构中各受力元件的基本受力状态，也可以了解各结构的设计原理，进而可以为分析结构设计的合理性和确定元件甚至整个结构的计算模型提供一定的依据。

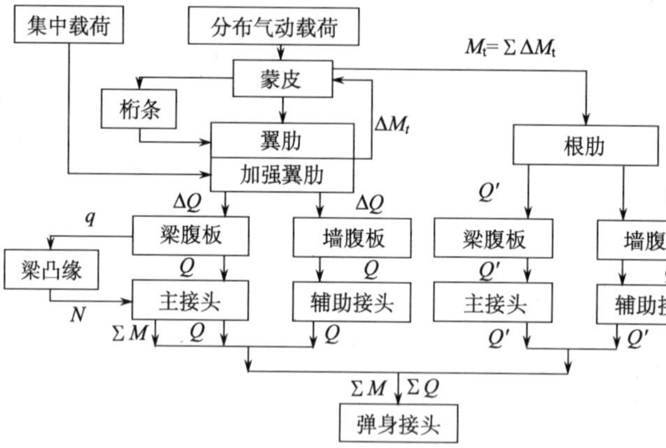

图 4.28　单梁式弹翼的传力路线

例如，对上述单梁式弹翼的蒙皮进行设计时，可以取两种计算模型：把屏格看作受弯的硬板，或把蒙皮看作承扭的封闭薄壳。又如翼肋和辅助梁，可以取薄壁梁作为计算模型，对翼梁可取悬臂梁作为计算模型。对于整个弹翼，可以通过传力分析确定一种平面板杆结构计算模型，它是由梁翼、辅助梁、中肋和上下蒙皮组成的，如图 4.29(a)所示。该模型上的载荷是弹翼气动载荷向节点简化而来的，支座是由翼梁的固支座和辅助梁的铰支座组成的。它的内力分布可以由各组成元件的内力图叠加得到，如图 4.29(b)所示，图中所示阴影部分为翼梁、辅助梁、翼肋等凸缘的拉压内力分布，图中箭头表示梁、肋的腹板和上下蒙皮的受剪状态。

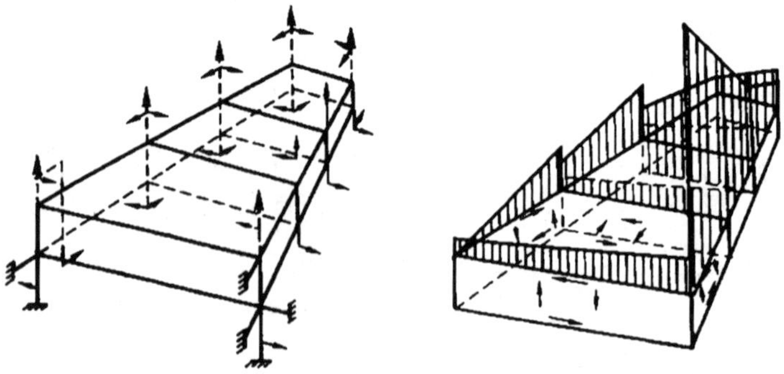

(a) 弹翼的受载　　(b) 弹翼的内力分布

图 4.29　单梁式弹翼的受力计算模型

4.5　骨架蒙皮式弹翼的设计

骨架蒙皮式弹翼是铆接结构弹翼，由于在构造原理上具有典型性，其他结构形式的弹翼构造基本上是这种结构的演变形式。下面按照翼梁、翼肋、桁条、蒙皮和屏格的顺序，较详细地介绍骨架蒙皮式弹翼的结构设计。

4.5.1　翼梁的设计

翼梁包括大梁和纵墙，是梁式弹翼的主要受力构件，在弹翼重量中所占比例较大。

1. 几何布置方式的选择

从弹翼结构形式的学习中可知，翼梁一般有两种布置方式：一种是按翼弦等百分线布置(图 4.4(a))；另一种是垂直于弹身轴线布置(图 4.4(b))。按翼弦等百分线布置的梁高度按直线变化，外形较简单，加工性能好，可布置在最大厚度处，对强度、刚度都有利。但当翼梁具有后掠角时，其将一部分弯矩传给根肋，故必须采用加强的根肋，根肋的凸缘和翼梁的凸缘要牢固连接，结构重量有所增加。垂直于弹身轴线布置的梁将弯矩直接传给弹身接头，传力路线短，结构简单，不用特别加强根肋，但因弹翼凸缘要符合弹翼的外形要求，使凸缘表面呈双曲线变化，加工工艺性差。

2. 结构形式和截面形状设计

翼梁是梁式弹翼中最主要的受力元件。合理选择梁的结构形式、截面形状和材料等，有助于提高其承载能力，减轻弹翼重量。翼梁的结构形式主要有组合式和整体式两种。组合式翼梁可由高强度铝(如 LC4)或合金钢(如 30CrMnSiA)材料制成的凸缘和腹板，通过铆接组成，如图 4.30(a)所示。这种结构形式的材料利用率高，但装配工作量大，常用于大尺寸的翼梁。整体式翼梁一般是对锻造件进行机械加工得到的，如图 4.30(b)所示。它的强度高，外形准确度高，但受锻造设备的限制，机械加工量大，材料利用率低。

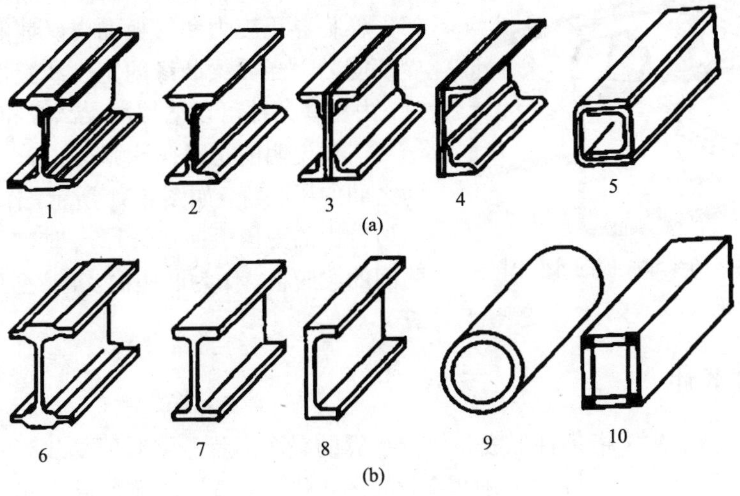

图 4.30　翼梁的结构形式与截面形状

翼梁主要承受的是弯曲载荷，在设计截面形状时，应使其具有最大的承弯能力，即具有最大的抗弯截面系数，最理想的截面形状是无腹板而只有凸缘，其抗弯截面系数 $W_0 \approx AH/2$，其中，A 为截面面积，H 为截面高度，但这种截面由于是分开的两部分，因此并非实际截面。

实际结构中常用的翼梁截面形状主要有工字形、槽形、盒形、矩形、圆环形等。若定义其相对抗弯截面系数 $\eta = W/W_0$，其中，W 为截面的抗弯截面系数，则工字形、圆环形、矩形、槽形的相对抗弯截面系数分别为：0.72、0.5、0.33、0.66。可见实际结构中，工字形截面的梁是较理想的。

3. 设计计算

从传力分析的学习中可知，翼梁可以看成固支于弹身接头处的悬臂梁，它的载荷由各翼肋和辅助梁传来，很容易作出其内力图，得到最大弯矩 $M_{\max}$ 和最大剪力 $Q_{\max}$。

假设翼梁为工字型截面梁，翼梁的上下凸缘总有一边受拉，一边受压，而腹板受剪，因此翼梁除了需要满足受拉凸缘的正应力强度条件，还需要满足受压凸缘和受剪腹板的稳定性条件。

$$\sigma_{\max拉} = \frac{M_{\max}}{W} \leqslant \sigma_s \tag{4.1}$$

$$\sigma_{\max压} = \frac{M_{\max}}{W} \leqslant \sigma_{cr} \tag{4.2}$$

$$\tau_{\max} = \frac{Q_{\max}}{H\delta} \leqslant \tau_{cr} \tag{4.3}$$

式中，H 和 δ 分别为腹板高度和厚度；σ_s、σ_{cr} 和 τ_{cr} 分别是翼梁材料的屈服极限、凸缘面内受压的局部失稳临界正应力和腹板面内受剪的局部失稳临界切应力。当翼梁凸缘的宽度和腹板的高度已知时，由这些条件可以估算翼梁凸缘和腹板的厚度。

需要说明的是，在计算 σ_{cr} 时，可取相邻两翼肋之间的梁凸缘，如图 4.31 所示，作为三边简支、一边自由的受压板；在计算 τ_{cr} 时，可取相邻两翼肋间的梁腹板，作为四边简支的受剪板 $abcd$ 来计算。

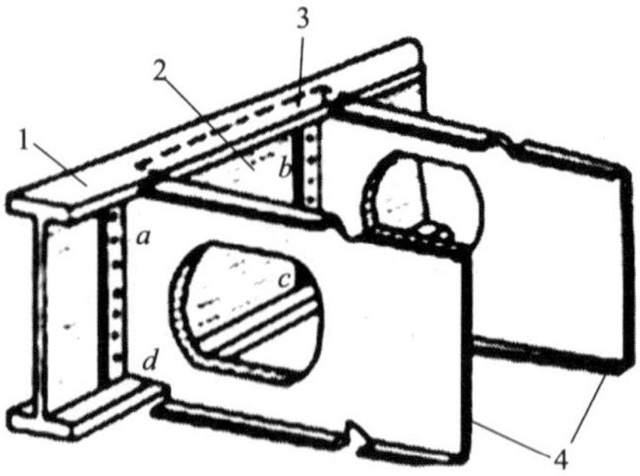

图 4.31　翼梁凸缘和腹板的计算图

1-翼梁；2-受剪板 $abcd$；3-受压板；4-翼肋

4.5.2　翼肋的设计

普通肋支持蒙皮、桁条且形成和保持弹翼的截面形状，将其所受载荷的一部分以剪力的形式传给翼梁腹板，另一部分以剪流的形式传给蒙皮。加强肋除了起到普通翼肋的作用，主要用来承受集中载荷。

1. 几何布置方式的选择

翼肋布置一般有两种方式：顺气流方向布置，如图 4.32(a)所示；垂直于翼梁弹性轴线方向布置，如图 4.32(b)所示。对比这两种布局可知，顺气流方向布置的翼型准确，翼肋与蒙皮相连的铆缝缺陷对气流流动的破坏发生在气流流动平面内，由此增加的阻力比垂直于翼梁弹性轴线方向布置的小；但翼肋与后掠翼梁非正交，锐角处铆接装配不如垂直于翼梁弹性轴线方向布置的方便；此外，当翼肋间距一定时，顺气流方向布置的蒙皮屏格较大，蒙皮局部刚度没有垂直于翼梁弹性轴线方向布置的大。

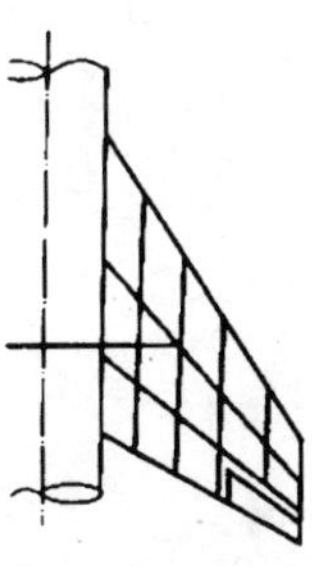

(a) 顺气流方向

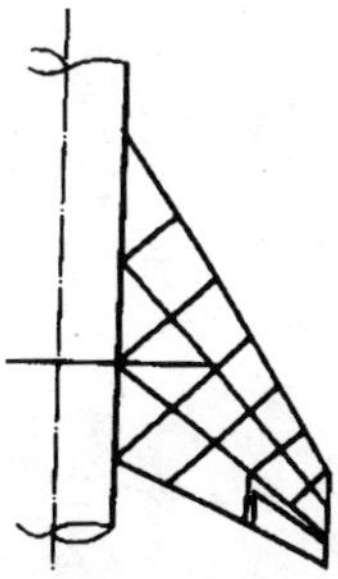

(b) 垂直于翼梁弹性轴线方向

图 4.32　后掠式弹翼翼肋的布置

2. 截面形状设计

在受力形式上，翼肋相当于在自身平面内受载荷的梁，故翼肋也有凸缘和腹板。普通翼肋(图 4.33(a))是用硬铝板材弯制而成的，故它的凸缘和腹板厚度相等。腹板的剩余强度一般较大，常在腹板上开减轻孔，减轻孔边缘一般带有加强翻边，以提高腹板的抗剪刚度，凸缘上的槽口为穿越桁条之用。加强肋多采用整体铸造件或锻造件经机械加工而成，如图 4.33(b)所示。

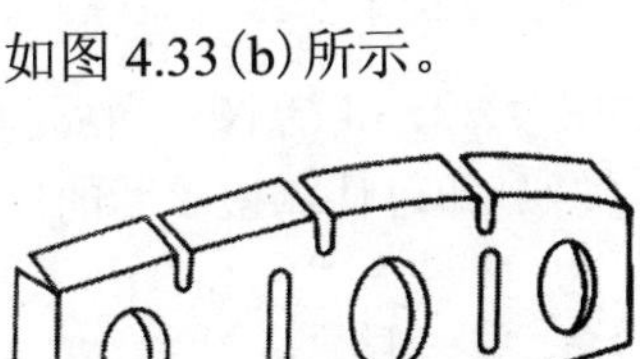

(a) 普通翼肋

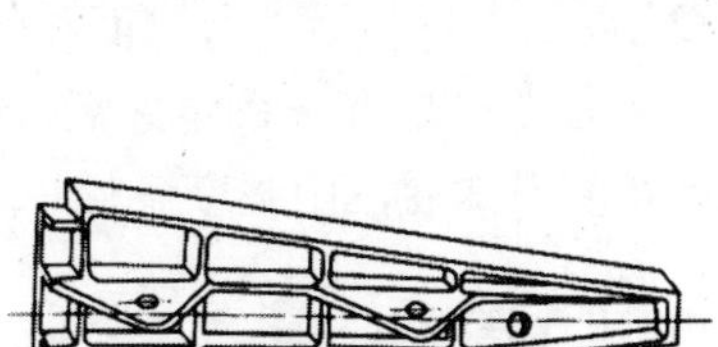

(b) 加强肋

图 4.33　两种翼肋

3. 设计计算

从传力分析的学习中可知，可把翼肋看成支持在翼梁腹板、辅助梁腹板和周缘蒙皮上的平面薄壁梁，近似取两相邻翼肋间气动载荷的 1/2 作为翼肋的外载荷 p。其合力ΔQ

大小等于 p 沿翼肋轴线的积分，作用点为压心 O，如图 4.34 所示。

翼梁腹板和辅助梁腹板提供支反力 R_1 和 R_2，大小与两梁的弯曲刚度 E_1I_1 和 E_2I_2 大致成正比，即

$$\frac{R_1}{E_1I_1}=\frac{R_2}{E_2I_2} \tag{4.4}$$

两梁的截面惯性矩分别与两梁高度的平方 h_1^2 和 h_2^2 成正比，并与凸缘截面面积成正比。假设凸缘面积与梁高成正比，则惯性矩与梁高度的三次方成正比。在两梁材料相同时，可得

$$\frac{R_1}{h_1^3}=\frac{R_2}{h_2^3} \tag{4.5}$$

再结合式(4.6)：

$$R_1+R_2=\Delta Q \tag{4.6}$$

可以求得两支反力：

$$R_1=\frac{h_1^3}{h_1^3+h_2^3}\Delta Q,\quad R_2=\frac{h_2^3}{h_1^3+h_2^3}\Delta Q \tag{4.7}$$

截面刚心 O_1 距左边梁的距离 x_0 可以由式(4.8)确定：

$$x_0=\frac{h_2^3}{h_1^3+h_2^3}B \tag{4.8}$$

式中，B 为两梁之间的距离。设压心与刚心的距离为 d，则载荷ΔQ 对刚心力矩为

$$m=\Delta Qd \tag{4.9}$$

它由蒙皮的支反剪流 q 所形成的力矩所平衡，即

$$q=\frac{m}{\Omega} \tag{4.10}$$

式中，Ω为周缘蒙皮与后墙所围面积的两倍。

当支反力 R_1、R_2 和 q 确定之后，就可以作出翼肋的内力(M 和 Q)图。当翼肋高度 H 和凸缘的宽度已知后，由强度条件(与式(4.1)~式(4.3)类似)即可估算出翼肋的厚度。

4.5.3 桁条的设计

桁条的功能是支撑蒙皮，分细屏格以提高蒙皮的刚度，同时把一部分气动载荷传给翼肋。桁条的截面形状种类繁多，有 L 形、 Z 形、 π形、 T 形等 ，一般可分为挤压型材(图 4.34(a))和钣弯型材(图 4.34(b))两大类。挤压型材的截面上有一圆头，它能提高桁条的总体稳定性和局部稳定性。挤压型材比钣弯型材的强度、刚度均大，常用在承受正应力的桁条上，钣弯型材常用于承受局部弯曲的桁条上。增加桁条厚宽比和改善桁条与翼肋的连接，也可提高桁条的稳定性。

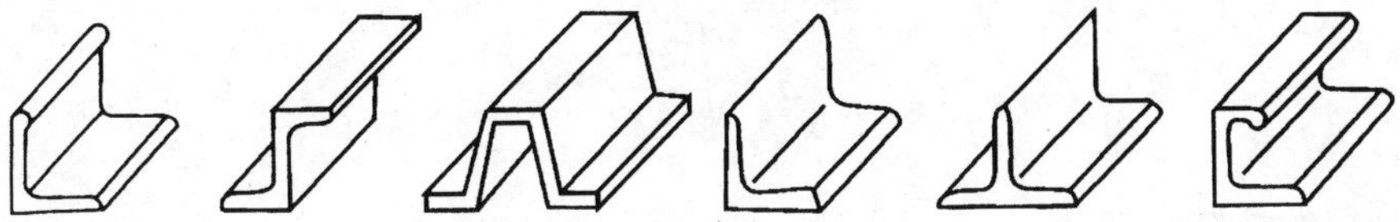

(a) 挤压型材

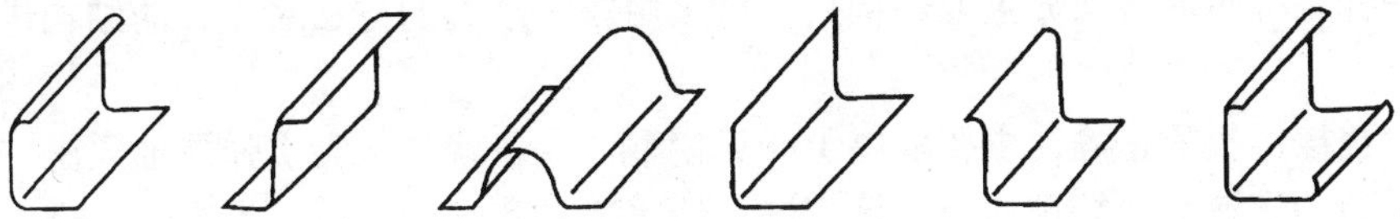

(b) 钣弯型材

图 4.34　各种形状的桁条

桁条的材料一般为硬铝，桁条的布置一般均按翼肋的百分线安排，这样的桁条其外形延展向是直的，工艺性较好。

4.5.4　蒙皮和屏格尺寸的设计

由传力分析知，屏格蒙皮可以作为四边支持承受局部气动载荷的硬板，整个弹翼的蒙皮作为承剪板承受弹翼的扭矩，单块式弹翼的蒙皮作为平面应力板承受拉压，这些将对蒙皮最小厚度有所限制。此外，气动弹性问题也对蒙皮最小厚度有所限制。

设计蒙皮和屏格尺寸要考虑以下两个因素。①气动载荷的大小。在局部气动力作用下蒙皮不鼓胀，在正应力和切应力作用下蒙皮不失稳，因而蒙皮必须有足够的刚度。②由气动加热和其他因素引起蒙皮温升的高低。若载荷很大时，可采用两种措施之一:增加蒙皮的厚度以降低蒙皮的应力；或者选用高性能的材料以提高临界应力。当热载增大时，同时采取两种措施。

下面仅介绍由剪切稳定性条件确定单梁式弹翼蒙皮厚度的方法。

对单梁式弹翼，因蒙皮薄，蒙皮只受剪切不受拉压，蒙皮厚度可由屏格蒙皮切应力稳定性条件确定：

$$\tau \leqslant \tau_{cr} \tag{4.11}$$

式中，τ为蒙皮截面内的切应力；τ_{cr}为屏格蒙皮剪切失稳临界应力，且

$$\tau = \frac{m}{\Omega\delta} \tag{4.12}$$

$$\tau_{cr} = \frac{Ek}{\left(\dfrac{b}{\delta}\right)^2} \tag{4.13}$$

式中，m 为弹翼该截面上的扭矩；Ω为周缘蒙皮与后墙所围面积的两倍；b 和δ为分别屏格蒙皮宽度和厚度；E 为弹性模量；k 为受剪板支持系数。

将式(4.12)和式(4.13)代入式(4.11)，可以得到蒙皮厚度应满足的条件为

$$\delta \geqslant \sqrt[3]{\frac{mb^2}{kE\Omega}} \tag{4.14}$$

4.5.5　弹翼的校核计算

在设计出弹翼的各部分主要结构后，可采用较为准确的方法对设计的结构进行校核计算。

强度校核结果的正确性主要取决于计算模型——也就是从真实弹翼抽象出来的力学模型。模型的选取与计算目的、计算方法、计算工具和结构本身特点有关。当前有限元计算模型较为接近真实结构，且已有较多的通用程序，图 4.35 给出了某弹翼校核计算的有限元模型与应力分布图。

如果没有现成的有限元计算程序，可采用由传力分析得到的更简单的平面板杆计算模型作为初步校核计算使用。

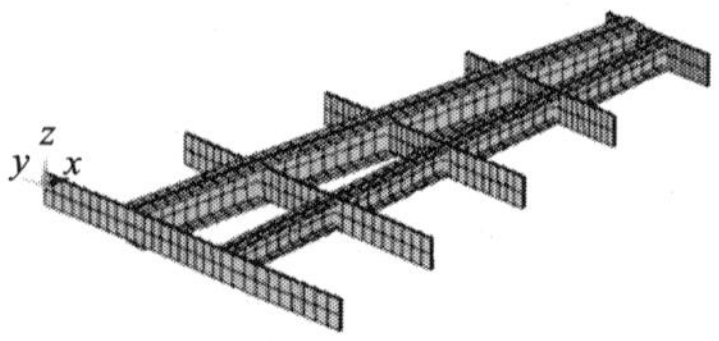

(a) 有限元计算模型

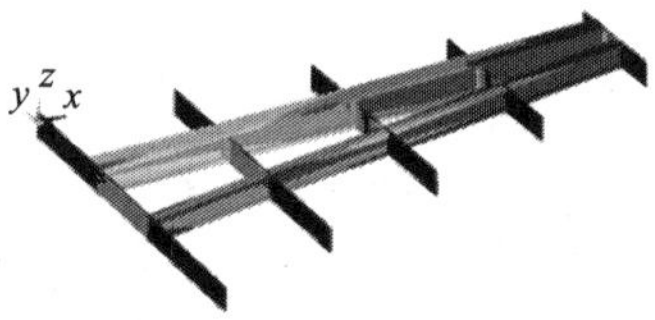

(b) 应力分布图

图 4.35　弹翼的校核计算模型与结果

4.6　其他形式弹翼的设计

除了骨架蒙皮式弹翼，人们也常采用整体壁板式弹翼和夹层结构式弹翼，这节将简单介绍小展弦比整体壁板式弹翼和夹层结构式弹翼的设计。

4.6.1　小展弦比整体壁板式弹翼的设计

整体壁板式弹翼是在骨架蒙皮式弹翼基础上发展起来的，它通常是由整体壁板组合而成的。其特点是：弹翼的蒙皮容易实现变厚度，加强筋可以合理布置，气动外形较好，结构简单，材料单一，装配工作量小，生产效率高，成本低。因结构设计时考虑的很多问题与蒙皮骨架式弹翼是共同的，下面仅从三个方面介绍整体壁板式弹翼的设计。

1. 工艺方案选择

在选择总体方案时，特别应注意工艺方法与材料的选择。制造整体壁板的方法有挤压铸造法、热模锻法、机械加工铣切法和化学腐蚀加工法(分别简称为机铣和化铣)等。这些方法中，有的对材料选择有要求，有的对壁板设计提出了限制。

挤压铸造法必须选用性能良好的铸造镁合金或铸造铝合金，且限制铸件的最小壁厚(对铸铝件，最小壁厚为 2~2.5mm)；热模锻法就应选热塑性良好的变形铝合金或变形镁合金，且壁板尺寸要受到设备吨位的限制；机铣的壁板尺寸大小要受机床台面的限制，如要求壁板面积不大于 $11m^2$，宽度不大于 1.8m；化铣对筋条、槽宽、深度等都有一定要求。

2. 结构元件布置与屏格尺寸确定

这里仅以如图 4.6 所示的辐射梁式弹翼为例来介绍。辐射梁式弹翼是由整体加工的上下两铣切壁板边缘铆接，加强筋用螺栓连接而成的。每块壁板上有多根辐射加强筋，它们起装配结构中的翼梁和翼肋的作用，并能将翼的载荷以最短的传力路线传给主接头。主接头位于靠近弹翼压心、翼根截面较大的部位。翼根前后的辅助接头用以提高翼根的弦向刚度，将弹翼的扭矩传给弹身。

对辐射加强筋式整体壁板式弹翼，仅需布置辐射加强筋并确定它的数目。屏格尺寸和蒙皮平均厚度的计算方法同前述方法，并按等强度原则调整蒙皮的厚度，翼根主接头附近蒙皮厚一些。

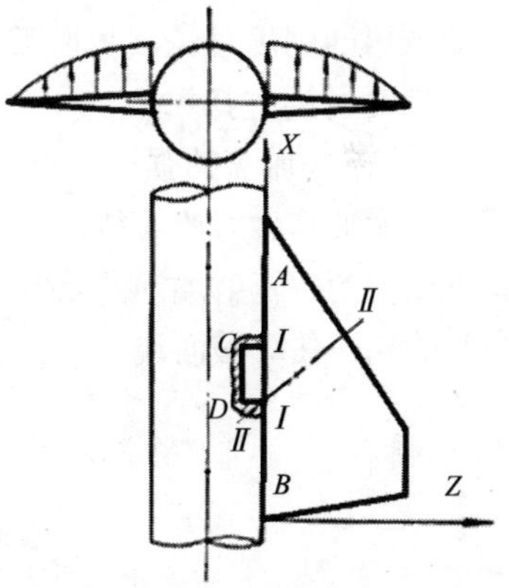

图 4.36　局部固支的实心壁板式弹翼

3. 设计计算

1) 局部固支的实心壁板式弹翼

如图 4.36 所示小展弦比实心壁板式弹翼，*CD* 为主接头，*A* 和 *B* 为辅助接头。对小展弦比弹翼，在初步设计中可应用自由扭转理论进行强度计算。

(1) *I-I* 截面强度计算。根据弹翼的气动载荷求出 *I-I* 截面的弯矩 *M*、剪力 *Q* 和扭矩 *m*，其中，扭矩 *m* 主要由辅助接头承担。主接头的高度 *h* 一般近似等于翼根厚度，主接头的宽度 *b* 可按第四强度理论求得，即

$$b=\frac{1}{\sigma_{\mathrm{b}}}\sqrt{\left(\frac{6M}{h^2}\right)^2+3\left(\frac{Q}{h}\right)^2} \tag{4.15}$$

式中，σ_{b} 为材料的强度极限。

(2) *II-II* 截面强度估算。已知弹翼展向压力分布为 *q*，弦向压力分布为 *p*，如图 4.37 所示。取 *II-II* 截面以下部分为分离体。根据弦向压力分布可求出分离体上展向压力分布 *q′*，并求出分离体上气动载荷的压力中心线 *EF*。分离体上气动载荷的合力为

$$Q'=\int_0^l q'\,\mathrm{d}z \tag{4.16}$$

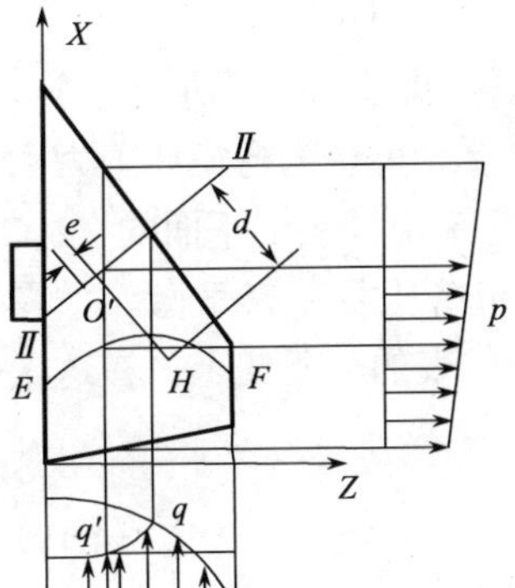

图 4.37　弹翼上的压力分布

设气动合力 Q' 作用点 *H*，坐标为 (X_1, Z_1)，分离体的压力中心线 *EF* 上各点坐标为 (X_c, Z_c)，则

$$\begin{cases} X_1 = \dfrac{1}{Q'}\displaystyle\int_0^l q'X_c \mathrm{d}z \\ Z_1 = \dfrac{1}{Q'}\displaystyle\int_0^l q'Z_c \mathrm{d}z \end{cases} \tag{4.17}$$

设 *II-II* 截面的刚心为 O'，气动合力作用点 H 至 *II-II* 截面的距离为 d，沿截面到 O' 的距离为 e，则截面内力为

$$\begin{cases} Q = Q' \\ M = Q'd \\ m = Q'e \end{cases} \tag{4.18}$$

按第四强度理论就可验算 *II-II* 截面的强度或估算 *II-II* 截面的尺寸。

2) 辐射梁式弹翼

(1) 辐射加筋的强度估算。初步设计中，可忽略蒙皮的剪流作用，将图 4.38 (a) 中阴影部分作为独立悬臂梁看待，作用在上面的分布载荷就是原来这部分弹翼上的分布载荷。由此可以得到各辐射加筋的悬臂梁模型，如图 4.38 (b) 所示。求出内力 M 和 Q，并利用材料力学的知识估算截面尺寸。

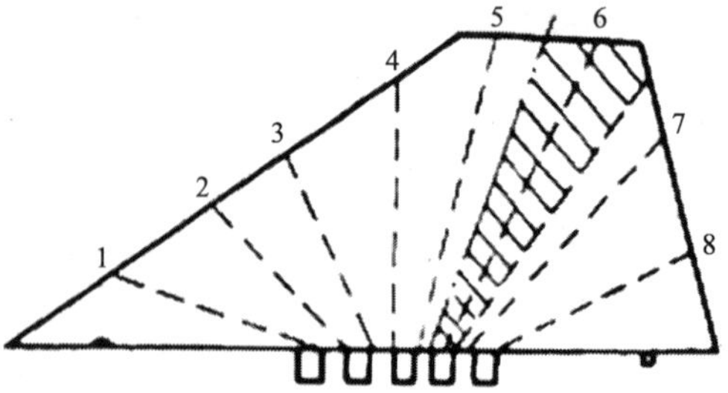

(a) 整体结构弹翼的图形

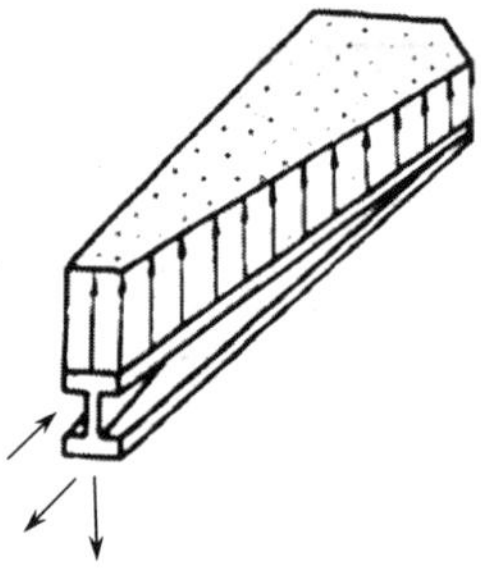
(b) 工字梁

图 4.38　辐射梁式弹翼计算模型

(2) 主接头挤压强度估算。首先假定扭矩由两个辅助接头承担，即主接头不承担扭矩。设传递到主接头中心处的弯矩为 M、剪力为 Q，如图 4.39 (a) 所示，可认为弯矩和剪力由各榫头平均分担，即主接头的各榫头负担的载荷相等。其中，弯矩由榫头上下面的 A、C 两部分表面的线性分布挤压载荷来平衡，剪力由上表面的均布挤压载荷来平衡，如图 4.39 (b) 和图 4.39 (c) 所示。因此，最大挤压正应力发生在 A 点代表的一条线上。在这条线上，弯矩对应的挤压应力为

$$\sigma_{A,M} = \frac{6dM}{n(d^3 - c^3)b} \tag{4.19}$$

式中，n 为榫头的数目；b 为榫头宽度；d 为榫头长度；c 为榫头中部凹陷段长度。剪力对应的挤压应力为

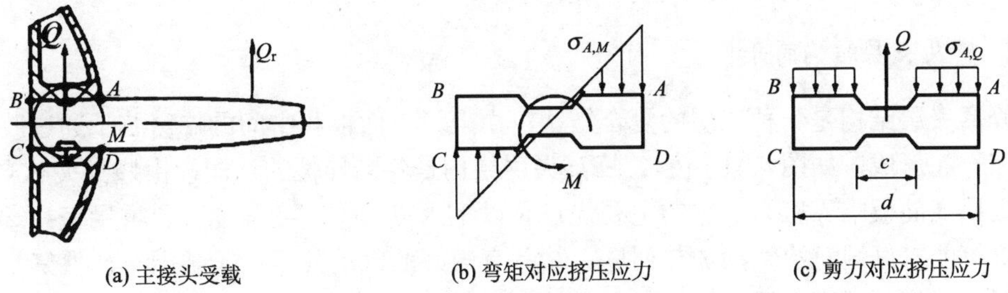

图 4.39　辐射梁式弹翼计算模型

$$\sigma_{A,Q} = \frac{Q}{n(d-c)b} \tag{4.20}$$

由强度条件：

$$\sigma_{\max} = \sigma_{A,M} + \sigma_{A,Q} \leqslant \mu\sigma_b \tag{4.21}$$

可得

$$b \geqslant \frac{6dM}{n(d^3-c^3)\mu\sigma_b} + \frac{Q}{n(d-c)\mu\sigma_b} \tag{4.22}$$

式中，μ 为与接头形式有关的系数，对于不能活动但可拆卸的接头 μ=1，对稍能活动的接头 μ=0.65。

4.6.2　夹层结构式弹翼的设计

夹层结构因其优良的性能，在弹翼结构设计中也得到了应用。夹层结构是由上下面板和夹芯组成的一种三层板结构，如图 4.40 所示。它的受力与功用类似于工字梁，面板所起作用与工字梁凸缘类似，夹芯与腹板类似。它们的主要区别在于横向剪切变形对于夹芯的主要特性通常是重要的，而对工字梁却不一定，仅对短而高的梁才是重要的。其次，工字梁以腹板的厚度支持凸缘，而夹芯却以一个“面”支持面板，故面板可以做得很薄，承载能力又高。夹层结构主要用于组合式整体弹翼的壁板和全高度夹层弹翼。

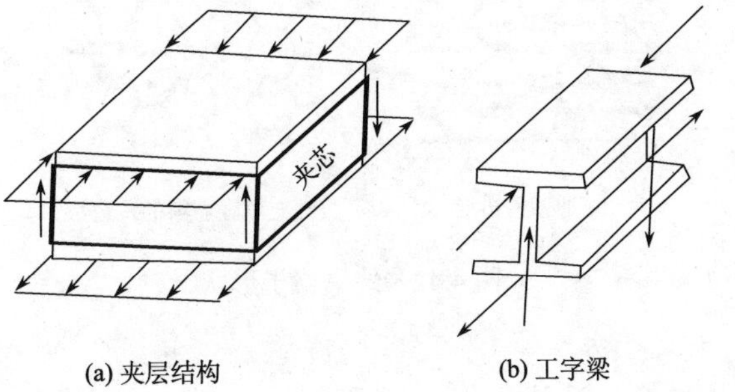

图 4.40　夹层结构与工字梁

夹层结构可按夹芯分为轻填料夹芯、波纹板夹芯和蜂窝夹芯等。在此着重介绍应用较广的蜂窝夹层结构。

1. 蜂窝夹层结构简介

蜂窝夹层结构是一种三层的复合结构，由上、下面板和中间的蜂窝芯子通过胶黏剂胶结在一起形成，如图 4.41 所示。蜂窝夹层结构是各向异性的，面板由蜂窝夹芯支持，可大大提高面板临界应力，它的主要优点有以下六点：①刚度强度大、重量轻；②隔热性能好，能较好地解决气动加热问题；③具有较好的气动外形；④装配工艺性好；⑤密封性好；⑥疲劳强度高等。

蜂窝夹层结构的主要缺点也有以下六点：①夹芯的加工成形较困难；②胶结或钎焊蜂窝的工艺较复杂，工艺质量不稳；③无损检测较难，一般检验方法的精度不高；④接头处与分段处连接结构制造较复杂；⑤夹层结构上不宜开舱口；⑥损坏后不易修补等。

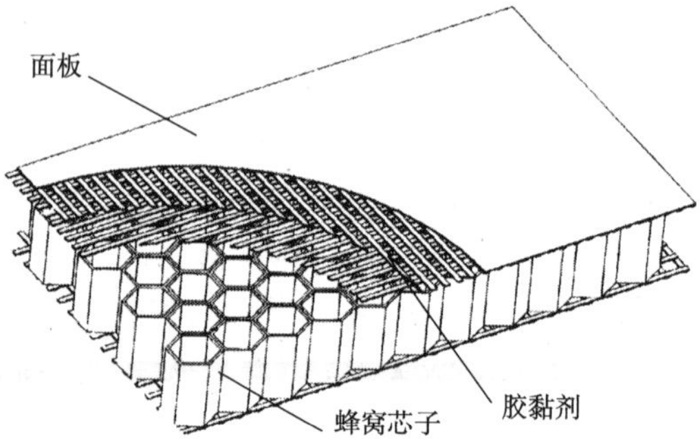

图 4.41　蜂窝夹层结构

根据夹芯材料的不同，蜂窝夹层结构一般有：铝质蜂窝结构、钢质蜂窝结构和玻璃钢蜂窝结构等。蜂窝夹层结构的蜂窝格子形状也有多种，如正六边形、加强六边形、充填轻塑料的六边形、偏置六边形等，如图 4.42 所示。常用的蜂窝夹层结构是正六边形蜂窝格子的铝质蜂窝结构。

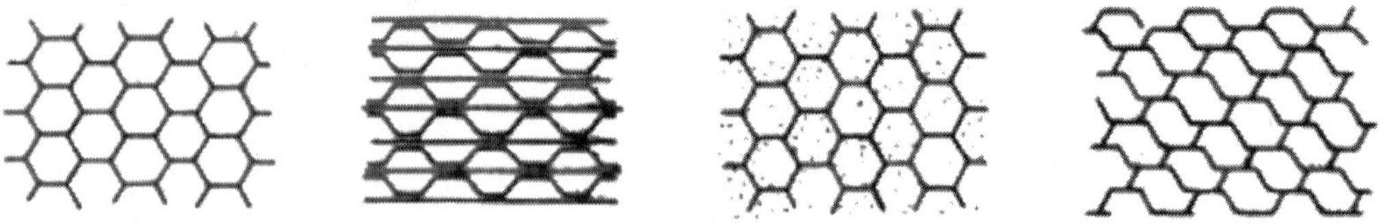

(a) 正六边形　(b) 加强六边形　(c) 充填轻塑料的六边形　(d) 偏置六边形

图 4.42　蜂窝格子形状

2. 蜂窝夹层结构弹翼的设计计算

下面以图 4.12 所示的全厚度蜂窝夹层结构弹翼为例，介绍蜂窝夹层结构弹翼的设计计算方法。

1) 内力计算

在气动载荷作用下，小展弦比弹翼翼根弦向各点的内力大小是不同的，设计计算时，可使用垂直于弹身的多梁式弹翼近似计算方法，来计算蜂窝夹层结构弹翼翼弦各截面的单位长度内力，包括弯矩 M_i、剪力 Q_i 和剪流 q_i。在翼根截面

$$\begin{cases} M_i = \dfrac{\Delta M_X}{\Delta X} = P_{\text{av}} L^2 \left(1.8\bar{X}^2 - 2\bar{X}^3 + 0.6\bar{X}^4\right) \\ Q_i = \dfrac{\Delta Q_X}{\Delta X} = P_{\text{av}} L \left(1.1\bar{X} - 0.75\bar{X}^2 + 0.8\bar{X}^3\right) \\ q_i = 0.25 P_{\text{av}} L^2 \tan\theta \left(\bar{X}^2 - \bar{X}^3\right) / H \end{cases} \tag{4.23}$$

式中，P_{av} 为单位翼载；L 为弹翼悬臂部分展长；$\bar{X} = \dfrac{X}{b}$ 为相对弦长，b 为翼根弦长；H 为所求点翼根高度；θ为翼前缘后掠角。把式(4.23)中的 L 换成翼尖到截面的距离，也可计算其他截面的内力。

由 $\dfrac{\mathrm{d}q_i}{\mathrm{d}\bar{X}} = 0$，可得到蒙皮剪流在 $\bar{X} = \dfrac{2}{3}$ 时取得最大值，最大值为

$$q_{\max} = 0.037 P_{\text{av}} L^2 \tan\theta / H \tag{4.24}$$

2) 面板厚度的确定

因上下面板主要承受弹翼弯矩和扭矩产生的应力，按第四强度理论可求出面板厚度

$$\delta \geqslant \frac{1}{\sigma_{\text{s}}} \sqrt{\left(\frac{M_i}{H_i}\right)^2 + 3q_i^2} \tag{4.25}$$

3) 蜂窝格子尺寸的确定

根据理论推导和实验数据分析，蜂格内面板的屈曲临界应力为

$$\sigma_{\text{cr}} = 2.0 \frac{\eta E}{(1-\mu^2)} \left(\frac{\delta}{S}\right)^2 \tag{4.26}$$

式中，η 为塑性减缩系数，对弹性情况 η=1；E 为弹性模量；μ 为泊松比；S 为内切于格子中最大圆直径。由这个式子可知，面板临界应力与蜂窝特征尺寸 S^2 成反比，S 越大，σ_{cr} 越小，这说明了蜂格对面板的支持作用。

由临界应力等于材料屈服极限σ_{s}可确定蜂窝格子特征尺寸为

$$S = \sqrt{2.0 \frac{\eta E \delta^2}{\left(1-\mu^2\right)\sigma_{\text{s}}}} \tag{4.27}$$

4) 蜂窝格壁厚度的确定

弹翼的剪力主要由蜂窝夹芯承受。设蜂窝格子的边长为 r，r 由蜂窝特征尺寸 S 确定，厚度为 t，如图 4.43 所示。因蜂窝的纵向沿弹翼的展向，故沿根弦向单位长度蜂窝夹芯的承剪面积为

$$S_i = 2ht / \sqrt{3}r \tag{4.28}$$

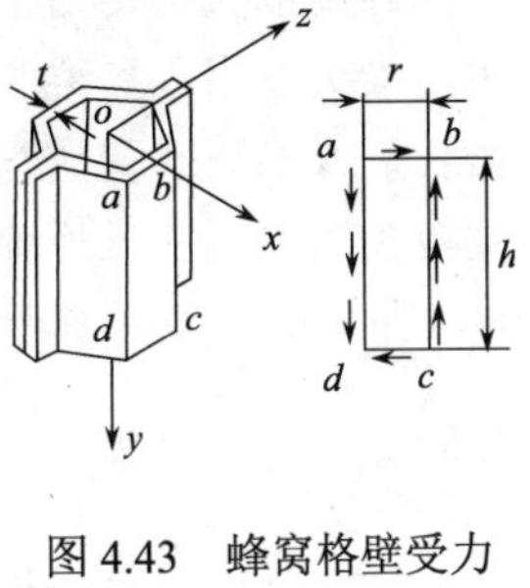

图 4.43　蜂窝格壁受力

蜂窝格壁承剪强度条件为

$$\tau=\frac{Q_i}{S_i}=\frac{\sqrt{3}rQ_i}{2ht}\leqslant\tau_{cr}\tag{4.29}$$

式中，τ_{cr}为蜂格壁板的剪切临界应力，且

$$\tau_{cr}=kE/\left(\frac{r}{t}\right)^2\tag{4.30}$$

式中，k 值是与支承情况有关的系数，考虑为四边简支，则

$$k=4.85+3.6/\left(\frac{h}{r}\right)^2\tag{4.31}$$

由式(4.28)~式(4.31)，最后可求出蜂格的壁厚为

$$t\geqslant\sqrt[3]{\frac{\sqrt{3}hr^3Q_i}{\left(9.7h^2+7.2r^2\right)E}}\tag{4.32}$$

应该注意，求出的 t 值应满足$\tau_{cr}\geqslant\tau_p$，否则应修正 t 值直到满足这一要求为止，其中，τ_p为剪切比例极限。

5)夹芯与面板连接强度校核

由切应力互等定理，夹芯与面板连接处的切应力等于蜂窝壁板的切应力，故前面计算得到的切应力应不大于面板与夹芯间胶缝的抗剪强度τ_b'，即

$$\tau=\frac{\sqrt{3}r}{2ht}Q_i\leqslant\tau_b'\tag{4.33}$$

由此可知设计得到的蜂窝格壁厚度 t 还应满足

$$t\geqslant\frac{\sqrt{3}r}{2h\tau_b'}Q_i\tag{4.34}$$

4.7　弹翼与弹身的连接设计

为了制造、生产与运输方便，弹翼与弹身是分开制造的，它们之间常用可拆卸接头连接。对连接接头有如下四点设计要求：①连接可靠，最主要的是保证传力可靠；②装拆方便、迅速；③互换性和工艺性良好等；④保证翼身的安装精度符合设计要求。

连接接头按传力形式可分为集中传力式、分散传力式及介于两者之间的接头。集中传力接头多用于翼梁和根弦较短的弹翼与弹身连接，分散传力接头多用于翼型较薄，根弦长，或多梁式弹翼与弹身的连接。连接接头按所起的作用可分为主接头和辅助接头，主接头的位置应靠近弹翼的气动力压力中心，辅助接头应根据具体情况选择其位置和数量。下面介绍几种典型接头的结构、传力特点及应用情况。

4.7.1　耳片式接头

耳片式接头是一种集中传力式接头。这里以某助推器与弹翼的连接接头为例来介绍。

如图 4.44(a)所示，主接头连接形式是这样的：主接头 1、3 的耳片相互插入用螺栓相连固定，并用弹簧垫圈锁紧。辅助接头是这样连接的：首先，将小轴 7 装在弹翼辅助接头 8 的孔中，助推器辅助接头 6 的两耳片叉住小轴 7 上的两平面，轴销 5 由助推器辅助接头 6 的孔中插入并穿过小轴 7 上的长圆孔，然后装入开口销 4。显然，对弹翼来说，辅助接头确实是一个轴铰，因而不能传递弯矩。小轴上的长圆孔是一种设计补偿，当助推器工作时，它受热膨胀，主辅接头间的距离加大，长圆孔就可保证轴销在其中移动。

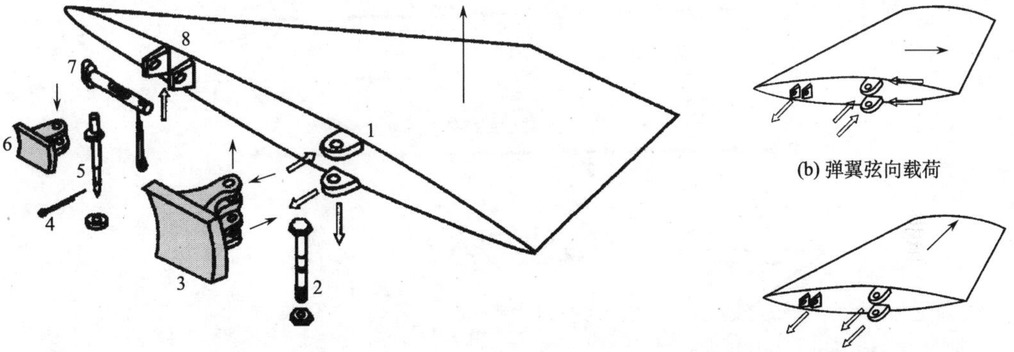

(a) 接头式及弹翼垂直载荷　(b) 弹翼弦向载荷　(c) 弹翼展向载荷

图 4.44　耳片式接头及弹翼载荷

1-弹翼主接头；2-螺栓等；3-助推器接头；4-开口销；5-轴销；6-助推器辅助接头；7-小轴；8-弹翼辅助接头

从构造上可看出，主接头能传递弹翼的全部弯矩和绝大部分剪力，并与辅助接头一起传递弹翼扭矩。为了使传力分析简明，可把弹翼上的载荷合成再分解为 3 种载荷：垂直于弹翼的载荷、沿弹翼弦向的载荷、沿弹翼展向的载荷。

垂直载荷引起的弯矩全部由主接头传递，如图 4.44(a)所示，它是通过弹身主接头的螺栓受剪、耳片受拉压为弹翼提供支反弯矩的；垂直载荷引起的剪力主要由主接头传递，但辅助接头也有一定的传剪能力，弹身的主辅接头通过耳片剪切提供支反剪力，垂直载荷引起的扭矩由主辅接头共同传递，弹身的主辅接头通过耳片受剪提供支反力偶。弹翼弦向载荷引起的水平弯矩由主辅接头共同传递，如图 4.44(b)所示，弹身的主辅接头通过耳片受拉压为弹翼提供支反弯矩；弦向载荷引起的水平剪力全部由主接头传递，弹身的主接头通过耳片受剪切提供支反剪力。弹翼展向载荷引起的轴力由主辅接头共同传递，如图 4.44(c)所示，弹身的主辅接头通过耳片受拉为弹翼提供支反轴力。把上述支反力反向作用在弹身相应元件上，就是弹翼通过主辅接头传给弹身的力。

耳片式接头的优点是构造简单，装配工作量小，协调容易，装拆方便，但在主接头处的助推器上需布置很强的加强框。

4.7.2　多榫式接头

多榫式接头是一种介于集中传力式与分散传力式之间的接头形式。这里介绍的这个多榫式接头有 5 个榫头(榫齿)，插入相连舱段接头处的 5 个矩形孔内，在前后槽口处通过两个斜螺钉孔 3 拧入斜螺钉，以压紧前后两个榫头来实现弹翼的固定，如图 4.45 所示。

榫齿的中部厚度小于齿根厚度 h，以减少齿的精加工面；齿外端(即头部)厚度又比齿根厚度略小，使装配时齿外端起导向作用。根据经验，一般齿根厚度 h 略小于翼根最大厚度 c，齿宽 $b=(1.5\sim2.0)h$。还有两个辅助接头，前辅助接头 1 由相连舱段接头处的两耳片卡住弹翼上的双凹部构成；后辅助接头 4 是由弹翼上伸出的销钉插入相连舱段接头处的长圆孔内构成的，长圆孔用于保证接头间装配协调、降低接头间尺寸的精度；前后辅助接头能够提高翼根前后缘的刚度。

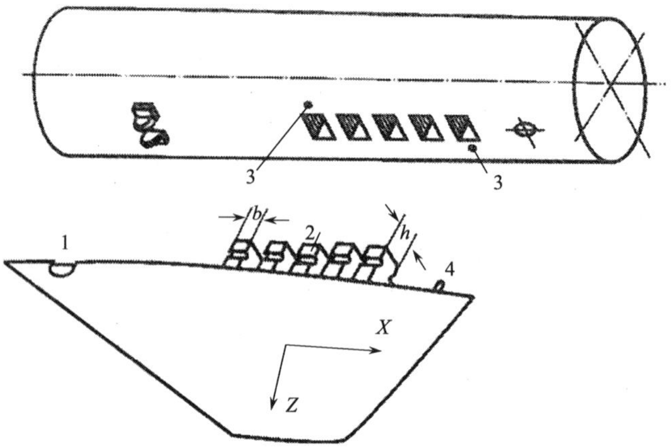

图 4.45　多榫式接头

1-前辅助接头；2-主接头；3-斜螺钉孔；4-后辅助接头

从构造上看，主接头能传递全部弯矩和剪力，而扭矩主要由前后辅助接头传递。

弹翼垂直载荷 Y 引起的弯矩与剪力全部由主接头传递，如图 4.46(a)所示，通过主接头的榫头与矩形孔槽口的接触面相互挤压，由槽口为弹翼提供支反力形成支反弯矩和支反剪力，同时，弹翼榫头将载荷传给相连舱段上的槽口。槽口是由舱段壳体 2、加强件 1 及铆钉 3 构成的，加强件在传来的载荷下要处于平衡，只能由舱段壳体通过铆钉受剪提供支反力，同时加强件将力传给舱段壳体，如图 4.46(b)所示。弹翼垂直载荷 Y 引起的扭矩企图使弹翼转动，主要由前后辅助接头提供反力，使弹翼处于受力平衡状态。同时，弹翼通过前后辅助接头将力传给弹身。

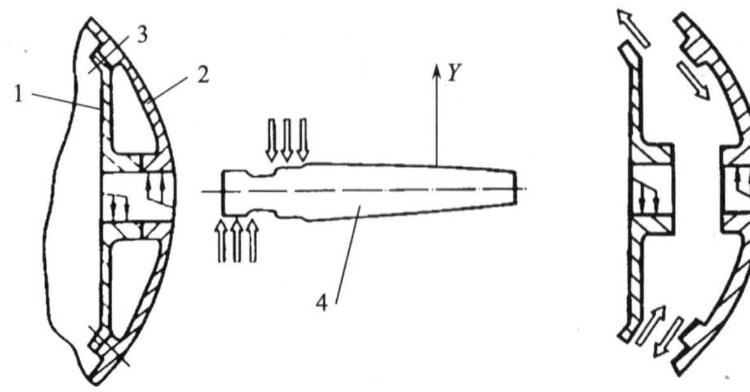

(a) 在垂直载荷作用下　　(b) 槽口处加强件的受力平衡

图 4.46　多榫式接头

1-加强件；2-舱段壳体；3-铆钉；4-弹翼

弦向载荷 X 在弹翼接头处引起水平剪力和弯矩，如图 4.45 所示。水平剪力企图使弹翼向后移动。虽然弹翼的榫头与弹身槽口的侧面配合公差较大，不宜传递剪力，但弹翼榫头根部圆角的存在使之与槽口边缘挤压，斜螺钉也参与受力，故槽口在榫头根部处提供水平支反力，与水平剪力平衡。水平弯矩企图使弹翼前榫头从槽口拔出。但前榫头上的斜螺钉将弹翼固定在舱段壳体上，故舱段壳体通过前榫头上的斜螺钉提供支反拉力，并与后槽口提供支反压力形成力偶，与水平弯矩平衡。展向载荷 Z 主要由斜螺钉提供支反力来平衡。

这种多榫式接头抗弯能力强，装拆方便；但构造较复杂，工艺性较差。

4.7.3　轴式接头

轴式接头是一种集中传力式接头。这里介绍两种轴式接头：梁轴式接头和轴颈式接头。

梁轴式接头(图 4.47(a))的翼梁兼作为连接接头用，梁与弹翼通过锥形面的螺钉固定，梁与弹身通过侧面螺钉固定。此外，还有前后辅助接头。从构造上能明显地看出各接头的传力情况。

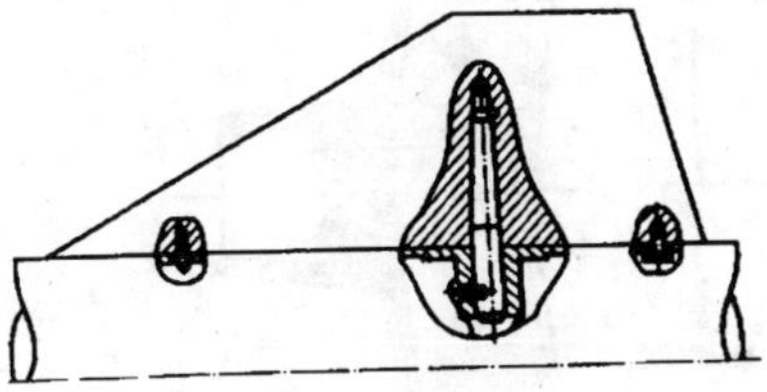

(a)　梁轴式接头

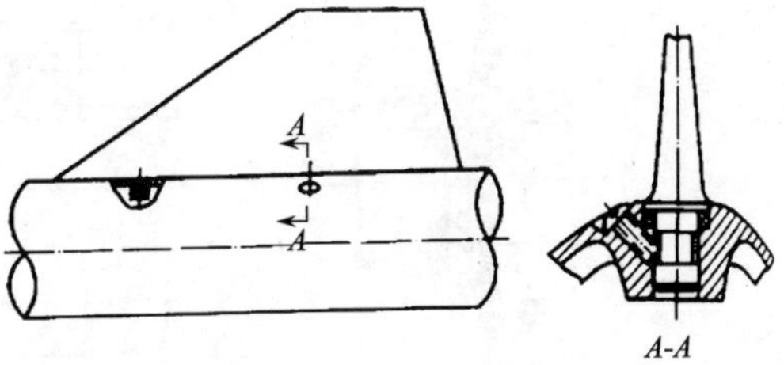

(b)　轴颈式接头

图 4.47　轴式接头

另一种轴式接头是轴颈式接头，如图 4.47(b)所示。轴的中部直径小一点，以减小轴的精加工面。固定弹翼的斜螺钉正好顶在轴中部。此外，还有前辅助接头。接头的传力情况也很明显。

这两种接头结构简单，工艺性好，装拆方便，常应用在小型导弹上。

4.7.4　插入式接头

插入式接头是一种分散传力式接头。

弹翼的翼根几乎全部插入与之相连的舱段上的耳片槽内，如图 4.48 所示，用 5 个螺钉固定。通过翼根挤压槽口来传递弹翼上的气动载荷。该接头结构简单，工艺性好；但槽口宽度 b 受翼根厚度的限制，槽口深度 H 受气动阻力的限制，故承载能力有限。此种接头只在小型导弹上应用。

4.7.5　盘式接头

盘式接头也是一种分散传力式接头。

如图 4.49 所示的盘式接头中，弹翼与弹身是通过 12 对螺栓连接的。在 1、2、10、

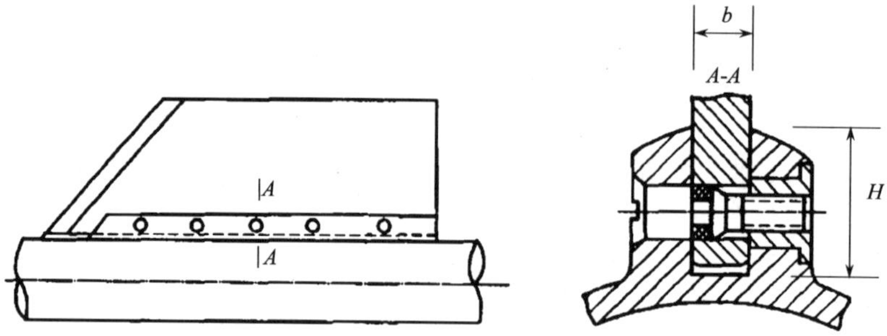

图 4.48　插入式接头

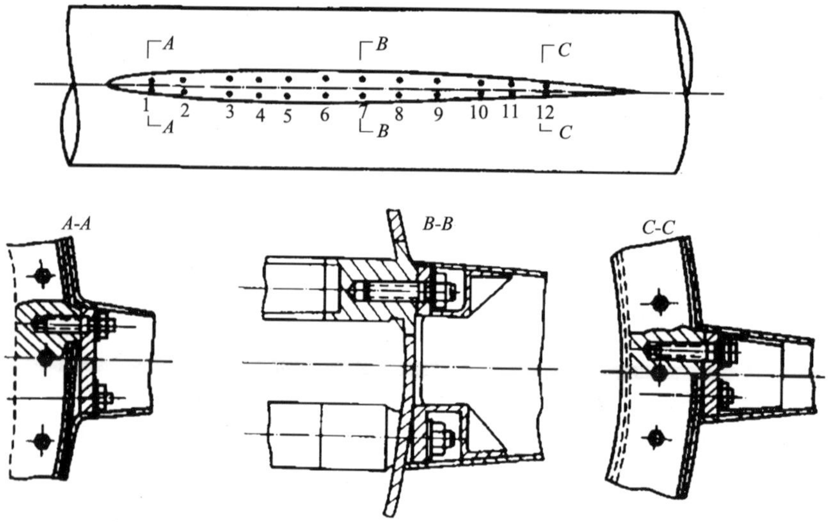

图 4.49　盘式接头 I

11、12 等接头处弹身内有供连接用的框和垫块；在 3 至 9 等接头处，其中 6 对是连接在弹体的特殊结构上的，弹翼与弹身相连舱段装配时，从弹翼根部的槽口把螺帽拧到螺栓上，并涂上甲醇胶以防螺帽松动。槽口外盖有一块整流蒙皮。

这种接头传力分散，但结构较复杂，装拆不方便，工艺性较差。

还有一些盘式接头的螺栓暴露在外面，如图 4.50 所示，传递载荷能力较大，装拆方便，但气动性较差，且该舱段加强框的构造复杂，强度削弱较大。

4.7.6　燕尾槽式接头

燕尾槽式接头同样也是一种分散传力式接头。

它通过弹翼上的燕尾与弹身上的槽配合连接，如图 4.51 所示。装配时，由前向后沿弹身上的槽把弹翼推入；拆下时，用螺丝刀按箭头方向旋转定位螺钉，使卡板退出凹坑，由后向前把弹翼退出。弹翼上的载荷是通过燕尾与槽的带锥度的配合面互相挤压来传递的。

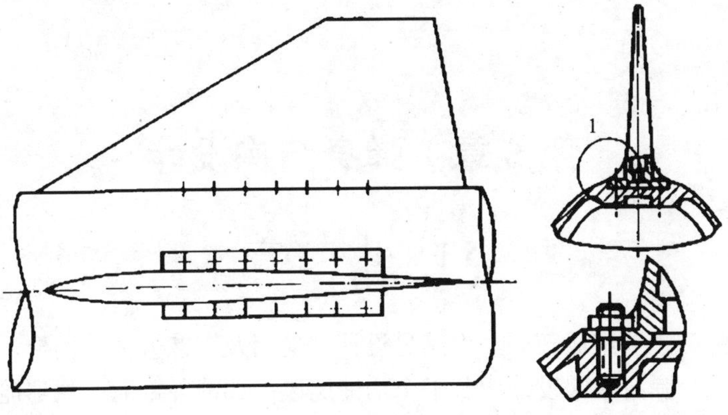

图 4.50　盘式接头 II

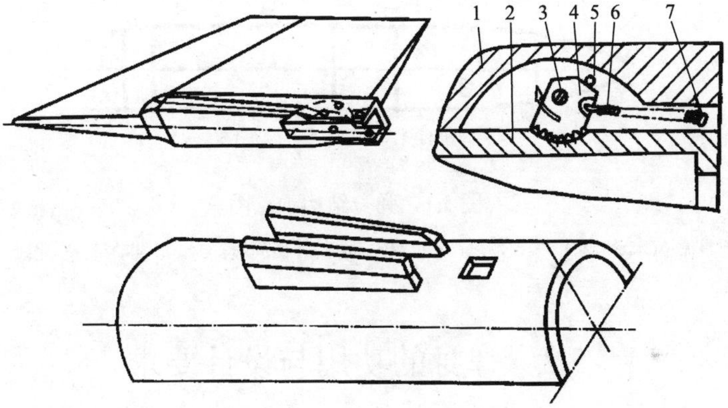

图 4.51　燕尾槽式接头

1-弹翼；2-弹身；3-定位螺钉；4-卡板；5-限制螺钉；6-弹簧；7-销子

这种接头装拆方便，快速，但接头处气动外形较差，承载能力不大。为了保证弹翼的正确位置，对槽的公差要求严格。

第 5 章　弹身结构设计

5.1　引　　言

弹身是导弹的主要组成部分，为满足设计、使用及工艺方面的需要，根据内部装载的主要设备不同，弹身常常设计成若干个功能舱段，如战斗部舱、仪器舱、发动机舱、燃料舱、级间段、尾段等，如图 5.1 所示。本章主要介绍弹身舱段及连接的结构形式和设计方法。

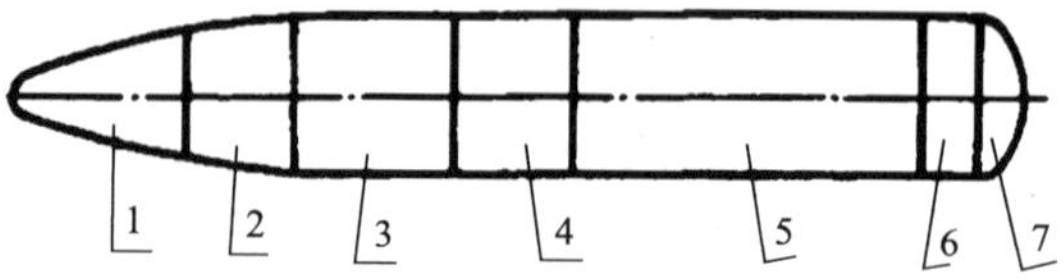

图 5.1　弹身结构示意图

1-头部整流罩(未示弹头)；2-仪器舱；3-二级发动机；4-级间段；5-一级发动机；6-尾段；7-尾罩

5.2　弹身的功用与设计要求

5.2.1　弹身的功用

弹身的主要功用是用来装载有效载荷(如战斗部)、推进剂和各种仪器设备，连接弹翼、发动机等其他部件，形成一个完整的飞行器，并承受它们传来的载荷。

弹身的截面形状通常为圆形。为了减小飞行阻力，弹身应具有良好的气动外形。在表面积相同的条件下，旋转体弹身内部空间大，气动性能对称，工艺性好。因此，常见弹身多为尖拱形与圆柱形的组合体或圆锥形与圆柱形的组合体。

5.2.2　弹身的设计要求

在弹身设计过程中，除满足飞行器结构设计的基本要求外，还应强调以下几点。

(1) 弹身要具有一定的容积且容积利用率高。这样既能合理地布置各种仪器和设备，又能充分利用容积以减小整个导弹的尺寸，降低其结构的重量。通常，弹身直径的选取主要考虑导弹的射程、战斗部直径、发动机直径及位置、弹身阻力系数等因素。

(2) 弹身应有适当的舱口、装拆机构等。由于弹身内的各种仪器和设备经常需要维修，有的甚至需要在发射前才进行安装，因此在设计时必须考虑设置必要的舱口、观察孔及插座等，以保证尽量缩短维护和作战准备时间。

(3) 弹身由各舱段通过各种方式连接而成，连接件的结构必须形式简单，传力协调，保证连接强度和可靠性。

(4) 考虑弹身防热问题。导弹高速飞行时的气动加热和火箭发动机的高温燃气流，将影响弹身的结构强度。气动加热影响头部和弹身表面，发动机燃烧时喷出的燃气流影响相邻舱段。解决气动加热的主要措施是采用不锈钢或其他的耐热材料作为结构材料，如用浸渍树脂的玻璃布或玻璃纤维缠绕舱段外表面，或采用片状或喷涂的有机隔热层等，防热效果都比较好。火箭发动机的高温燃气流可能进入相邻的舱段，可用耐热的隔热板如模压高硅氧玻璃钢板等将热流隔开。

另外，对不同舱段，根据具体情况，各自还有不同的特殊设计要求。例如，对导引头头部壳体，设计时还要求：气动阻力小，有流线型的外形及光滑的表面；电磁波或红外线的透过性好，产生的畸变折射小；保证导引头相对弹体轴线的位置准确；必要时，有解决气动加热影响的措施。对仪器舱，还要求：保证内部装载仪器设备的正常工作条件，如气压、温度、湿度和振动环境等要求；仪器设备安装迅速，维护、修理、更换方便。对战斗部舱，还要求：舱体结构不应妨碍战斗部威力的发挥；保证战斗部安装与拆卸迅速，固定可靠，在设计上有保证地面操作人员安全的措施。

5.2.3　弹身的受载特点

弹身是整个导弹的受力基础，其受载的特点与弹翼不同，不仅承受横向载荷，而且要承受很大的轴向载荷，其主要内力不仅有剪力与弯矩，还有很大的轴力。

而且弹身内部装载物的质量力、各个空气动力面通过接头转换而传来的空气动力和质量力、发动机和助推器传来的推力，以及起吊、运输、支撑处的作用力等，常以集中力的形式作用于弹身，所以，对弹身来说，众多的集中力则是它的主要载荷。

弹身的这些受力特点决定了其结构形式与弹翼既有共性的地方，又有所区别，通常是在蒙皮上既有横向加强件，又有轴向加强件。

5.3　弹身的结构形式

按照结构特征，弹身的基本结构形式可分为三类：薄壁结构(即蒙皮骨架式结构)、整体壁板式结构和构架式结构，如图 5.2 所示。

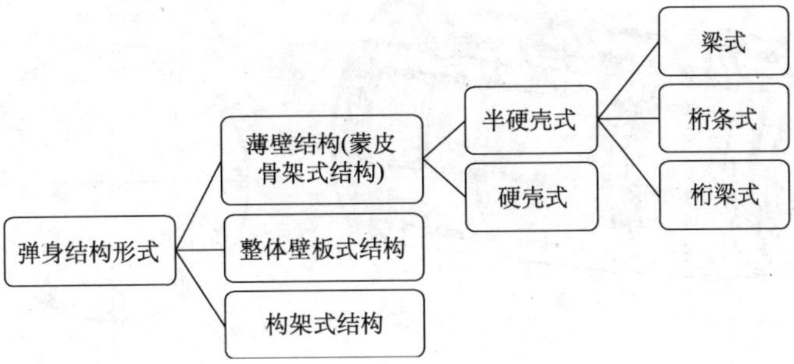

图 5.2　弹身结构形式分类

薄壁结构一般都是由纵向(或轴向）元件(包括梁和桁条)、横向元件(也就是隔框)和蒙皮组成的。纵向构件是主要承力件，横向构件承受其平面内的力，纵、横向构件支持蒙皮维持外形。薄壁结构可分为硬壳式和半硬壳式结构。半硬壳式结构又分为梁式、桁条式和桁梁式结构。

5.3.1 蒙皮骨架式结构

1. 梁式结构

在如图 5.3 所示的梁式结构中，梁是承受轴向力和弯矩的主要受力元件。其结构特点是纵向具有截面积大的较强纵梁和较强前、后端框。

至于梁式结构的蒙皮一般只用于承受作用在弹身上的局部气动载荷、剪力和扭矩，而不参与承受纵向力，当后端框很强且承受很大的集中轴向力时，蒙皮也承受由梁逐渐扩散而来的轴向力，此时蒙皮也较厚。

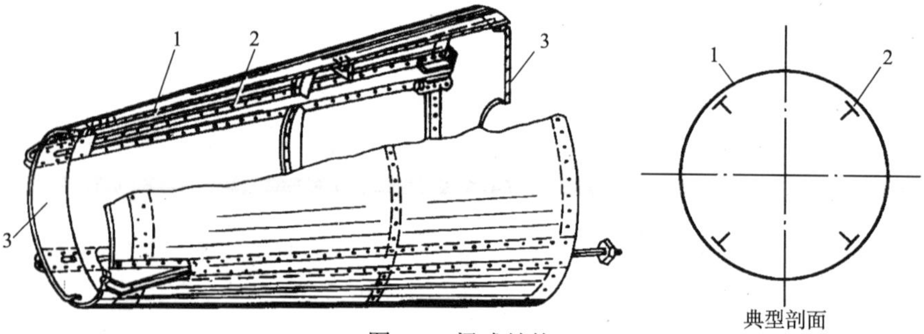

图 5.3　梁式结构

1-蒙皮；2-梁；3-隔框

这种结构的优点是可以承受较大的集中轴向力，并且可以在梁间开大舱口，缺点是蒙皮的材料不易充分利用。

2. 桁条式结构

在这种结构中，纵向构件只有尺寸基本相同的桁条，如图 5.4 所示。桁条布置较密，

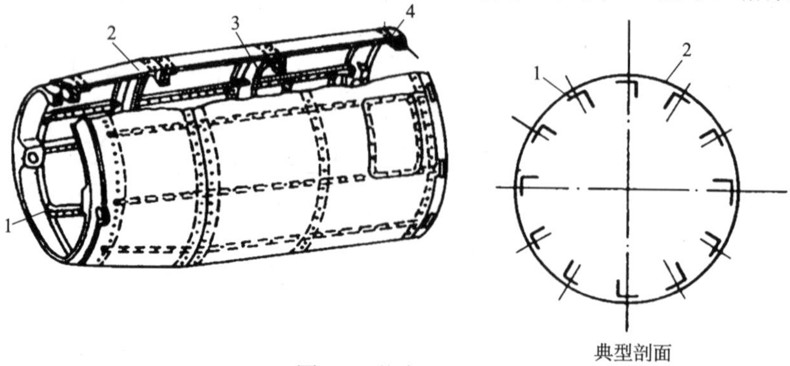

图 5.4　桁条式结构

1-桁条；2-蒙皮；3-普通框；4-加强框

能提高蒙皮的临界应力，从而使蒙皮除了能承受弹身的剪力和扭矩，还能与桁条一起承受弹身的轴向力和弯矩。

与梁式结构相比，这种结构的材料大部分分布在弹身截面的外边沿上，当结构质量相同时，这种结构的弯曲和扭转刚度大。其缺点是舱体上不宜开大型舱口，这是因为大型舱口会切断较多的受力元件和桁条。为了弥补由于开口引起的强度削弱，开口处需要加强，但这会增加结构质量。另外，由于桁条截面比梁截面弱得多，不宜传递较大的纵向集中力。

3. 桁梁式结构

桁梁式结构是上述两种结构的折中结构，由较弱的梁(也称为桁梁)和桁条、蒙皮、隔框组合而成，如图 5.5 所示。轴向力和弯矩主要由梁和桁条共同承受，蒙皮只承受剪力和扭矩。

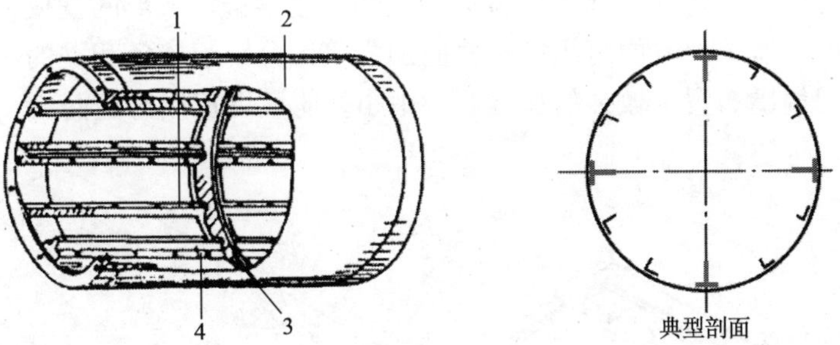

图 5.5　桁梁式结构

1-桁条；2-蒙皮；3-隔框；4-桁梁

桁梁式结构的特点是便于桁梁之间开舱口，能充分发挥各构件的承载能力，结构质量较轻，适用于大型弹身。

4. 硬壳式结构

这种结构的特点是没有纵向加强元件，整个舱段仅由蒙皮和隔框组成，蒙皮较厚，属于壳，如图 5.6 所示。

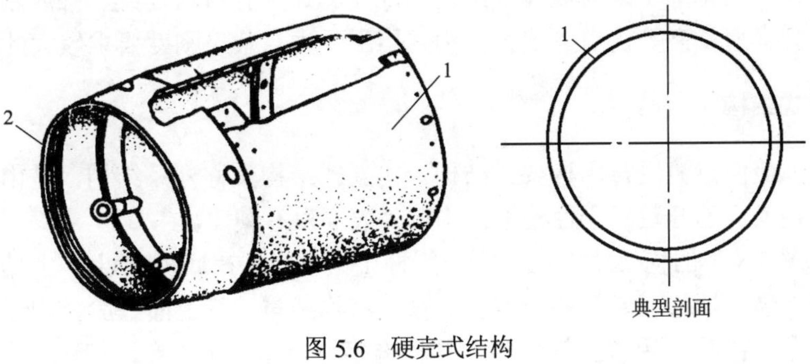

图 5.6　硬壳式结构

1-蒙皮；2-隔框

这种结构的构造简单，装配工作量少，气动外形好，容易保证舱段的密封，有效容积大，由于蒙皮较厚，结构具有较大的抗扭刚度。缺点是承受纵向集中力的能力较弱，因蒙皮承受弯矩而利用率不高，不宜开舱口，若必须开口，一般均应采用受力式口盖以补偿挖去的蒙皮。

硬壳式结构适用于直径较小的弹身，这是因为圆柱形蒙皮的临界应力与弹身直径成反比，随直径的加大而降低，直径越大，越容易失稳，材料的利用率越低，结构质量越大。

5.3.2　整体壁板式结构

这种结构是将蒙皮和骨架(包括梁、框、桁条)等主要承力元件加工成一体的结构形式。具体结构形式有机械加工整体圆筒结构、机械加工或化铣板材焊接结构、铸造结构、旋压壳体结构等。

图 5.7 中舱体就是由四块通过机械加工铣切或化学铣切成形的壁板，弯曲后焊接再机械加工而成的，舱体内表面有纵向和横向加强筋，分别起桁条和框的作用。在受集中力较大处或开口周围布置了较强的加强筋。中小型舱段可直接铸造而成。

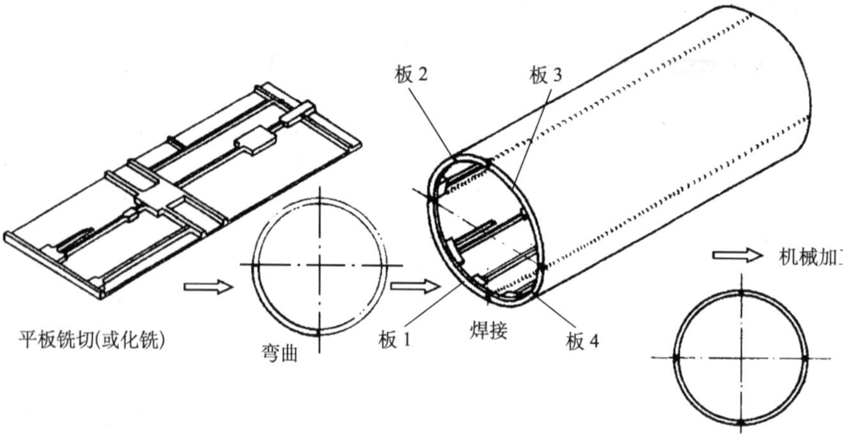

图 5.7　板弯焊接成形的整体壁板式结构

整体壁板式结构除了具有硬壳式结构的优点，还具有材料连续、强度刚度好、装配工作量少、外形质量高等优点。这种结构常用于受力复杂，刚度要求较大的弹身舱段。

5.3.3　构架式结构

多级导弹级间过渡段常用构架式结构。构架式结构又称杆系结构，是由端框和数根空心圆杆焊接而成的开敞式刚性构架。构架外表面没有蒙皮。

例如，图 5.8 中的构架式结构，空心圆杆 1 下端焊接在底板 2 上，上端焊在垫座 3 上，各垫座上装有螺栓或专门的快速脱落锁，将构架与导弹上面级舱体相连。垫座上有定位销 4，通过底板 2 用普通螺栓和销钉将构架与导弹下面级弹体相连。这种结构主要用作导弹级间载荷的传递，发动机工作初期产生的高温气体可顺畅排出体外。

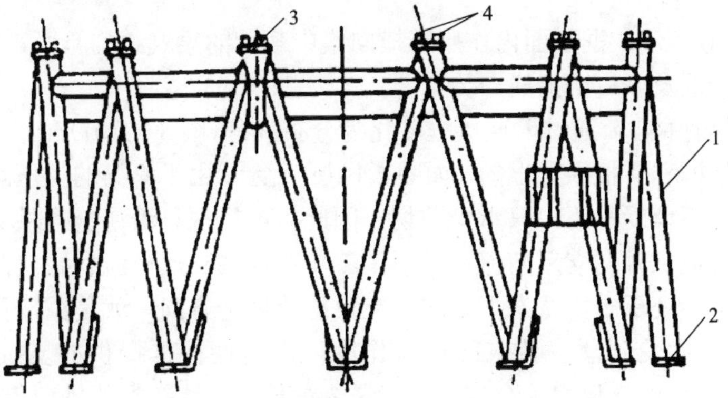

图 5.8　构架式结构

1-杆；2-底板；3-垫座；4-定位销

5.4　弹身的传力分析

第 4 章介绍了弹翼的传力分析，但由于弹身与弹翼的构造和载荷不同，分析它们传力的基点也不同。弹翼外形扁平，主要受垂直于翼面的分布气动载荷，传力分析是从蒙皮承受气动载荷入手的，分析气动载荷如何通过弹翼各元件而传到支座(也就是弹身)上去。而弹身一般是旋转壳结构，弹身内布置有许多横向加强件和纵向加强件，主要载荷是纵向和横向的集中力，如图 5.9 所示，传力分析主要是从加强框和纵梁上的集中载荷着手，分析横向和纵向集中载荷如何在弹身结构中传递，直至被弹翼的支反力或舱段的支反力所平衡为止。

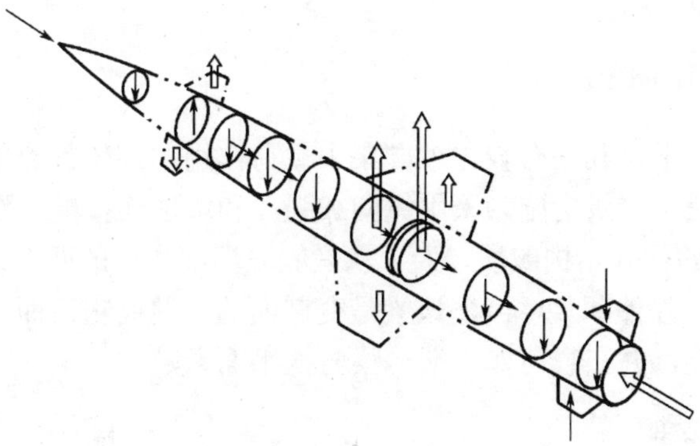

图 5.9　弹身的受载

在此以梁式结构为例，介绍其主要载荷在弹身中的传递过程和主要受力构件的承载特点。

5.4.1　横向集中载荷的传递

如图 5.10(a)所示，框平面内作用有横向集中载荷的梁式结构舱段，它有 4 根纵梁，纵梁与两端连接框及蒙皮铆接成一体。

首先，横向集中载荷通过前连接框转化为分布载荷(图 5.10(b))传给蒙皮。蒙皮可看作支持在后连接框和 4 根纵梁上的，如图 5.10(c)所示。由于纵梁的拉压刚度比蒙皮大得多，故假设蒙皮不承受拉压，只承受剪切，因此后连接框只沿铆缝提供支反剪流，4 根纵梁也只沿铆缝提供轴向支反剪流。然后，蒙皮在这些支反剪流和蒙皮前连接框传来的剪流载荷作用下，处于平衡状态。把这些支反剪流反个方向，就是蒙皮传给后连接框和纵梁的剪流。纵梁受到蒙皮传来的剪流作用，由后连接框提供的支反力来平衡，如图 5.10(d)所示。这些支反力反个方向，就是纵梁传给后连接框的轴向集中力。

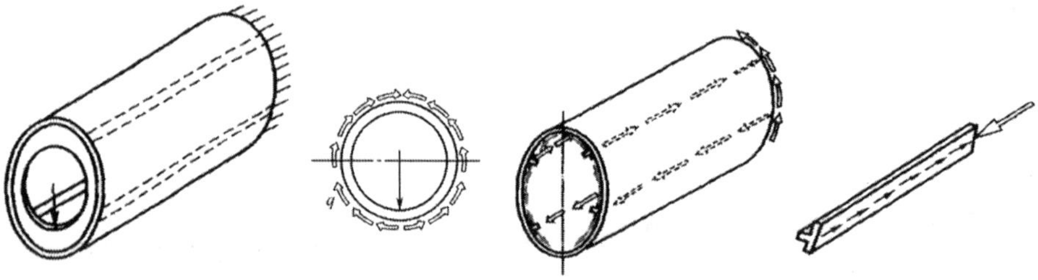

(a) 梁式结构舱段的受载　(b) 前连接框的传力　(c) 蒙皮的传力　(d) 梁的传力

图 5.10　梁式结构舱段的受载与传力

由此可见：横向载荷在梁式结构舱段内引起的弯矩主要由纵梁承担，而剪力主要由蒙皮承担；梁式结构舱段一端的横向载荷传到后连接框时，将会转化为分布剪流和轴向集中力，若将后连接框考虑为刚性框，则这些分布剪流和轴向集中力会以横向力和弯矩的形式传给下一舱段。

5.4.2　纵向集中载荷的传递

在薄壁结构弹身上，凡是有较大纵向集中载荷作用的部位都应采取措施，把集中载荷分散后再继续传递。一般措施为采用纵向加强件和增加连接框的刚度。

如图 5.11 所示的梁式结构舱段，为了承受舱段端部作用的四个纵向集中力，在舱体上布置了四根纵向加强件(即纵梁)，该梁是变截面的，前面粗后面细，它与蒙皮、前后连接框通过铆钉相连，并在载荷作用端，梁与框平面紧贴。

1. 纵梁的传力分析

集中载荷通过连接框向舱段传递时，由于纵梁的承压刚度比蒙皮大得多，可以认为集中载荷全部作用在纵梁的一端，如图 5.12(a)所示。因纵梁与蒙皮以及另一端连接框铆接在一起，故蒙皮和另一端连接框通过铆钉受剪提供支反力，使梁受力平衡。

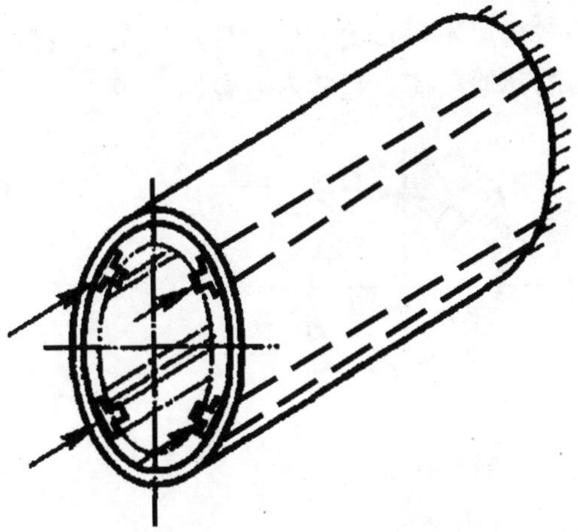

图 5.11　梁式结构舱段受纵向集中载荷

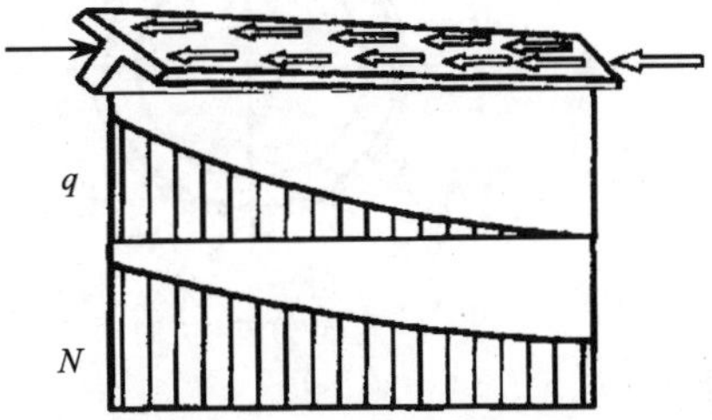

图 5.12　纵梁的受力分析与内力图

蒙皮提供的支反剪流沿长度方向不是常值，从载荷作用端到另一端是逐渐减小的。由于载荷是由梁上的许多铆钉共同传递的，在载荷作用处，铆钉负担的载荷比后面的铆钉要大，即承受的剪切力要大，以至于一段距离后，铆钉不再承受载荷，即 q=0，如图 5.12(b)所示。同样纵梁的轴力从载荷的作用端到另一端也是逐渐减小的，如图 5.12(c)所示。

将蒙皮的支反剪流反向，就是纵梁传给蒙皮的力。

2. 蒙皮的传力分析

蒙皮的载荷是 4 根纵梁传来的剪流 q，如图 5.13(a)所示。蒙皮与前后连接框铆成一体，在前连接框处，剪流载荷 q 最大，如图 5.13(b)所示，蒙皮的剪切变形会受前连接框上铆钉的限制，即前连接框通过铆钉剪切提供周向支反剪流，因 4 对剪流载荷是轴对称的，故周向支反剪流是自身平衡的。在后连接框处，剪流载荷 q≈0，故后连接框不用提供周向支反剪流。

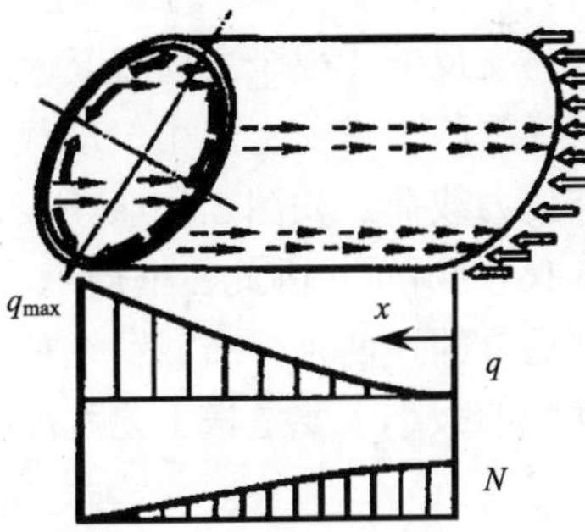

图 5.13　蒙皮的受力分析与内力图

由于蒙皮沿轴向受纵梁传来的剪流，因而蒙皮截面的轴力逐渐增加，如图 5.13(c)所示。在纵梁末端（x=0 处），蒙皮内剪流为零，蒙皮轴力达到均值。这样，作用在纵梁上的集中载荷通过与蒙皮相连的铆钉受剪而使蒙皮受剪，并使蒙皮逐渐承受轴向压力，一定距离后蒙皮内的轴向压力沿周缘蒙皮达到均值，这种现象就是所谓的**力的扩散(或参与)问题**。

3. 前连接框的传力分析

将前连接框传给蒙皮的支反剪流反向就是蒙皮传给前连接框的自身平衡的剪流，如图 5.14(a)所示，剪流大小的分布如图 5.14(b)所示。在框平面对称轴上，剪流为零；在纵梁所在位置，剪流值最大。这种自身平衡的载荷虽不再传给其他元件，但在框截面内会引起附加内力，此内力应与作用在框平面内的其他载荷引起的内力叠加。

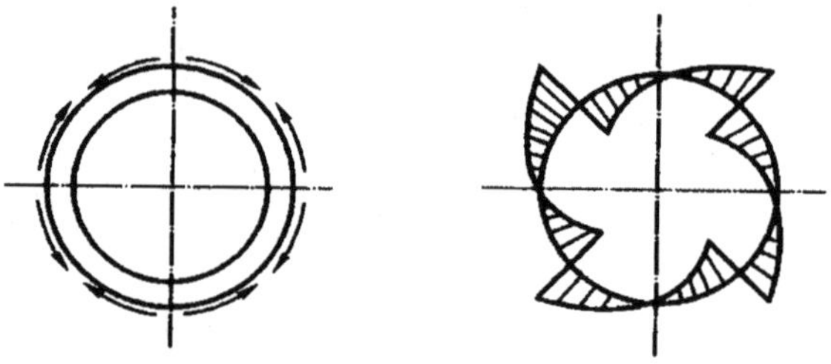
(a) 剪流的方向　　(b) 剪流的大小分布

图 5.14　前连接框的自身平衡剪流

5.4.3　隔框的传力分析

1. 普通框

普通框一般只承受分布载荷，而不承受集中力。在弹身的蒙皮上作用有沿周向分布的气动载荷。这些载荷通过屏格蒙皮传给桁条和隔框，而桁条又将载荷传给隔框，因此，普通框的载荷是由弹身的屏格蒙皮和桁条传来的。

这里有两种情况：一种情况是当导弹攻角 $\alpha=0$ 时，传给普通框的载荷自身平衡，它不再传给其他元件，如图 5.15(a)所示；另一种情况是当导弹攻角 $\alpha>0$ 时，传给普通框的载荷合力向上，蒙皮沿框周缘通过铆钉受剪提供支反剪力以平衡这个载荷，如图 5.15(b)所示。将支反剪力反个方向就是普通框传给蒙皮的力。

普通框除了承受上述由气动载荷转化来的分布载荷，还承受因弹身弯曲而引起的一种分布压力载荷，如图 5.16(a)所示。这些分布压力平行于框平面的纵轴，且自身平衡，如图 5.16(b)所示，因此在框周缘不会出现支反力，它也不传向其他元件。

普通框的这两种分布载荷一般都比较小，在框截面上引起的内力也较小，故普通框截面面积的大小主要是按工艺刚度要求来确定的。

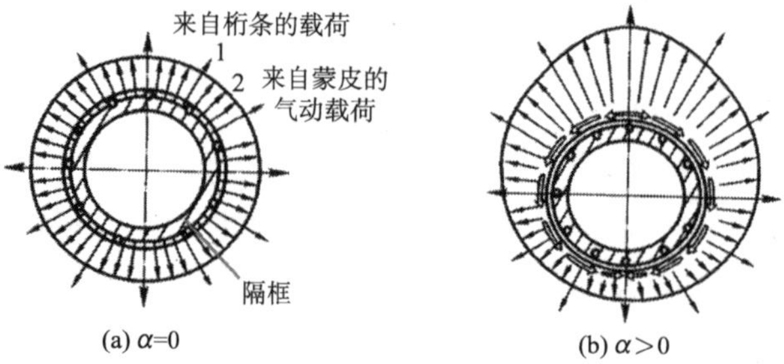

(a) $\alpha=0$　　(b) $\alpha>0$

图 5.15　普通框的受力分析

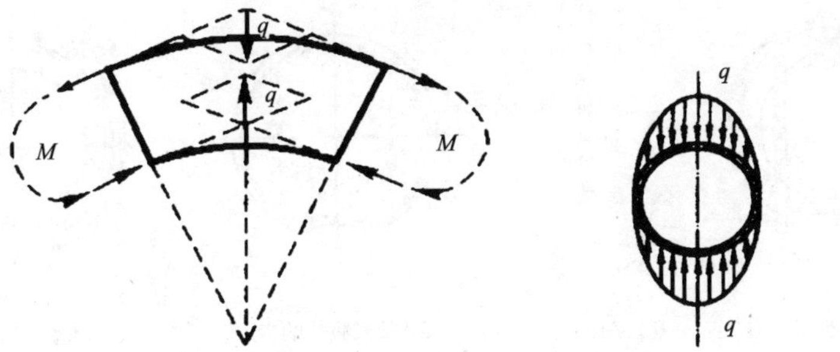

(a) 弹身的弯曲及附加载荷q　(b) 附加载荷q的大小分布

图 5.16　普通框承受的弹身弯曲引起的附加载荷

2. 加强框

加强框主要承受集中载荷，这种载荷在框内部的传递过程与其构造有关。

1) 圆环式加强框

如图 5.17(a) 所示的加强框是圆环式加强框，它的载荷是径向集中载荷，对于刚性框，蒙皮提供的支反剪流是按正弦规律分布的，它在框的两侧处最大，上下减小至 0，即载荷不是沿作用方向传给支座的，传力走了弯路，因此在框截面上要产生弯曲应力。若有可能，尽量将径向集中载荷分为两个载荷，并作用在加强框两侧，如图 5.17(b) 所示。因为在此情况下，对于刚性框，蒙皮的支反剪流分布规律并不改变，作用在框两侧的集中载荷基本上可以被两侧的支反剪流所形成的力直接平衡。因此，在框截面上弯曲应力很小，传力较直接，这时隔框几乎可以不需要加强。

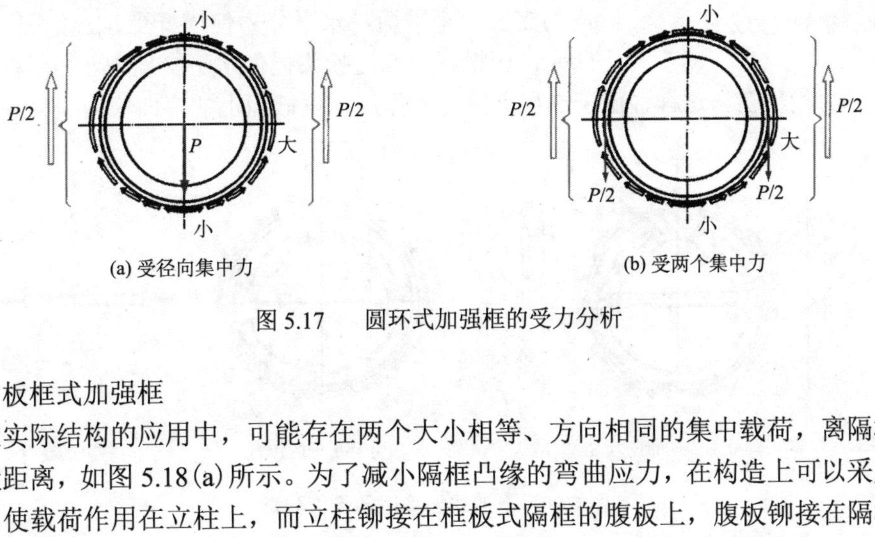

(a) 受径向集中力　(b) 受两个集中力

图 5.17　圆环式加强框的受力分析

2) 板框式加强框

在实际结构的应用中，可能存在两个大小相等、方向相同的集中载荷，离隔框两侧有一段距离，如图 5.18(a) 所示。为了减小隔框凸缘的弯曲应力，在构造上可以采用两根立柱，使载荷作用在立柱上，而立柱铆接在框板式隔框的腹板上，腹板铆接在隔框上。这样，力的传递过程是：力由立柱传给腹板，再由腹板传给隔框，它们都是通过连接铆钉受剪来传递力的，如图 5.18(b)～(d) 所示。

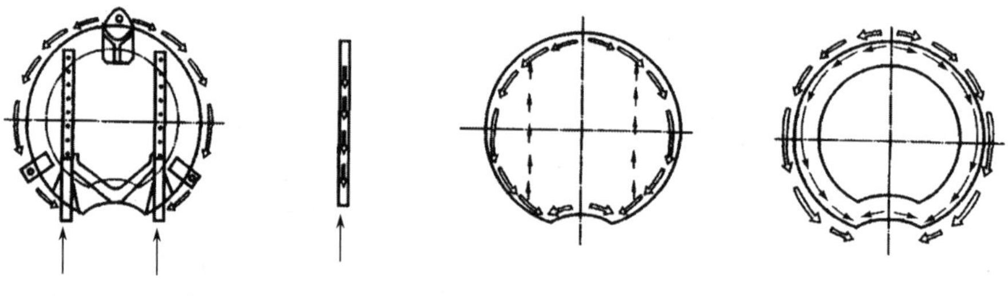

(a) 加强框的传力　(b) 立柱的传力　(c) 板式腹板的传力　(d) 环形框的传力

图 5.18　板框式加强框的受力分析

这里值得指出的是，集中载荷通过立柱和腹板分散地传到隔框上，而且蒙皮传给隔框的支反力也是分散的，这样隔框上的作用力和反作用力没有任何偏心，因此从理论上讲，没有弯曲应力，因而可以不必安排强的框凸缘，甚至可以把框腹板直接铆在蒙皮上。这种把框板式隔框上的集中力分散后传递的方案称为**隔框弯曲卸载方案**。

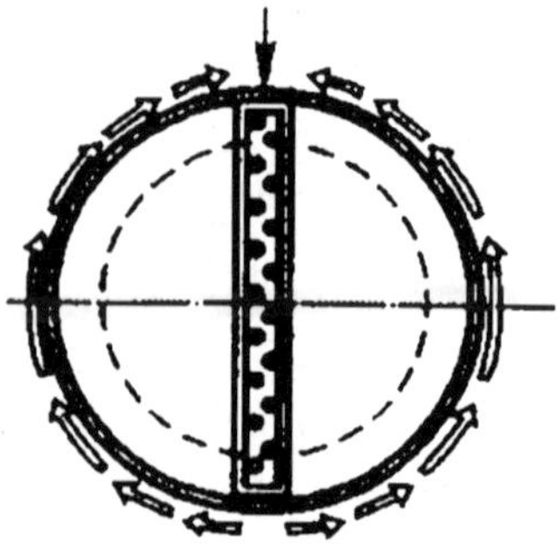

图 5.19　另一种板框式加强框的受力分析

图 5.19 是另一种隔框弯曲卸载的板框式加强框，其传力分析与上述相似。

3) 框架式加强框

框架式加强框也是一种弯曲卸载方案，如图 5.20(a)所示。它由圆形隔框和 3 根支撑杆组成。从整个框看，蒙皮提供对称的支反剪流，左右各 $P/2$，使之与外载平衡。从框的内部看，由于斜杆的受压刚度比隔框的弯曲刚度大得多，外载几乎全部沿两斜杆传给两侧的接头，使斜杆受压，如图 5.20(b)所示。斜杆作用力的垂直分力由两侧蒙皮的支反力来平衡，水平分力使横杆受拉，如图 5.20(c)所示。而横杆对侧边接头提供水平支反力，与斜杆作用力的水平分力相平衡。这样，由于 3 根支撑杆的作用，框截面上的弯曲应力大为减小。

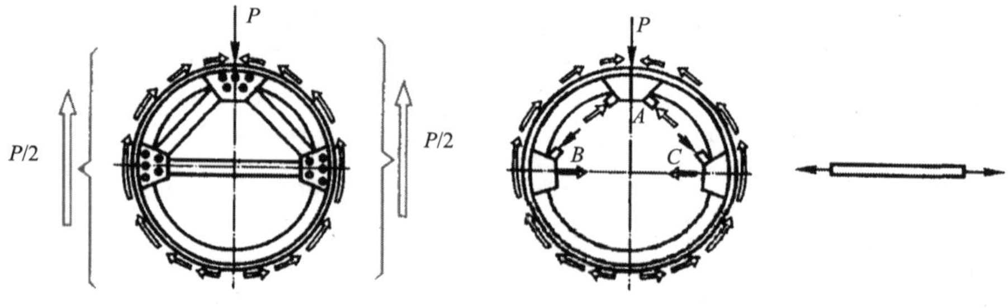

(a) 加强框的传力　(b) 环形框的传力　(c) 横杆的受力

图 5.20　框架式加强框的受力分析

5.4.4　弹身开口处的传力分析

由于对弹身内设备维护使用的需要，常在弹身上开口，由此会削弱弹身的强度。从传力观点看，开口可能使传力发生中断。因此，必须采取结构措施予以补偿。对较大型开口，常采用受力式口盖来补偿；对中小型开口，一般在开口周围采用加强口框来达到补偿的目的；对很小的开口，一般对强度的影响不大，可以不予补偿。

对于采用受力式口盖补偿的大型开口，因口盖参加弹身的总体受力，可把它看成弹身的一部分来分析力的传递，因此不必单独进行传力分析。

对于采用加强口框来补偿的开口，力不通过口盖而通过框传递，需单独进行传力分析。如图 5.21(a)所示的弹身舱段上有开口 *ABCD*，沿四边用口框加强。一般 *AB* 应与环向构件(如隔框)相连，*AD* 应与纵向构件(如长桁或梁)相连。此时加强口框可看作支持在弹性基础(即蒙皮)上的闭合刚框，在 *AB* 边作用着由于弹身弯矩和轴力引起的轴向线性分布力 p，以及由弹身的剪力和扭矩引起的剪流 q，如图 5.21(b)所示。口框处于平衡状态时，与口框相连的蒙皮通过铆钉受剪，在口框的另三边提供支反力。口框截面上的内力分布如图 5.21(c)所示，图中 M 表示弯矩，N 表示轴力。将支反力反向所得到的力就是口框另三边传给蒙皮的力。

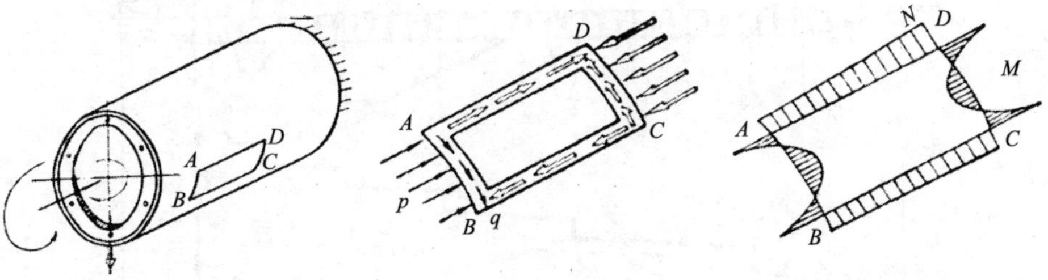

(a) 有开口的弹身受载　(b) 口框的传力　(c) 口框的内力分布

图 5.21　弹身中小开口处的传力

5.5　薄壁结构弹身的设计计算

在弹身舱体主要受力元件的布局及材料确定以后，就可以进行设计计算以确定主要受力元件的截面尺寸。对于薄壁结构弹身，其主要的受力构件有蒙皮、桁条、纵梁、框等。本节在简要介绍设计计算基本步骤的基础上，主要介绍有关基于工程梁理论的横截面尺寸设计计算方法和隔框的设计计算方法。

5.5.1　设计计算的基本步骤

设计计算是在方案设计阶段，即主要受力元件的布局都已确定的基础上进行的，是一个反复试算的过程。为计算方便快捷，一般设计计算和强度估算时所选取的计算模型都比较简单。主要包括以下步骤。

(1) 根据设计情况确定设计计算和强度估算的模型。

(2) 根据已有的经验和统计资料初步给定设计构件的剖面尺寸。

(3) 对受力构件进行强度分析。根据其破坏形式和相应的强度准则判断其剖面尺寸设计值的合理性。

(4) 对不合理的设计进行修改，重复步骤(3)的工作直至最后得到满意的设计结果。

5.5.2　弹身截面的设计计算

弹身截面设计包括蒙皮、桁条、梁等的截面尺寸的设计。

1. 计算模型

设计计算前，必须确定计算模型。最简单的设计计算模型是将弹身看作一根支持在弹翼上的梁。根据弹身的载荷分析，很容易作出其沿弹身内力图(包括弯矩 M 图、扭矩 M_t 图、剪力 F_S 图、轴力 F_N 图)，图 5.22 即某导弹弹身的受力与内力图。由此可知在弹身截面上产生的应力有正应力和切应力。

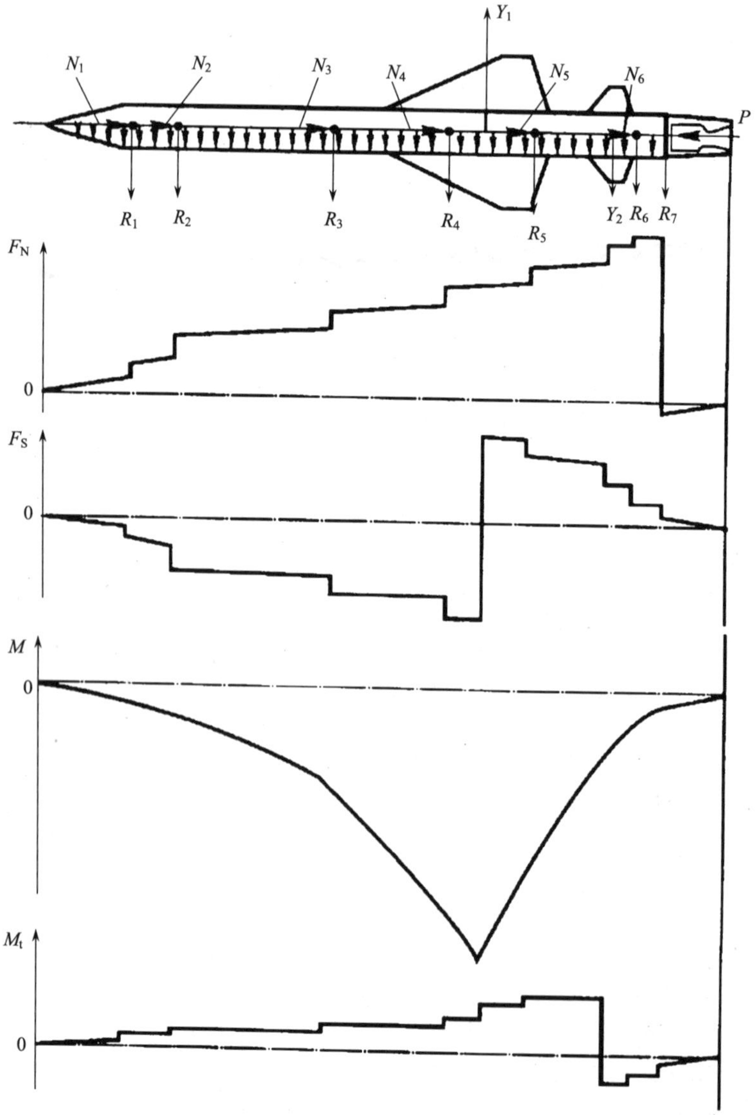

图 5.22　弹身的受力与内力图

2. 正应力计算

不考虑温度的影响时，截面上蒙皮和桁条上的正应力由截面上的弯矩 M 和轴力 F_N 引起。其中，弯矩在任意截面 i 上引起的正应力为

$$\sigma_M = \frac{M}{I} Y_j \tag{5.1}$$

轴力在截面i上引起的正应力为

$$\sigma_N = \frac{F_N}{A} \tag{5.2}$$

总的正应力为

$$\sigma = \sigma_M + \sigma_N \tag{5.3}$$

式中，I 为减缩截面的惯性矩；Y_j 为截面$\boldsymbol{i}$上 $\boldsymbol{j}$ 元件到减缩截面的中性轴的距离；A 为减缩截面的面积。

从这里可以看出，正应力是采用材料力学中的方法来计算的。因此，计算正应力的关键是确定减缩截面及其特性。下面介绍有关减缩截面的一般处理方法。

1) 半硬壳式弹身

如图 5.23 所示的半硬壳式截面，桁条或梁的截面面积为 A_S，蒙皮厚度为δ_C，进行减缩截面处理时，往往是把蒙皮的面积化为有效宽度为 $2C$ 内的面积，集中在相应的梁或桁条的截面上进行计算。这时相当于在每个梁或桁条处有一集中面积，则截面的减缩面积为

$$A = \sum\left(A_S + 2C\delta_C\right) \tag{5.4}$$

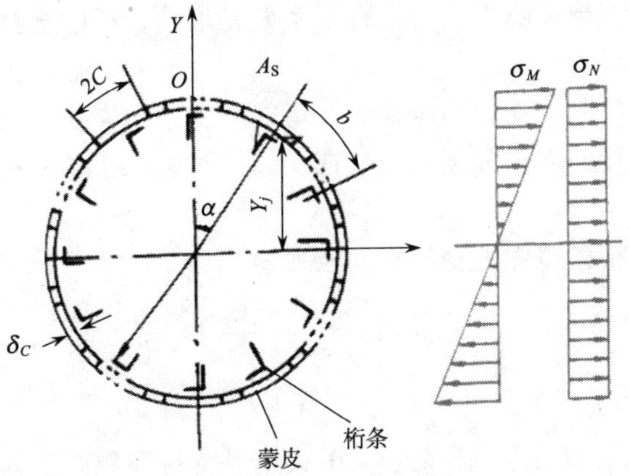

图 5.23 半硬壳式弹身

对中性轴的惯性矩I为每一个集中面积$(A_S + 2C\delta_C)$乘以集中面积所在位置到中性轴距离的平方，然后再在整个截面区域内求和。由于截面上拉、压区面积不同，中性轴往往不在水平轴上，应先根据拉压减缩面积的大小，确定中性轴的位置，然后再分拉压区域计算惯性矩。特殊时候，中性轴的位置可能需要通过反复计算才能得到。因此，这里

分受压和受拉两个区域进行计算，从而可以得到对中性轴惯性矩的表达式为

$$I = \sum(A_S + 2C_c\delta_C)Y_j^2 + \sum(A_S + 2C_t\delta_C)Y_j^2 \tag{5.5}$$

式中，$2C_c$ 为蒙皮受压区桁条之间蒙皮有效宽度；$2C_t$ 为蒙皮受拉区桁条之间蒙皮有效宽度。根据结构力学知

$$\begin{cases} 2C_c = b\sqrt{\dfrac{\sigma_{cr,C}E_C}{\sigma_{cr,S}E_S}} \\ 2C_t = kb \end{cases} \tag{5.6}$$

式中，b 为桁条的间距；$\sigma_{cr,C}$ 和 $\sigma_{cr,S}$ 分别蒙皮和桁条受压失稳临界应力；E_C 为蒙皮材料的弹性模量；E_S 为桁条材料的弹性模量；k 为考虑结构被铆钉孔削弱的系数，根据具体情况取 k=0.8~1。

相邻框与相邻桁条之间的蒙皮可视为曲板，其长度大于宽度，因此可以用长曲板的近似公式计算蒙皮的临界应力为

$$\sigma_{cr,C} = k_C E_C \frac{\delta_C}{R} + \frac{K\pi^2 E_C}{12\left(1-\mu_C^2\right)}\left(\frac{\delta_C}{b}\right)^2 \tag{5.7}$$

式中，R 为弹身截面的中心线的半径；μ_C 为蒙皮材料的泊松比；右端第一项相当于光圆筒体的临界应力，修正系数 k_C 按照以下条件确定：

$$k_C = \begin{cases} 0, & \dfrac{b^2\sqrt{1-\mu_C^2}}{R\delta_C} \leqslant 40 \\ 0.15 \sim 0.3, & \dfrac{b^2\sqrt{1-\mu_C^2}}{R\delta_C} > 40 \end{cases} \tag{5.8}$$

右端第二项相当于长矩形板临界应力，修正系数 K 取决于板的支持条件，蒙皮板按四边铰支处理，取 K=4。

桁条一般为薄壁杆件，受轴向压缩时，可能产生整体失稳，也可能产生腹板或翼板的局部失稳或扭转失稳。对于和蒙皮连接在一起的桁条，扭转失稳发生的可能性较小，一般可以不考虑。

在弹性范围内，桁条整体失稳的临界应力为

$$\sigma_{cr,S} = \frac{K_C\pi^2 E_S}{\left(\dfrac{L}{i}\right)^2} \tag{5.9}$$

式中，K_C=1.0~4.0（简支取 1.0，固支取 4.0）为桁条支持系数；L 为两框间桁条的长度；$i=\sqrt{\dfrac{I}{A}}$ 是计入蒙皮有效宽度后的桁条截面惯性半径。

桁条局部失稳分析时，将桁条截面的各个平壁分别按照长矩形板条进行计算。在弹性范围内，其局部失稳临界应力为

$$\sigma_{\mathrm{cr,S}}=\frac{K_{\mathrm{L}}\pi^{2}E_{\mathrm{S}}}{12\left(1-\mu_{\mathrm{S}}^{2}\right)}\frac{t_{\mathrm{S}}{}^{2}}{b_{\mathrm{S}}{}^{2}} \tag{5.10}$$

式中，b_{S} 和 t_{S} 分别为桁条平壁的宽度和厚度；E_{S} 和 μ_{S} 分别为桁条材料的弹性模量和泊松比；K_{L} 为支持系数(与计算单元的支承特性有关，若两块壁板支持 $K_{\mathrm{L}}=4$，若一块壁板支持 $K_{\mathrm{L}}=1$)。

式(5.6)中的 $\sigma_{\mathrm{cr,S}}$，取式(5.9)和式(5.10)两者中较小者。

2)蒙皮较厚的半硬壳式弹身

对蒙皮较厚的半硬壳式弹身，如图 5.23 所示，也可以将桁条截面面积均匀分布到蒙皮上，变成等厚度的硬壳结构进行计算，蒙皮的有效厚度为

$$\delta_{\mathrm{E}}=\frac{\sum\left(A_{\mathrm{S}}+2C\delta_{\mathrm{C}}\right)}{2\pi R} \tag{5.11}$$

这样等效后，就相当于均匀等厚度的薄壁截面，截面面积和对中性轴的惯性矩分别为

$$\begin{cases}A=2\pi R\delta_{\mathrm{E}}\\ I=\pi R^{3}\delta_{\mathrm{E}}\end{cases} \tag{5.12}$$

3)硬壳式弹身

对硬壳式弹身，其正应力全部由蒙皮承受，计算公式与式(5.12)一样，只是将有效厚度 δ_{E} 换成蒙皮的实际厚度 δ_{C} 即可。

3. 切应力计算

截面的切应力由蒙皮提供，且

$$\tau=\frac{q}{\delta_{\mathrm{C}}} \tag{5.13}$$

式中，q 为由剪力 F_S 和扭矩 m 共同引起的总的剪流，即

$$q=\frac{F_S S_z^*}{I}+\frac{m}{\Omega} \tag{5.14}$$

式中，S_z^* 是减缩截面在计算点水平线以上的面积对中性轴的静矩；Ω 为弹身截面中心线所围面积的两倍。对于硬壳式弹身，$S_z^*=R^2\delta_{\mathrm{C}}\sin\alpha$，$\Omega=2\pi R^2$。

4. 强度估算

求得截面上各元件的应力后，就可以根据强度理论验算其强度是否满足要求，并求出强度剩余系数。

1)半硬壳式弹身

桁条(或梁)的破坏形式为受压失稳或受拉破坏，其强度条件为

$$\sigma_{\max}\leqslant[\sigma] \tag{5.15}$$

式中，$\sigma_{\max}$ 和 $[\sigma]$ 在受压区分别为最大压应力和失稳临界应力 σ_{cr}，在受拉区分别为最大

拉应力和抗拉强度极限σ_b。

强度剩余系数为

$$\eta = \frac{[\sigma]}{\sigma_{max}} \tag{5.16}$$

蒙皮的破坏形式为剪切破坏，其强度条件和强度剩余系数分别为

$$\begin{cases} \tau_{max} \leqslant [\tau] \\ \eta = \dfrac{[\tau]}{\tau_{max}} \end{cases} \tag{5.17}$$

式中，$[\tau]$为桁条间蒙皮的剪切破坏许用应力。

2) 硬壳式弹身

硬壳式结构的受力元件只有蒙皮，它在压应力和切应力作用下的破坏形式一般为总体失稳和局部失稳或剪切破坏。

在纯轴压状态下，要求如下：

$$\sigma_{N,max} \leqslant [\sigma] \tag{5.18}$$

式中，$[\sigma]$为失稳临界应力σ_{cr}。剩余强度系数为

$$\eta = \frac{[\sigma]}{\sigma_{N,max}} \tag{5.19}$$

在轴压和弯曲联合作用下，受拉区要求如下：

$$\eta_t = \frac{[\sigma]}{\sigma_{max}} \geqslant 1 \tag{5.20}$$

受压区则要求如下：

$$\eta_c = 1 \Big/ \left(\frac{\sigma_N}{\sigma_{N,cr}} + \frac{\sigma_M}{\sigma_{M,cr}} \right) \geqslant 1 \tag{5.21}$$

式中，σ_N和$\sigma_{N,cr}$分别为轴压正应力和壳体轴压失稳临界应力；σ_M和$\sigma_{M,cr}$分别为最大弯曲压应力和纯弯时的壳体失稳临界应力。

蒙皮受剪的强度条件和强度剩余系数与式(5.17)相同，只是$[\tau]$变为壳体剪切破坏许用应力。

以上计算中用到的壳体轴压失稳临界应力、壳体剪切破坏应力、局部蒙皮剪切失稳临界应力、桁条(或梁)的失稳临界应力以及纯弯时的壳体失稳临界应力等，可以从资料手册中查出或计算求出。

通过以上计算，可以得出反映强度特性的剩余强度系数η值。若η>1，说明满足强度要求，此时选定的各元件截面尺寸就可以确定了。若η太大或η太小，说明强度剩余较多或较危险，都需改变相应元件的截面尺寸，直至最后满意为止。

5.5.3　框的设计计算

由于普通框的主要功用是维持弹身的外形，受力较小，一般不需作设计计算，其截

面尺寸通常可按构造与工艺要求确定。因此，框的设计计算主要是对加强框进行设计计算，以确定其主要受力元件的截面与尺寸。这里以较为简单的圆环式加强框为例来说明，其计算模型可简化为由基本截面组成的等截面圆环。

1. 外载分析

加强框上的外载主要是作用在框平面内各种的形式集中力，与之相连的弹身蒙皮是框的支座并为其提供支反力。

1) 切向集中力

设框上作用一集中力 Q，蒙皮提供的平衡剪流为 q_Q，如图 5.24(a) 所示，它是通过蒙皮与框连接的铆钉受剪产生的，其分布规律为

$$q_Q = \frac{Q\sin\theta}{\pi R} \tag{5.22}$$

式中，R 为蒙皮平均半径；θ为相对纵向对称轴的角度。

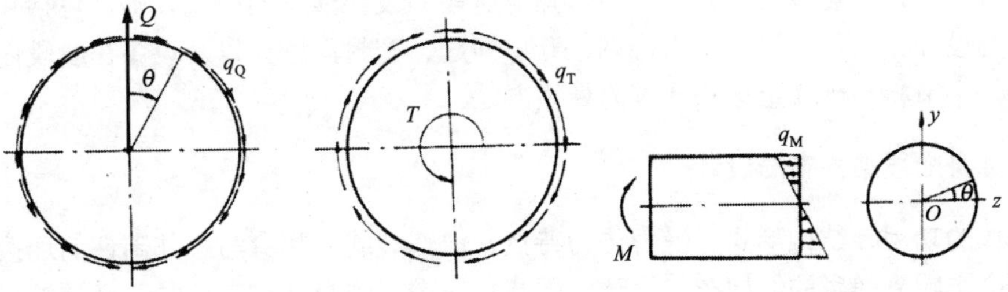

(a) 切向集中力　　(b) 扭矩　　(c) 弯矩

图 5.24　框的外载荷

2) 扭矩

设框上作用一扭矩 T，蒙皮提供的平衡剪流为 q_T，如图 5.24(b) 所示，它是通过蒙皮与框连接的铆钉受剪产生的，其分布规律为

$$q_T = \frac{T}{2\pi R^2} \tag{5.23}$$

3) 弯矩

设框上作用一弯矩 M，蒙皮提供的平衡轴向力流为 q_M，如图 5.24(c) 所示，其计算公式为

$$q_M = \sigma_M \delta = \frac{My}{I}\delta = \frac{M\sin\theta}{\pi R^2} \tag{5.24}$$

式中，δ为蒙皮壁厚；θ为相对中性轴的角度。

2. 内力计算

将框从蒙皮中取出单独分析，它是自平衡的封闭圆环，因此可以将其看成三度静不定的曲梁，任意截面上均作用有弯矩 M、轴力 F_N 和剪力 F_S，其中弯矩为主要载荷，往

往由它决定框的剖面尺寸，通常利用对称性来减少受力分析中的多余约束内力。

框的内力计算很复杂，一些手册上给出了一些典型载荷作用下的内力分布计算公式和曲线。因此，当分析具体的框结构时，只需将其载荷分解为相应的典型情况，查手册分别求解，最后叠加而得，不必再解三度静不定问题。

3. 应力计算和截面选择

截面应力计算可利用梁的理论和公式，包括正应力和切应力。

应力计算出来后，利用强度理论进行强度计算，其中主要是正应力强度条件。根据强度计算结果确定框的截面与尺寸，同其他承弯构件相同，其截面也宜选用惯性矩较大的几何形状，如工字形。

5.6　弹身舱段的设计

弹身设计是以舱段设计为单元的。弹身舱段的设计涉及的问题较多，包括弹身舱段结构布局设计、相邻舱段的受力协调、开口问题、密封问题，以及设备在舱段内的安装等问题，本节将一一介绍这些问题的处理方法。

5.6.1　弹身舱段结构布局设计

弹体的功用、结构形式、受力传力特点、内部装载、弹身与相邻部件的连接形式等因素都会影响到弹身的结构布局设计。因此，在进行弹身结构布局时，必须综合考虑上述因素，从全局观点进行设计。重点考虑以下三个方面的工作。

1. 弹身舱段的内部布置

弹身舱段的内部布置是指在内部将有效载荷、各种设备等进行合理布置，使其符合设备工作特性要求，满足质量大小、质心位置和使用维护要求，并且充分利用结构内部空间，满足容积利用率要求。

内部装载的使用、检测、维护、更换等要求，往往确定了弹身开口与舱门的大小、数量及其分布位置，影响到受力构件的选择及其布置，因此对弹身结构布局影响较大。

发动机的布置、翼面接头性质与位置的布置，对弹身结构布局有很大的影响，因为满足传力直接与传力路线最短的要求严重影响到结构形式的选择和受力构件的布置。

2. 结构形式的选择

弹身的结构布局与结构形式有关，而结构形式的选择应考虑内部设备的布局。从弹身的总体受力来看，弹身是支持在弹翼接头处的外伸管状梁，作用在其上的弯矩、轴力等内力的分布也是决定弹身结构形式的重要依据。因此，在选择弹身结构形式时，主要根据弹身内力图、传力路线和内部设备布置情况来选择。

对于开口较多并需要承受集中力的舱段，一般采用半硬壳式结构(桁梁式或梁式结构)；对于局部刚度要求较高，承受较大载荷、开口较少或无开口的舱段，比较适合采用硬壳式结构或整体壁板式结构。

3. 主要受力构件的布置

弹身受力构件的布置主要是指纵向构件(即纵梁和桁条)和横向构件(即普通框和加强框)的布置。其中主要是加强框和纵梁。

(1) 纵梁的布置。纵梁主要承受弹身纵轴方向的集中力(如发动机和助推器的推力、战斗部的轴向惯性力等)和弹身上弯矩所产生的正应力。为了制造方便，纵梁一般对称布置在结构截面的四个象限中间(即±45°附近)，纵梁的长度一般以集中力扩散到弹身蒙皮受力均匀时为宜。

(2) 桁条的布置。桁条主要根据蒙皮受压稳定性要求来布置，一般均匀布置，然后可根据内部装载位置和开口的要求，作适当调整。

(3) 普通框的布置。普通框一般只承受分布载荷，且载荷较小，因此采用何种方式布置并无一定规律。但弹身两框之间的距离对弹身的刚度和总体失稳临界应力有较大的影响，一般隔框间距以蒙皮能简化为短筒状态为宜。

(4) 加强框的布置。加强框主要承受框平面内的集中力，并分散传到弹身蒙皮上，故径向集中载荷是它的外载荷，周缘蒙皮是它的支座。在每个较大径向力作用处都需布置加强框，另外，在大开口的两端，设计分离面上一般也要布置加强框。为了简化结构和减小质量，在总体安排时要考虑“一框多用”的原则。

5.6.2　相邻舱段的受力协调问题

为了使弹身相邻舱段之间传力路线最短，可采取如下三方面的措施。

(1) 如果相邻舱段都具有纵向元件，应使纵向元件对应安排，使之具有连续性。图 5.25 为两相邻舱段的纵向加强元件，即纵梁，对应安排的例子，前一舱段的纵梁 2 与后一舱段的纵梁 5 布置在同一直线上，并通过梁上的连接接头与加强框用螺栓相互连接起来。这样传力路线短，结构重量轻。

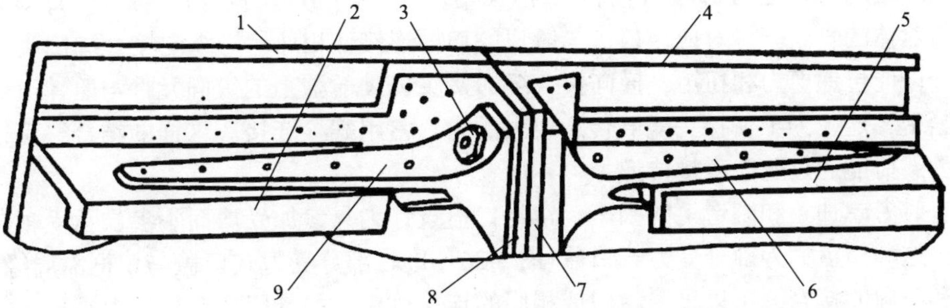

图 5.25　两舱段的梁对应安排

1，4-蒙皮；2，5-纵梁；3-螺栓；6，9-连接接头；7，8-相邻舱段的端框

(2) 相邻舱段尽可能采用相同或相近的结构形式。例如，与受力式贮箱相邻的舱段，如箱间段或级间段，由于贮箱只宜承受分布的轴向载荷，因此箱间段或级间段宜采用硬

壳式结构、桁条式结构或整体结构，而不宜用梁式结构。

(3) 若不能采用相近的结构形式，构造上应采取措施保证相邻舱段间受力协调。当相邻舱段之间发生了分布力和集中力相互传递的矛盾时，应采取构造措施，使集中力转化为分布力后再传递给相邻舱段。一种方法是增加对接框的刚度，使集中力在经过对接框后变得较为均匀，但会增加对接框结构的重量；另一种方法是利用力的“参与”原理，在集中力作用处布置变截面的纵向元件，让蒙皮逐渐参与承力，蒙皮内力逐渐变得均匀。

5.6.3　弹身的开口问题

为满足对弹内设备的安装、使用、维护等要求，特别是大、中型弹身上，往往要开大小不等和形状不同的各种舱口。如“萨姆-2”导弹就有大小舱口 19 个，大的如仪器舱舱口，长度尺寸为 914mm，小的如观察孔，其直径只有几十毫米。在大、中型舱口的开口部位，蒙皮、桁条甚至隔框均有可能被切断，使传力中断，弹身的强度削弱，构造上应采取补偿措施，如构造形式上可以采用梁式结构，也可以在开口处布置加强口框，或采用受力式口盖来补偿因开口所引起的削弱。

根据舱口的口盖是否参加舱体总体受力，可分为受力式和非受力式两种口盖。对大型的开口，常用受力式口盖来被偿，此时弹身开口处需设计加强框，加强框与口盖用连接件相连。因为口盖参加弹身的总体受力，可把它看成弹身的一部分来分析力的传递。对中小型开口，一般采用非受力式口盖，并用加强口框来补偿开口的削弱。

1. 受力式口盖

参加舱体总体受力和传力的口盖称为受力式口盖。如“萨姆-2”导弹仪器舱上的大型受力式口盖。这种口盖应保证两个条件：①口盖本身具有足够的强度；②口盖与舱体的连接应保证可靠地将舱体在舱口部位的载荷通过舱盖传递出去。受力式口盖又分为完全受力式口盖和部分受力式口盖。

完全受力式口盖(图 5.26(a))为了能完全替补舱体上被挖去的部分，结构上大致都采取与舱体相同或相近的结构,或稍有加强(如增加边框、加厚蒙皮等)。纵、横骨架的布置则应与舱体的骨架一一对应，口盖与舱口的口框连接件相连。沿纵向接合缝接头 B 布置较密，以便传递剪力和扭矩。横向接合缝的接头 A 使舱盖上的纵向元件与舱体上的纵向元件紧密相连，为了使接头能够传递较大的力，常用螺栓连接。这样的结合缝可以保证舱体的载荷能通过舱盖直接传递。

有时考虑加工和制造上的因素，常将口盖设计为只参加受剪而不参加承受轴向力的结构，这种口盖称为部分受力式口盖(图 5.26(b))。部分受力式口盖与口框沿周缘连接，纵向和横向的接合缝可以采用相似或相同的连接接头，如都用螺钉与托板螺母连接。这种连接只需保证将剪力传给口盖，而不参加传递轴向力。

当采用部分受力式口盖时，为了保证舱体的轴向力能通过开口传递，一般将开口边缘的纵向元件加强并加长，加强的长度要视开口的受载大小和口框的刚度而定。一般对于大开口，其纵向加强件的长度都应大于舱口纵向边的长度，利用力的“扩散”使舱体上本来应该由开口部位承担的部分轴向力，能在一段长度内逐渐传给纵向加强件。加强元件的长度除开口处的长度外，可向开口的两端各取约一个开口的宽度。

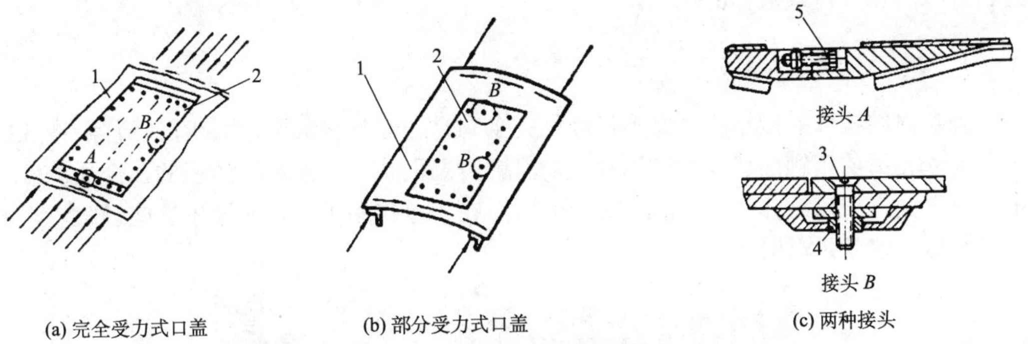

图 5.26　口盖与舱口的连接

1-舱体；2-口盖；3-螺钉；4-托板螺母；5-螺栓

2. 非受力式口盖

非受力式口盖指的是不参加舱体总体受力、传力的口盖。这种形式的口盖和舱口边缘必须布置加强框，以便承受和传递开口处的载荷。口盖仅起维形作用，只承受在口盖上的局部气动载荷。这种口盖与舱体的结合缝很简单，只需用很少几个定位螺钉或快卸螺钉、锁扣、铰链合页等连接在舱口上即可。一般小型口盖多采用非受力式。

如图 5.27 所示的快卸口盖就是一种非受力式口盖。在使用时，将螺丝刀嵌入槽内，往里一压再旋转，4 根杆子就向圆心收缩，并从口框的 4 个孔中退出，即可取出口盖。为了防止口盖脱落、安装时寻找不方便，用钢索将口盖连接在舱体的口框上。

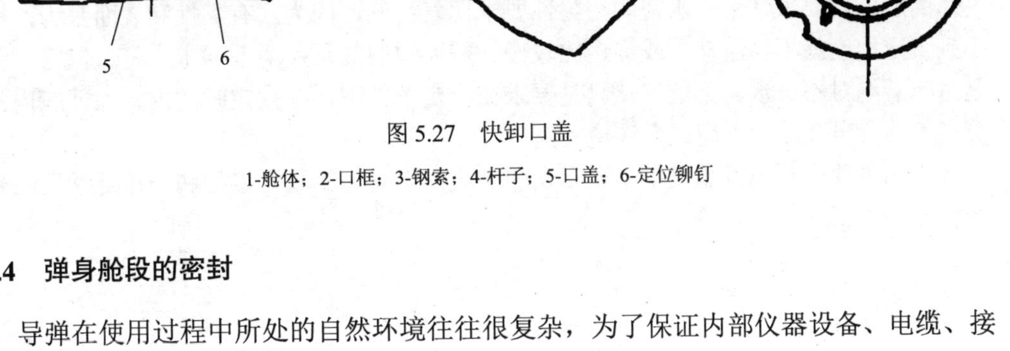

图 5.27　快卸口盖

1-舱体；2-口框；3-钢索；4-杆子；5-口盖；6-定位铆钉

5.6.4　弹身舱段的密封

导弹在使用过程中所处的自然环境往往很复杂，为了保证内部仪器设备、电缆、接插件等处于良好的工作状态，必须防潮、防腐蚀和防霉变。常用的办法就是将弹体进行密封，以防止气体或液体的进入。

1. 泄漏与密封

弹身内结构件的接触面之间不可能是完全吻合的理想接触面，总是存在缝隙，图 5.28 为看起来光滑的接触面放大后的图片，而且弹身壁面也并不是理想致密的，介质分子可能穿透壁面，所以流体介质(包括气体和液体)在压差作用下，可能通过这些缝隙流至非预想区域，这就是**泄漏**。

图 5.28　两结构件接触面放大后的图片

泄露种类包括接触面泄漏、渗透泄漏和破坏性泄漏。接触面泄漏包括密封圈与舱体之间接触面泄漏、各种穿舱连接件缝隙的泄漏，以及各种穿舱接头的泄漏等，如电缆接插件、管路接头的泄漏，90%的泄漏都是接触面泄漏，它与接触面的加工精度、变形、表面缺陷及杂质造成的间隙有关；渗透泄漏包括金属壁面渗透、舱体焊缝渗透和密封圈材料渗透；破坏性泄漏是指舱体发生强度破坏后的泄漏，密封设计中不用考虑。

密封就是在接触面之间潜在的泄漏通道上，提供一个物理的堵漏体，以达到防漏效果。密封按其性质可分为水密和气密。水密要求不透水，能防止外界的水分、盐雾进入内部；气密要求不透气，能防止弹体内外气体交换，例如，弹体内充以一定压力的惰性气体的舱段就要求气密。水密的密封性要求比气密低，因为水有黏性和表面张力，缝隙小到一定程度就不易流动，或渗透比较慢。需要说明的是：所谓要求水密、气密，并不是意味着绝对不透水、不透气，只是要求在一定条件下，在规定时间内，保证舱内的水分、气体含量和压力不超过允许值。

下面主要介绍弹身舱段中主要存在的铆缝、焊缝、舱段对接处和开口处常用的密封结构。

2. 铆缝的密封

气体或水分可以通过舱体表面的铆缝泄漏到舱体内，可能途径为：一是沿铆钉与孔之间的缝隙；二是沿加强件之间的其他缝隙。密封的办法可用密封材料或其他方法将这些通路堵住。通常密封铆缝的方法有三种：缝外密封，即用密封材料覆盖整个铆缝，如图 5.29(b)所示；缝内密封，即密封材料嵌填在各连接件的缝隙中，如图 5.29(c)和图 5.29(d)所示；混合密封，即表面及缝内均加密封材料，如图 5.29(a)所示。常用的是混合密封。

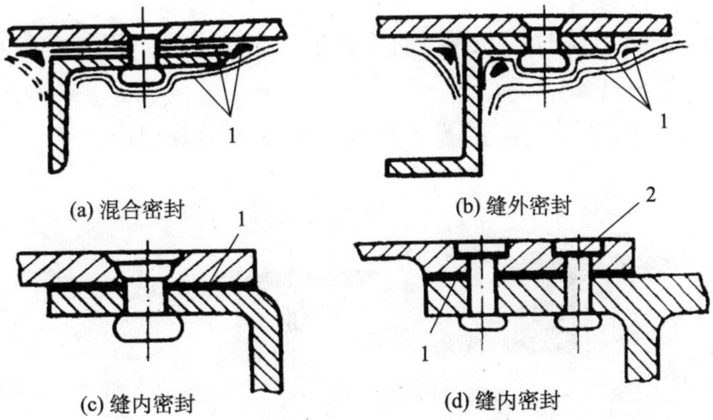

图 5.29　铆缝的密封

1-密封胶(带)；2-铝箔垫圈

密封铆接工艺过程复杂，一般只能保证水密，若要求气密，还要采用其他措施，如在舱体内表面涂密封胶。

3. 焊缝的密封

焊缝比铆缝的密封性好，容易保证气密。但是焊缝缺陷会影响它的密封性。如果从强度的观点有时还允许有少量小缺陷存在，那么密封性要求则是不允许的。因为这些少量的缺陷特别是裂缝和夹渣，可能导致漏气、渗液。因此，为保证焊缝的密封性，应仔细探伤，用补焊措施排除缺陷。贮箱都用焊缝保证气密。

4. 舱段对接处的密封

舱段对接处常用压紧海绵橡胶来密封，如图 5.30 所示。在一个舱段的对接框上制出密封凹槽，粘上海绵橡胶条，另一个舱段的对接框上相应处加工出凸缘，对接后凸缘深深压入海绵橡胶条内即可达到密封的目的。凹槽要考虑到海绵橡胶挤压后的变形，否则框的端面将不能很好贴合，影响密封效果。

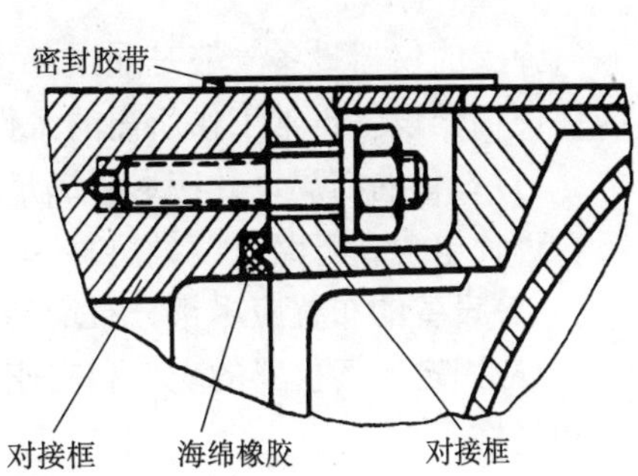

图 5.30　舱段对接处的密封

为了保证密封效果，在接缝的外表面还可以贴一层密封胶带。密封胶带的材料要求有较好的耐酸、耐碱性能，使它对接缝处的金属表面有一定的保护作用。

5. 舱段上开口处的密封

舱段上开口处的密封有多种形式。

(1)气密管充气。利用口盖的加强边压紧气密管，再向气密管内充气，来保证气密，如图 5.31(a)所示。

(2)气密槽。使用口盖的加强边刀刃插在气密槽中，用气密托板螺母固定，如图 5.31(b)所示。

(3)气密垫圈。安装口盖时，在适当的位置安装气密垫圈，用气密托板螺母固定口盖，压紧气密垫圈，如图 5.31(c)所示。

(4)O 型密封圈。通过压缩密封圈来密封，如图 5.31(d)所示。

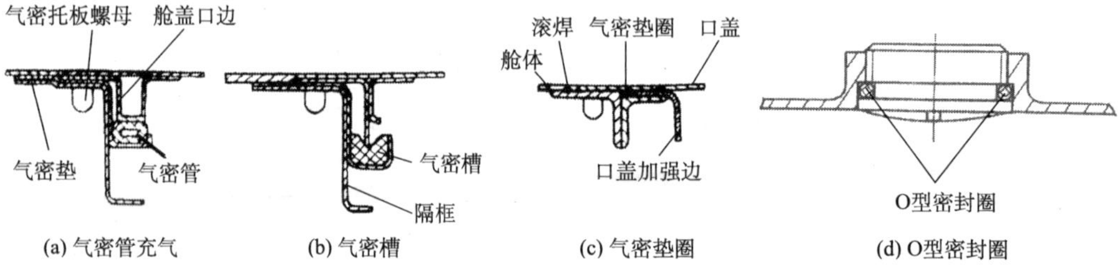

图 5.31　开口处的密封

6. 固定密封形式

固定密封是指不宜拆卸的密封，一旦拆卸则需重新密封。图 5.32 中为固定密封的几种典型形式。图 5.32(a)为口框与舱段内壁、口框边缘和铆钉墩头的密封；图 5.32(b)为气密托板螺母的密封；图 5.32(c)和(d)为支架卡箍的密封；图 5.32(e)为天线盖板的密封。

固定密封中用到多种密封胶和腻子，如 611 密封胶、XM-28 密封胶、1061 腻子、腻子带等，需要用时，其性能可通过材料手册查阅。

5.6.5　设备的安装

弹上的仪器设备一般是通过各种接头固定到弹身支座上的。仪器设备的安装固定，应保证仪器设备正常工作所需的条件。对设备安装的一般要求有以下 5 点。

(1)设备的布局设计应尽量满足总体布局的要求，充分利用相应舱段的空间，布置紧凑合理，电缆、管路长度最短。

(2)设备的布置应尽量分布均匀，并且满足相应舱段的质量特性要求。

(3)固定设备仪器的支架和支座有足够的强度和刚度，尽量选用标准件，并应减少品种和规格。

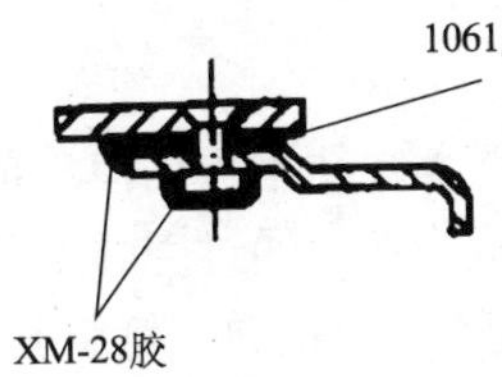

(a) 口框与舱段内壁、口框边缘和铆钉墩头的密封

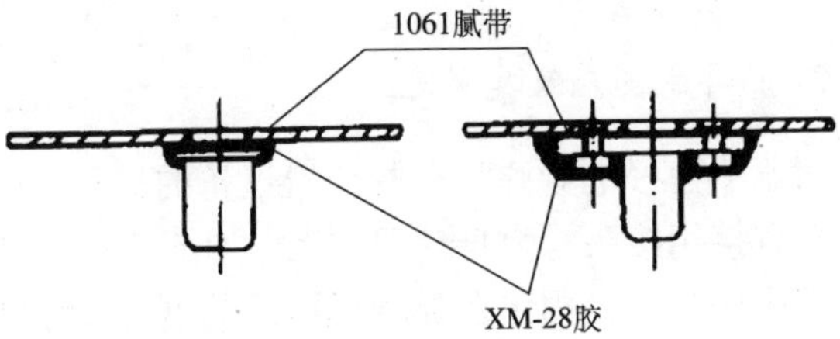

(b) 气密托板螺母的密封

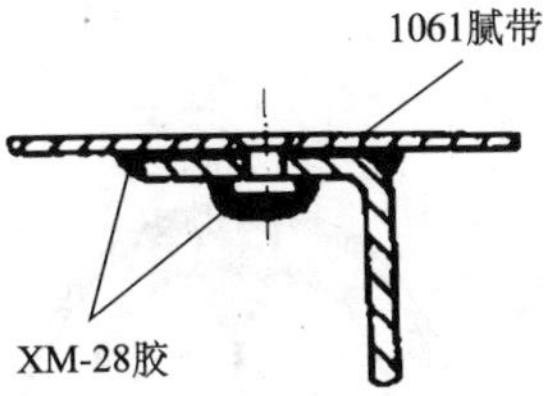

(c) 支架的密封

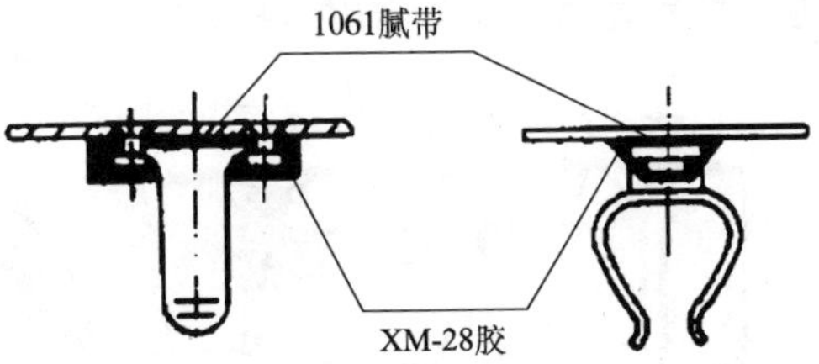

(d) 支架卡箍的密封

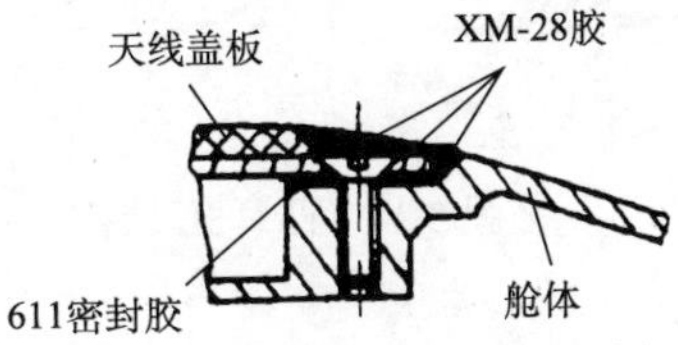

(e) 天线盖板的密封

图 5.32　固定密封形式

(4) 应满足某些仪器对安装位置、安装方向、安装精度、防热、防振、防冷、防干扰等的特殊要求。

(5) 仪器设备使用、维护方便，设备与舱体及设备与设备之间要考虑装拆工具接近时有良好的通路。

舱体上的空间是有限的，仪器设备的安装又比较复杂，必要时，可预先用模型进行空间协调。下面介绍 2 种设备支架或支座及其固定形式。

1. 整体式支架及其固定

整体式支架可用铸造、焊接和铆接等方法加工而成。图 5.33 中支架为整体式焊接支架，它由法兰盘、框板、角形大梁、T 形大梁和直角板等元件焊接而成。仪器安装在直角板、法兰盘和框板上。安装了仪器的整个支架，通过法兰盘上的六个孔连接到舱体的前端框上。该形式的优点是支架的刚度大。缺点是机械加工量大，重量较大，该形式适用于多个设备需集中安装的情况。

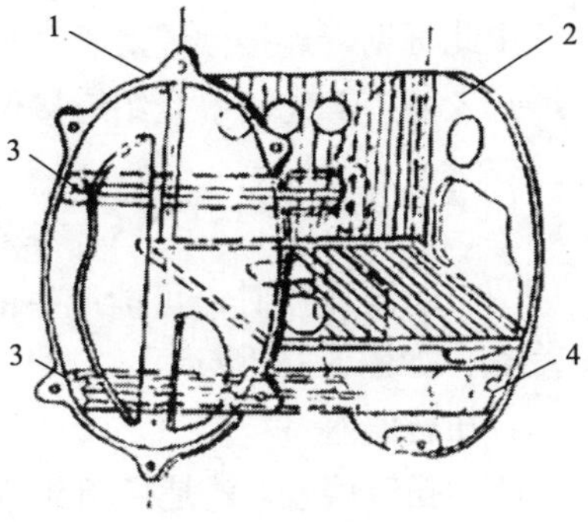

图 5.33　整体式焊接支架

1-法兰盘；2-框板；3-角形和 T 形大梁；4-直角板

2. 凸耳式支座及其固定

对于小直径的导弹，有些仪器设备的尺寸与弹身直径相近，往往不再用单独的设备支架，直接用接头与弹身骨架相连。如图 5.34 中的无线电接收设备，通过壳体上四个凸耳用四个轴向螺栓固定在弹身后端的隔框上，前端采用轴孔配合，用径向螺钉将其固定。该安装形式可充分利用弹身容积，设备的外壳参加弹身的总体承力。对于尺寸大、质量大、连接件受力大的设备常用这种方式。

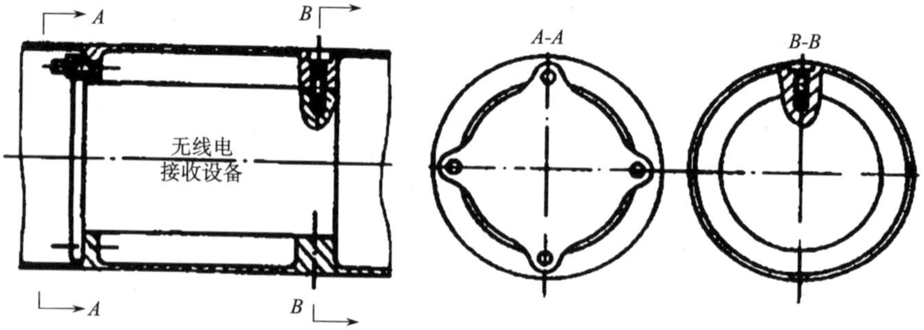

图 5.34　凸耳式支座

5.7　弹身舱段连接的设计

弹体由许多舱段组成，在最后组装成弹体时，需对各舱段进行连接，其中，多数根据性能要求还需打开。因此，弹身舱段的连接问题比较复杂。本节主要介绍弹身舱段连接偏差的概念以及主要的连接形式。

5.7.1　连接偏差

弹身舱段的连接要求连接可靠，装拆方便，并要使连接偏差在一定的允许范围内，以保证其外形的准确度。

由此可见，连接偏差对于各种连接形式均是需要考虑的问题。因此，在介绍具体连接形式之前，首先简单介绍连接偏差的含义。

1. 连接偏差及其种类

两个舱段连接时，可能产生的偏差有三种：相对扭转偏差$\Delta\boldsymbol{\psi}$、弯折偏差$\Delta\varphi$和错移偏差Δa，如图 5.35 所示。

1) 扭转偏差

所谓扭转偏差，就是指相邻舱段截面基准线的相对扭角$\Delta\psi$。造成扭转偏差的原因基本上有三点。①加工制造误差。如两个对接框用螺栓连接时，螺钉位置和孔的位置相对基准线有加工误差$\pm\psi_1$，对合后就变成舱段间的扭转偏差ψ_1，如图 5.36 所示。②由装配

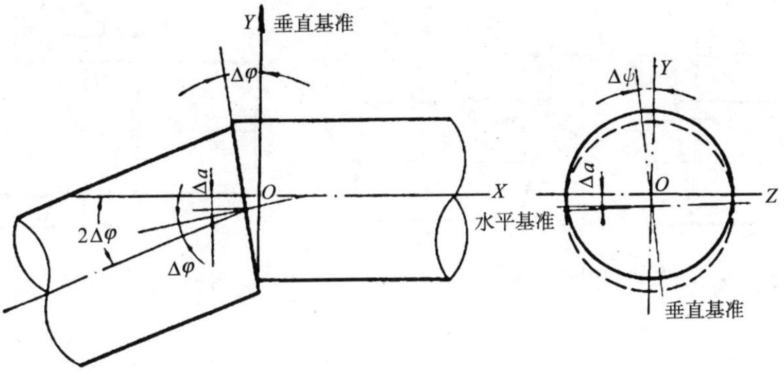

图 5.35　舱段连接偏差

型架的误差引起的相邻两个舱段连接之间的扭转偏差ψ_2。③由测量基准误差造成的扭转偏差。如图 5.37 所示舱段的水平测量基准线为剖面 A_1 上的点 T_1 和剖面 A_2 上的点 T_2 的连线，当装配夹具的制造误差使得 T_1 和 T_2 之间出现角度偏差ψ_3时，就会引起舱段连接的扭转偏差ψ_3。

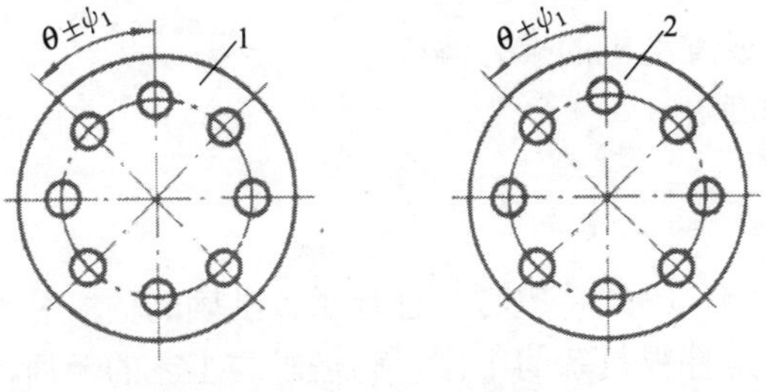

图 5.36　对接螺栓与螺孔误差

1-前框；2-后框

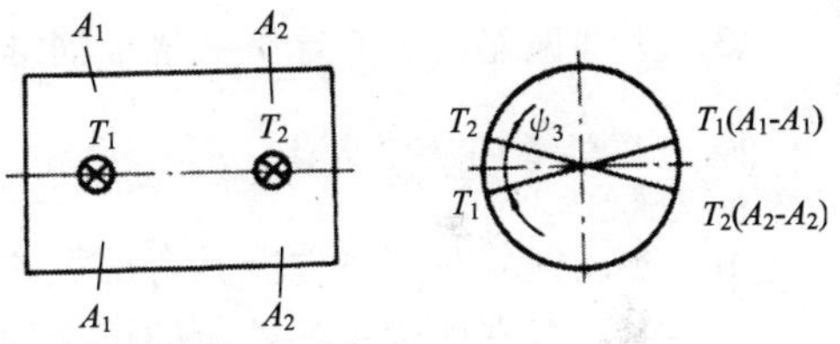

图 5.37　测量基准的误差

于是，可能的最大总扭转偏差为：$\Delta\psi=\psi_1+\psi_2+\psi_3$，其中，$\psi_1$、$\psi_2$和$\psi_3$均取各自的最大值。

2) 弯折偏差

所谓弯折偏差，是指两舱段在某平面内的弯折偏差，它是两个舱段的轴线投影到该平面内的交角$\Delta\varphi$。不同的连接方式造成弯折偏差的原因不同。

对于靠端面对合的舱段，其原因是舱段端面和它的基准轴线不垂直。如图 5.38 所示，两对接端面与它们轴线的垂直偏差分别为φ_1和φ_2，则造成的弯折偏差为$\Delta\varphi=\varphi_1+\varphi_2$，其中，$\varphi_1=\dfrac{\Delta_1}{D}$，$\varphi_2=\dfrac{\Delta_2}{D}$，$\Delta_1$、$\Delta_2$ 为结合端面的最大跳动量，D为舱体直径。当$\varphi_1=\varphi_2$时，$\Delta\varphi=2\varphi_1$。

对于采用如图 5.39 所示的套接连接方式的舱段，造成弯折偏差的原因是径向螺钉与孔之间的间隙，若径向螺钉与孔之间的间隙为Δ_3，当套接长度较短时，弯折偏差$\varphi_3\approx\dfrac{\Delta_3}{D}$。

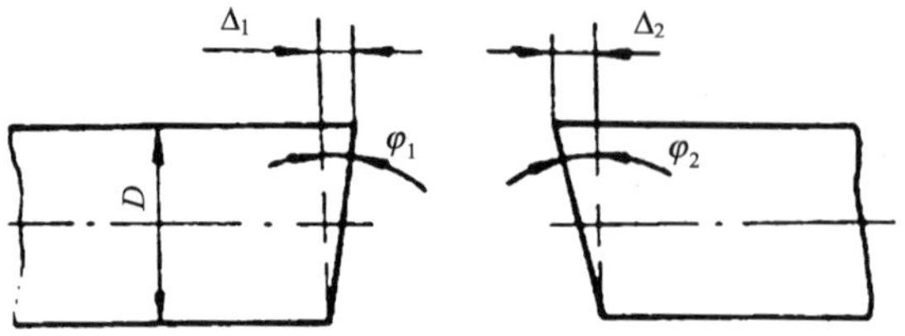

图 5.38　端面跳动引起的弯折偏差

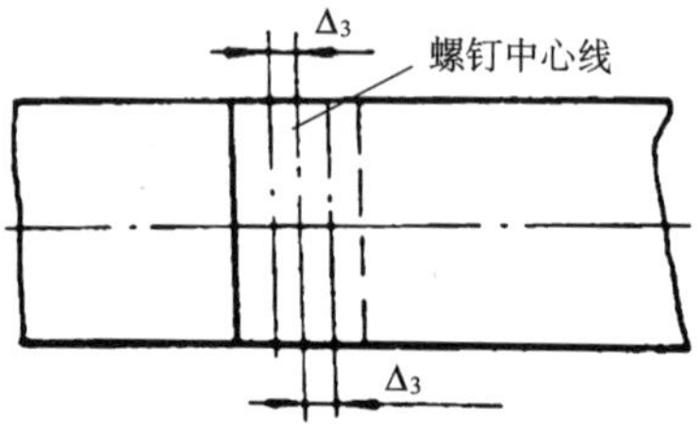

图 5.39　径向螺钉与螺孔间隙引起的弯折偏差

3) 错移偏差

所谓错移偏差，是指相邻舱段的轴线在对合面上的错移量Δa，如图 5.35 所示。原因是相邻舱段对合面对合时的同心度误差。

2. 连接偏差的影响

连接偏差会对导弹带来的影响主要体现在以下 3 个方面。

(1) 由于头部对弹身的弯折偏差，相当于产生了附加攻角，气流流过头部时会产生附加升力和对重心的附加力矩。

(2) 结合面的错移偏差和弯折偏差会造成发动机的推力偏心。

(3) 头部偏差会降低导引头瞄准的准确度等。

3. 连接偏差的确定方法

由于连接偏差对弹体性能具有很大的影响，因此希望对其进行比较准确的估算和确定。事实上，合理地确定各舱段的连接偏差是件很复杂的工作，有需求与工艺的矛盾，还有全局和局部的矛盾。目前的确定方法主要是靠经验。

一种方法是首先参考若干类型相同、结构相近、已定型导弹的有关数据，结合生产单位的技术能力，初步给出各舱段之间的连接偏差。然后，计算出这些偏差造成的附加气动力、气动力矩、推力偏心力矩等，并把它们看作干扰因素，进行弹道分析。如果这些干扰的影响是在允许的范围内的，那么初步给出的偏差就算确定了。如果影响超过了允许范围，则应进行调整。从控制的角度来说，希望允许的偏差尽量小；从制造方便来说，则希望允许的偏差大些。这就需要综合分析，合理解决。

另一种方法是首先根据生产单位的技术能力，初步给出各舱段的偏差(一般是经济偏差，即用一般设备和普通工艺就能达到的精度)，当经济偏差不能满足飞行性能要求时，再作修改。某些部位为保证导弹飞行性能，连接偏差必须严格控制，而其他对飞行性能影响不大的部位，应尽可能采用经济偏差。

5.7.2　舱段的主要连接形式

舱段间的连接一般用可拆卸连接。下面对常用的一些连接形式及应用情况进行简单介绍。包括套接、盘式连接、螺纹连接和卡块式连接。为了便于介绍，将弹身舱段按直径大小分为三类：大于 300 mm 的属于大直径舱段；小于 150 mm 的属于小直径舱段；

介于两者之间的属于中直径舱段。

1. 套接

1) 径向单排螺钉连接

将相邻两舱段的连接框分别加工成圆柱的内外表面，利用它们的配合面进行套接，然后沿圆周用径向螺钉连接固定，如图 5.40 所示。为了保证装配协调，螺钉孔按协调的钻模制造，而螺钉常配用游动托板螺母。

这种连接形式，框的构造简单，框缘除了钻连接孔，没有被削弱，结构重量较轻。由于利用配合面套接，三个连接偏差易于控制。此外，连接孔都是通孔，且沿径向分布，开敞性好，钻孔比较容易。但是，因为套接的配合面大，对于弹径较大、工艺刚度较差的薄壁结构舱段，要保证配合面的精度要求，工艺上比较困难。另外，套接形式的连接螺钉较多，装拆时间较长。因此，这种连接形式适用于受力较小而刚度足够的舱段连接。

2) 游动锥形螺母连接

用游动锥形螺母代替径向单排螺钉连接中的托板螺母，如图 5.41 所示。游动锥形螺母由本体、锥形销、盖子和销钉组成。当拧紧螺钉时，锥形销向上移动，直到锥形销与本体的锥形配合面紧密接触为止。这种连接的优点是：利用锥面能消除径向连接螺钉与孔之间的间隙，连接牢固可靠。但缺点是结构较为复杂。

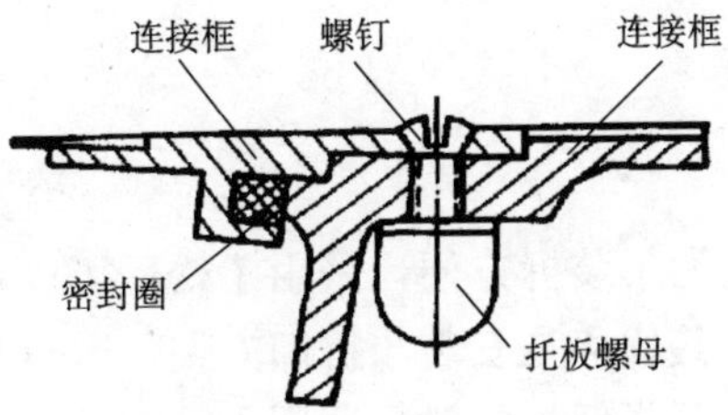

图 5.40　径向单排螺钉连接

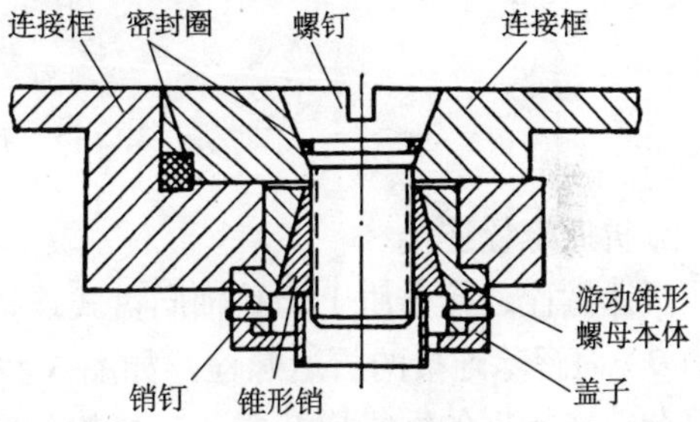

图 5.41　游动锥形螺母连接

2. 盘式连接

盘式连接形式是通过两个舱段连接框的端面对接，用沿圆周分布且与弹身轴线平行或不平行的螺栓连接固定。

1) 轴向盘式连接

两舱段相邻连接框的端面对合，通过与弹身轴线平行的螺栓连接固定，如图 5.42 所示。这种连接形式，钻制对接孔比较容易，弯折偏差比套接要小，但为了便于在舱段外面安放连接螺栓，连接框上必须开槽孔，当槽孔的削弱必须加强时，结构重量有所增加。由于这种连接较易提高框的抗弯刚度，故适用于弹径较大、外载荷较大的舱段连接。

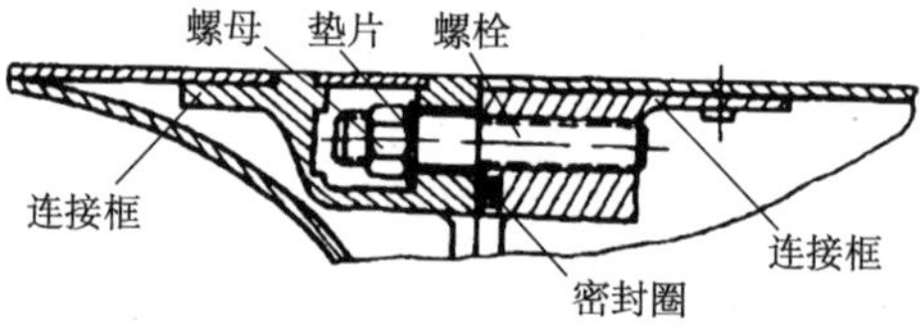

图 5.42　轴向盘式连接

2）斜向盘式连接

这种连接螺栓相对于弹身轴线倾斜了一个角度，如图 5.43 所示，螺栓和弹身轴线之间的夹角一般为 15°~20°。螺栓之所以倾斜布置，为的是便于从舱体外面拧入螺钉。当舱体外形有锥度时，还可以使其间的夹角减小一些，只要在拧螺栓时不使工具碰到舱体表面即可。这种连接形式的优点是装拆方便、迅速。缺点是斜向螺栓受力形式较差，除受轴向力外，还出现弯矩。另外，也比轴向盘式连接加工困难，常用于要求在舱体外进行快速连接、拆卸，载荷又较小的头部舱段。

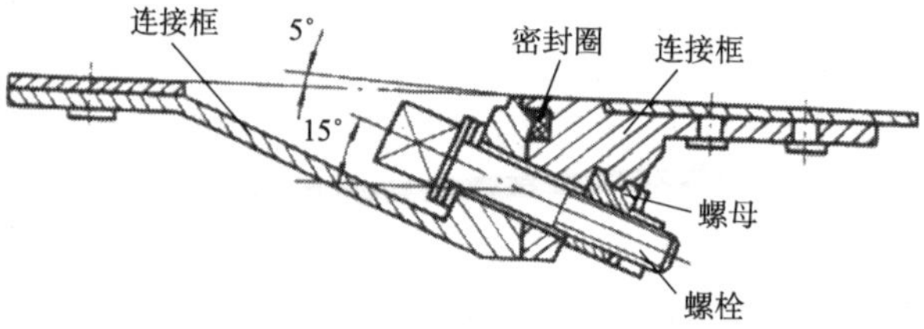

图 5.43　斜向盘式连接

3）折返螺栓连接

折返螺栓连接本质上仍是轴向盘式连接，只是为了装拆方便，采用了松后可以直接转动 90°而解除连接的折返螺栓，如图 5.44 所示。其优点是安装与拆卸方便，缺点是结构复杂，连接框的框缘要开槽孔，框的强度、刚度要降低，一般只适用于经常拆卸的舱段间连接。当槽孔的周围需局部加强时，结构质量有所增加。

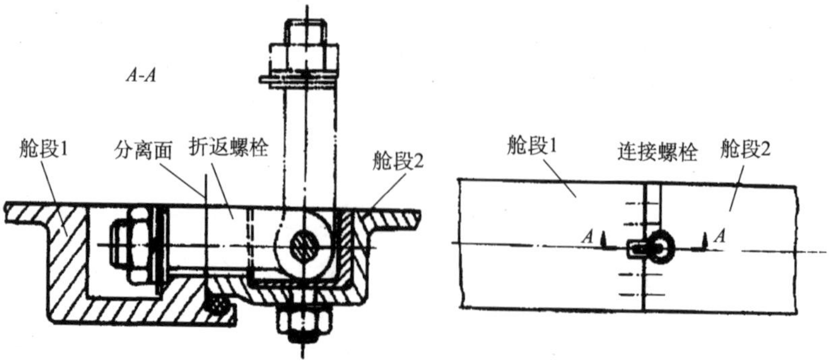

图 5.44　折返螺栓连接

3. 螺纹连接

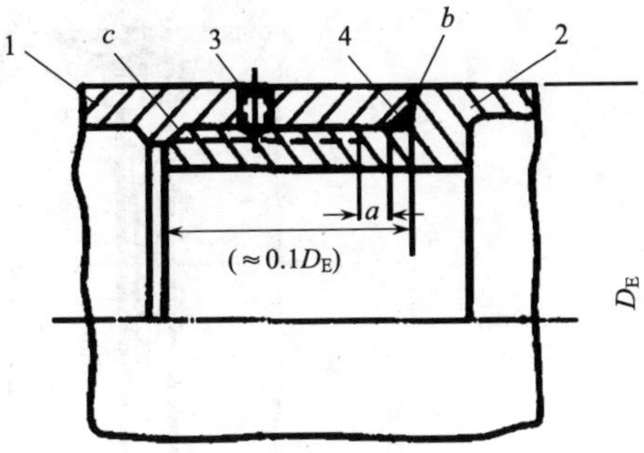

图 5.45　螺纹连接

1, 2-舱段；3-紧固螺钉；4-密封圈

两个舱段连接处分别加工出内、外螺纹，直接用螺纹进行连接，如图 5.45 所示，有时还用螺钉进行防松与固定。由于螺纹连接不可避免地有间隙，要求螺纹连接同时保证弯折、错移和扭转三个偏差不超过允许值一般是有困难的。解决的办法是设置定位面，如图 5.45 中有一段光滑配合面 a，用来控制错移偏差；端面 b 则用来限制弯折偏差。a、b 面有时可用一个斜面 c 代替。这种形式不能保证扭转偏差的要求。螺纹连接构造简单，装拆方便，承力较大而均匀，适用于相对位置要求不严的小直径舱体之间的连接。

4. 卡块式连接

卡块式连接分内卡块式连接和外卡块式连接。

1) 内卡块式连接

在如图 5.46 所示的内卡块式连接中，四个卡块分别用径向螺钉预先连接在舱段上，对接时，拧紧径向螺钉，卡块将沿着螺钉向舱体径向移动，直到卡块利用其斜面将两舱段压紧为止。当松开螺钉时，弹簧片将卡块弹回原来的位置，两舱段即分开。这种连接形式的主要优点是装拆迅速，常用于战斗部舱段的连接。缺点是配合面多，加工精度要求高。这种形式适用于中小直径舱段的连接，可用轴向销钉保证扭转偏差。

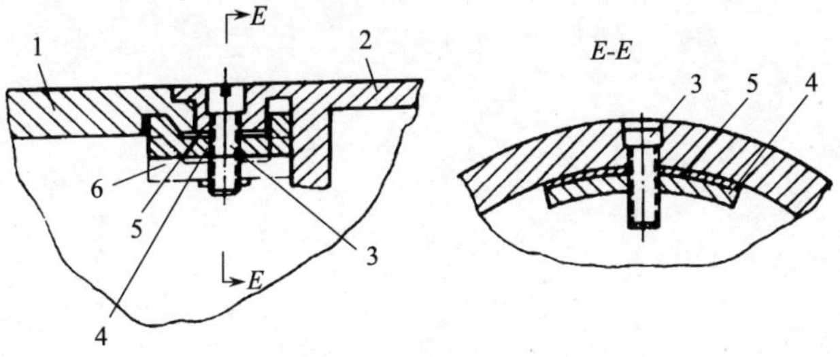

图 5.46　内卡块式连接

1,2-舱段；3-径向螺钉；4-内卡块；5-弹簧片；　6-对接前卡块所处位置

2) 外卡块式连接

在如图 5.47 所示的外卡块式连接中，将两舱段外表面配合处加工成斜面，舱段对接时将两个半圆形外卡块装在舱段上，用绑带和双头左右螺纹的螺栓把它们连接成一个整环，拧紧连接两个半圆形外卡块的螺栓，使外卡块的斜面与舱段斜面紧密贴合，从而将两舱段连接起来。两舱段的对合面上安装两个定位销，用以传递扭矩和保证连接偏差不超过允许值。该连接形式的主要优点是连接刚度较大，装拆开敞性好。缺点是配合面多，加工精度要求高，加工困难。它适用于中、小弹径的舱段连接。

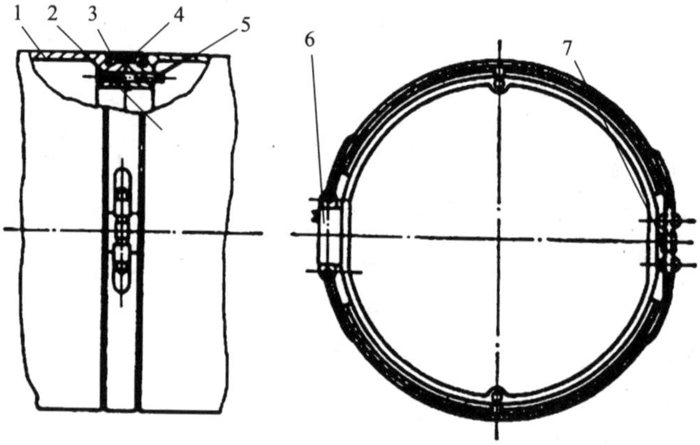

图 5.47　外卡块式连接

1,2-舱段；3-外卡块；4-绑带；5-定位销；6-爆炸螺栓；7-螺栓

第 6 章　推进剂贮箱结构设计

6.1　引　　言

液体推进剂贮箱是火箭的主要部段，占据火箭本体的大部分，除了储存、输送燃烧剂和氧化剂以，通常还是火箭的承力件，承受轴压、弯矩、剪力和内压等荷载，其质量、尺寸和布局对火箭的性能指标有重要影响。正确设计推进剂贮箱和掌握贮箱的特性及作用是非常重要的。本章主要介绍推进剂贮箱各部分结构的设计基本原理与方法。

6.2　贮箱的分类与设计要求

6.2.1　贮箱的分类与组成

按照贮箱是否为主承力结构，可分为悬挂式贮箱与承力式贮箱。

悬挂式贮箱通常安放在火箭箭体内部。早期的火箭采用这类贮箱，是由飞机油箱发展而来的，其功能仅作为动力系统的一个部件，储存与供应推进剂。贮箱的主要载荷是发动机系统增压要求的内压，以及推进剂的惯性力和悬挂接头的支反力。此类贮箱的主要优点是对低温燃料隔热方便，箱体结构可做成简单的球形结构，但材料不能得到充分利用，导致火箭结构质量增大，现今已很少使用。

当前常用的是承力式贮箱，如图 6.1 所示，它既是火箭主体结构的一部分，承受和传递载荷，又是动力系统的一个部件。主要组成如下。

(1) 壳段与短壳。它们传递轴向载荷、弯矩以及由发动机和级间杆系所引起的集中载荷。

(2) 箱底。也称容器的封头，它同壳段相连接组成一个封闭的容器，用以储存推进剂。它不承受其他部分传来的载荷，但由于贮箱通常是增压式容器，故箱底受内压作用。当燃烧剂箱与氧化剂箱之间采用共用的箱底时，该箱底称为共底，它在某种情况下还会受到负压作用。

(3) 推进剂管理系统。它包括防晃装置、防漩装置和消能装置以及低重力场使用下的蓄留装置。

(4) 隧道管和输送管路系统。当前贮箱的推进剂输送管路要穿过贮箱时，为安全起见，在后箱安装一个隧道管，让输送管路通过，如果输送管路密封可靠，也可以不采用隧道管路。

(5) 增压及排气管路、支座和其他附件等。

(6) 绝热系统。当火箭采用低温推进剂时，为保证低温推进剂的正常工作温度和贮箱的安全操作，贮箱应该具有绝热系统。

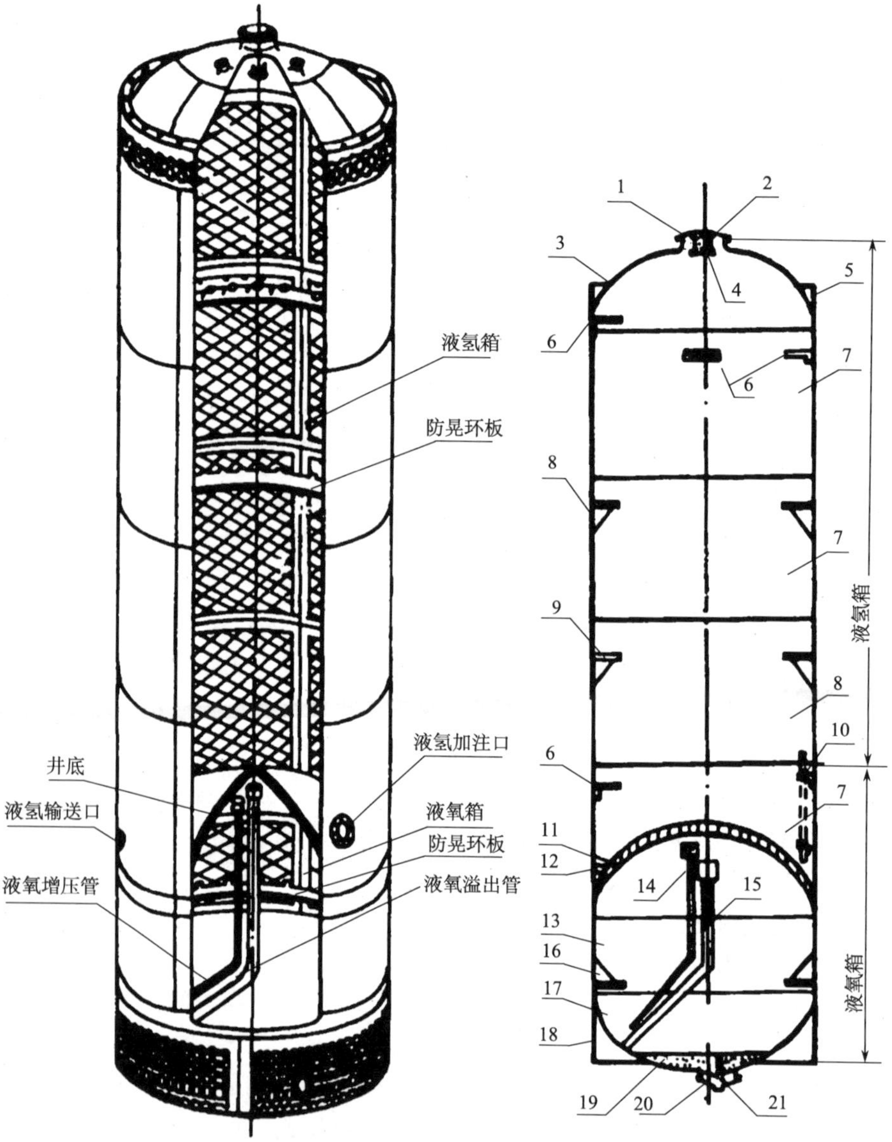

图 6.1　采用低温推进剂的典型贮箱的组成

1-液氢箱入孔盖；2-液氢消能器；3-前底；4-液氢箱入孔；5-前短壳；6-扇形防晃板；7-液氢箱壳段；8-破坏液氢温度分层环形板；9-环形防晃板；10-剩余液位传感器支架；11-共底；12-液氢输送口及防漩装置；13-液氧箱壳段；14-液氧增压管及消能器；15-溢出管；16-环形防晃板；17-后底；18-后短壳；19-十字形消漩板；20-液氧箱入孔盖；21-液氧箱入孔

对于双组元推进剂系统，根据贮箱结构布局的不同，又可以分为四底式、共底式、双层底式、同轴式等，如图 6.2 所示。四底式贮箱的氧化剂箱和燃烧剂箱分别制造，加工、试验比较方便，对任何推进剂组元都适用，但两箱之间需要的空间大，不易充分利用，增加了火箭的长度。共底式贮箱的氧化剂箱和燃烧剂箱共用一个底，空间利用率高，质量轻，但不允许公共底有燃料渗漏现象，因而对所用的材料和焊缝的质量都有严格的要求；另外由于公共底上作用有反向压力，结构稳定性要差一些。双层底式贮箱是共底式贮箱的改进方案，减少了渗漏的可能性，但制造较复杂，质量也有所增加。同轴式贮箱的主要优点是安装燃料输送管道方便，其他优缺点与共底式贮箱相似。这几种形式的选择主要取决于总体布局、可靠性、工艺制造水平、经济性等多方面因素的权衡结果。

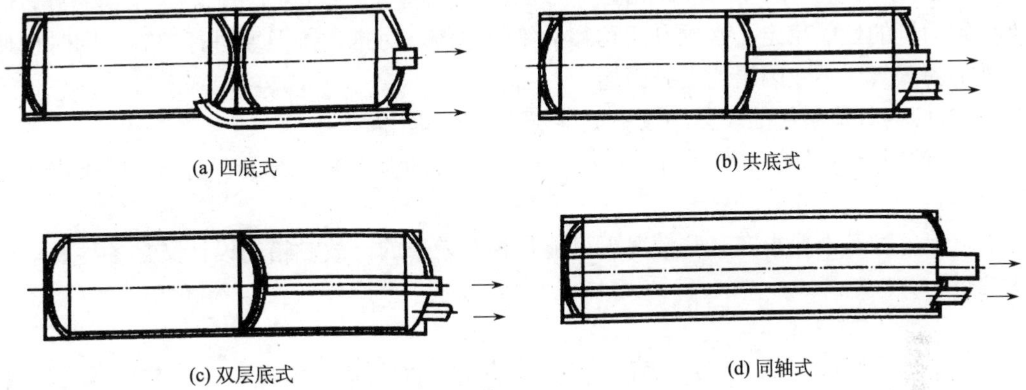

图 6.2　典型的贮箱结构布局形式

根据贮箱壳段所承受的轴压、弯矩和内压的具体情况，又可分为受拉贮箱和受压贮箱。若以 F_N、M 和 p_2 分别表示轴向载荷、弯矩和增压压力，则壳段的设计载荷为

$$F_j = \left(F_N + \frac{2M}{R}\right) f_1 - \pi R^2 p_2 f_2 \tag{6.1}$$

式中，R 为壳段半径；f_1 和 f_2 为安全系数，是考虑外载荷、结构形式、材料等各种不确定因素而给出的。通常认为内压比较稳定，出现随机波动的可能性较小，故一般可取 $f_1 > f_2$，具体大小由设计规范确定。当 $F_j>0$ 时，贮箱壳段处于受压状态，这时以轴压失稳作为主要设计因素。当 $F_j<0$ 时，贮箱壳段处于受拉状态，这时设计的规范为强度准则。但是沿壳段的圆周方向，无论 F_j 是大于零，还是小于零，环向应力始终大于零。对于短壳，内压为零，故短壳总是受轴压结构。

6.2.2　贮箱的设计要求

贮箱作为火箭结构的主要部分之一，其设计的基本要求如下。

(1) 结构质量要小。在火箭结构质量中，贮箱质量占据的比例相当高，特别是多级火箭，贮箱对上面级间结构质量影响更大。所以，贮箱结构的质量控制是贮箱设计中主要考虑的方面之一。

(2) 应具有足够的强度和刚度。贮箱除了要可靠地传递轴向载荷、弯矩和其他载荷，还要承受一定的增压压力；它既能作为一种容器储存一定体积的推进剂，又能为输送推进剂提供一定的液压头。

(3) 应具有防晃、防漩、对增压气体消能、蓄留或排出推进剂的能力。由于火箭的运动，贮箱中的推进剂会出现晃动；当推进剂液面较浅时，由于液体的黏性和干扰力的作用，还会出现漩涡、下凹和夹气，尤其是在低重力和零重力场的作用下，推进剂可能还会离开排出口；这些现象将会对发动机的正常工作产生严重的影响，甚至会导致发动机熄火；此外，在某种飞行状态下，如滑行，需对增压气体流入贮箱加以控制，以维持液面稳定和贮箱的增压压力稳定。

(4) 对于低温贮箱，应有可靠的绝热系统。为了使低温推进剂处于额定工作温度，以维持发动机的性能稳定，必须利用可靠的绝热系统，对推进剂温度进行控制；同时也使推进剂的蒸气压不致因温度上升而增高。

(5) 应为其他系统的仪器和设备提供安装部位和空间。

(6) 贮箱材料和箱内零、组件材料都应与推进剂介质相容，对于有腐蚀性的推进剂尤为重要。

以上各种基本要求在某些情况下可能是相互矛盾的，故贮箱的设计又是各种要求权衡的过程。

6.3　壳段与短壳的结构设计

壳段和短壳是火箭贮箱中的柱壳部分，可能的结构形式包括硬壳式、半硬壳式、网格加筋式等。本节将对这些结构的设计计算进行介绍，且所有计算都是针对简支边界条件的，对于固支边界条件，若不加特殊说明，可以通过缩短壳段长度来处理。

6.3.1　壳段与短壳的结构形式

1. 壳段

根据壳段承受载荷的不同，应选取不同的结构形式方可达到最有效的设计。对于受拉式贮箱，壳段受双向拉力作用，只是在箱底与壳段连接处，或几何尺寸、曲率变化不连续处，才有附加弯曲应力。除这些局部区域应予以局部增强外，其余应按照双向受拉来设计。这种结构的有效形式，通常就是单一的硬壳式结构。

受压式贮箱既要考虑轴向稳定性要求，又要满足环向强度要求，因而结构形式的选择依赖于两种载荷的相对水平。设轴向载荷和环向载荷所决定的壁厚分别为 t_1 和 t_2，根据两者之间的关系，贮箱的结构形式可选取以下三种。

(1) 硬壳式结构。当 $t_1<t_2$，轴压较小时，可选取硬壳式结构，或称为光筒结构。为增加环向刚度，可以沿纵向间隔地安放环形框，这种框还具有一定的阻尼，起到推进剂的防晃作用。

(2) 半硬壳式结构。当 $t_1>t_2$，内压较小时，要求纵向刚度远大于环向刚度，可选取半硬壳式结构。按稳定性设计要求，用强的纵向加强筋（桁条）来承受较多的轴向载荷，如图 6.3 所示。这种结构的蒙皮和桁条，通过挤压成形构成整体壁板。

(3) 网格加筋结构。当 $t_1/t_2 \leqslant 1.2\sim1.4$ 时，可采用介于以上两种结构之间的网格加筋结构，如图 6.4 所示，可以达到最有效的设计。根据加工的方式不同，又可以分为化学铣切网格加筋壳和机械铣切网格加筋壳。前者是化学等向腐蚀加工，在肋条与蒙皮之间自然造成半径等于肋高的圆角，圆角处的材料没有被很充分地利用，使结构效率降低。

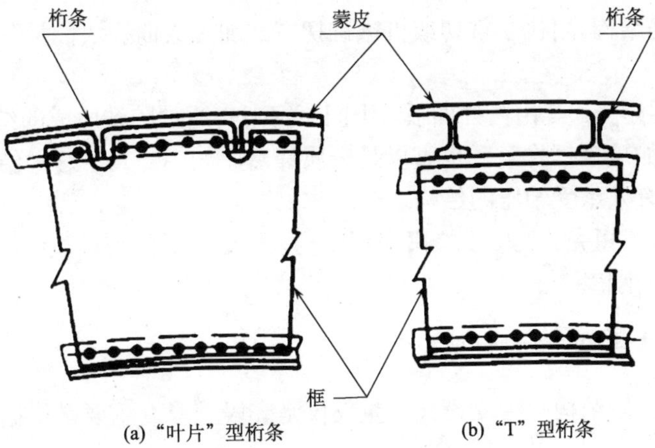

图 6.3　半硬壳式结构形式

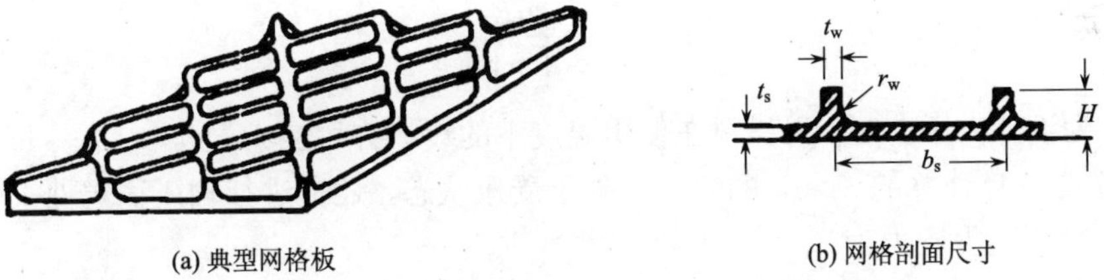

图 6.4　网格加筋结构

随着数控机械铣切技术的发展，采用机械铣切的加工方法，可以铣去圆角部分多余的材料，只留下铣刀圆角半径的多余材料，比化学铣切的圆角半径小得多，如图 6.5 所示，质量可以减少 10%以上，并且还可以根据设计要求加工出纵向和环向不同的筋条。

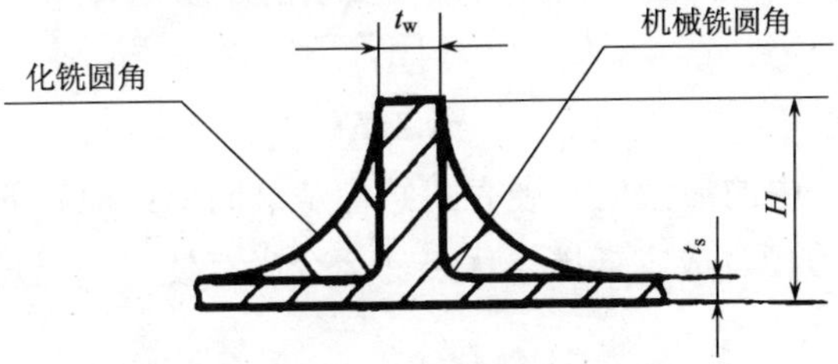

图 6.5　机铣与化铣网格示意图

2. 短壳

前、后短壳的作用是用于贮箱与相邻组件之间的连接，并传递轴向均布或非均布载荷。由于无内压作用，此类结构受纯轴向载荷作用。通常的结构类型如下。

(1) 半硬壳式短壳。用纵向或环向筋条增强的壳体结构，筋条可以是型材，也可以是钣金件，用铆接或点焊的方法连接在蒙皮上；这类筋条可以布置在外表面，也可以布置在内表面，这种短壳常和箱底装配在一起，组成前底或后底组合件参加组装。

(2) 网格加筋结构。用化学铣切或机械铣切方法加工成曲板块，对焊成一个圆柱壳段，筋条通常为直筋。

(3) 蜂窝夹层短壳。是由内外面板、中间蜂窝夹心通过胶粘而成的结构，蜂窝芯可以是非金属材料，如玻璃钢蜂窝，也可以是金属蜂窝，如铝蜂窝。这种结构可以提供较大的弯曲刚度，是有效承受轴压的结构之一。

(4) 波纹板夹芯短壳。类似于蜂窝夹层结构，只是面板间夹以波纹板，这类结构也可以提供较大的弯曲刚度。

6.3.2　硬壳式壳体结构的设计计算

对于硬壳式壳段结构，独立设计变量仅仅是壳段壁厚。主要是根据两向载荷情况，来选取壁厚。

按最大设计内压确定壁厚 t_2 为

$$t_2 = \frac{p_j R}{[\sigma_t]} \tag{6.2}$$

式中，p_j 为设计内压；$[\sigma_t]$ 为材料在使用温度下的设计许用应力。

若按式(6.1)计算的 $F_j>0$，贮箱壳段处于受压状态，还需进行轴压稳定性来验算，充压光壳的轴压临界应力为

$$\sigma_{1j} = kE\frac{t}{R} \tag{6.3}$$

式中，E 为壳段材料弹性模量；k 为充压非加筋圆筒临界应力系数，是内压参数 $\overline{p} = \frac{p_j}{E}\left(\frac{R}{t}\right)^2$、材料性能和 $\frac{R}{t}$ 的函数。

由 $F_j \leqslant F_{1j}=2\pi R t\sigma_{1j}$，可得满足轴压稳定性要求的厚度则为

$$t_1 = \sqrt{\frac{f_j}{2\pi E k}} \tag{6.4}$$

设计时选取 t_1、t_2 中的最大值。硬壳式结构是最简单最原始的薄壁结构。这种结构具有工艺简单、生产方便、成本低廉等优点，至今尚有使用。但是它的效率很低，对于减小质量不利。

6.3.3　半硬壳式壳体结构的设计计算

对于半硬壳式结构，加强筋条可以分布在壳的外壁，也可以安放在内壁。力学分析表明密加筋在壳外表面加筋有利。加筋的疏密是指在轴向压缩载荷作用下，若失稳波长跨出筋条的筋距，则称为密加筋。反之，则称为稀疏加筋。密加筋壳可以通过均匀化技术，化为一个正交各向异性壳来处理，这种情况类似于整体网格加筋壳，易于设计分析。这里着重讨论稀疏加筋壳，其破坏模式比较复杂，有总体失稳及桁条间蒙皮和桁条本身的局部失稳。一种设计方法是可以用等强度法，即总体稳定性和局部稳定性在同一应力水平下出现破坏；另一种方法是允许蒙皮先失稳的减缩强度设计法，这种方法可获得较

轻巧的结构。

按减缩强度设计法设计的柱壳，其总体失稳下极限承载轴压可近似用简单叠加公式表示为

$$F_{1j} = nA_{ht}\sigma_{htl\,j}(1-\xi) + nbt_s\sigma_{1j} \tag{6.5}$$

式中，n 为桁条数量；A_{ht} 为桁条截面积；σ_{htlj} 为桁条临界应力；ξ 为蒙皮失稳引起桁条临界应力下降的系数；σ_{1j} 为蒙皮临界应力；t_s 为蒙皮厚度；b 为有效宽度，若为均匀加桁结构，$b=\dfrac{2\pi R}{n}-b_1$，b_1 为闭剖面桁条本身的宽度。

桁条若在弹性范围内失稳，在式(6.5)中，σ_{htlj} 的计算公式为

$$\sigma_{htl\,j} = \frac{c\pi^2 E}{(l/i)^2} \tag{6.6}$$

式中，l 为桁条计算长度；$i=\sqrt{\dfrac{I}{A_{ht}}}$ 为惯性半径，I 为桁条对中性轴的惯性矩；c 为支持系数，简支 c=1，固支 c=4。若在弹性范围外，则用下述经验公式计算 σ_{htlj}：

$$\sigma_{htl\,j} = \sigma_b - \frac{\sigma_b - \sigma_p}{\lambda_p}\left(\frac{l}{i}\right) \tag{6.7}$$

式中，σ_b 为材料的强度极限；σ_p 为材料的比例极限；$\lambda_p = \pi\sqrt{\dfrac{cE}{\sigma_p}}$，$E$ 为桁条材料的弹性模量。

对于开剖面桁条，还应对局部失稳模式进行分析。如 I 字型桁条的腹板和缘板，可以按不同边界条件的狭长板来处理。

式(6.5)中蒙皮临界应力按式(6.8)计算：

$$\sigma_{1j} = kE\frac{t_s}{R} + 3.6E\left(\frac{t_s}{b}\right)^2 \tag{6.8}$$

式中，k 的含义与式(6.3)中的相同，当不考虑内压时取 0.25。

不难看出，按照式(6.5)设计，桁条的总体临界应力高于蒙皮临界应力，而低于其本身的各种局部失稳的临界应力。这时的优化设计就是确定桁条数目、桁条的几何剖面及蒙皮厚度。桁条的几何剖面参数较多，可以通过剖面惯性矩这一组合参数再结合局部稳定性约束条件来优化选择。

若按等强度设计方法设计柱壳，只需令式(6.5)中所有临界应力相等，这时式(6.5)变为

$$F_{1j} = n\sigma_{htl\,j}(A_{ht} + bt_s) \tag{6.9}$$

由桁条和蒙皮的临界应力相等条件可以解得

$$i^2 = \frac{I}{A_{ht}} = \frac{l^2 t_s}{c\pi^2 R}\left[k + \frac{3.6t_s}{R}\left(\frac{n}{2\pi}\right)^2\right] \tag{6.10}$$

当蒙皮和桁条为同一材料时，其质量方程为

$$w = n\left(A_{\text{ht}} + bt_{\text{s}}\right)l\rho \tag{6.11}$$

式中，ρ 为材料的密度。

这里若进行优化设计，就是以式(6.11)中的 w 为目标函数，设计轴压小于式(6.9)确定的极限承载轴压为约束条件，再加上工艺制造等也为约束条件。求解最小质量 w 的过程中，未知参量为 $A_{\text{ht}}(I)$、n 和 t_{s}，由约束方程式(6.10)可以消去一个参量，这样就构成一个一维的求极值问题，这是一个较为简单的优化问题。

6.3.4　网格加筋式壳体结构的设计计算

所谓网格加筋壳，即筋条沿母线以一定角度排布于壳的一侧，和蒙皮形成一个整体结构。常见的网格结构形式有 0°/90°、±45°、±30°/90°等，以及用于集中力扩散的放射状筋条 $\pm\theta_1$，$\pm\theta_2$，…，$\pm\theta_n$，并有 $\theta_1<\theta_2$，…，$<\theta_n$。这类结构有总体失稳和筋条之间蒙皮失稳，以及筋条本身的失稳等失效形式。

对于如图 6.4 所示的网格加筋结构，优化设计的目标函数为

$$\frac{\overline{t}}{t_{\text{s}}} = f(\overline{t}_{\text{w}}, \overline{H}, \overline{t}_{\text{b}}) \tag{6.12}$$

式中，$\overline{t}_{\text{w}} = \dfrac{t_{\text{w}}}{t_{\text{s}}}$；$\overline{H} = \dfrac{H}{t_{\text{s}}}$；$\overline{b}_{\text{s}} = \dfrac{b_{\text{s}}}{t_{\text{s}}}$，$\overline{t}$ 为当量厚度。

当考虑为机械铣切时，对±45°网格壳有

$$\begin{aligned}\frac{\overline{t}}{H} = 1 - \Big\{&\left(\overline{H}-1\right)\left[\left(\overline{b}_{\text{s}} - \overline{t}_{\text{w}}\right)^2 - 0.858\overline{R}_{\text{w}}^2\right] - 0.429\overline{r}_{\text{w}}^2 \\ &\times 2\left[\left(\overline{b}_{\text{s}} - \overline{t}_{\text{w}}\right) - 0.429\overline{R}_{\text{w}} - 0.351\overline{r}_{\text{w}}\right]\Big\}\Big/\left(\overline{H}\overline{b}_{\text{s}}^2\right)\end{aligned} \tag{6.13}$$

式中，$\overline{R}_{\text{w}} = \dfrac{R_{\text{w}}}{t_{\text{s}}}$；$R_{\text{w}} = H - t_{\text{s}}$；$\overline{r}_{\text{w}} = \dfrac{r_{\text{w}}}{t_{\text{s}}}$，$r_{\text{w}}$ 为工具尺寸。

对于 0°/90°网格壳，当 $\overline{r}_{\text{w}x} = \overline{r}_{\text{w}y} = \overline{r}_{\text{w}}$ 时有

$$\begin{aligned}\frac{\overline{t}}{H} = 1 - \Big\{&\left(\overline{H}-1\right)\left[\left(\overline{b}_x - \overline{t}_{\text{w}x}\right)\left(\overline{b}_y - \overline{t}_{\text{w}y}\right) - 0.858\overline{R}_{\text{w}}^2\right] - 0.429\overline{r}_{\text{w}}^2 \\ &\times 2\left[\left(\overline{b}_x - \overline{t}_{\text{w}x}\right) + \left(\overline{b}_y - \overline{t}_{\text{w}y}\right) - 0.429\overline{R}_{\text{w}} - 0.351\overline{r}_{\text{w}}\right]\Big\}\Big/\left(\overline{H}\overline{b}_x\overline{b}_y\right)\end{aligned} \tag{6.14}$$

对于±30°/90°网格壳，当 $\overline{r}_{\text{w}y} = \overline{r}_{\text{w}\theta} = \overline{r}_{\text{w}}$、$\overline{t}_{\text{w}y} = \overline{t}_{\text{w}\theta} = \overline{t}_{\text{w}}$ 时有

$$\begin{aligned}\frac{\overline{t}}{H} = 1 - \Big\{&\left(\overline{H}-1\right)\left[2\left(\overline{b}_{\text{s}} - \overline{t}_{\text{w}}\right)/\sqrt{3} - 4.11\overline{R}_{\text{w}}^2\right] - 1.486\overline{r}_{\text{w}}^2 \\ &\times\left(\overline{b}_{\text{s}} - 1.5\overline{t}_{\text{w}}\right) - 0.429\overline{r}_{\text{w}}^2[4.11\overline{R}_{\text{w}} + 1.404\overline{r}_{\text{w}}]\Big\}\Big/\left(2\overline{H}\overline{b}_{\text{s}}/\sqrt{3}\right)\end{aligned} \tag{6.15}$$

当考虑为化学铣切时，即 $R_{\text{w}} = r_{\text{w}} = H - t_{\text{s}}$，式(6.13)变为

$$\frac{\overline{t}}{H} = 1 - \frac{\left(\overline{H}-1\right)\left(\overline{b}_{\text{s}} - \overline{t}_{\text{w}}\right)\left[\overline{b}_{\text{s}} - \overline{t}_{\text{w}} - 0.858\left(\overline{H}-1\right)\right] - 0.094\left(\overline{H}-1\right)^3}{\overline{H}\overline{b}_x\overline{b}_y} \tag{6.16}$$

式(6.14)变为

$$\frac{\bar{t}}{H}=1-\frac{\left(\bar{H}-1\right)\left\{\left(\bar{b}_x-\bar{t}_{wx}\right)\left(\bar{b}_y-\bar{t}_{wy}\right)-0.429\left(\bar{H}-1\right)\left[\left(\bar{b}_x-\bar{t}_{wx}\right)+\left(\bar{b}_y-\bar{t}_{wy}\right)\right]\right\}-0.094\left(\bar{H}-1\right)^3}{\bar{H}\bar{b}_x\bar{b}_y} \tag{6.17}$$

如前所述，约束方程的建立将根据轴压稳定性、内压强度准则和工艺制造条件，以及在工作载荷下应处于弹性状态等。例如，若假定最小工艺厚度为 t_0，第 i 剖面在第 j 飞行时刻的最大径向载荷为 $p_{ij,\max}$，则工艺制造条件和内压强度准则为

$$\begin{cases} t_s-t_0>0 \\ t_s-p_{ij,\max}\dfrac{R}{\sigma_s}\geqslant 0 \end{cases} \tag{6.18}$$

另外，还有轴压总体稳定性要求、外压总体稳定性要求、蒙皮局部稳定性，以及对于机械铣切的筋条本身局部稳定性要求等，由于表达式较为复杂，这里不再具体介绍，使用时可参考相关书籍。有了这些目标函数和约束条件之后，可以利用 6.3.3 节类似的方法进行优化设计。

6.3.5　放射肋加筋短壳的设计计算

放射肋加筋化铣结构如图 6.6 所示。这类结构主要用来解决集中力扩散的设计问题。从总体稳定性建立约束方程为

$$F_{1j}-m(2n+1)N_{01j}\varphi<0 \tag{6.19}$$

式中，m 为集中力个数或放射肋加筋壳曲板数；n 为每块放射肋曲板斜肋数之半；φ 为试验修正系数；N_{01j} 为中间肋承载能力，按两端固支的欧拉杆计算

$$N_{01j}=\frac{4\pi^2EI_0}{(\beta l)^2} \tag{6.20}$$

式中，l 为中间肋计算长度；β 为折算长度系数；截面惯性矩 $I_0=I_x-A_0y_c^2$，其中 $I_x=\dfrac{t_s^3}{3}(t_{w0}+2r)+r^3\left(\dfrac{t_{w0}}{3}+0.0366r\right)$，$t_{w0}$ 为中间肋肋顶宽，$A_0=t_{w0}\left(r+t_s\right)+r\left(2t_s+0.429r\right)$，$y_c=\dfrac{S_x}{A_0}$，$S_x=\dfrac{t_{w0}}{2}\left(r^2-t_s^2\right)+r\left(0.096r^2-t_s^2\right)$。

若中间肋的临界应力 $\sigma_{01j}=\dfrac{N_{01j}}{A_0}$ 超过材料屈服极限，则要进行塑性修正。

结构的质量方程，可以根据几何关系写出，即

$$W=\frac{1}{t_s^2}\{\bar{t}_w\bar{H}+(\bar{H}-1)[2+0.429(\bar{H}-1)]\}\times\left(1+\sum_{i=1}^{n}\frac{1}{\cos^4\alpha_i}\right) \tag{6.21}$$

独立的结构参数为 t_w、H、t_s 和 n。令式(6.19)取等式，可以解得

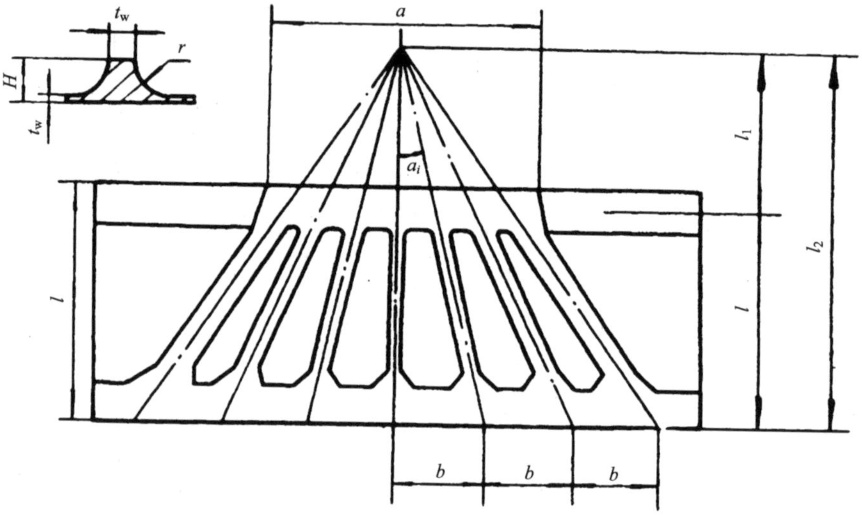

图 6.6　放射肋加筋结构

$$\frac{(2n+1)}{t_s^4}\left\{\frac{\bar{t}_w+2(\bar{H}-1)}{3}+(\bar{H}-1)^3\left[\frac{\bar{t}_w}{3}+0.0366(\bar{H}-1)\right]\right.$$
$$\left.-\frac{\left\{\bar{t}_w\left[(\bar{H}-1)^2-1\right]+(\bar{H}-1)\left[0.096(\bar{H}-1)-1\right]\right\}^2}{\bar{t}_w\bar{H}+2(\bar{H}-1)+0.049(\bar{H}-1)^2}\right\}=\frac{F_{1j}(\beta l)^2}{m\cdot 4\pi^2 E\varphi} \tag{6.22}$$

式(6.22)右端项的值为常数。当 t_s 按照工艺条件确定后，对给定的 n 值，由式(6.21)和式(6.22)联合求二元极值问题，就可选出放射肋结构参数 t_w 和 H 的最优值。其次，由 n 与 t_w 和 H 之间的关系，以质量最小选出放射肋结构参数 n 的最优值。

在上述优化过程中，中间肋条与 α_i 斜筋条的关系，按式(6.23)计算：

$$\begin{cases} A_i=\dfrac{A_0}{\cos^3\alpha_i} \\ t_{wi}=\dfrac{t_w}{\cos^3\alpha_i}+\dfrac{0.409\left(H-t_s\right)+2\left(H-t_s\right)t_s}{H}\left(\dfrac{1}{\cos^3\alpha_i}-1\right) \end{cases} \tag{6.23}$$

6.4　箱 底 设 计

箱底是贮箱的一个组成部分。箱底上开有多种用途的孔，如保险活门、液面指示器安装孔、推进剂输送管孔等，同时安装有各种用途的仪器支架。箱底的底型可分为：半球形底、椭球形底、锥形底、三心底以及由这些底型曲线组合的底型。底型的选择主要依赖总体布局、发动机系统要求以及结构质量的优化分析。

6.4.1　箱底的设计分析

1. 内压作用下的应力分析

箱底底型一般都是由一平面曲线绕与此曲线共面的一轴线旋转而成的，此曲线叫经线，整个箱底为一个旋转壳。设 N_1、N_2 和 F_{12} 分别为单位宽度上经线切向内力、环向内力和平错力，如图 6.7 所示。由弹性力学中旋转壳的无矩理论，平衡方程为

$$\begin{cases}\dfrac{1}{R_1}\dfrac{\partial N_1}{\partial\varphi}+\dfrac{\cot\varphi}{R_2}\left(N_1-N_2\right)+\dfrac{1}{R_2\sin\varphi}\dfrac{\partial F_{12}}{\partial\beta}+p_\varphi=0\\ \dfrac{1}{R_1}\dfrac{\partial F_{12}}{\partial\varphi}+\dfrac{2\cot\varphi}{R_2}F_{12}+\dfrac{1}{R_2\sin\varphi}\dfrac{\partial N_2}{\partial\beta}+p_\beta=0\\ \dfrac{N_1}{R_1}+\dfrac{N_2}{R_2}=p\end{cases}\tag{6.24}$$

式中，p_φ、p_β和 p 分别为经线方向(φ 方向)、纬线方向(β 方向)和法线方向的荷载；R_1 和 R_2 分别为经线曲率半径和垂直于经线截面的曲率半径。

对于贮箱，由于其所受荷载一般为轴对称荷载，所以整个系统可以看成一个轴对称问题。考虑壁厚为 t 的旋转壳，用相邻两经线与两个平行圆截取一个壳元，则 F_{12} 与 F_{21} 为零，其内力如图 6.8 所示，故方程(6.24)可以简化为

$$\begin{cases}\dfrac{1}{R_1}\dfrac{\mathrm{d}N_1}{\mathrm{d}\varphi}+\left(N_1-N_2\right)\dfrac{\cot\varphi}{R_2}+p_\varphi=0\\ \dfrac{N_1}{R_1}+\dfrac{N_2}{R_2}=p\end{cases}\tag{6.25}$$

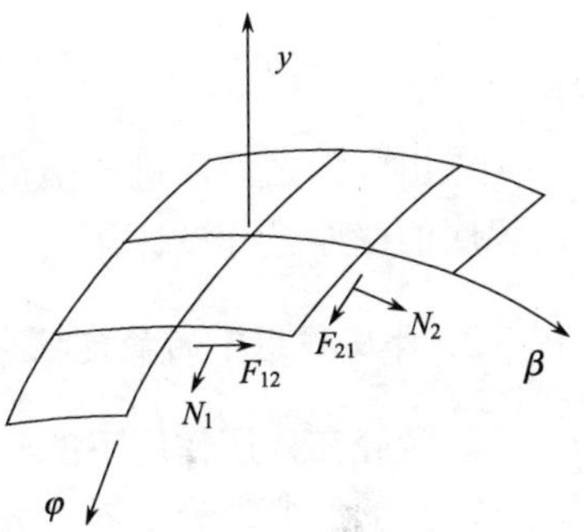

图 6.7　旋转壳截面内力

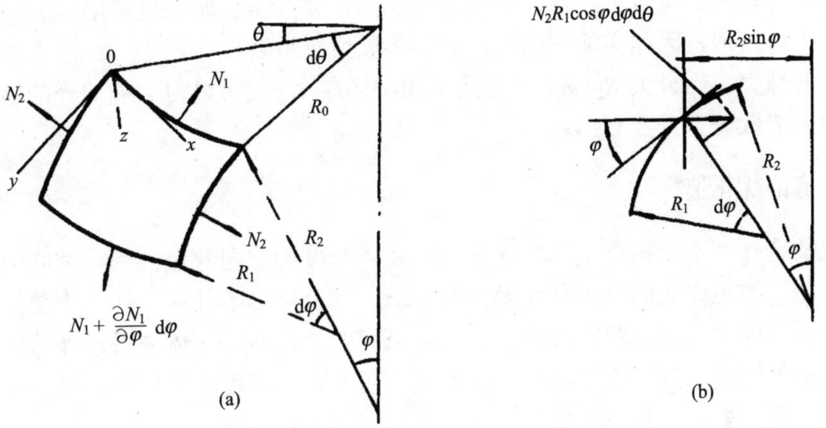

图 6.8　旋转壳壳元内力图

在只考虑内压作用时，p_φ为零，则由方程(6.25)可以解得

$$N_1 = \frac{pR_2}{2}, \quad N_2 = pR_2\left(1 - \frac{R_2}{2R_1}\right) \tag{6.26}$$

所以对于任一底型的箱底，只要知道了其两个曲率半径 R_1 与 R_2，就可以求得相应的内力。

特殊地，对于椭球形底，令椭球比 $m=a/b$（a 表示长半轴，b 表示短半轴），有

$$R_2 = m\sqrt{a^2 - x^2\left(1 - \frac{1}{m^2}\right)}, \quad R_1 = R_2\left[1 - \frac{x^2}{a^2}\left(1 - \frac{1}{m^2}\right)\right] \tag{6.27}$$

将方程(6.27)代入方程(6.26)即可求出椭圆底型的应力。

对半径为 R 的球形底，有

$$N_1 = N_2 = \frac{pR}{2} \tag{6.28}$$

对半锥角为β的锥形底，因为 $R_1 = +\infty$，$R_2 = R/\cos\beta$，故有

$$N_1 = \frac{pR}{2\cos\beta}, \quad N_2 = \frac{pR}{\cos\beta} \tag{6.29}$$

求出内力之后，进一步可求出应力，然后可通过所选择材料的屈服极限与强度理论对箱底的壁厚进行设计。

2. 外压作用下的稳定性分析

旋转壳在外压作用下的破坏形式通常为失稳，设计时应使临界压力大于外压载荷。理想球壳的经典理论临界压力为

$$p_{1j0} = \frac{2}{\left[3\left(1-\mu^2\right)\right]^{\frac{1}{4}}} E\left(\frac{t}{R}\right)^2 \tag{6.30}$$

式中，E 和μ为球壳材料的弹性模量和泊松比；t 为球壳厚度。

由于实际球壳不可避免地存在制造上的缺陷，尤其是初始挠度缺陷，将使实际承受能力远低于理论值，因此实际应用时，需要乘以修正系数。

对于椭球壳，用最大 $R_2=ma$ 代替式(6.30)中的 R，就可以得到椭球壳的临界压力，在设计时一般取修正系数 0.14。

6.4.2　箱底的优化选择

箱底的选择涉及结构质量、箱体体积、筒体长度和空间开敞性等。空间的开敞性，主要视在箱底与短壳之间是否有仪器安装要求，以及仪器的外廓尺寸和安装部位。当椭球比较小时，底型则深，箱间段内可利用的空间就大，但从总体来看，弹体的长度就会增加；当椭球比较大时，底型则浅，对箱底受力不利，有可能导致箱底过于笨重。所以需要通过优化分析选取合适的底型。

优化分析是对给定容积 V 和给定荷载条件下，求出最小质量的箱底外形。当贮箱容积为一常数时，底形变化，需用圆柱段的容量来调节。例如，图 6.9 所示为容积为常量

时底型的几何关系。所示的一个箱底，初始底型为一球形底，当底型的 m 数增大时，整个贮箱的容积要小于初始容积。为了使整个贮箱的容积不变，需要将圆柱段增大，则圆柱段长度的增量为

$$\Delta H = \frac{2}{3}R\left(\frac{1}{m_1} - \frac{1}{m_2}\right) \tag{6.31}$$

式中，R 是椭球的长半轴，即 $R=a$。

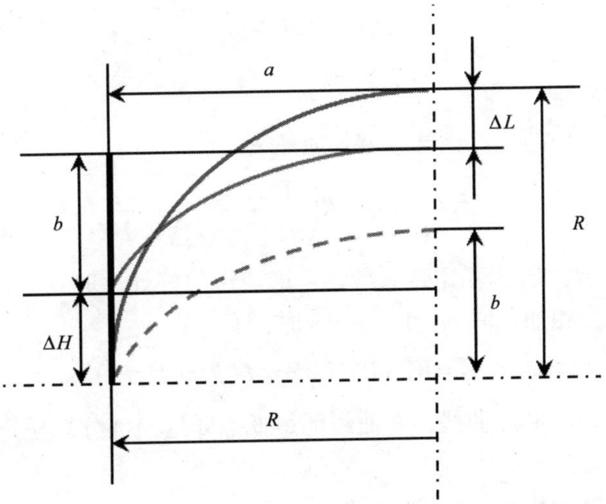

图 6.9 容积为常量时底型的几何关系

在整个过程中，变化部分的质量由三部分组成：短壳质量、椭球底质量和圆柱段增加的质量。下面将分别给出这三部分质量的表示形式。

1) 短壳质量

短壳假定为机械铣切或化学铣切网格结构。其设计载荷为

$$F_1 = 2\pi E K_1 \bar{t}^2 \tag{6.32}$$

式中，K_1 为稳定性系数，通常可取 0.15~0.2。因此有

$$\bar{t} = 0.7\sqrt{\frac{F_1}{2\pi E K_1}} \tag{6.33}$$

式中，0.7 为修正系数。

若椭球比为 m，$b=a/m$，则短壳质量为

$$W_1 = 2\pi R b \bar{t} \rho_s = 2\pi R \frac{R}{m} \cdot 0.7\sqrt{\frac{F_1}{2\pi E K_1}}\rho_s \tag{6.34}$$

式中，ρ_s 为短壳材料密度。

2) 椭球底质量

椭球底的表面积为

$$A = \pi R^2 S \tag{6.35}$$

$$S = 1 + \frac{1}{2m\sqrt{m^2-1}} \ln\left(\frac{m+\sqrt{m^2-1}}{m-\sqrt{m^2-1}}\right) \tag{6.36}$$

椭球底的厚度以顶点(最大曲率半径)来确定，即

$$t = f\frac{mRp}{2\sigma_{\mathrm{b}}} \tag{6.37}$$

式中，f表示安全系数；σ_{b}表示强度极限。椭球底的质量为

$$W_2 = At\rho_{\mathrm{s}} = \left(\pi R^2 S\right)\left(f\frac{mRp}{2\sigma_{\mathrm{b}}}\right)\rho_{\mathrm{s}} \tag{6.38}$$

3)圆柱段增加质量

考虑化学铣切网格结构，圆柱段增加质量为

$$W_3 = 2\pi R \cdot 0.7 \cdot \left[\frac{2}{3}R\left(\frac{1}{m_1} - \frac{1}{m_2}\right)\right]\sqrt{\frac{F_2}{2\pi E K_2}}\rho_{\mathrm{s}} \tag{6.39}$$

式中，F_2为设计载荷；K_2为稳定性系数，考虑内压的好处，取0.25。

将以上三个部分相加，取m_1=1，m_2=m时，有

$$W = W_1 + W_2 + W_3 = f\left(R, m, F_1, F_2\right) \tag{6.40}$$

根据式(6.40)，可画出W-m曲线，在曲线的最低点即这三部分总质量最小点，其对应的m值即最佳的椭球比。

同时，壳段长度变化为

$$\Delta L = R - \frac{R}{m} - \Delta H = \frac{R}{3}\left(1 - \frac{1}{m}\right) \tag{6.41}$$

式(6.41)表示在容积不变的情况下，当底型由球形底变为椭球底时，箱体将缩短ΔL。

6.4.3　开孔的应力集中

底上开孔会引起孔附近应力分布和大小的变化，为表示这种变化，在力学分析中常引进应力集中系数K。其定义为：在孔附近给定点的应力张量的某一分量与无孔时底的该点在相同载荷作用下应力张量的同一个分量的比值。常见的开孔应力集中问题的求解有解析法和有限元法，有限元法是应用最广泛的数值方法，这里不作具体介绍。

根据弹性力学理论，单向拉伸无限大平板上的椭圆形孔(长轴沿载荷方向)，其应力集中系数为

$$K = 1 + 2\frac{b}{a} \tag{6.42}$$

式中，b表示椭圆短半轴；a表示椭圆长半轴。当平板上的椭圆形孔变为圆形孔时，其应力集中系数K=3。如果单向拉伸平板上有多个孔，但是两孔圆心之间的距离大于3倍半径时，可以看作单孔处理。

实验证明，开孔所引起的应力集中是局部的。对于曲壳，曲率对应力集中系数的影响随着曲率半径的增大而减弱。如大型火箭的底，浅的旋转壳，对孔的附近局部区域，

可以近似处理成平面问题。如果引入曲率修正系数，将会给出更准确的描述。

设计中解决开孔应力集中问题的办法，是在开孔局部区域增加壳/板的厚度，影响区域常用 $2.45\sqrt{Rt}$ 来估算。

6.4.4　共底设计

对于双组元推进剂的发动机系统，特别是采用液氢和液氧低温推进剂的系统，选用共底式贮箱是十分有效的，常温推进剂可以采用单底，但低温推进剂必须采用双层底，真空绝热式或蜂窝夹芯式，前者如人马座共底，如图 6.10 所示。

这里将着重讨论低温推进剂贮箱蜂窝夹芯共底(简称夹芯共底)的设计，其复杂性足以概括各种类型共底的设计。

夹芯共底的功能如下。

(1) 将低温贮箱分割成液氢(沸点为−253℃)和液氧(沸点为−183℃)两个独立贮箱，并使两者独立工作。

(2) 提供有效绝热，可使低温推进剂的热损失降至最小，推进剂温度改变会导致发动机工作的失控。

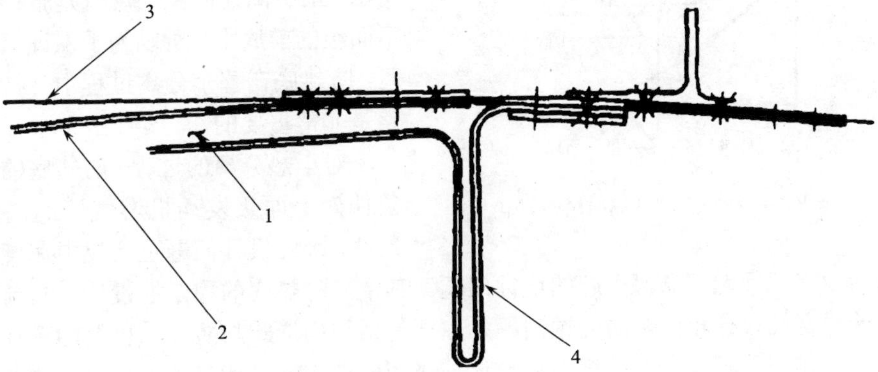

图 6.10　人马座共底

1-绝热和真空腔；2-共底面板；3-硬壳式蒙皮；4-绝热隔框

夹芯共底将独立承受来自液氢箱和液氧箱的增压压力。当夹芯共底的凸形向前时，前箱按负压，后箱按正压来设计。前者是外压稳定性设计问题，后者是内压强度设计问题。

夹芯共底是以金属蒙皮作为面板，中间夹以蜂窝芯。一般采用正六边形蜂窝芯。由于沿箔条方向与沿垂直箔条方向的有效剪切模量是不同的，故在力学上称这类结构为正交各向异性壳。其上、下面板采用高强度铝合金板，将提供全部的拉伸刚度和大部分弯曲刚度；中间夹有低密度金属或非金属蜂窝芯，提供绝大部分剪切刚度；夹芯的高度形成“腹板”效应，使弯曲刚度大大增加。这样就使蜂窝夹芯共底具有刚度大、强度高、质量小的特点。

夹芯共底在外压、内压和温度应力作用下，破坏形式包括总体失稳、局部失稳(剪切皱褶、面板起皱、面板皱损)、内压和温度强度破坏等。设计参数包括面板厚度、蜂窝高度、箔片尺寸等。

夹芯共底的绝热功能主要依赖其空腔的真空度来保证，因此保证夹心共底腔内的真空度是关键，具体方法如下。

(1) 增加共底(特别是连接处，一般采用多层面板密封)的密封性。

(2) 保证夹芯具有较好的透气性，以便抽出夹层中的空气，从而使夹芯空腔具有较高的真空度。

6.4.5 防热底设计

对于串联式多级火箭或者导弹，级间分离的准确执行对完成给定的飞行任务十分重要。级间分离通常有两种方式：冷分离和热分离。冷分离指在上面级发动机点火之前，级与级之间借助辅助的动力装置，如反推火箭，使两者分开，然后上面级发动机点火；热分离是靠上面级发动机点火后的燃气冲击力，使两级分开，如图 6.11 所示。由于高速高温的燃气是直接冲击在下面级的前底上，所以为了保证可靠地分离，防热底在整个分离过程中保持结构完整是非常重要的。

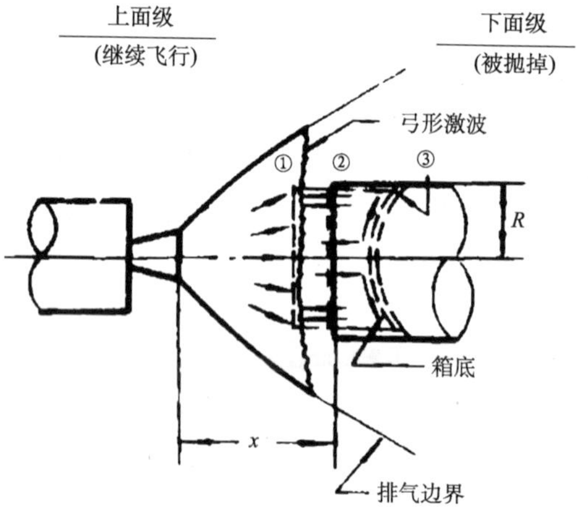

图 6.11　多级火箭在高空级间分离时燃气冲击模型

对于热分离的过程，防热底的外载荷条件为上面级发动机燃气流的高温烧蚀条件，因此设计问题主要集中在燃气冲击力引起的稳定性问题和高温引起的烧蚀问题。其中，防热底的稳定性设计，与前面箱底和共底的稳定性设计相同。防烧蚀问题，主要包括结构形式与防烧蚀材料的选择，以及级间空间的排焰面积设计，排焰面积设计与级间段结构的设计有关。防热底的结构形式常见的有三种类型。

(1) 在贮箱底的上面加一导流锥，它既可以对燃气起导流作用，又起到防热的效果。

(2) 用耐热性能好的非金属材料设计一个防热底，紧贴在金属底的上面，以保护箱底免受高温高速燃气流的烧蚀及冲刷。

(3) 直接在金属箱底上喷涂耐热涂层。

防烧蚀材料的选择主要考虑以下几点。

(1) 耐烧蚀，抗冲刷，热稳定性和机械性能好。

(2) 热膨胀系数小，尺寸稳定。

(3) 工艺性好。

(4) 质量小。

根据这些原则，可以将待选的材料做成平板或者小型模拟试件，在使用条件或者接近使用条件的热环境下进行试验、比较和筛选，最后由全尺寸试件进行验证试验确定，也就是地面模拟试验。常用的防热材料有玻璃钢、氧化铝涂层和耐高温腻子等。

地面模拟热分离试验，是防热底设计中必不可少的环节之一，是在接近真实的环境条件下对防热底进行全面的考核。试验的尺寸可以是缩比的(也可以是真实的防热底)，但其他条件应与实际产品相同，以保证在接近实际的温度分布、压力分布和热流条件下对防热底进行全面考核。

6.5 防晃设计

随着结构设计技术的进步，现代大型液体火箭推进剂的质量在火箭总质量中的占比越来越高。例如，长征二号 F 火箭发射我国第一艘执行太空行走任务的神舟七号飞船时，火箭起飞重量为 479 吨，火箭结构加上飞船重量约 44 吨，其余的都是液体推进剂，其质量占比超过 90%。当火箭飞行时，液体推进剂会在贮箱内作振荡运动，这种运动通常称为晃动，它是一种周期性的运动。按照液体晃动的幅度与充液贮箱半径的比值大小不同，可以将液体晃动分为三类：比值小于 15%的称为小幅晃动；比值在 15%~25%的称为有限幅晃动；比值大于 25%的称为大幅晃动。

引起晃动的干扰源有两个方面：一是发动机振动和箭体结构的弹性振动等干扰；二是外界扰动力，如火箭的俯仰、偏航、滚动运动和在控制系统的操纵下对这些运动的控制，形成对液体推进剂的周期性强迫干扰力。液体推进剂晃动将会对火箭特性带来一系列的影响。首先，推进剂晃动会改变火箭的质心和转动惯量等动力学参数，从而改变火箭动力特性参数。其次，推进剂晃动将会引起对火箭质心的晃动力和晃动力矩，如果晃动与控制系统发生耦合响应，就可能导致箭体姿态运动的发散。另外，当液体推进剂晃动频率接近结构固有频率时，可能发生共振，引起结构载荷的增加。因此，在火箭贮箱结构设计中，必须考虑晃动的影响，一般需要进行防晃设计。

6.5.1　防晃措施

由于晃动的主要影响是可能与控制系统发生耦合响应，因此防晃机理主要是从两方面考虑的：一是通过调整控制系统或贮箱的自振频率，避免晃动与控制系统发生耦合响应；二是从抑制晃动能量出发，通过增加阻尼减小液体的晃动质量和振幅。具体措施有如下三点。

1) 改善控制系统

如果晃动只是对控制系统有影响，且与控制系统之间为弱耦合，则调整控制系统的增益值和时间常数往往是有效的办法。

2) 改变贮箱自振频率

贮箱本身的几何形状对其贮存的液体运动和自身的振动都是密切相关的，通过选取有利的贮箱结构形式，可以改变贮箱的自振频率和液体的晃动频率，增大晃动阻尼和减小晃动质量，并将晃动质量分散在有利于火箭稳定的各种不同的振型中。

圆柱形贮箱的小幅晃动频率为

$$\omega_n=\sqrt{a\frac{\varepsilon_n}{r}\tanh\left(\varepsilon_n\frac{h}{r}\right)} \tag{6.43}$$

式中，a 为纵向加速度；r 为贮箱半径；h 为静液面高度；ε_n 为 n 阶贝塞尔函数。

晃动质量 m_n 和质心高度 h_n 与液体质量和静液面高度之比分别为

$$\frac{m_n}{m}=\frac{2\tanh\left(\varepsilon_n\frac{h}{r}\right)}{\varepsilon_n\frac{h}{r}\left(\varepsilon_n^2-1\right)} \tag{6.44}$$

$$\frac{h_n}{h}=\frac{1}{2}\left[1-\frac{4r}{\varepsilon_n h}\tanh\left(\frac{\varepsilon_n h}{2r}\right)\right] \tag{6.45}$$

例如，采用捆绑式助推级，其晃动频率不仅高于单一贮箱的晃动频率，而且各子贮箱的晃动频率也不相同，这时该级的晃动影响可以不加考虑。研究表明：半径为 r 的单个贮箱与其同等容积 p 个相同圆柱形贮箱的自振频率之比为

$$\frac{\omega_n^{(1)}}{\omega_n^{(p)}}=\frac{1}{p^{\frac{1}{4}}}\left[\frac{\tanh\left(\varepsilon_n\frac{h}{r}\right)}{\tanh\left(\varepsilon_n p^{\frac{1}{2}}\frac{h}{r}\right)}\right]^{\frac{1}{2}} \tag{6.46}$$

由此可见自振频率增加约为 $p^{\frac{1}{4}}$。而晃动质量之比为

$$\frac{m_n^{(p)}}{m_n^{(1)}}=\frac{1}{p^{\frac{1}{2}}}\frac{\tanh\left(\varepsilon_n p^{\frac{1}{2}}\frac{h}{r}\right)}{\tanh\left(\varepsilon_n\frac{h}{r}\right)} \tag{6.47}$$

因此，晃动质量大大降低。

其他如采用分割式贮箱也会得到改变晃动频率的效果。但应当指出，贮箱结构形式是由多种因素决定的，复杂形状对工艺制造和结构质量不利。

3) 采用机械防晃板

这是解决晃动问题的主要措施。贮箱内增加机械防晃板会提高晃动的阻尼。在有阻尼贮箱中，晃动振幅 ξ_n、晃动力 F_a 和晃动力矩 M_a 可写成

$$\left|\frac{\xi_n}{X_0}\right|=\left|2\sum_{n=1}^{\infty}\frac{\varepsilon_n\tanh\left(\varepsilon_n\frac{h}{r}\right)}{\varepsilon_n^2-1}\cdot\frac{\frac{\omega^2}{\omega_n^2}}{1-\frac{\omega^2}{\omega_n^2}+ig\frac{\omega}{\omega_n}}\right| \tag{6.48}$$

$$\left|\frac{F_a}{X_0}\right|=\omega^2\pi r^2\rho h\left|1+2\sum_{n=1}^{\infty}\frac{\tanh\left(\varepsilon_n\frac{h}{r}\right)}{\varepsilon_n\frac{h}{r}\left(\varepsilon_n^2-1\right)}\cdot\frac{1}{\frac{\omega_n^2}{\omega^2}-1+ig\frac{\omega}{\omega_n}}\right| \tag{6.49}$$

$$\left|\frac{M_a}{X_0}\right| = \omega^2 \pi r^2 \rho h^2 \left| \sum_{n=1}^{\infty} \frac{\dfrac{2r}{h}\left(\dfrac{\omega_n^2}{\omega^2}-2\right)+\varepsilon_n \tanh\left(\varepsilon_n \dfrac{h}{r}\right)+\dfrac{4}{\dfrac{h}{r}\cosh\left(\varepsilon_n \dfrac{h}{r}\right)}}{\varepsilon_n^2\left(\varepsilon_n^2-1\right)\left(\dfrac{\omega_n^2}{\omega^2}-1+ig\dfrac{\omega}{\omega_n}\right)} \right| \tag{6.50}$$

由式(6.48)~式(6.50)可以看出，当阻尼 g 增大时，晃动的晃动振幅、晃动力和晃动力矩的量值都将减少。

在初步设计中，在选定控制系统和贮箱形式后，通过全箭的稳定性分析，可以得出按飞行时刻(即贮箱液面高度)顺序的阻尼要求，以此设计对应液面高度的防晃板。

6.5.2　防晃板的分类及其应用

采用防晃板是解决晃动问题的主要措施。防晃板的类型很多，一般来说需要根据实际情况选择防晃板的类型。所选防晃板应当易于制造和安装，并有较好的阻尼效果。

1) 箱壁的防晃装置

(1) 环板。这是应用广泛的一种防晃装置，并且能增强贮箱的结构刚度。这是防晃装置和贮箱结构合二为一的结构元件。其阻尼值可按迈尔斯(Miles)半经验公式估算：

$$g = 2.83\alpha^{\frac{3}{2}} \mathrm{e}^{-4.6\frac{d}{r}} \left(\frac{\xi}{r}\right)^{\frac{1}{2}} \tag{6.51}$$

式中，$\alpha = \dfrac{r^2-(r-w)^2}{r^2}$，$w$ 为环板宽度；d 为防晃板水平面与自由液面距离；ξ为晃动振幅。环板所提供的总阻尼，为式(6.51)的定积分，故设计中取平均值，即

$$\overline{g} = 2.83\alpha^{\frac{3}{2}} \left(\frac{\xi}{r}\right)^{\frac{1}{2}} \frac{r}{4.6d}\left(1-\mathrm{e}^{-4.6\frac{d}{r}}\right) \tag{6.52}$$

当环板上钻孔，孔面积约占环板面积的 3%时，阻尼略有增加；但当达到 6%时，则有所下降。防晃板都通过实验测定其阻尼值。

(2) 锥截面环。实验表明：与箱壁成一定角度的锥形截面的防晃装置，其阻尼系数较高。但其安装和结构质量都不尽完美。

(3) 十字形板条。这种障板的阻尼特性均匀，与液面变化无关。但是其阻尼极低，通常不单独使用，而是与环板一起采用，构成防晃组合件。这种十字形板条不仅可以提供一定阻尼，而且可以为环板提供支持。

(4) 非对称型障板。这是指障板的布置在箱体横截面上所构成的几何形状，对箱体的轴线是不对称的。这种障板的设计出发点是：非对称型障板对液体的激发结果，将第一阶晃动振型的能量转到第二阶晃动振型上。第一阶晃动振型是非对称的，而第二阶晃动振型则为对称的。第二阶晃动频率为第一阶晃动频率的 1.95 倍。由此，当采用非对称型防晃障板时，可以形成对称的、高频的晃动，从而避免与控制系统的耦合响应。

2) 箱底的防晃装置

箱底的防晃装置大多数在后箱底。因为当液面较浅时，在晃动中很可能使液体流出口露出，这是很危险的。而晃动作为一种激励又常常诱发漩涡，故防晃和防漩常常结合起来考虑。

(1) 环形障板。这种障板内缘为环，外缘为伞形，类似于安装在箱壁上的环板。其阻尼可按环板进行近似估算。图 6.12 是安装在液氧贮箱上的环形障板。

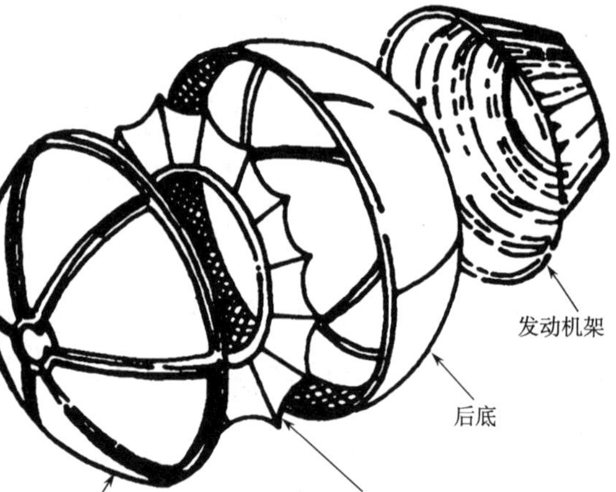

图 6.12　环形防晃障板

(2) 十字形障板。这种障板具有良好的分频作用。如前所述，这种情况如同分割式贮箱，对解决频率耦合响应是有利的。但提供的阻尼值仍然不大。从防漩的角度来看，这种结构形式的障板也是非常有效的。

(3) 非对称型障板。非对称型障板与箱壁的非对称型障板类似，同样被应用在箱底的防晃中。

6.6　流出口与防漩设计

火箭贮箱推进剂出口的设计关系到火箭发动机能否正常工作。当推进剂液面接近出口时，由于液体介质与贮箱箱壁的摩擦，会导致液体边界层的减速，外界干扰也会引起液体的紊流和晃动，这些影响会引起三种不希望看到的现象：气涡、下凹和漩涡。气涡的产生原因是流口处流体静压低于推进剂饱和蒸汽压，这是因为流口处流速增加导致静压降低。下凹指液面在流口处产生下塌现象，这是由于流口中心速度高于箱壁速度。漩涡产生原因十分复杂，涉及很多不可控因素，因此漩涡的产生经常不可避免。气涡将造成流口处压力损失，下凹将引起推进剂夹气，漩涡会同时造成压力损失和夹气，这些都是发动机系统工作不希望看到的。目前这些问题的解决主要依赖在流口处安放消漩障板，通过实验选择最合理的消漩障板形式。防下凹装置主要也是通过实验选择合理形式，使出现下凹现象的液面高度降至最低。另外的办法就是选择合适的流出口几何形状，以改善边界状态。

6.6.1　推进剂流出口设计

流出口几何形状直接决定液体的流动向量分布，因此流出口设计对改善气涡和下凹都十分重要。在流动连续性条件和能量守恒原理两个条件下，可以对流出口的设计作出初步分析，以尽量阻止气涡和下凹现象的出现。

为了不出现气涡，就要保证静压不低于推进剂饱和蒸汽压。因而在收敛形的推进剂贮箱出口，流动速度增加的结果是使得静压降低，这时需要对流出口作出仔细分析。在这里假设流体通过流出口时没有压力损失，即在图 6.13 中 a 点和 b 点总势头相等，即

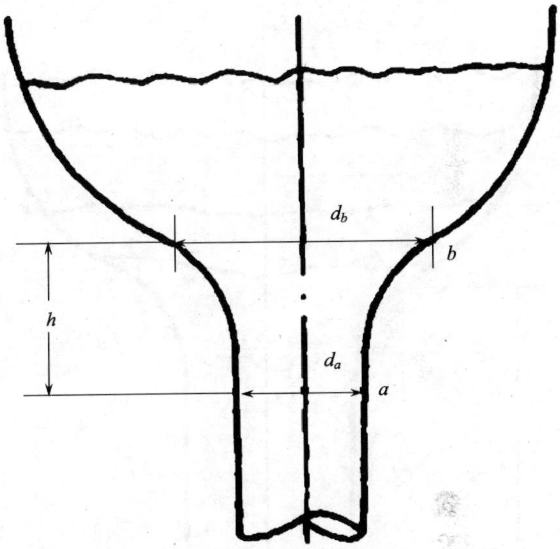

图 6.13　贮箱流出口几何形状

$$p_a + \frac{1}{2}\rho v_a^2 = p_b + \rho ah + \frac{1}{2}\rho v_b^2 \tag{6.53}$$

式中，a 为火箭的加速度；p_a、p_b 分别为 a、b 点的压头；ρ 为液体密度；v_a、v_b 分别为 a、b 点流速。

假定 $p_a = p_b$，则有

$$\frac{1}{2}v_a^2 = ah + \frac{1}{2}v_b^2 \tag{6.54}$$

设液体流量为 Q，由流动连续性有

$$\begin{cases} v_a = \dfrac{4Q}{\pi d_a^2} \\ v_b = \dfrac{4Q}{\pi d_b^2} \end{cases} \tag{6.55}$$

将式(6.55)代入式(6.54)，可以得到保持静压不变情况下 a、b 两点之间的几何关系为

$$d_b = \left(\frac{8Q^2}{8Q^2 - \pi^2 ahd_a^4} \right)^{\frac{1}{4}} d_a \tag{6.56}$$

可以发现，在 a 点的上游，随着 h 的增加，直径也要不断增加，才能保证没有压头损失。

当推进剂的液面以水平面流过出口时，就不会出现下凹现象。由此可以近似地得到一个避免下凹现象的条件：通过流出口的外形设计，液体流线轴向速度分量从箱壁到出口中心等于该截面的平均流速，如图 6.14 所示。以此为条件，对不可压缩流体的伯努利方程，在认为静压头在流经出口时为常数的情况下进行求解。

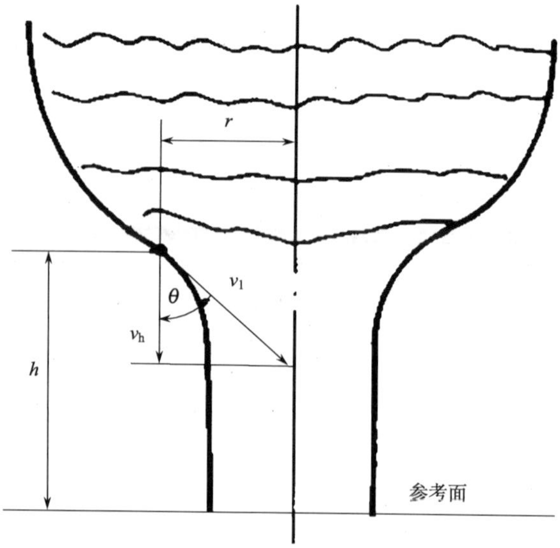

图 6.14　贮箱流出口处流动状态

当静压头为常数时，微分形式的伯努利方程为

$$a\mathrm{d}h + \frac{1}{2}\mathrm{d}\left(v_s^2\right) + g_c \mathrm{d}E_f = 0 \tag{6.57}$$

式中，v_s 为流线切向速度；g_c 为重力常数；E_f 为摩擦损失。

流体的轴向速度分量可以表示为 $v_h = v_s \cos\theta = v_s \dfrac{\mathrm{d}h}{\mathrm{d}s}$，由此可以得到

$$v_s = v_h \frac{\mathrm{d}s}{\mathrm{d}h} = \frac{Q}{\pi r^2} \frac{\sqrt{(\mathrm{d}r)^2 + (\mathrm{d}h)^2}}{\mathrm{d}h} = \frac{Q}{\pi r^2} \sqrt{1 + \left(\frac{\mathrm{d}r}{\mathrm{d}h}\right)^2} \tag{6.58}$$

摩阻损失 $\mathrm{d}E_f$ 可近似地用切泽(Chezer)关系式表示，即

$$\frac{\mathrm{d}E_f}{\mathrm{d}s} = \frac{v_s^2}{C^2 R} = \frac{2v_s^2}{C^2 r} \tag{6.59}$$

式中，R 为水力学半径，此处等于 $r/2$；C 为切泽损失系数。

联立式(6.57)~式(6.59)，可得

$$\frac{\mathrm{d}^2h}{\mathrm{d}r^2}+\frac{2}{r}\left[1-\frac{g_c}{C^2}\sqrt{1+\left(\frac{\mathrm{d}h}{\mathrm{d}r}\right)^2}\right]\left[\frac{\mathrm{d}h}{\mathrm{d}r}+\left(\frac{\mathrm{d}h}{\mathrm{d}r}\right)^3\right]-\frac{\pi^2ar^4}{Q^2}\left(\frac{\mathrm{d}h}{\mathrm{d}r}\right)^4=0 \tag{6.60}$$

此方程即所希望无下凹的流出口方程。它是一个非线性微分方程，难以直接求解，可通过数值方法求解。

满足非常方程(6.60)的流出口外形在理论上可防止下凹，但是这样设计出的流出口很长，实际设计中将会造成空间的浪费且增加结构质量，无法应用。当流出管被截短时，对下凹的影响将是不可避免的。因此，工程实际中，通常通过设置障板防止下凹现象，这种障板还可以与防漩装置组合在一起。

6.6.2 防漩装置设计

漩涡的产生十分复杂，黏性、不正压和外力无势是产生漩涡的三个要素。对于理想流体，漩涡是不生不灭的，但实际中，漩涡可生可灭。漩涡难以用数学形式反映，理论分析较为困难。实践中，解决漩涡问题都依赖实验，在流出口外安放障板，其目的如下。

(1) 分散和减弱漩涡能量，如叶片状隔板，就可以减弱局部漩涡速度，其本身提供阻尼。

(2) 通过增加流体间干扰来减弱漩涡能量，如在防漩隔板上分布一定大小的孔，这样引起二次流动，从而耗散给定旋转方向的漩涡强度。

(3) 改变流道几何形状减小轴向流速梯度，如在流出口上方安放圆板或倒锥体，这是防止液面下陷的有效方法。

根据这些原理，常见的防漩装置如下。

(1) 用以分散和减弱漩涡强度的分隔式障板。这是防漩最基本形式，任何防漩装置都是由分隔式障板组成的，再附加其他功能的障板。

(2) 倒锥体防漩器。液体流过倒锥时，相当于增大了流出管长度，实际上就是通过倒锥改变流出口几何形状，有利于防塌；倒锥下面为十字形隔板，起着液流分散和减弱漩涡强度的效能；实验表明，倒锥角以30°最佳，但这时锥体长度太大，实际设计中都采用45°；设计的另一个参数是流通截面与出口管截面之比，通常在1~3。

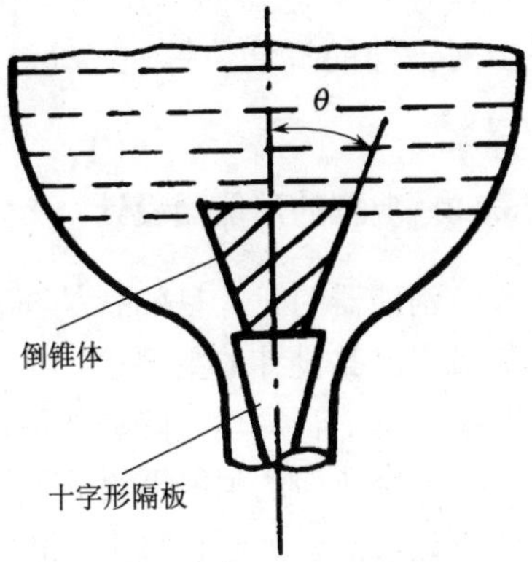

图 6.15 倒锥体防漩器

(3) 二次扰流型十字隔板。在分离式障板的基础上，在隔板上开孔，因而在分隔的四个象限间，有这些小孔贯通着，流体可以从这些小孔流至另一个象限内，形成二次扰流，从而减弱漩涡强度。

(4) 圆形堵盖式防塌板。这种障板主要用来防止液

面的下塌，因为圆形盖板在出口处，其作用仍然是改变流出口的几何形状，有利于减小轴向流速梯度；若在圆板下安放隔板，则又可以起到防漩的作用，这种障板实质上是倒锥体防漩器的一个衍生结构。

(5) 蝶形防漩装置。这种装置主要是适应共底式贮箱的上箱流出口的防漩设计，其基本原理仍然是分隔式障板的原理。

6.7　消能器设计

消能器是低温贮箱推进剂管理元件之一。其主要功能是维持液面和贮箱压力稳定，保证推进剂在发动机系统的正常工作。

6.7.1　消能器的作用

对于有滑行段的低温级任务，常有如图 6.16 所示的马鞍形的推力控制设计，即推力会经过安定期到维持期再到抑制期，使推力平稳过渡。通常在二次启动前，液面高度和推进剂输出口相距较近，液面稳定和贮箱压力稳定十分重要，否则，难以确保发动机系统的正常工作。因此需要注入增压气体。但是高速的增压气流对贮箱极为不利，一方面，气流吹起的低温推进剂容易气化吸热，导致增压气体的温度降低，从而使增压压力值降低；另一方面，若在低重力环境下二次启动，液面易受到扰动，会形成漩涡和推进剂流出的“穿漏”，严重时推进剂甚至完全离开出口，造成推进剂输送中断。

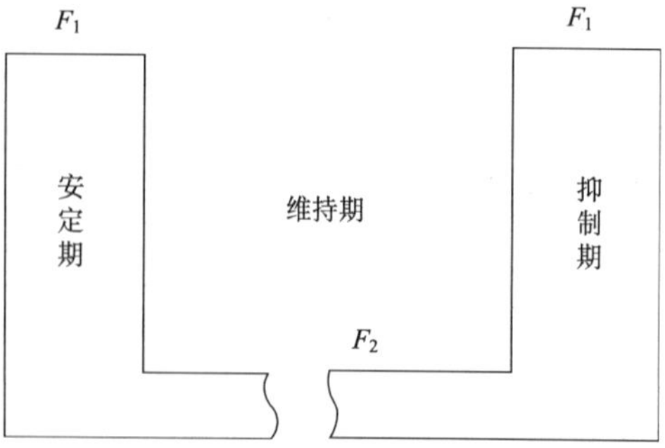

图 6.16　滑行段推力控制示意图

大型运载火箭增压系统气体的流速高达 500m/s 左右，故必须加以控制，降低其流速。消能器的作用就是在有限距离内，使增压气流的出口速度大大降低，以减少对液面的扰动。另外，气流流过消能器后均匀进入气枕空间，使液面平稳，压力均匀。

6.7.2　典型的消能器设计

消能器的设计目的就是在有限距离内，将增压气体流速降低至所要求的水平，并均匀流出。其设计的主要途径是不断增大流通截面，使速度降低；同时通过多级筛孔，按照小孔群消音原理，降低能量，减少噪声，使流速均匀化。

一个典型的消能器设计如图 6.17 所示。气体从入口进入后，其流过截面不断扩大，达到最后出口处面积最大，通常最后出口面积与最初入口面积可达 300∶1，流通截面的放大倍数主要取决于出口流速的要求。小孔群和其形成的“迷宫式”消音室，是用以消除高速气流与周围的静止气体摩擦而造成的噪声，孔的大小及分布对噪声降低程度有密切关系。流通截面的变化和开孔率的分布，使出口的气流均匀化，尽可能避免出现“拥塞”现象和过多的压头损失。

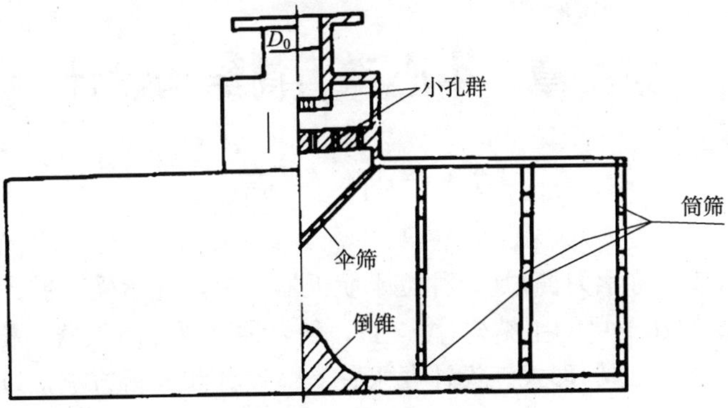

图 6.17　消能器结构示意图

第 7 章　中心承力筒结构设计

7.1　引　　言

中心承力筒(或简称承力筒)是一种位于航天器中央，并承受着航天器的主要载荷的筒形结构。它广泛用作卫星的主结构(图 7.1)，是一种重要的航天器结构形式。本章将讨论中心承力筒的功能、结构形式、设计要求、具体设计和分析方法，以及在航天器中的实际应用。由于目前中心承力筒主要采用桁条加筋和蜂窝夹层两种结构形式，它们又具有不同的结构特点，因此本章主要说明这两种结构形式中心承力筒的设计和分析方法。

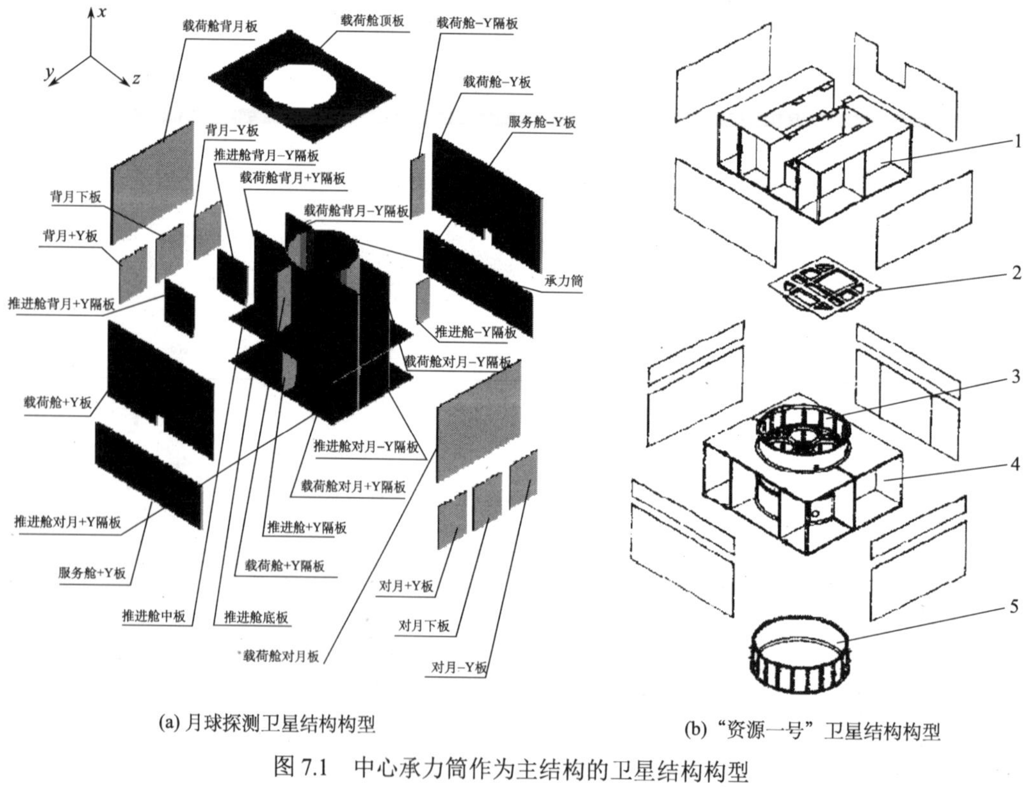

(a) 月球探测卫星结构构型　　(b)“资源一号”卫星结构构型

图 7.1　中心承力筒作为主结构的卫星结构构型

1-有效载荷舱主构架；2-磁记录器支架；3-中心承力筒；4-服务舱主构架；5-对接壳

7.2　中心承力筒的功能与设计要求

7.2.1　中心承力筒的功能

中心承力筒的主要功能有以下 6 个方面。

(1) 承受整个航天器的主要载荷。中心承力筒作为航天器的主承力结构，直接承受运载火箭传递到整个航天器的主要载荷。

(2) 作为整个航天器结构组装的核心。在以中心承力筒为主承力结构的卫星中，大多数结构部件，如仪器安装板等均以中心承力筒为中心进行组合，因此中心承力筒的构型在很大程度上决定了整个航天器结构的构型。

(3) 为航天器上许多重要设备提供安装接口或空间，如推进剂贮箱、轨控发动机等。

(4) 提供航天器与运载火箭连接与分离的接口。在中心承力筒的下端存在与运载火箭对接的机械接口，通过连接和分离机构实现与运载火箭的连接及分离。

(5) 提供航天器设计和工艺的基准。中心承力筒的中心轴线一般定义为航天器的中心轴线，下端框与运载的对接面作为航天器设计和工艺基准面，中心轴线与该对接面的交点作为航天器本体坐标轴的原点。

(6) 提供航天器服务舱或者整个航天器在地面组装、试验、运输、储存时的支承面，以及航天器与地面支持设备的机械接口。

7.2.2　中心承力筒的设计要求

中心承力筒作为航天器的一种结构形式，主要设计要求有以下 7 个方面。

(1) 强度要求。由于中心承力筒是航天器的主结构，因此结构的强度问题特别重要。既要验证静强度，也要验证动强度。在强度分析中，应考虑所有环境条件下的载荷和温度影响，包括与运载火箭分离面上连接释放装置的包带预紧力影响。

(2) 刚度要求。整个航天器的固有频率在很大程度上取决于主承力结构的刚度，因此中心承力筒的刚度要求非常重要，对中心承力筒的纵向和横向基频均有明确要求。另外，由于中心承力筒是一个主要承受压载荷的薄壁壳体结构，应考虑其整体与局部稳定性问题，而稳定性取决于结构的刚度。

(3) 构型要求。中心承力筒的构型受到运载火箭、有效载荷、推进剂贮箱、轨控发动机等方面的接口或布局的限制，因此中心承力筒的外形、直径、高度以及在航天器舱段中的位置等，均应满足航天器系统构型的要求。

(4) 机械接口要求。机械接口要求是多方面的，可以包括与运载火箭的接口(中心承力筒下框与运载火箭对接段上框以及连接分离机构的接口关系)；与航天器上其他构件的接口(如承力筒上框与天线的接口)；与航天器其他设备(如推进剂贮箱等)的接口；与其他舱段(如在分舱设计中的载荷舱)的接口；与地面吊装、运输、储存、试验等设备的接口。

(5) 质量要求。中心承力筒是结构分系统中质量较大的一个结构部件，对整个结构分系统的质量有较大的影响，其质量指标由结构分系统内部分配确定。

(6) 尺寸和位置精度要求。中心承力筒的制造精度对整个航天器结构和设备的装配与位置精度均有重要影响，因此有较严格要求，如中心承力筒下框的尺寸精度；中心承力筒下框与上框的平行度和同轴度；中心承力筒纵轴与底面的垂直度；中心承力筒与主要结构部件之间的位置精度等。另外，如有特殊要求，还需要保持在空间温度环境变化条件下的尺寸和位置稳定性。

(7) 非机械性能要求。例如，中心承力筒的某些部位可能需要导热或隔热；下框表面需要进行满足热辐射性能的特殊处理；所有中心承力筒结构部件需接地，以防止静电积累等。

7.3　中心承力筒的结构形式与特点

7.3.1　中心承力筒的结构形式

1. 总体构型

中心承力筒由一个筒体和数个圆形框组成，框是中心承力筒成为具有稳定外形、完整独立的壳体结构所必需的结构件，承力筒顶部或中间部位的框与航天器上其他结构件相连。如果航天器的服务舱和载荷舱不仅从功能上分开，而且在几何和物理上也是分开的，则承力筒的高度就限制在服务舱范围以内，如图 7.1 (b) 所示。

中心承力筒的下端直径由运载火箭的对接接口确定，上端直径尽可能与下端直径保持一致，使筒体结构成为一个圆柱筒，以有利于设计和制造。如果两端的直径不一致，则中心承力筒可以做成一个截锥形结构，或者是截锥体和圆柱体的组合结构。对于截锥体和圆柱体的组合结构，可将两段做成一个整体结构，也可将两段分别作为两个结构件，然后连接形成一个整体。整体结构性能比较优越，并且重量也较小；但将锥段和柱段做成一个共固化成形的整体，在制造上较复杂。不论是整体结构还是分开结构，在柱段和锥段的交界处都需要设置具有一定径向抗弯刚度的隔框，因为截锥体在该处不仅有沿母线方向的载荷，在垂直于母线方向也有一定的载荷分量，隔框可以有效地防止筒体在该处产生失稳。

由于筒体内装有设备，有关管路或电缆需要穿越筒壁，为了观察和操作方便，往往需要在筒体上开操作孔。此外，还要考虑在装配、搬运、起吊、储存、试验时地面设备所需要的连接点及所必需的附加连接件，以及为保证连接装配精度所需的定位销等。

2. 筒体结构形式

中心承力筒的结构特点主要由筒体的结构形式确定，筒体结构与其他旋转壳体结构一样，可采取以下几种形式。

(1) 光壳。为具有相同壁厚、不做任何加强的硬壳结构。

(2) 网格壳。具有等边三角形、菱形等网格形式的密加筋薄壁壳体结构。

(3) 波纹壳。将筒壁沿轴向做成凹凸波纹形式来加强的薄壁壳体结构。

(4) 桁条加筋壳。对筒壁添加轴向桁条进行加强的薄壁壳体结构，也称为半硬壳结构。

(5) 蜂窝夹层壳。截面构造与蜂窝夹层板相同，但为筒形壳体结构。

以上各种壳体结构形式中，光壳虽然结构简单，制造方便，但为了达到要求强度和刚度，重量太大；网格壳的制造过于复杂，性能比光壳也没有太多的改善，因此均不适于作为中心承力筒结构，但复合材料网格壳因具有较高的比强度与比刚度，近年来得到了人们的重视。其他三种结构形式在中心承力筒结构中均有应用，它们的优缺点比较如下。

(1) 结构的刚度。波纹壳沿着圆周方向不能以一个完整的曲面来承受横向剪切载荷；桁条加筋壳中的桁条承受横向剪切载荷的效果不是很好；蜂窝夹层壳的蒙皮承受横向剪切载荷的效果较好，因此蜂窝夹层壳的横向剪切刚度性能较好。一般认为在相同结构重量情况下，蜂窝夹层壳的整体刚度(基频)要高于桁条加筋壳和波纹壳。

(2) 筒体与对接框的连接强度。筒体与对接框的连接强度很关键，对于加筋壳和波纹壳，由于对接框无法直接与加筋或波纹相连，形成了连接强度相对薄弱的环节；蜂窝夹层壳沿周向为均匀构造，可与对接框做良好的连接过渡。

(3) 筒体与框和其他构件的连接。蜂窝夹层壳与框和其他构件是通过夹层壳内的埋件来连接的，因此连接较复杂；波纹壳由于没有成片的平整区域，其与框和其他构件的连接也不是很方便；桁条加筋壳上存在大片的平整区域，连接件的设计相对要简单得多，并且位置布局也很方便。

(4) 中心承力筒的制造。与波纹壳和桁条加筋壳相比，蜂窝夹层壳的筒体本身构造简单，一般说制造上相对容易些；但蜂窝夹层壳的筒体检验和修补不便，筒体与框的连接装配也比较困难。

3. 结构材料

中心承力筒的筒体可以采用金属材料(如铝合金)，也可以采用复合材料。为了减轻重量和提高刚度，目前航天器中心承力筒的筒体一般均采用碳/环氧复合材料，尤其是高模量碳纤维(如 M40、M55J、M60J 等)/环氧复合材料。对于蜂窝夹层壳结构，则采用碳/环氧复合材料面板和铝蜂窝芯子。

中心承力筒的框也可以采用复合材料来减轻重量，但考虑到复合材料框的层间强度较低，制造也比较复杂，特别是与运载火箭连接的下端框需与包带装置配合，承受较大的预紧载荷，因此，框一般采用铝合金材料更合适。

7.3.2　中心承力筒的结构特点

中心承力筒是一个旋转壳形式的主结构，与箱板式或杆系等其他航天器主结构相比，有以下优点。

(1) 在传递载荷时，其载荷可以沿整个筒体均匀分布，不存在很大的集中载荷，从而使得结构设计比较合理。

(2) 适宜采用包带式连接和分离机构直接与运载火箭对接。

(3) 由于组成的零部件少，结构形式相对简单，因此中心承力筒结构的设计、制造和装配比较方便且容易实现。

(4) 国内外过去均广泛采用中心承力筒作为主结构，特别是国内应用卫星目前均采用中心承力筒作为主结构，因此结构的继承性较好。

同时，作为旋转壳形式的主结构，中心承力筒也存在一些固有缺点，主要有以下几点。

(1) 由于壳体为封闭构型，因此其开敞性较差，妨碍中心承力筒内设备的装配操作。

(2) 对航天器设备布局不利，特别是较大型航天器，限制了选择推进剂贮箱数量和安放位置的灵活性。

(3) 为了在中心承力筒内壁安装推进剂贮箱，增加了承力筒的高度；同时也相应增加了在运载火箭对接面上的弯矩，这在大型航天器情形下更为严重。

7.4　桁条加筋中心承力筒的设计与分析

桁条加筋中心承力筒的筒体包括蒙皮、桁条和框，如图 7.2 所示，属于第 5 章中介绍的桁条式半硬壳式结构，其设计与分析方法已做过介绍，这里只针对中心承力筒特殊的受载和结构特点进行补充介绍。

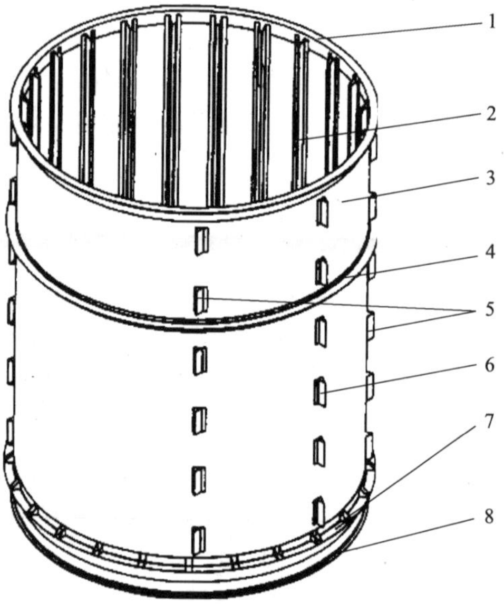

图 7.2　桁条加筋中心承力筒

1-上框；2-桁条；3-蒙皮；4,7-中框；5,6-纵向连接角片；8-下框

7.4.1　筒体设计

1. 蒙皮设计

筒体蒙皮的设计尺寸包括筒体的直径、高度及蒙皮厚度，其中，筒体的直径、高度在承力筒的构型设计中已大致确定，仅需根据上、下端框等构件情况进一步精确化。

采用碳／环氧复合材料蒙皮时，需要根据刚度要求和载荷条件进行合理的铺层设计。铺层设计时应注意如下问题。

(1) 铺层设计除了使蒙皮具有足够的拉压刚度，也应使蒙皮具有足够的抗弯刚度，以保证承力筒的整体稳定性和局部稳定性。

(2) 铺层角度一般采取标准铺层(0°、90°和±45°)，任一种角度的铺层百分比一般应不少于 6%~10%。特别应注意±45°层和 90°层的作用。±45°层可承受剪切载荷，90°层可使筒体尺寸更加稳定，两者均可提高筒体的横向刚度和整体刚度。

(3) 同一角度的单层不宜过多地连续铺设。

(4) 单层厚度应尽可能小，可使总层数增加，便于设计优化。

(5) 虽然对缠绕成形的轴对称筒体蒙皮的铺层对称性没有严格要求，但由于实际结构不可避免地存在制造偏差或需要开孔，为了避免翘曲变形，一般应采取对称铺层设计。

(6) 由于缠绕机在模具上无法缠绕出 0°层，所以只能用其他角度铺层替代，替代角应尽可能地接近 0°。

(7) 当筒体的高度尺寸很大或者沿高度方向筒体蒙皮的载荷变化很大时，可以沿轴向将筒体蒙皮分段设计，自下而上蒙皮的厚度逐段递减，以优化设计。每次递减最少为 2 层，厚度递减后将形成台阶，每个台阶的高度应不小于 5mm，并且截断的铺层不应设置在筒体外表面。

(8) 在蒙皮的开口区应增加补强的铺层，补强铺层可采取准各向同性铺层方式。

(9) 蒙皮制造时，在模具上按所设计的铺层角度顺序进行缠绕，然后固化成形。由于碳 / 环氧复合材料的线膨胀系数与模具材料不一致，所以形成的筒体蒙皮尺寸与模具有所不同，为了得到所要求的最终尺寸，在模具设计上要采取相应的措施。

2. 桁条设计

桁条在加筋壳中的作用主要有两点：一是承受纵向拉压载荷；二是对蒙皮提供支持，使之能维持正常的形状而不发生失稳。因此要求桁条具有较高的纵向刚度和强度以及较高的抗弯刚度。碳 / 环氧复合材料桁条一般采用帽形截面结构，在铺层设计中，应有较大比例的 0°层，尤其是在远离蒙皮的部位更应以 0°层为主，以提高其轴向刚度与强度。为了使桁条与蒙皮用螺钉或铆钉连接时具有较好的连接强度，也应有一定比例的 45°层及少量的 90°层。

桁条的布局是桁条设计的重点，应注意如下两个问题。

(1) 桁条位置的设置。桁条可以设置在筒体内表面或外表面。从力学观点看，中心承力筒的轴向载荷是通过端框传递的，载荷的作用线与桁条的形心一般不重合，由此将产生一个附加弯矩，使桁条产生弯曲变形。另外，壳体结构失稳将产生蒙皮向内凹陷的失稳波，如果桁条弯曲变形与凹陷的失稳波方向一致，将会使结构的临界载荷降低，因此，将桁条设置在筒体外表面有助于提高壳体的临界载荷。但考虑到筒体外表面上需要与多个中间框和连接件连接，为了方便安装连接，可把桁条设置在筒体内表面。

(2) 桁条数量或疏密程度的设置。为了提高筒体稳定性，可以增加单根桁条的截面积和相应的抗弯惯性矩，但过大的截面尺寸将占用过多的空间位置，并且将使桁条间隔增大，降低桁条间蒙皮的稳定性，因此桁条的截面设计应结合蒙皮的具体情况综合考虑。

桁条除了作为承力构件，也可作为连接构件，这在桁条布局时也需要加以考虑。

3. 框设计

中心承力筒的框可以包括下端框、上端框和中框三种。

1) 下端框

下端框也称为对接框，是中心承力筒底部的框，为了与运载火箭进行对接，必须设置下端框。下端框一般通过包带式连接释放装置与运载火箭对接段的上框进行连接，如图 7.3 所示，其材料要求与运载火箭对接段上框的材料一致，一般选用铝合金锻件整体机械加工而成。

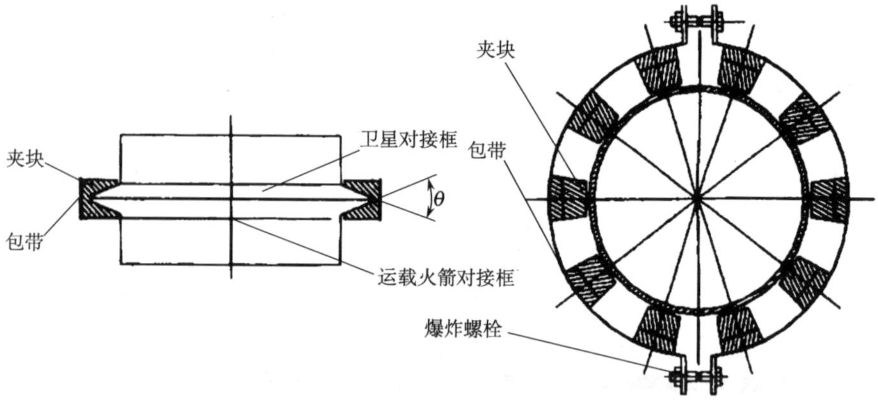

图 7.3　包带式星/箭连接释放装置示意图

下端框作为航天器与运载火箭的连接构件，承受着整个结构分系统中最大的载荷，所受到的载荷主要来自三个方面：①在发射阶段中整个航天器的载荷，该载荷作用在与蒙皮相连接的配合面和框的下端面上；②在地面操作过程中的载荷，该载荷作用在框的内法兰上；③与运载火箭对接后，包带式连接释放装置的预紧力。另外，下端框的刚度反映了火箭对航天器的约束情况，对整个航天器的基频也有重要的作用，因此下端框应具有足够的强度和刚度。

下端框与运载火箭的配合是航天器与运载火箭的重要机械接口界面，其配合尺寸已经形成了标准系列，如Φ650 接口、Φ937 接口、Φ1194 接口等。其中Φ937 接口、Φ1194 接口已成为国际标准接口尺寸，应优先选用。在同一规格的接口中，还有不同的形式，图 7.4 列出了Φ1194 接口的几种形式。

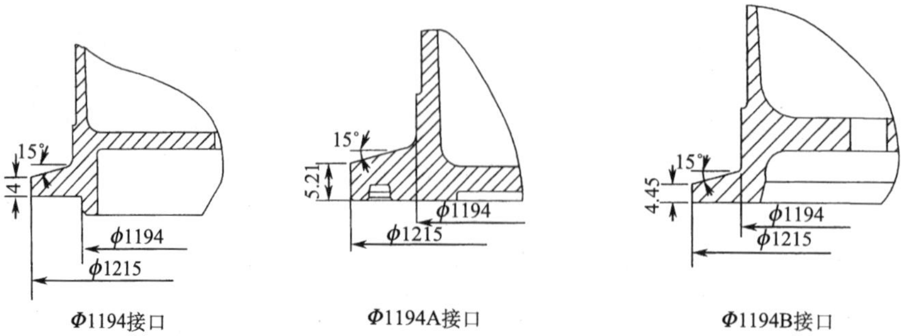

图 7.4　下端框的几种标准接口

为了保护与运载火箭的配合面不受损伤，在下端框上设置了内法兰，在地面操作时作为整个航天器的支承面。同时内法兰也可提高下端框的径向刚度，防止下端框在包带夹持力作用下失稳。

下端框与运载火箭对接框及包带夹块配合部分的尺寸由相关标准确定，并严格规定尺寸形位公差以确保配合质量。其他部分的尺寸需在设计过程中逐步确定，这些尺寸包括与筒体蒙皮的配合尺寸，以及内法兰与地面支承设备、运载火箭分离开关的接口尺寸等。由于复合材料结构的尺寸离散性较大，为了与筒体蒙皮得到合适的配合尺寸和胶接间隙，可在筒体蒙皮固化成形后，根据筒体蒙皮实测尺寸，确定与蒙皮的配合尺寸。

除了力学性能和尺寸要素，下端框的表面特性也是设计的重要内容，包括：为了保证胶接强度，与蒙皮配合部分表面采用磷酸阳极化处理；在轨道运行期间，裸露于航天器本体之外的部分需要具有满足热控要求的表面特性；包带夹块配合的斜面应尽可能减小摩擦系数，以确保航天器与运载火箭的顺利分离。

2) 上端框

上端框为中心承力筒顶部的框，由于承力筒的上端一般要与其他构件、其他设备甚至其他舱段进行连接，因此一般也需要设置上端框。

依据航天器构型的不同，上端框在航天器中所处的位置可能有两种情况：如果中心承力筒贯穿整个航天器，则上端框位于航天器的顶端；如果航天器是分舱设计的，则上端框位于航天器的中部，并且与载荷舱连接。当上端框位于航天器的顶端时，所需要连接的仅为重量较小的结构件或设备(如天线等)，承受载荷不大，此时对上端框的强度和刚度要求不很高，为了减小质量，也可以采用碳 / 环氧复合材。如果上端框需要承受较大连接载荷，则适宜采用铝合金。因为碳 / 环氧复合材料难以承受大的集中载荷；同时在振动环境下，在上端框部位可能产生交变弯矩而使复合材料发生分层破坏。与筒体蒙皮的配合面尺寸和表面状态可按下端框的方式确定。

3) 中框

中心承力筒一般需要连接许多其他结构板件，与中心承力筒端面平行的结构板大都需要通过连接框与筒体连接，中心承力筒中间部位的这些框称为中框，结构板上的部分纵向、横向载荷以及筒体外的扭转载荷可通过中框传递到中心承力筒上。此外，设置具有一定刚度的中框也可以起到缩短桁条长度的效果，从而提高桁条的临界载荷值，这比增加桁条截面惯性矩可能有效。中框为中心承力筒中间部位的框。

中框可用铝合金机械加工和板材滚弯成形而成，也可用碳 / 环氧复合材料铺设成形。在复合材料铺层设计时，要有较大比例的 45°层以提高剪切强度和刚度，局部可铺设一些角筋来增加法向弯矩的承载能力。为了装配的方便，中框可由两个半环拼接组成。图 7.5 为中框形式的一个例子。中框与筒体蒙皮的连接采用胶接。

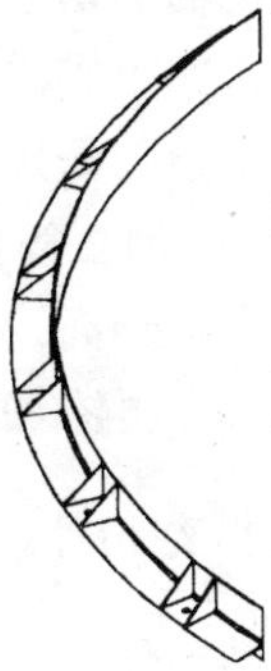

图 7.5　中框结构示意图

7.4.2　连接设计

1. 中心承力筒的装配连接

中心承力筒的装配连接就是将各基本构件(蒙皮、桁条、框)连接在一起，形成整体的中心承力筒结构。装配连接的要求为：整体结构及各个连接接口满足尺寸精度要求，以及各个连接环节满足连接强度要求。

中心承力筒是整个航天器结构的核心，是保证整个航天器结构顺利装配和尺寸精度的基础，因此中心承力筒的装配要着重保证各连接接口的相对位置及尺寸精度。中心承力筒的基准坐标系原点设在航天器与运载火箭对接面的中心，下端框内法兰的下表面作为中心承力筒与地面设备及测量基准的对接面，因此也是装配时的工艺基准面。

承力筒的主要装配尺寸精度要求有：筒体的垂直度；上端框与下端框的平行度；各纵向连接角片的垂直度、与相关基准坐标面的对称度及尺寸公差；桁条的分布尺寸公差等。装配时有些连接件的尺寸精度可能较难保证，因此在装配设计中，应进行合理的公差分配，使后续的结构装配有可调节的余地，某些接口尺寸精度可通过组合加工的方法来实现。

筒体结构装配连接主要采用胶接连接，可以采用共固化连接或常温固化连接方式。共固化胶接连接是被连接的构件在复合材料固化成形的同时实现连接，胶接缺陷较少，强度较高，由于共固化胶接连接是在高温条件下进行的，因此要求被胶接件的线膨胀系数接近。常温固化胶接连接是被连接的构件在室温环境中采用常温固化胶胶接在一起。

目前复合材料加筋中心承力筒的装配连接主要采用常温固化胶接连接。在进行胶接连接设计时要考虑以下几个基本要点：合理增大胶接面积，以提高承载能力和耐久性；选取合适的胶层厚度，使胶层具有最佳的强度性能；被连接件在胶接区的形状应尽可能地减小应力集中；在胶接区使胶层在最大强度方向受力，避免使胶层产生剥离应力。

筒体蒙皮与框和角片的连接，以及桁条与上、下端框的连接为单搭接形式，单搭接的胶接连接在承受载荷时，由于载荷偏心的作用，不可避面地将在胶接面的边缘区域产生剥离的剪切应力，为此必要时可采用胶接和螺接或铆接的组合连接方式，即用螺接或铆接来约束剥离，并抑制损伤的扩展，而使胶层仅承受剪力，以获得最佳的连接效果。对于桁条与蒙皮的连接，由于桁条与蒙皮的协同变形，桁条与蒙皮之间的剪切应力不是主要的，但在筒体发生失稳趋势时，桁条与蒙皮之间可能存在使它们互相分离的正应力。为了防止分离，特别是在桁条与框相交(隔着蒙皮)的复杂载荷部位，必要时也可在胶接的基础上再添加螺接或铆接来加强。

2. 结构件或设备的连接

结构件或设备的连接是指把航天器上各种结构件(如纵向隔板等)或设备(如推进剂贮箱支架等)与中心承力筒相连接，为了实现这种连接，需要通过某种形式的连接件。

用于连接其他结构件和设备的连接件形式有连接支座、连接角片等。连接支座可设在蒙皮上，也可设在桁条上。连接角片用于连接纵向隔板，受剪力和局部弯矩载荷，通常由铝合金加工而成。为了装配时避免与框干涉，纵向连接角片可设计成分段式。图 7.3 给出一个沿中心承力筒纵向设置的连接角片。

连接件一般与中心承力筒胶接连接，并通过胶接或螺接与相应的被连接结构件或设备连接。连接件的一般设计原则是：①连接件尽量简单且重量小；②连接件应满足连接刚度和强度要求；③连接件的形式应适应与筒体的连接且保证被连接结构件或设备的安装位置精度；④连接件本身应便于制造、装配和调整。

7.4.3　设计计算

桁条加筋中心承力筒的设计计算与 5.5 节介绍的薄壁结构弹身的设计计算方法基本类似，在这里仅介绍下端框的稳定性设计计算方法。

航天器下端框与运载火箭通过包带连接，如图 7.3 所示，通常在连接时对包带施加了较大的预紧力。下端框在预紧力的作用下可能产生径向失稳，因此需要验证框的稳定性。

下端框实际承受的径向压力 p 根据包带预紧力 P 计算出。设框半径为 R，共有 n 个夹块，尺寸相同且均匀分布，则

$$p=\frac{P}{R} \tag{7.1}$$

而最大预紧力为

$$P_{\max}=\frac{K}{n\Delta\varphi}\left(\frac{2M}{R}+\frac{Q}{\nu_1}+N+N_{\mathrm{T}}\right)\frac{\tan\left(\dfrac{\theta}{2}\right)-\nu}{1+\nu\tan\left(\dfrac{\theta}{2}\right)} \tag{7.2}$$

式中，K 为修正系数；M、Q 和 N 为作用在对接面上的弯矩、剪力和轴向拉力；N_{T} 为作用在对接面上的分离弹簧(如果有的话)产生的轴向拉力；$\Delta\varphi$为一个夹块所占的周向角；θ为图 7.3 中所示的夹块内角，一般取 30°、40°或 60°；ν为夹块与框之间的摩擦系数；ν_1 为两对接框之间的摩擦系数。

框的临界径向压力为

$$p_{\mathrm{cr}}=\frac{EI}{R^3}\left(m^2-1\right)+\frac{C_t R}{m^2\left(m^2-1\right)} \tag{7.3}$$

式中，E 为材料的弹性模量；I 为包含火箭对接框在内的框截面惯性矩；m 为框径向失稳时的波数；C_t 为框的弹性支承常数，右端第二项为弹性支承对下框临界径向压力的贡献。弹性支承由与框相连的筒体提供，由于这个弹性支承的作用很难准确确定，在初步设计计算中，可暂不考虑，这样的设计结果比较保守。

综合式(7.1)~式(7.3)，由稳定性条件

$$p\leqslant p_{\mathrm{cr}} \tag{7.4}$$

可进行框的稳定性强度设计和验证。

7.5　蜂窝夹层中心承力筒的设计与分析

蜂窝夹层中心承力筒(图 7.6)的构造与上述桁条加筋中心承力筒相比,所采用的框和连接件形式基本相同，区别仅在于筒体的构造不同。蜂窝夹层中心承力筒的筒体为蜂窝夹层壳，与蜂窝夹层板在构造和破坏形式上基本相同，区别仅在于夹层板是平的，而夹层壳是一个整体圆柱。因此，蜂窝夹层中心承力筒的设计和分析借用蜂窝夹层板来介绍。

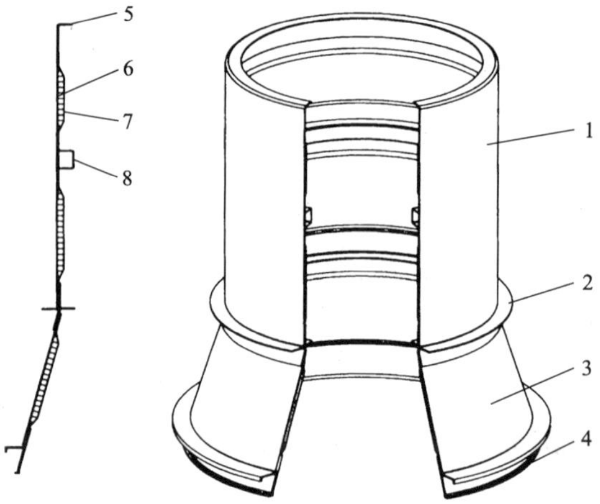

图 7.6　蜂窝夹层中心承力筒

1，3-柱/锥筒体；2-中间框；4-下端框；5-上端框；6，7-外/内面板；8-连接框

7.5.1　筒体设计

1. 蜂窝夹层结构的主要力学特征

蜂窝夹层结构的构造形式在 4.6.2 中已做过介绍，由上、下面板和中间的蜂窝芯子通过胶黏剂胶结在一起形成，其上、下面板的材料和厚度一般均相同，且比芯子高度小得多，面板的强度、刚度很高；芯子沿板面是正交各向异性构造，沿板面方向的刚度、强度很小。蜂窝夹层结构的主要力学特征如下。

(1) 弯矩主要由面板承担。这是因为面板的面内刚度比芯子大得多，且离中性轴较远。

(2) 面板中的应力沿厚度接近均匀分布。这是因为面板较薄，最大应力与最小应力相差很小，可认为沿厚度接近均匀分布。

(3) 横向剪力主要由芯子承担。蜂窝夹层受载时横截面上除了弯矩，还有剪力，对应的切应力沿厚度方向是中间大，上下两边小，而且面板很薄，承担的横向剪力小，因此横向剪力主要由芯子承担。

(4) 通常不能忽略芯子的横向剪切应变。这是因为蜂窝夹层结构芯子的横向剪切弹性模量 G_C 较小，芯子的横向剪切变形较大。

(5) 芯子具有横向支持面板、避免面板局部失稳的作用。芯子的支承能力与芯子的横

向弹性模量 E_C 和芯子高度 h_C 的比值 (E_C/h_C) 成正比。

2. 蜂窝夹层结构的破坏模式

基于这些力学特点，蜂窝夹层结构在受载时，其整体及面板、芯子和胶黏剂可能会发生各种类型的破坏模式。常见的破坏模式如表 7.1 所示。

表 7.1　蜂窝夹层结构的破坏模式

破坏模式	破坏原因	图示
整体失稳	面板厚度不够或芯子剪切刚度低，使夹层板弯曲刚度不够	
面板皱曲	面板在弹性基础上失稳，胶黏剂平面拉伸强度不够时向外凸出；芯子压缩强度不够时向内凹陷	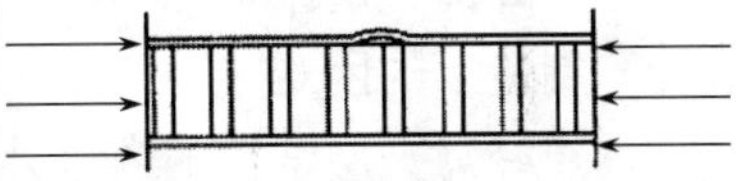 胶层破坏 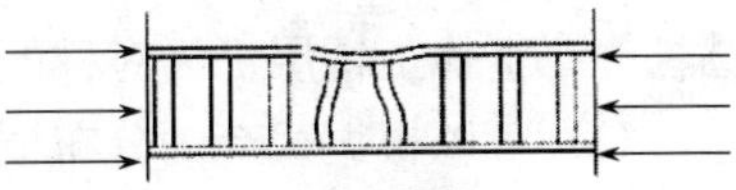 夹心压缩破坏
剪切皱损	芯子横向剪切模量低或胶黏剂剪切强度小，可引起芯子剪切破坏或面板与芯子之间脱胶	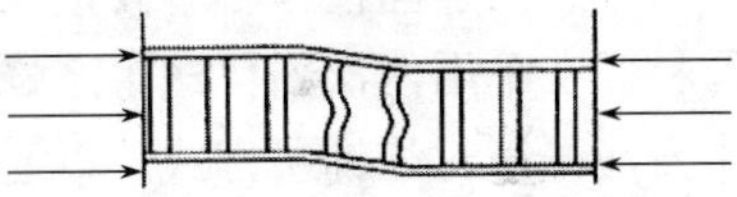
芯格内面板凹陷	芯格尺寸过大或面板厚度太小	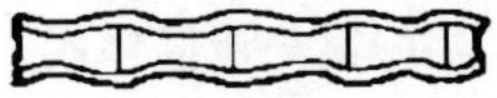
芯子局部压塌	芯子压缩强度太小	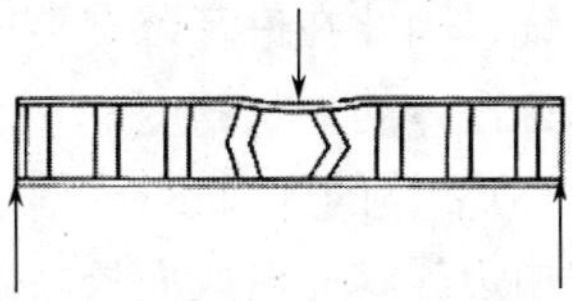
面板破裂	整个夹层板厚度不够、面板厚度不够或面板强度不够	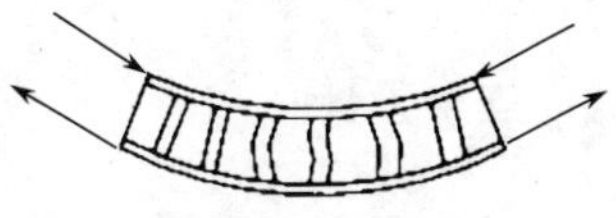
横向剪切破坏	芯子剪切强度小或夹层板厚度不够	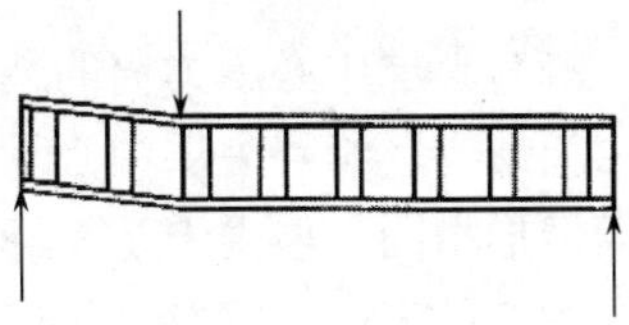

3. 蜂窝夹层中心承力筒设计中应注意的问题

蜂窝夹层中心承力筒的面板一般采用高模量碳纤维／环氧复合材料，芯子采用铝蜂窝，在设计中应注意以下几点。

(1) 由于筒体主要承受面内载荷，因此在满足筒体稳定性的要求下，夹层的总厚度应尽量设计得薄些，以有利于筒体与对接框之间的载荷传递，增加承力筒内的有效空间，以及减小承力筒的重量。

(2) 为了制造方便，整个筒体的芯子宜采用同一高度。在筒体的不同部位可选用不同规格的芯子，在一般的部位选用铝箔壁厚较小、格子尺寸较大的蜂窝芯子，以减小重量；而在受载较大的区域，尤其是局部存在较大法向载荷的部位，应选用铝箔厚度较大、格子尺寸较小的蜂窝芯子。

(3) 蜂窝夹层结构的内、外面板应采取均衡铺层方式，以避免拉剪耦合效应，造成设计和制造上的困难。

(4) 蜂窝夹层结构的内、外面板一般采取对称铺层方式。但如果需要，也可将内、外面板设计成不同的厚度。例如，可将外面板设计得较厚来作为主承力元件，由于夹层圆柱壳在整体上铺层仍为对称的，因此与夹层板不同，不会引起翘曲。

(5) 可以根据载荷的分布情况，沿轴向把筒体分成几段，自下而上面板的厚度逐段递减，以减轻筒体重量。

(6) 由于面板与芯子胶接工艺的需要，至少在芯子一侧的面板需要分片拼接成整体圆柱。在采用两次固化法生产蜂窝夹层筒体时，内、外面板单独固化。分片成形的面板本身应采用对称铺层方式，以避免拉弯耦合造成面板的翘曲变形。如果采用共固化方式制造夹层筒体，则没有这个要求。

(7) 蜂窝夹层筒体固化成形后，其形状不能像加筋壳筒体蒙皮那样容易调整。如果筒体在圆度方面存在较大的偏差，将使筒体与对接框的连接困难，进而导致连接强度难以保证，因此在进行蜂窝夹层筒体设计时，要尽可能使筒体具有良好的轴对称性，以利于保证筒体的形状精度。

(8) 筒体的开口设计。在开口边缘，由于使用中受损、胶黏剂老化、载荷作用等原因，在自由边界容易造成面板与芯子的脱胶，或者面板的分层。因此一般在开口边缘上添加边框(口框)来加强。

7.5.2　连接设计

1. 中心承力筒的装配连接

蜂窝夹层中心承力筒的装配连接就是把各个框与筒体连接在一起，形成整体的中心承力筒结构。蜂窝夹层中心承力筒的装配要求和连接方法基本上与上述桁条加筋中心承力筒情形相同。但由于是与蜂窝夹层结构连接，具体的连接方式有所不同。

图 7.7 表示了蜂窝夹层筒体与下端框的几种连接方式。图 7.7(a) 连接方式中的夹层结构在连接处将内、外面板合在一起，与下端框胶接连接，并可以用辅助螺接或铆接。

在这种连接方式中，连接工艺和对接框的设计比较简单，但是夹层结构的设计稍微复杂。另外，这种连接方式的传力效果也稍差，仅夹层结构一侧的面板作为主传力元件，另一侧为辅助传力元件，主要作用为稳定夹层结构。在图 7.7(b)连接方式中，夹层筒体完全插入下端框的凹槽中进行胶接，并可采用辅助螺接或铆接。这种连接方式使下端框的设计比较复杂，并且截面尺寸较大。在图 7.7(c)连接方式中，夹层筒体与下端框通过搭接板进行胶接对接，下端框的尺寸可以比图 7.7(b)中连接方式稍小一些。后两种连接方式中夹层筒体与下端框有两个胶接面进行胶接，可以获得较高的连接强度。

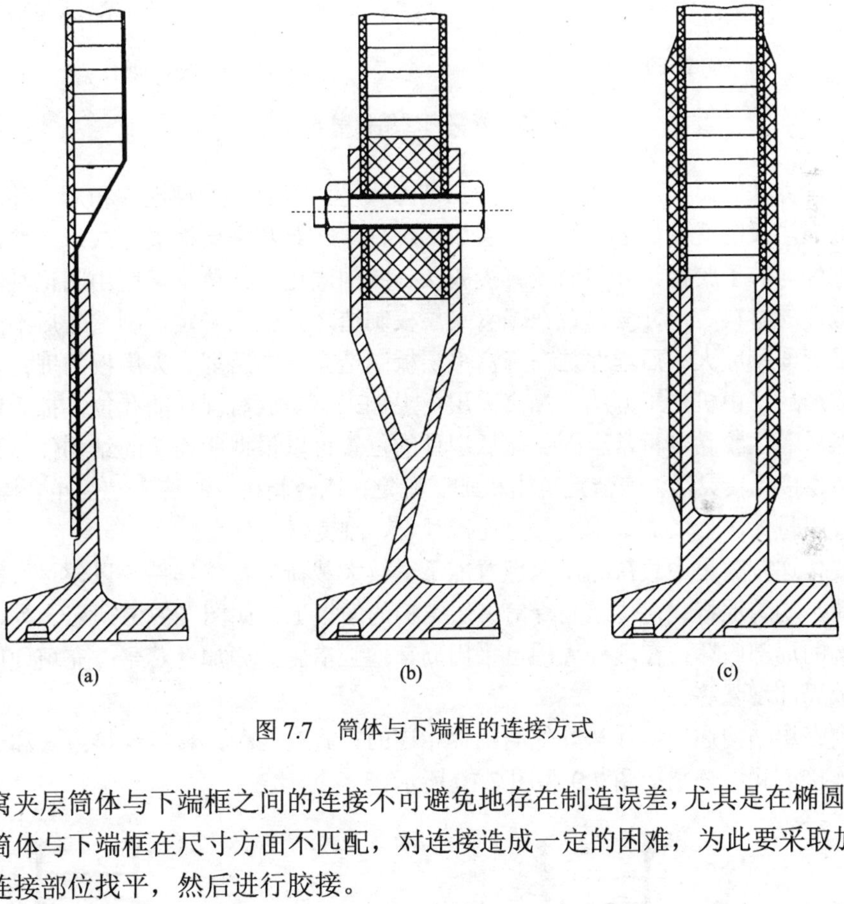

图 7.7　筒体与下端框的连接方式

蜂窝夹层筒体与下端框之间的连接不可避免地存在制造误差，尤其是在椭圆度方面，这将使筒体与下端框在尺寸方面不匹配，对连接造成一定的困难，为此要采取加垫片等措施将连接部位找平，然后进行胶接。

2. 结构件或设备的连接

连接航天器上其他结构及设备的连接件和连接要求与桁条加筋中心承力筒情形基本相同。但蜂窝夹层结构不能直接承受集中载荷，在中心承力筒上所有的连接均需要通过埋置在夹层结构中的“埋件”来实现。所谓“埋件”，是指蜂窝夹层结构中埋入的一个零件，如图 7.8 所示，通过该零件中的光孔或螺孔，采用螺钉把蜂窝夹层结构与其他结构件相连接。可用铝合金或复合材料制作埋件，在埋件中钻孔，或者加工出镶嵌钢丝螺套的螺孔；也可采用钛合金或不锈钢等制作埋件，此时可直接加工出连接用的螺孔。

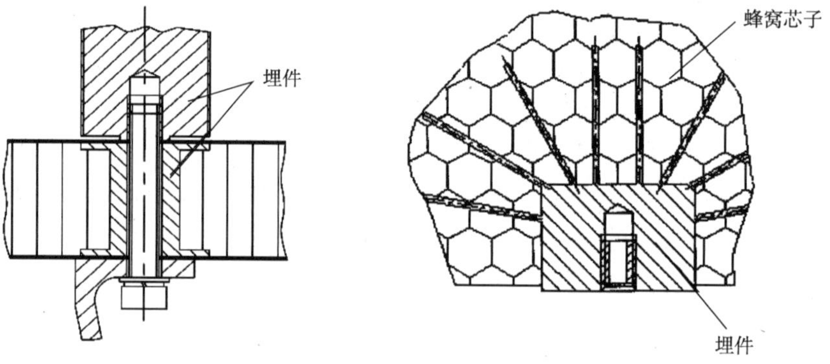

(a) 普通埋件　(b) 承受较大载荷的特殊埋件

图 7.8　蜂窝夹层结构中的埋件

根据埋件在蜂窝夹层结构内安装的工艺方式不同，可分为预埋件和后埋件。预埋件是在蜂窝夹层板制造完成之前埋入夹层板的埋件。在蜂窝夹层板固化成形之前，用泡沫胶把预埋件与芯子胶接，并与面板直接胶接、共同固化。其位置精度由固化时的模板保证。预埋件的材料、尺寸与位置在蜂窝夹层板制造之前就已确定，制造之后不能改变，但连接强度与刚度大。后埋件是在蜂窝夹层板制造完成之后埋入夹层板的埋件。在夹层板固化成形后，由机加工方法在蜂窝夹层板上加工出安放后埋件的孔位，把后埋件埋入孔中，然后灌注胶黏剂再常温固化。后埋件的位置可以根据所连接的结构件、设备来确定，安装连接比较灵活；安装定位由机加工确定，比较精确；制造工艺简单、操作方便；但灌注胶用量大，会增加结构重量；连接强度、刚度低。

当要传递较大集中载荷时，应埋置能承受较大载荷的特殊埋件，以便尽可能地扩散集中载荷，均匀地将载荷传递到蜂窝夹层结构的面板上，如图 7.8(b)所示。为避免蜂窝夹层结构的局部破坏，在埋件周围可采用局部增强措施，如加密芯子、充填硬质泡沫塑料、面板局部增强等。

蜂窝夹层结构通过埋件与其他结构件相连的方式有两种：直接连接方式和通过角片的间接连接方式，分别如图 7.9 和图 7.10 所示。

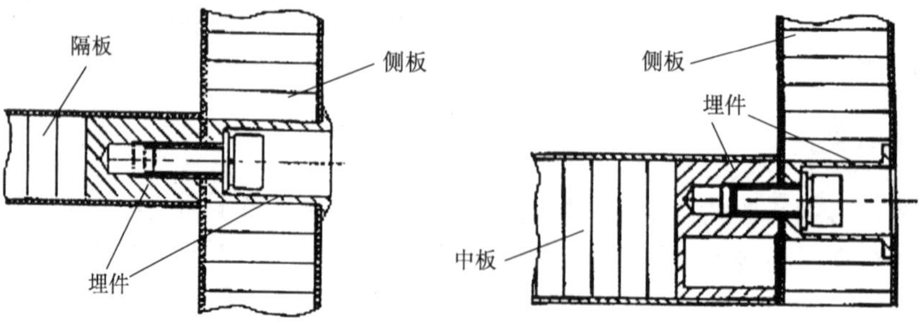

(a) 侧板与隔板的连接　(b) 侧板与中板的连接

图 7.9　埋件直接连接方式

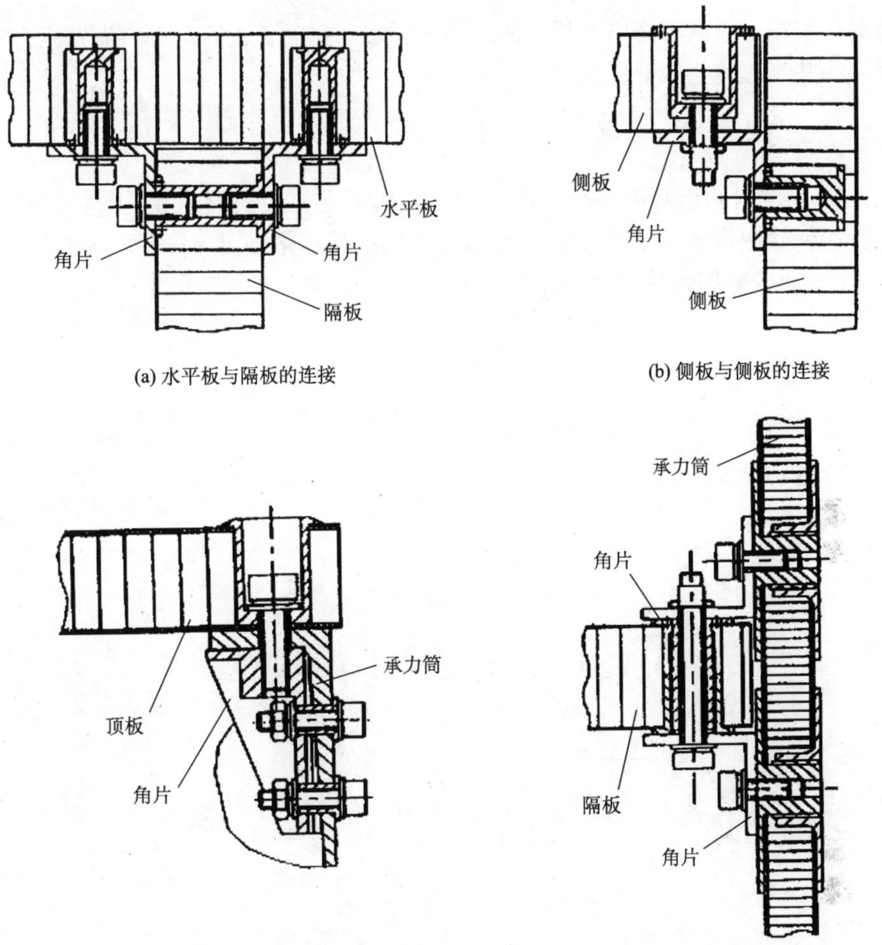

(a) 水平板与隔板的连接　(b) 侧板与侧板的连接

(c) 顶板与承力筒的连接　(d) 隔板与承力筒的连接

图 7.10　埋件通过角片的间接连接方式

蜂窝夹层中心承力筒采用埋件连接其他结构件时，需要注意以下四点。

(1) 在复合材料夹层筒体上钻孔比较困难，因此应尽量采用预埋件而不用后埋件。

(2) 在设计上应考虑到中心承力筒的埋件承受的载荷以剪力为主，即载荷作用的方向平行于面板。

(3) 对于受载荷较大的埋件，可以在埋件附近区域上增加面板厚度，以增强埋件的承载能力，面板增强方式应该使夹层截面的刚度变化逐步过渡。

(4) 对于承受垂直于筒体表面的法向载荷的埋件，应在埋件附近区域选用密度较大的蜂窝芯子，并在蜂窝芯子中填充灌注胶，以增强埋件的承载能力。

7.5.3　设计计算

大多蜂窝夹层中心承力筒为圆柱形筒，因此在这里仅以圆柱筒为例来介绍设计计算。蜂窝夹层圆柱壳的失效往往是稳定性失效，常见的失效模式有：整体失稳、面板皱曲、夹层板剪切皱损、蜂窝芯格内面板凹陷、芯子压塌、面板脱胶等，它们临界应力的计算，可以采用一些半理论半经验的公式。

1. 蜂窝芯子弹性常数的确定

图 7.11 为常用的正六边形蜂窝芯子，壁厚为δ，芯格边长为r，芯子材料的弹性模量为E，剪切弹性模量为G。则垂直于面板方向的抗压模量E_c、y-z平面内剪切弹性模量$G_{c,yz}$和x-z平面内剪切弹性模量$G_{c,xz}$分别为

$$E_c = \frac{2}{\sqrt{3}}\frac{\delta}{r}E \tag{7.5}$$

$$G_{c,yz} = \frac{1}{\sqrt{3}}\frac{\delta}{r}G \tag{7.6}$$

$$G_{c,xz} = \frac{\sqrt{3}}{2}\frac{\delta}{r}G \tag{7.7}$$

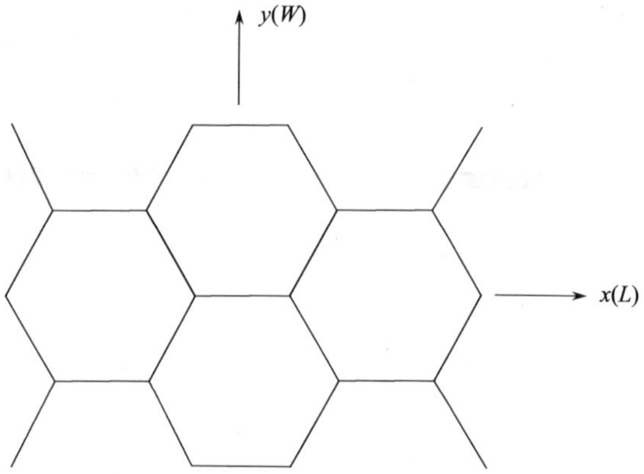

图 7.11　正六边形蜂窝芯子

2. 临界应力

以下临界应力计算公式中，整体失稳情况直接采用正交各向异性复合材料面板圆柱壳的计算公式，其他局部失稳情况均以面板为各向同性材料的蜂窝夹层板为对象说明，但对正交各向异性复合材料面板的圆柱壳也可参考使用。

1) 整体失稳

对于正交各向异性复合材料圆柱壳，单位周长的轴压失稳载荷为

$$N_x = \left(\frac{L}{m\pi}\right)^2\left(T_{33} + \frac{2T_{22}T_{13}T_{23} - T_{11}T_{23}^2 - T_{22}T_{13}^2}{T_{11}T_{22} - T_{12}^2}\right) \tag{7.8}$$

式中，

$T_{11} = A_{11}(m\pi / L)^2 + A_{66}(n / R)^2$；

$T_{12} = (A_{12} + A_{66})(m\pi / L)(n / R)$；

$T_{13}=(A_{12}/R)(m\pi/L)+(B_{12}+2B_{66})(m\pi/L)(n/R)^2+B_{11}(m\pi/L)^3$；

$T_{22}=A_{22}(n/R)^2+A_{66}(m\pi/L)^2$；

$T_{23}=(A_{22}/R)(n/R)+(B_{12}+2B_{66})(m\pi/L)^2(n/R)+B_{22}(n/R)^3$；

$T_{33}=D_{11}(m\pi/L)^4+2(D_{12}+2D_{66})(m\pi/L)^2(n/R)^2+D_{22}(n/R)^4$；

$+2(B_{22}/R)(n/R)^2+A_{22}/R^2+2(B_{12}/R)(m\pi/L)^2$。

其中，m 为轴向失稳半波数；n 为周向失稳全波数；R 为筒体半径；L 为筒体长度；A_{ij}、B_{ij} 和 $D_{ij}\,(i,j=1,2,6)$ 分别为夹层壳的拉压、耦合和弯曲刚度系数，其计算公式可参考 3.2.4 节。

选取不同的 m、n 值计算 N_x，其中最小值即为失稳临界载荷 $N_{x\mathrm{cr}}$。

2) 面板皱曲

面板的临界皱曲应力，可采用以下经验公式估计：

$$\sigma_{\mathrm{cr}2}=K_2\sqrt{\frac{E_{\mathrm{f}}E_{\mathrm{c}}t_{\mathrm{f}}}{\left(1-\mu_{\mathrm{f}}^2\right)h_{\mathrm{c}}}} \tag{7.9}$$

式中，t_{f} 为面板的厚度；E_{f} 和 μ_{f} 分别为面板材料的弹性模量和泊松比；h_{c} 为芯子高度；K_2 为失稳系数，考虑到边界支承和初始缺陷影响，K_2 在 0.33~0.82 取值。

3) 夹层板剪切皱损

当蜂窝芯子的剪切刚度较小时，芯子的剪切破坏会引起夹层板的剪切皱损失稳。此时面板的临界剪切皱损应力的经验公式为

$$\sigma_{\mathrm{cr}3}=\frac{h^2}{\left(t_{1\mathrm{f}}+t_{2\mathrm{f}}\right)h_{\mathrm{c}}}G_{\mathrm{c}} \tag{7.10}$$

式中，h 为两面板中面之间的距离；G_{c} 为芯子材料的剪切弹性模量，根据情况取 $G_{\mathrm{c},yz}$ 或 $G_{\mathrm{c},xz}$；$t_{1\mathrm{f}}$ 和 $t_{2\mathrm{f}}$ 分别为上、下面板材厚度。

4) 蜂窝芯格内面板凹陷

蜂窝芯格内面板凹陷临界应力的经验公式为

$$\sigma_{\mathrm{cr}4}=\frac{2E_{\mathrm{f}}}{\left(1-\mu_{\mathrm{f}}^2\right)}\left(\frac{t_{\mathrm{f}}}{S}\right)^2 \tag{7.11}$$

式中，S 为蜂窝芯格内切圆直径。

5) 芯子压塌

蜂窝芯子压塌临界应力的经验公式为

$$\sigma_{\mathrm{crush}}=\frac{\sigma_{\mathrm{cr}j}}{1+\dfrac{2E_{\mathrm{c}}}{h_{\mathrm{c}}}\cdot\dfrac{\delta_0}{\sigma_{\mathrm{cc}}}} \tag{7.12}$$

式中，δ_0 为面板初始波形的幅值；σ_{cc} 为蜂窝芯子的压缩强度；$\sigma_{\mathrm{cr}j}$ 取上述临界应力 $\sigma_{\mathrm{cr}2}$ 和 $\sigma_{\mathrm{cr}4}$ 中的较小值。

6) 面板脱胶

芯子与面板脱胶应力的经验公式为

$$\sigma_{\text{debond}} = \frac{\sigma_{\text{cr}j}}{1 + \frac{2E_c}{h_c} \cdot \frac{\delta_0}{\sigma_{\text{bc}}}} \tag{7.13}$$

式中，σ_{bc}为蜂窝芯子与面板的胶接强度。

3. 蜂窝夹层中心承力筒的载荷和应力

作用在筒体上的单位周长载荷N由周压载荷P和弯矩载荷M共同引起，即

$$N = \frac{P}{2\pi R} \pm \frac{M}{\pi R^2} \tag{7.14}$$

面板中的应力分别为

$$\begin{cases} \sigma_1 = \dfrac{E_{f1}N}{E_{f1}t_{f1} + E_{f2}t_{f2}} \\ \sigma_2 = \dfrac{E_{f2}N}{E_{f1}t_{f1} + E_{f2}t_{f2}} \end{cases} \tag{7.15}$$

式中，t_{f1}、t_{f2}分别为内、外面板的厚度；E_{f1}、E_{f2}分别为内、外面板材料的弹性模量。如果内、外面板的厚度和材料相同，则两面板中的应力相等，均为

$$\sigma_1 = \sigma_2 = \frac{N}{2t_{f1}} \tag{7.16}$$

根据所计算的载荷和蜂窝夹层圆柱壳的各种临界应力，就可以对蜂窝夹层中心承力筒进行失稳强度设计与校核。

第 8 章　密封舱结构设计

8.1　引　　言

航天器密封舱是为了舱内航天员或仪器设备的需要，在空间运行时舱内需要维持一定压力的舱段，如图 8.1 所示的俄罗斯“联盟号”返回舱就是一个密封舱。密封舱是一个受载复杂的特殊舱段，既要承受和传递运载火箭发射载荷及可能的气动载荷的作用，又要承受一定的内压载荷。密封舱的舱内工作压力(绝对压力)通常根据要求而定，一般不超过 0.1MPa，如我国舱外航天服的舱内工作压力为 0.04MPa。根据对舱内工作压力精度的要求而决定密封舱是否配备压力控制系统。密封舱结构是密封舱的主要部件，它保持密封舱的密封状态和承受密封舱的载荷。本章将主要讨论密封舱的功用与设计要求、结构形式、具体设计和分析方法。

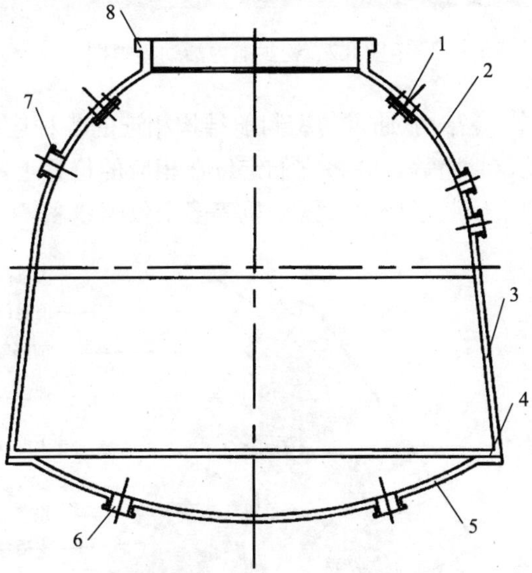

图 8.1　俄罗斯“联盟号”飞船返回舱

1-支承框；2. 球形壳；3-锥形壳；4-下端框；5-大底；6-软着陆发动机法兰；7-法兰；8-端框法兰

8.2　密封舱的功用与设计要求

8.2.1　密封舱的功用

(1) 密封。密封舱结构与其他大多数结构的最大不同点是其具有一定的密封能力，使安装在舱内的需要密封的设备或人员能正常工作。特别是载人飞船密封舱，密封功能的下降或破坏轻则提前结束飞行任务，重则发生危及航天员生命的灾难性事故。

(2) 承受载荷。密封舱结构一般是航天器的主结构，它是承受和传递航天器载荷的主要部件。为此它应有足够的强度和刚度，保证不产生破坏和有害变形。

(3) 提供航天器内部空间。密封舱结构的内部容积为设备提供安放空间；对于载人密封舱来说，还要提供航天员的活动和居住空间，如图 8.2 所示。

图 8.2　密封舱内活动模拟图

(4) 支承仪器设备。密封舱通过与密封舱结构相连的各种连接支架，支承固定舱内的各种仪器设备、电缆、管路等，并将它们定位在相应的位置上。如图 8.3 所示的“阿波罗”飞船的指令舱中，安装了座椅、发动机等多个仪器设备。

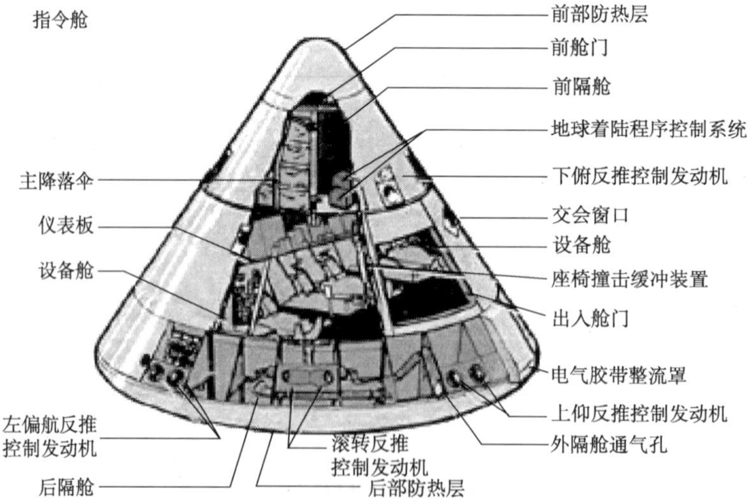

图 8.3　“阿波罗”飞船的指令舱

(5) 舱段对接。密封舱结构的前、后端框经常作为对接面与其他舱段对接。例如，在如图 8.4 所示的 FSW-2 卫星中，密封舱通过它的前端框与服务舱相铆接而构成仪器舱，它的后端框直接与运载火箭对接相连。

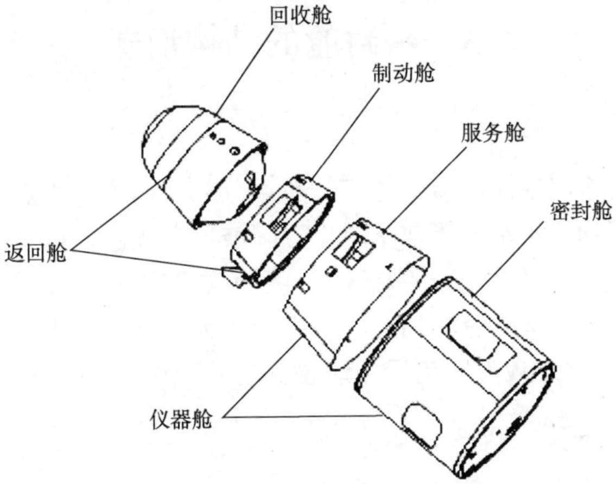

图 8.4　FSW-2 卫星结构示意图

(6) 提供设计和工艺基准。密封舱结构的中心轴线一般定义为航天器的中心轴线。例如，在 FSW-2 卫星中，密封舱后端框与运载火箭的对接面为卫星设计和工艺基准面，中心轴线与该对接面的交点为卫星本体坐标轴的原点。

(7) 隔热和接地。航天器在太空飞行时，经常会遇到高低温情况，而密封舱内的压力稳定系统仅仅是进行压力控制，所以为了提供一个合适的温度，密封舱需要具有良好的隔热功能。为了减小各设备或各分系统之间的电磁干扰，需要对各设备进行接地。

8.2.2　密封舱的设计要求

密封舱结构作为航天器的一种结构类型，应该满足航天器结构设计的一般要求。结合其自身特点，综合设计要求如下。

(1) 密封要求。密封要求是密封舱结构设计最重要的要求。密封舱结构在规定的工作环境和工作时间内，其漏率应满足规定指标，以保证舱内设备或人员正常工作。

(2) 强度要求。密封舱结构应能经受各种载荷和温度环境的作用，特别是应能长期经受内压载荷的作用，因此结构的强度要求更为突出。

(3) 重量要求。密封舱的结构重量不应超出规定的设计指标要求，由于密封舱结构重量在航天器中占有较大比例，因此应尽可能减少重量。

(4) 刚度要求。密封舱结构的刚度应满足航天器系统的要求，包括基频的要求。对于某些有位置精度要求的组件，应保证工作中变形小于规定值。

(5) 安装要求。密封舱结构应为舱内各仪器、支架、导管、电缆等提供可靠的安装空间和支撑。

(6) 对接要求。密封舱结构应保证与运载火箭或其他舱段的可靠连接，保证连接的刚度和精度。

(7) 其他要求。密封舱结构应满足航天器系统规定的特定功能要求，如热控、绝热和防污染等要求。

8.3　密封舱的结构形式

8.3.1　密封舱的分类

根据密封舱是否返回地面，航天器密封舱可分为返回型和不返回型。俄罗斯的“联盟”系列飞船，美国的“水星”“双子星”“阿波罗”飞船，以及中国的“神舟”系列飞船中的返回舱等是返回型的载人密封舱。美国的“空间实验室”，俄罗斯的“礼炮号”“和平号”空间站、国际空间站，以及中国“天宫一号”中的轨道舱等是不返回型的载人密封舱；中国的“FSW”系列返回遥感卫星的密封舱是不返回型的不载人密封舱。

8.3.2　密封舱结构的外形

出于提高结构效率和密封性的考虑，航天器的密封舱一般为旋转体形状的金属薄壁壳体结构。密封舱结构外形通常采用球形、圆柱形、圆锥形以及它们的组合形式。例如，苏联“东方号”飞船的密封舱和“联盟号”飞船的轨道舱采用的是球形密封舱；中国FSW-2 卫星密封舱是圆柱形密封舱；美国“阿波罗”载人飞船和中国“神舟号”载人飞船的返回舱以及中国返回式卫星 FSW-0 卫星密封舱均是圆锥形密封舱；苏联的“礼炮三号”空间站和中国“天宫一号”目标飞行器的实验舱是圆柱和圆锥的组合形式。

由于在外径、壁厚、材料和内压相同情况下，球形壳体的薄膜应力是圆柱形壳体(图 8.5)的 1/2，因此采用球壳结构可以减轻结构重量。同时，在体积相同的情况下，采用球形结构的表面积最小，这有利于密封。早期的航天器密封舱有的用球形结构，“东方号”载人飞船(图 8.6)就是由球形密封座舱和圆柱形仪器舱组成的。然而，球形壳体结构加工复杂且内部空间利用率低，又由于球壳结构在航天器中所处的位置通常会使航天器的整体刚度变差，现在的航天器密封舱很少采用这种外形。

(a) 球形壳体压力容器　　(b) 柱形壳体压力容器

图 8.5　密封压力容器

与球形壳体相比而言，圆柱体的加工工艺比较简单，内部空间利用率较高，但结构重量相对偏大；而圆锥形壳体介于球体和圆柱体两者之间。当前，不返回型密封舱多采用圆柱形或者圆柱形和圆锥形的组合形式，例如，“天宫一号”目标飞行器的实验舱分为前锥段、圆柱段和后锥段，如图 8.7 所示，对接完成后航天员进入全密封的前锥段和

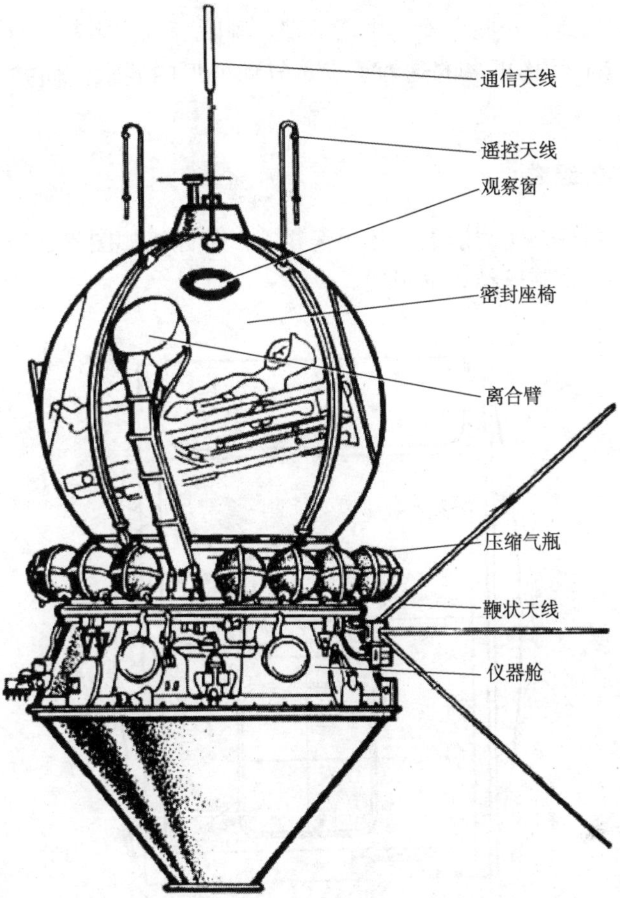

图 8.6　“东方号”载人飞船

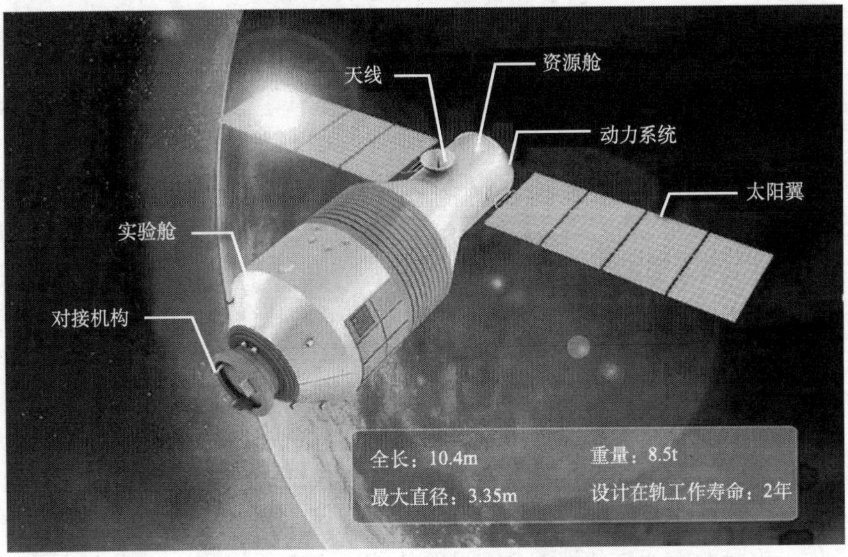

图 8.7　“天宫一号”目标飞行器结构示意图

圆柱段进行工作和训练，一些必要的生活活动、睡眠等也大多都在这里进行。返回型密封舱通常采用圆锥形结构更多的是为了满足气动外形的要求，而并非完全根据结构的要求。

8.3.3　密封舱结构的组成

密封舱结构的组成与密封舱的具体用途相关，下面以如图 8.8 所示的返回式卫星密封舱结构为例，介绍密封舱结构的组成。

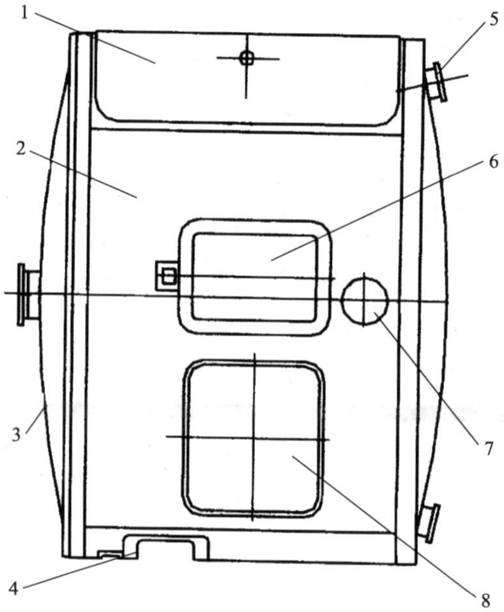

图 8.8　FSW-2 卫星密封舱示意图

1-大舱门；2-舱身；3-封顶；4-地相机通光口；5-喷管法兰；6-星相机通光；7-红外窗口；8-电池舱门

(1) 舱体。舱体是密封舱结构的主体，对于圆柱形或者圆锥形密封舱结构，可分为舱身和封顶(底)两部分。舱身为圆柱形(图 8.8 中的 2)或圆锥形壳体，承受内压产生的轴向和周向应力，同时传递火箭或者卫星其他舱段作用在它上面的轴向力、弯矩、剪力等载荷以及没有整流罩时的气动力载荷。封顶是位于舱身两端的罩状壳体(图 8.8 中的 3)，与舱身焊接相连，主要承受内压载荷。

(2) 舱门。舱门为用于安装舱内设备的通道(图 8.8 中的 1 和 8)。在舱身和封顶上开有舱口，舱门通过螺栓与舱口固定连接，沿舱口设置专门的密封装置，以保证整个舱体的密封。

(3) 密封法兰或接头。在密封舱上除了采用舱门这种较大的开口，还有许多大小不一的中小开口，如图 8.8 中光学通光口 4 和 6、电缆进出口、管路出入口等，这些开口均需采用相应的密封法兰或接头加以密封。

为了防止密封舱内的气体泄漏，密封舱体结构本身各部件的装配均采用焊接连接；舱门或密封法兰通过专门的密封装置和舱体进行连接，由此形成一个完整可靠的密封舱结构。

8.4　密封舱结构设计与分析

8.4.1　舱体结构设计

1. 舱体结构形式

舱体结构形式主要有硬壳式结构、半硬壳式结构、整体壁板式结构。不同的结构有不同的特点。

(1) 硬壳式结构。它又称为光壳结构，主要特点是无纵向、横向加强构件，直接由舱壁和相应端框组成，工艺简单，内部利用率高，不宜设置大开口和承受较大载荷，在密封舱中应用较少。

(2) 半硬壳式结构。它是由纵向、横向加强构件与舱壁共同承载的壳体结构，舱壁蒙皮承受内压，纵向构件(如桁条或桁梁)承受轴向载荷和弯矩；横向构件(如隔框或端框)承受平面内的载荷。由于密封舱一般有较大的开口，舱壁一般也需要连接仪器设备，壳体除了主要承受内压，也承受轴向和横向载荷，为此，大多数密封舱舱体采用了半硬壳式结构。如“神舟号”飞船返回舱、FSW-2 卫星密封舱、“联盟号”系列飞船的轨道舱、“礼炮号”空间站等就采用这种结构形式。

(3) 整体壁板式结构。整体壁板式结构是半硬壳式结构的发展，它是将纵向和横向加强构件与舱壁合成不可分割的整体，因此称为整体壁板式结构。加强构件布置成网格状，网格与壳体轴向正交或斜交，制造方法包括化学铣切和机械铣切，结构效率与可靠性高，大型航天结构舱体结构应用较多，“和平号”空间站核心舱就采用这种结构。这种结构的缺点是制造工艺比较复杂。

2. 材料选择

为了满足密封性能，密封舱舱体不能选用树脂基复合材料等非金属材料，而必须采用金属材料，且应具有下面这些特点。

(1) 焊接性能好。需要采用焊接方法把金属材料部件连接成一个密封的舱体，因此材料的焊接性能非常重要，必须保证焊接的密封性、连接强度、焊接工艺质量等。

(2) 比强度高。由于密封舱舱体结构设计要求以强度为主，因此需要选择密度小而强度高的材料。

(3) 工艺性好。除了焊接工艺性能，良好的成形、机加工、热处理等工艺性能，有利于保证密封舱结构的制造质量。

(4) 抗应力腐蚀。这一性能对载人航天器及长寿命空间站很重要。

工程材料中，铝合金和钛合金能比较好地符合以上要求，其中，最高工作温度不超过 200℃时采用铝合金，超过 200℃时采用钛合金。钛合金的应用较少，美国“水星”和“双子星”号飞船因采用辐射防热，密封舱舱壁温度较高而采用钛合金。目前在航天型号中使用较多的是铝合金材料。表 8.1 给出了几种常用的可焊铝合金的板材性能参数及应用实例。

表 8.1　几种可焊铝合金的性能参数

材料	试件状态	ρ/(g/cm^3)	E/GPa	σ_b/MPa	$\sigma_{0.2}$/MPa	ϕ	应用实例
2A14	T6	2.80	71.0	≥430	≥340	0.5	"阿波罗" 指挥舱
2A16	T6	2.84	67.7	375	275	0.9	航天飞机密封舱
5A06	O	2.64	71.0	≥315	≥155	0.9	"联盟号"飞船和空间站 "神舟号"飞船返回舱

注：①表中ρ为密度；E为弹性模量；σ_b为强度极限；$\sigma_{0.2}$为屈服强度；ϕ为焊接系数。

②表中 2A16 铝合金的焊接系数为热处理后的值，如果焊后不做处理，其焊接系数仅为 0.7。

③表中试件状态 T6 表示淬火后在进行人工时效的状态，O 表示退火状态。

从表中可以看出，2A14 铝合金的强度最高，其比强度σ_b/ρ分别为 2A16 和 5A06 的 1.16 倍和 1.28 倍。但 2A14 的焊接系数太低，尤其是它的焊缝塑性差，因而在 20 世纪 60 年代的"阿波罗"飞船和 20 世纪 70 年代"天空实验室"上用过此材料后，美国的其他航天器密封舱中宁可采用比强度稍低但可靠性较高、抗应力腐蚀以及韧性等综合性能好的 2A16 铝合金。2A14 和 2A16 铝合金均是热处理强化型铝合金，焊后需要热处理，否则强度降低很多。

密封舱内压力一般不高于 0.1MPa，属低压密封容器。当舱体外径不大时，采用 5A06 铝合金比较合适，主要是基于以下优点:①焊接性能好，无论是对接焊还是点焊，密封性容易保证；②塑性好，对应力集中不敏感；③抗腐蚀性能好，大气条件下不需要表面保护；④热处理非强化型合金，焊接前后不需要热处理，工艺性好。

8.4.2　舱体结构分析

舱体结构分析主要包含舱体结构在内压载荷作用下的静态应力分析、在发射载荷下的应力分析和稳定性分析以及结构的模态与动力响应分析，其中内压载荷下的强度是舱体结构设计首要考虑的问题。以下以返回式卫星密封舱为例，说明根据内压载荷初步确定密封舱舱体结构尺寸的简单计算方法。主要内容包括内压载荷的确定、舱体壁厚的确定、端框截面尺寸的确定三部分内容。

1. 内压载荷的确定

密封舱内压载荷条件根据地面验证试验(水压试验)条件来确定。对于没有整流罩的密封舱来说，还受到气动加热影响，在载荷条件中要考虑温度修正。地面验证试验压力为

$$p_s = f_s f_t p_{max} \tag{8.1}$$

式中，p_{max}为密封舱最大内压；f_s为地面水压试验验证系数，一般取 1.1~1.2；$f_t = \dfrac{\sigma_{b0}}{\sigma_{bt}}$为温度修正系数；$\sigma_{b0}$为室温下的密封舱壳体材料强度极限；$\sigma_{bt}$为参考工作温度下的密封

舱壳体材料强度极限。

2. 舱体壁厚的确定

封顶的设计厚度 δ 可根据壳体薄膜理论确定，即

$$\delta \geqslant \frac{f p_s R_1}{2\sigma_s} \tag{8.2}$$

式中，σ_s 为舱体材料的屈服极限；R_1 为封顶球半径；f 为安全系数，一般取 1.1。

圆柱形舱身的设计厚度 δ_1 同样根据壳体薄膜理论确定，即

$$\delta_1 \geqslant \frac{f_1 p_s R_2}{\sigma_s} \tag{8.3}$$

式中，R_2 为圆柱形舱壁的内半径；f_1 为安全系数，一般取 1.1~1.25。

在用式(8.2)和式(8.3)中确定厚度时，还要考虑材料厚度的负公差和材料加工过程中的变薄量。

3. 端框截面尺寸的确定

端框是封顶与舱身连接处的横向加强圆形框，一端与舱身壁焊接，另一端与封顶壁焊接。因为有舱身与封顶的支撑，端框一般不会产生周向失稳，因而根据不发生材料破坏的强度要求确定截面尺寸。端框受力示意图如图 8.9 所示。

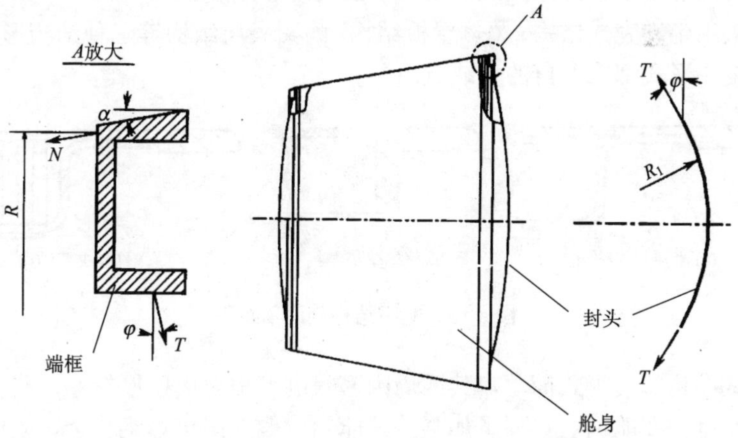

图 8.9　端框受力示意图

端框截面积 A 可按式(8.4)确定：

$$A \geqslant \frac{q R_0}{\sigma_s} \tag{8.4}$$

式中，R_0 为端框截面形心的半径；σ_s 为端框材料屈服极限；q 为作用于端框单位长度的径向力，计算公式为

$$q = T\cos\varphi + N\sin\alpha \tag{8.5}$$

式中，T为单位长度上封顶作用于端框的力；N为单位长度上锥壳作用于端框的力；φ为在端框连接处的封顶半张角；α为锥壳半锥角，若为圆柱壳，则取为0。T和N的计算公式分别为

$$T=\frac{fp_{\mathrm{s}}R_1}{2} \tag{8.6}$$

$$N=\frac{fp_{\mathrm{s}}R}{2} \tag{8.7}$$

式中，R为锥壳与端框连接处半径；f为安全系数，一般取1.1~1.25。

以上公式仅考虑壳体的薄膜力作用，实际中端框截面还受到附加力矩的作用，因此应对以上设计结果进行修正，一般来说，所取端框截面积应大于以上所求值。为减小端框截面的附加力矩，设计中应通过改变端框截面的形状，以及与封头和舱身的连接位置，使T和N对端框截面刚心的合力矩为零，从而使得端框截面在舱身和封顶的薄膜力作用下，尽量不产生扭转效应。

8.4.3　舱门结构设计

在密封舱中，为了方便仪器设备安装和人员出入，需要开设大小不一的各种舱口，并对这些舱口采用相应的舱门进行密封。卫星密封舱无航天员出入，因此舱门与舱体很少采用机构式的活动连接，大部分采用螺栓直接固定连接。舱门直接参与整舱的受力，且与舱口之间需要压紧密封，因此需要一定的强度和刚度。

舱门常采用半硬壳式结构、整体壁板结构、蜂窝夹层结构等三种结构形式，如图8.10所示。每种结构形式都有各自的优缺点。

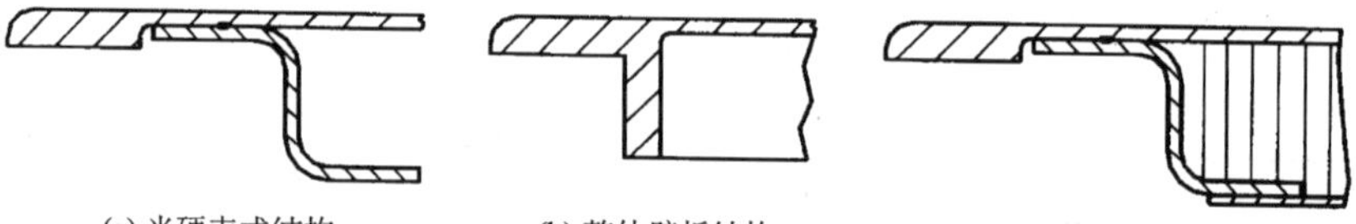

(a) 半硬壳式结构　(b) 整体壁板结构　(c) 蜂窝夹层结构

图8.10　舱门结构剖面示意图

半硬壳式结构舱门形式简单，其四周因密封刚度需要而壁厚较厚，其他部分较薄。为加强整体刚度，在舱门上点焊了加强件。舱门一般采用可焊铝合金。舱门四周的螺柱孔处，镶有与舱门压配的钢衬套。这种舱门适合中小型舱门，开口面积一般不大于$0.3\mathrm{m}^2$。

整体壁板结构舱门是用整块厚板采用化学或机械方法铣出较薄的舱壁、加强筋及四周较厚的密封框。舱门不需要焊接，可采用强度较高的可热处理强化的铝合金，因此重量可小于半硬壳式结构。这种结构形式也适用于中小型舱门。

开口超过$0.3\mathrm{m}^2$的舱门，为了适应密封、承载和方便搬运的需要，一般采用铝蜂窝夹层结构。内、外面板是铝合金薄板，外面板加工出四周的密封框和中间的薄壁。

8.5　密封装置设计

第 5 章的 5.6.4 节曾介绍了泄漏和密封的概念与机理，本节主要针对航天器中的密封舱，介绍其密封装置设计的具体方法。

8.5.1　密封方法

根据接触面之间是否有相对运动，分为静密封与动密封。航天器密封舱上需要密封的接触面之间基本上没有相对运动，主要为静密封。其密封的方法包括密封件密封和密封胶密封，两者也可结合使用。

1. 密封件密封

采用密封件的密封方法是在接触面之间安装固体密封件，利用螺栓等紧固件的预紧力压缩密封件，产生弹性变形，填满接触面之间凹凸不平引起的缝隙，并维持一定接触压力，从而达到密封效果。

固体密封件常常是各种剖面形式的橡胶环，称为密封圈。影响密封件密封效果的因素很多，通常包括以下几点。

(1) 密封件的工作环境。包括工作温度、工作介质、工作压力等。

(2) 密封件的工作寿命。密封件一般为非金属橡胶，长时间工作容易老化，存在一定的工作寿命。

(3) 密封件本身的材料性能。包括力学性能、物理性能、老化性能、蠕变性能、耐辐射性能和与介质的兼容性等。

(4) 密封件的压缩率。密封件工作时都要受到紧固件的压缩，不同压缩率的密封效果不同。

(5) 密封件的安装质量和防松措施。包括防止密封件被挤坏、脱落的措施，密封面的清洁措施，以及紧固件的预紧力和放松方式等。

(6) 密封结构形式。包括结构件接口的刚度和连接刚度。

(7) 密封结构件的密封面的加工精度和表面质量。包括密封接口的形位公差、表面粗糙度以及划伤、锉痕等表面缺陷。

2. 密封胶密封

密封胶的密封方法是在接触面之间涂以液态密封胶，形成一种具有黏性、黏弹性或可剥性的膜，依靠这种膜对缝隙的填充作用达到密封目的。液态密封胶在常温下为黏稠液体，涂到结合面之间后，在紧固力作用下，沿各个方向流动，从而填满整个结合面的凹陷，在一定时间后形成完全与间隙吻合的薄膜。这种薄膜一方面黏附于结合面，另一方面完全堵塞了结合面之间的所有间隙，从而起到密封作用。

密封胶可以分为弹性密封胶、液体密封垫料和密封腻子三大类。其中，液体密封垫料呈液态，需要给予一定紧固力才能发挥密封作用，故又称为“液体垫片”。但是与固体垫片不同的是，它还具有一定流动性，所以不存在压缩变形，没有内应力、松弛、蠕变和弹性疲劳破坏等导致泄漏的因素，是一种较为理想的静密材料。密封腻子是以基料添加辅料复合而成的。密封胶密封的效果通常与以下因素有关。

(1) 密封胶的工作环境。包括工作温度、工作介质、工作压力等。

(2) 密封结合面的间隙和翘曲程度。一般间隙大于 0.2mm 时，单独使用密封胶就不能保证密封了。

(3) 密封胶与周围材料的兼容性。

(4) 密封胶的使用方式。包括涂敷均匀性、干燥时间、表面处理等。

密封胶不适用于拆卸面密封，是一次性使用的密封方法，可作冗余手段与密封件一起使用，以提高密封的可靠性。另外密封胶可用于不能加压的部位，如玻璃与金属框之间的密封。

在密封舱结构中，密封面大多是需要多次开启的舱门、窗口或者是可拆装的法兰等部件的接触面，这些部位显然不能采用一次性使用的密封胶。因此密封舱接触面之间的密封绝大多数采用密封件密封。

8.5.2 密封材料

1. 对密封材料的要求

航天器密封材料主要采用橡胶材料，其主要性能指标包括以下九个指标。

(1) 扯断强度。又称抗张强度，是橡胶扯断时单位面积上所需的力。它是橡胶材料或构件受拉力时抵抗破坏的能力，其值越大，橡胶的强度越好。扯断强度低于 7MPa 的橡胶材料不适合作为动密封件。

(2) 扯断伸长率。扯断伸长率是橡胶扯断时拉伸增加的长度与原来长度的比值，以百分率表示，橡胶一般能伸长 100%以上。该指标能衡量橡胶材料的塑性，其值越大表示橡胶塑性越好。

(3) 扯断永久变形。扯断永久变形是橡胶扯断后停放一定时间(通常为 3 分钟)后，其变形部分所增加的长度与原来长度的比值，以百分率表示。其值越小表示橡胶弹性越好。

(4) 邵氏硬度。硬度指橡胶抵抗外来压力侵入的能力，即坚硬程度，通常采用邵氏硬度值表示橡胶硬度。邵氏硬度值越小，橡胶越软。航天器用橡胶材料邵氏硬度一般在 50~70 度。

(5) 撕裂强度。撕裂强度是指单位厚度的橡胶在切口发生撕裂至断裂时所受的力。撕裂强度越大越好。

(6) 玻璃化温度和脆性温度。橡胶随着温度的下降逐渐变硬，下降到某温度时橡胶的弹性完全丧失，就像玻璃一样又脆又硬，这个温度称为“玻璃化”温度；工业中不用玻璃化温度(测试时间长)，而用脆性温度，即橡胶试片经低温冷冻一段时间后用一定的外力在冲击机上被冲断时的最高温度。脆性温度通常比玻璃化温度高，脆性温度越低，橡胶的耐寒性越好。

(7) 老化系数。橡胶在长期日光、热、氧、臭氧、大气等作用下会发生物理性能退化，这种现象是老化。老化的基本原因是橡胶分子被氧化的连锁反应，光、热作用能加速反应。在一定温度和时间老化后，橡胶的扯断强度和扯断伸长率的乘积与老化前的乘积之比称为老化系数。系数越大，橡胶耐老化性能越好。

(8) 耐寒系数。耐寒系数是指橡胶试样在压缩(拉伸)状态经过一段时间的低温冷冻，除去载荷后测得的回复量与原压缩量之比值。耐寒系数越大表示橡胶耐寒性越好。

(9) 辐照系数。辐照系数是指橡胶在承受一定辐照后，扯断强度和扯断伸长率的乘积与未辐照时的扯断强度和扯断伸长率的乘积之比。辐照系数越大表示橡胶耐辐照性能越好。

当橡胶制品用于航天产业的密封材料时，应考虑以下性能要求：①在较小的作用力下有较大的弹性变形；②适当的机械强度和硬度；③材料致密性好，气体渗透率小；④与工作介质兼容性好；⑤对金属接口不粘连和不腐蚀；⑥在规定工作环境条件和寿命期间保持所需的力学、物理和化学性能；⑦制造工艺好。

2. 固体密封材料

硅橡胶是航天器密封结构中应用最广泛的固体密封材料，常用的硅橡胶主要有两种：甲基苯基乙烯基硅橡胶(PVSI)和丁腈橡胶(NBR)。

甲基苯基乙烯基硅橡胶，简称苯基硅橡胶，它是在乙烯基硅橡胶的分子链中引入二苯基硅氧烷链节(或甲基苯基硅氧烷链节)而制成的，通过引入大体积的苯基来破坏二甲基硅氧烷结构的规整性，降低聚合物的结晶温度和玻璃化温度。

根据苯基的含量可以将苯基硅橡胶分为三类，分别是低苯基硅橡胶、中苯基硅橡胶和高苯基硅橡胶。当苯基含量在 5%～10%时(苯基与硅原子比)通称低苯基硅橡胶，此时，橡胶的脆性温度降到最低值(–115℃)，使它具有最佳的耐低温性能，在–100℃下仍具有柔曲弹力；苯基含量在 15%～25%时通称中苯基硅橡胶，随着苯基含量的增加，分子链的刚性增大，其结晶温度反而上升，因此中苯基硅橡胶具有耐燃特点；苯基含量在 30%以上时，通称高苯基硅橡胶，具有优良的耐辐射性能。苯基硅橡胶应用在要求耐低温、耐烧蚀、耐高能辐射、隔热等场合。中苯基和高苯基硅橡胶由于加工困难，物理力学性能较差，生产和应用受到一定限制。

以苯基硅橡胶为基础，通过补强与硫化，配制成 6701、6702、6703、6704 等不同胶料，以适应不同的使用要求。这些胶料的物理和机械性能如表 8.2 所示。

表 8.2　苯基硅橡胶物理和机械性能

性能＼牌号	6701	6702	6703	6704
扯断强度/MPa	≥5.0	≥8.0	≥6.0	≥5.5
扯断伸长率/%	≥200	≥250	≥240	≥220
扯断永久变形/%	≤5	≤10	≤8	≤7
邵氏 A 型硬度(HA)	40~65	55~80	40~65	40~70
撕裂强度/(kN/m)	≥1.5	≥2.0	≥1.5	≥1.5

续表

性能＼牌号	6701	6702	6703	6704
−70℃，20%压缩率时的耐寒系数/%	≥0.5	≥0.4	≥0.4	≥0.4
70℃，30%压缩率时的永久变形/%	≤10	≤20	≤12	≤10
脆性温度/℃	−100 不断	−100 不断	−100 不断	−100 不断
抗辐照性能	经10^{10}个/cm^2 电子和10^{10}个/cm^2 质子辐照后，拉伸强度和伸长率仍保持在 90%以上			
200℃，24h 热空气老化后的性能：				
扯断强度/MPa	≥4.5	≥7.0	≥5.5	≥5.0
拉断伸长率/%	≥180	≥200	≥200	≥200
拉断永久变形/%	≤5	≤10	≤8	≤7
邵氏 A 型硬度(HA)	≤75	≤85	≤75	≤80

丁腈橡胶是由丁二烯和丙烯腈(ACN)经乳液聚合法制得的，丁腈橡胶主要采用低温乳液聚合法生产，耐油性极好，耐磨性较高，耐热性较好，黏结力强。其缺点是耐低温性差，耐臭氧性差，绝缘性能低劣，弹性稍低。丁腈橡胶是浅褐色的弹性体，根据 ACN 含量不同划分 5 种：极高丙稀腈橡胶 ACN 含量 43%以上；高丙稀腈橡胶 ACN 含量 36%~42%；中高丙稀腈橡胶 ACN 含量 31%~35%；中丙稀腈橡胶 ACN 含量 25%~30%；低丙稀腈橡胶 ACN 含量 24%以下。

丁腈橡胶主要用于耐油和强度要求较高的密封件。FSW 卫星系列密封舱中，采用丁腈橡胶作密封材料。5276 丁腈橡胶的常规性能、辐照后性能以及高温老化后性能如表 8.3 所示。

表 8.3　5276 丁腈橡胶的机械性能

机械性能	扯断强度/MPa	扯断伸长率/%	永久变形/%	邵氏 A 型硬度(HA)
常规	22.2	526	12.4	68
辐照后	22.8	446	14	68
老化前	19.1	656	24.8	56
老化后	15.4	430	10	68

注：电子辐照条件：能谱 1MeV，积分通量 5×10^{11} 个/cm^2；质子辐照条件：能谱 6.8MeV，积分能量 5×10^{11} 个/cm^2；老化条件：100℃，24h。

3. 密封胶材料

硅橡胶按其硫化特性分为热硫化硅橡胶和室温硫化硅橡胶。密封胶材料主要采用室温硫化硅橡胶。

室温硫化硅橡胶的分子量较低，通常是黏稠状液体。这类胶中加入适量补强填充剂、硫化剂和催化剂后，即可在室温下硫化成为硫化硅橡胶。室温硫化硅橡胶按使用过程中的包装形式可分为双组分型和单组分型。

双组分型室温硫化硅橡胶在硫化前，液体橡胶基料与催化剂分开包装，使用前才将各组分混合在一起。双组分型室温硫化硅橡胶一般用于灌注密封，另外，在一些点焊件缝隙中，在点焊件热处理和化学处理时，用它保护焊点不受介质腐蚀。

单组分型室温硫化硅橡胶使用前不必添加催化剂，可通过空气中的水分自然硫化，适用于现场施工使用。它除了具有双组分型室温硫化硅橡胶所固有的一些特点，对金属、玻璃、陶瓷和塑料等的黏合性远比双组分型室温硫化硅橡胶好。硫化是从表面开始逐渐往深处进行的，胶层越厚，硫化越慢。对于胶层大于 10mm 的灌封，最好采用分层灌封，每次灌注 5~10mm，待硫化后再依次填充。

8.5.3　密封圈设计

1. 密封圈的结构形式

常见的密封圈截面形式有 O 形、b 形、矩形、T 形、V 形、U 形等，下面简要介绍前面四种。

(1) O 形密封圈。O 形密封圈是截面为圆形的橡胶环，如图 8.11 (a) 所示。一般安放在矩形沟槽内 (图 8.11 (b)) 使用，依靠密封圈压缩后所产生的回弹力给予密封接触面一定的压力，达到密封目的。O 形密封圈与其他形式密封圈相比，有以下优点：①单圈即可密封两个方向的压力，密封可靠；②体积小、重量轻、成本低；③结构简单、装拆方便；④动摩擦阻力小；⑤既能用于静密封，又能用于动密封；⑥密封圈和密封槽的尺寸已经标准化。

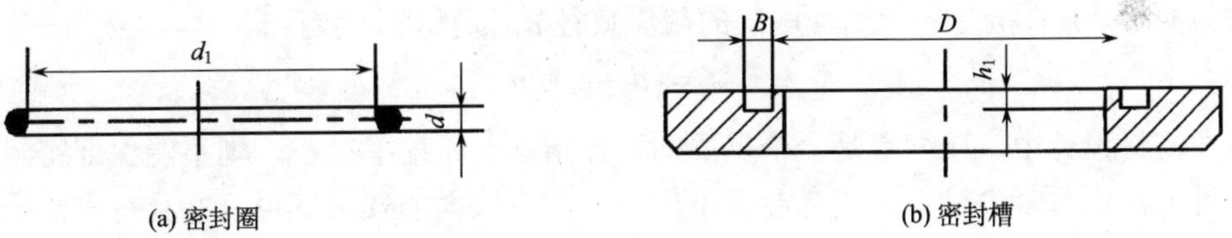

图 8.11　O 形密封圈及密封槽

(2) b 形密封圈。b 形密封圈是截面为 b 形的密封圈。与 O 形密封圈相比，它特点是容易固定，但制造复杂，成本较高。一般用于较大通孔或经常拆卸的密封部位，如图 8.12 所示。

图 8.12　b 形密封圈安装示意图

1-b 形密封圈；2-舱口框；3-压边圈；4-螺栓

(3) 矩形密封圈。矩形密封圈是截面为矩形的密封圈。与 O 形密封圈相比，它具有容易固定和加工方便的特点，但所需密封力较大。一般用于难以固定而又不需经常拆卸的密封部位。

(4) T 形密封圈。T 形密封圈是截面为 T 形的密封圈。它用于需经常开启的活动部位，如飞船座舱的航天员出入舱门的密封面。图 8.13 (a)

的密封圈直接埋在密封槽内，无需安装螺钉；图 8.13(b)的密封圈需要安装螺钉。设置两道密封圈是一种冗余设计，以提高密封可靠性。

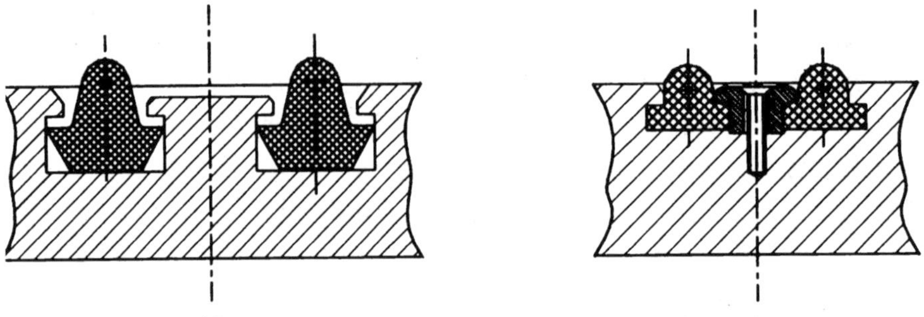

图 8.13　T 形密封圈安装示意图

2. 密封圈的密封设计计算

这里以 O 形密封圈为例，说明压缩率 Z、密封槽深度 h_1、密封槽宽度 B 等相关参数的确定方法，对于其他形式密封圈也可进行类似的设计计算。

(1)压缩率。压缩率是指密封件受压方向上被压缩量与受压前自由尺寸之比。其定义式为

$$Z=\left(h-h_1\right)/h \tag{8.8}$$

式中，h 为密封件受压前在压力方向的自由尺寸；h_1 为矩形密封槽深度。当密封圈为 O 形密封圈时，h 直接为密封圈受压前的截面直径 d，式(8.8)变为

$$Z=\left(d-h_1\right)/d \tag{8.9}$$

在密封设计中，压缩率是一个重要的设计指标。压缩率过小，则不能保证密封；压缩率过大，则预紧力过大，在高温下工作时会产生较大的残余变形，并且有可能会引起密封圈开裂而导致密封失效。压缩率的取值与密封圈材料、工作温度、密封状态等因素有关。一般来说，温度偏低时取较高的压缩率，温度偏高时取较低的压缩率。俄罗斯一般取压缩率为 30%~50%，日本一般取压缩率为 25%~30%。

由于 O 形密封圈直径和密封槽深度有公差，因此要分别验算密封圈截面直径和矩形密封槽深度取极值时 Z 的最大、最小值，使其在许可范围内。

(2)密封槽深度。在已知 O 形密封圈直径和压缩率后，可由式(8.10)确定密封槽深度：

$$h_1=\left(1-Z\right)d \tag{8.10}$$

式中，h_1 值需要圆整，并给出公差值。

(3)密封槽宽度。在已知 O 形密封圈直径和密封槽深度后，可由式(8.11)确定密封槽宽度 B：

$$B=\frac{C\pi d^2}{4h_1} \tag{8.11}$$

式中，C 为装填系数，取值为 1.01~1.30。对于周长较大的 O 形密封圈，或者可能要涂室温硫化硅橡胶的 O 形密封圈，C 值可能取较大值。B 值需要圆整，并给出公差值。确定 B 值后，要验算在密封槽深度 h_1 和 O 形密封圈截面直径 d 取极值时的 C_{max} 和 C_{min} 值，并使其在 1.01~1.30 范围内。如果 C_{min} 值小于 1，则密封槽截面积小于 O 形密封圈截面积，有可能将 O 形密封圈压坏。

8.5.4　密封连接设计

密封连接是通过紧固螺栓压紧两个法兰间的密封件而实现的。在压力容器设计中，这些密封件统称为密封垫。航天器密封结构的密封垫采用合成橡胶材料制成的密封圈。

在航天器的密封中通常采用强制密封，即完全依靠连接件(螺栓)的作用力强行挤压密封元件达到密封。这种密封方法的特点为预紧力大，约为工作压力产生轴向力的 1.1~1.6 倍。密封垫强制密封需要两个条件：预密封条件和操作密封条件。

(1) 预密封条件。法兰的密封面不管经过多么精密的加工，从微观来讲，其表面总是凹凸不平的，存在沟槽。这些沟槽可成为密封面的泄漏通道，因此必须利用螺栓预紧力压紧较软的密封垫，使其表面嵌入法兰密封面的凹凸不平处，将沟槽填没，消除上述泄漏通道。为此在密封垫单位有效密封面积上应有足够的压紧力，此即无内压时的预密封条件。此单位面积上的压紧力称为密封垫的密封比压力(单位为 MPa)，用 y 表示。不同的密封垫有不同的比压力。密封垫材料越硬，比压力越高。

(2) 操作密封条件。经预紧达到预密封条件的密封面，在内压作用下，由于压力的轴向作用，密封面会产生分离，使密封垫与密封面间的压紧力减小，出现微缝隙，内压介质有可能通过缝隙产生泄漏。为保证其密封，必须使密封垫与密封面间保持足够大的流体阻力，此即有内压时的操作密封条件。只有当其阻力能大于由介质内外压差引起的推动力时，密封面方能密封而不产生泄漏。

1. 紧固螺栓预紧力的确定

根据预密封条件，无内压时所需的螺栓预紧力为

$$F_{m2} = \pi b D_G y \tag{8.12}$$

式中，D_G 为垫片反力作用位置处的直径；b 为垫片的有效密封宽度；y 为比压力。

垫片的有效密封宽度 b 要根据法兰密封面与垫片的接触情况确定。因为预紧之后，法兰有一定偏转，可能造成外紧内松，或者外松内紧，而使密封面变小，因此在式(8.12)中采用有效宽度 b，它与基本密封面宽度 b_0 之间存在如下关系：当 $b_0 \leqslant 6.4\text{mm}$ 时，$b = b_0$；当 $b_0 > 6.4\text{mm}$ 时，取 $b = \sqrt{2.53 b_0}$。基本密封面宽度 b_0 也不是垫片的实际几何宽度，而仅是它的一部分。b_0 的大小与压紧面形状有关，对于矩形橡胶密封圈，b_0=0.5N，N 是垫片宽度；对于 O 形圈，b_0=0.5d，d 是 O 形密封圈截面的直径。

而式(8.12)中 D_G 又存在如下关系：当 $b_0 \leqslant 6.4\text{mm}$ 时，D_G 是垫片接触面的平均直径；当 $b_0 > 6.4\text{mm}$ 时，D_G 是垫片接触面的外直径减去 $2b$。

比压力 y 是密封垫的固有值，主要用来描述形初始密封的难易程度，仅与密封垫本身的材料、形状、尺寸以及压紧面的粗糙度关，而与介质的种类及工作内压无关。比压力一般由实验测定。对于橡胶密封件，比压力可取 1.4MPa。

根据操作密封条件，有内压时所需的螺栓预紧力为

$$F_{m1}=\frac{\pi}{4}D_G{}^2p+2\pi bD_Gmp \tag{8.13}$$

式中，p 为设计压力；m 为垫片系数(有介质内压时，泄漏开始发生时密封垫上的压紧应力与内压之比)，与密封垫的种类、尺寸、形状、环境温度、介质压力以及法兰密封表面粗糙度有关，橡胶密封件，可取 m=1.0；式(8.13)中 $2b$ 为考虑操作时，认为工作密封比压均匀地分布在 $2b$ 的宽度上。所谓工作密封比压是指密封垫回弹后比压力的极限值，若密封垫回弹后比压力仍不低于这个极限值，则称捡漏为合格，可保证密封。

如果垫片在螺栓预紧时承受了过大的压紧力，有可能被压缩成塑性变形而失去回弹能力，当法兰密封面在介质压力作用下产生分离时，垫片不能产生回弹去“贴紧”密封面，使其间不能保持足够的接触力(即垫片压紧力)而引起泄漏。因此，垫片在预紧时，既要压紧以使其单位有效密封面积上的压紧力不小于 y 值，又不能使其压紧力过大以防止被压成塑性变形。对平面密封的情况，为防止垫片被压成塑性变形，应控制垫片预紧压紧力不大于 $4y$。垫片在预紧时，如果单位有效密封面积上的压紧力小于 y，会使“泄漏通道”不能消除，而达不到预密封要求；相反，当垫片预紧力过大($>4y$)时，由于垫片失去弹性，会使垫片在内压作用时产生泄漏。垫片计算中垫片最小宽度的校核就是出于这一目的。但此校核允许以经验替代，即垫片的最小宽度可按经验确定(参考有关垫片标准决定)。当无经验时，建议对其进行校核，以确保密封的可靠性。

2. 紧固螺栓间距与直径的确定

根据前面公式分别计算出 F_{m1} 和 F_{m2}，取大者作为螺栓设计载荷 F_m。

(1)螺栓间距的确定。将 F_m 除以密封圈周长，就可得到法兰密封所需的均布载荷 q_m。将间距为 l 的螺栓之间的法兰变形考虑为梁的变形。在两端铰支和均布载荷作用的保守假设下，最大挠度为

$$\Delta=\frac{5q_ml^4}{384EI} \tag{8.14}$$

式中，E 为法兰材料的弹性模量；I 为法兰截面的惯性矩。

一般情况下应该满足 $\Delta\leqslant$1mm。由式(8.14)确定合适的螺栓间距 l，然后根据螺栓所在圆周的周长，可以确定螺栓的数量。

(2)螺栓直径的确定。根据的确定的螺栓间距，确定螺栓个数，计算每个螺栓上的预紧力。再根据选定的螺栓材料就可以求出螺栓的直径。拧紧力矩可根据螺栓直径由相应规范确定。

3. 接口粗糙度及装配要求

在接口密封中，单位长度的泄漏率与金属密封面表面粗糙度的平方成正比。为减小泄漏，粗糙度越低越好，考虑到加工的可能性和研制成本，航天器中金属密封面表面粗糙度 Ra 的最大允许值一般为 1.6μm。

密封件、法兰和紧固件上不应有油类、酸、碱和其他杂物。装配前用酒精(或丙酮)清洗，但浸泡时间不允许超过 20min。硅橡胶密封件应平整地装入密封槽，大型密封圈安装时要特别注意防止挤坏。螺接时用力矩扳手来控制拧紧力矩值。

第 9 章　复合材料结构设计

9.1　引　　言

复合材料是一种具有优良性能的新型材料，其组分可包括金属、非金属等各种材料，按作用又可分为基体材料和增强材料两部分。现代飞行器结构要求有较高的比强度和比刚度，而复合材料正符合这种要求。一般地，若将其应用于飞行器结构可使结构质量减轻 30%左右。复合材料在飞行器结构上应用多少，已成为衡量飞行器结构先进性的重要标志之一。3.2.4 节曾介绍了复合材料的基本概念与分析理论基础，本章主要介绍目前飞行器结构上常用的树脂基复合材料结构设计的基本原理与方法。

9.2　复合材料的分类与特点

9.2.1　复合材料的分类

复合材料的种类众多。按基体材料分类，复合材料可分为聚合物基复合材料(PMC)、金属基复合材料(MMC)、陶瓷基复合材料(CMC)和碳/碳复合材料(C/C)。现在，复合材料在飞行器结构上的应用与日俱增，从尾翼等承力构件发展到弹头、发动机壳体、舱体等承力构件，其中，纤维增强树脂基体型这类复合材料是应用最多的结构材料。

1. 聚合物基复合材料(PMC)

PMC 是以有机聚合物为基体，纤维为增强材料的复合材料。目前已成为飞行器重要的结构材料之一，其中应用最广的是玻璃/环氧(玻璃钢)、碳/环氧、芳纶/环氧等热固性树脂基复合材料。它们具有复合材料的各种优点，使用温度中等，技术最成熟。

玻璃钢在导弹上常用作中近程导弹头部耐烧蚀材料(酚醛玻璃钢)和透波天线罩、防热隔板等。

碳纤维增强树脂基复合材料是目前飞行器上最常用的结构复合材料。其中，有承受轴压载荷为主的导弹头锥壳体、仪器舱、级间段，如 MK-12A 导弹用石墨/环氧制作的仪器舱锥壳体，可使结构质量减轻 40%，而且采用整体成形，减少了零部件的品种和数量，简化了工艺，估计省工 50%左右。碳纤维复合材料还可用于制作翼面、尾翼之类的结构件。

用作飞行器舱段的复合材料可设计成缠绕网格结构，也可采用层压蒙皮、桁条加隔框结构。蒙皮桁条结构可根据需要设计成蒙皮内桁条加强结构，或蒙皮外桁条加强结构。桁条与蒙皮的连接可采用模具一次整体固化成形，也可将桁条用胶黏剂黏接于蒙皮上共固化或二次固化成形。

碳/环氧复合材料在航天器结构中得到广泛应用，它可以制成各种杆件、构架、加筋板壳、夹层板壳等主要或次要承力构件，以及太阳能电池板、天线反射器等。它还可以用来制作固体发动机壳体，如图 9.1 所示，以及承受较复杂载荷的飞行器仪器支架。支架可以是单一结构，也可为工字梁、Γ 形梁、II 字梁等多种型面梁的组合结构。

图 9.1　缠绕成形中的固体火箭发动机壳体

芳纶(Kevlar)复合材料在航天器结构上也得到很好应用，如作为天线结构、太阳能电池板结构和隔热结构等。

近年来为满足先进导弹武器的更高要求，热固性树脂基复合材料的树脂基体不断更新换代，已由环氧树脂(EP)逐步向双马来酰亚胺树脂(BMI)和聚酰亚胺树脂(PI)发展，它们的使用温度分别可达 250℃和 370℃。

热塑性树脂基复合材料应作为发展重点之一。目前最有开发前景的是碳(或石墨)纤维增强的聚醚醚酮、聚苯硫醚或聚醚砜。这些纤维增强的热塑性树脂基复合材料(FRTP)可在 180~250℃长期使用。

2. 金属基复合材料(MMC)

MMC 是一种或数种增强材料，物理地或化学地与一种金属基体结合组成的复合材料。其增强材料可以是各种高强的连续纤维或晶须、颗粒，如碳、硼、碳化硅、氧化铝等。其金属基体材料主要有铝、钛、镁、高温合金、难熔金属等。

目前受重视的 MMC 主要有：连续纤维增强的 MMC，如硼/铝、硼/钛、碳化硅/铝、石墨/铝、石墨/镁等；晶须和短纤维增强的 MMC，如碳化硅/铝、氧化铝/铝等；颗粒增强的 MMC，如碳化硅/铝、硼/铝、硼/镁等；细丝增强的 MMC，如钨/超级合金等。

MMC 的主要优点是：具有优异的高温性能；较高的韧性和抗冲击性能；导电、导热性好，不会产生静电放电灾难事故；连接强度相对较高；耐辐射性好，在太空条件下聚合物基复合材料会“逸气”或释放水蒸气和其他化合物，这些物质会聚集在仪器上并降低其效能，MMC 则不会产生这些现象。

MMC 尚处于发展和试验阶段，主要用于翼前缘、发动机构件等高温条件下及航天飞机、卫星结构等需在太空条件下长期工作的机构，还可代替铍合金用于惯导平台上。

3. 陶瓷基复合材料(CMC)

CMC 目前基本上仍处于开发阶段，基体材料主要有碳化硅、氮化硅和硼化物等。

CMC 具有高模量、很高的耐热和耐蚀性及优于陶瓷的韧性，使用温度可达1400~1700℃，主要用于固体发动机扩散段、喷嘴及全陶瓷发动机等。

4. 碳/碳复合材料(C/C)

C/C 是以碳(石墨)纤维为增强剂，以化学沉积碳、树脂碳等作为基体制成的材料。

C/C 的主要特点是具有优良的耐烧蚀、抗热震和耐高温性能。它强度高、质量轻，经防氧化处理后可在 1650~2750℃的高温下保持其性能，主要用作导弹弹头烧蚀材料、发动机喉衬及其他要求耐高温高速气流烧蚀、冲刷的防热结构件。

9.2.2　复合材料的性能特点

(1) 比强度、比模量高。复合材料密度低、比强度和比模量高，是飞行器理想的结构材料。应用复合材料的弹(箭)体结构件质量一般可比金属结构减轻 20%～50%。复合材料与几种传统航空宇航飞行器常用材料的力学性能比较见表 9.1。

表 9.1　几种航空宇航材料的力学性能比较

材料名称	密度 $\rho/(10^3\text{kg/m}^3)$	拉伸强度 σ_b/GPa	拉伸模量 $E/10^2$GPa	比强度 σ_b/ρ	比刚度 E/ρ
钢(45#)	7.8	0.70	2.04	0.09	0.26
铝(LF6)	2.6	0.32	0.70	0.12	0.27
钛(TC4)	4.5	0.90	1.14	0.20	0.25
玻璃纤维环氧树脂	2.0	1.24	0.48	0.62	0.24
T300/4211 高强碳纤维增强环氧树脂	1.56	1.42	1.26	0.91	0.81
高模碳纤维增强环氧树脂	1.6	1.05	2.35	0.66	1.47
芳纶纤维增强环氧树脂	1.4	1.37	0.78	0.98	0.56
硼纤维增强环氧树脂	2.1	1.38	2.1	0.66	1.0

注：复合材料的力学性能均指如图 9.2 所示的单向板而言。

(2) 各向异性。复合材料是用基体将增强纤维(直径仅为 6～10μm) 黏接在一起而成的。其中高强度、高弹性模量的纤维提供纤维方向(纵向)的拉伸强度和拉伸模量，并在树脂的支持下提供纵向的压缩强度和压缩模量。树脂除了起支持和保护纤维、固定纤维分布、维持构件一定形状的作用，还提供垂直于纤维轴向(横向)的拉压强度和模量，以及剪切强度和模量。由于目前可供选用的树脂的性能远低于增强纤维，因此单向复合材料的性能表现出很强的各向异性，各向异性使复合材料结构的计算分析工作比各向同性材料复杂。

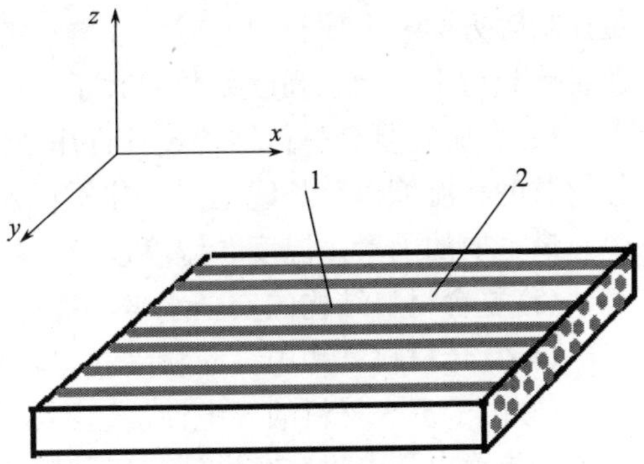

图 9.2　单向板结构示意图

1-纤维；2-基体

(3) 材料的可设计性强。复合材料可选用不同的增强纤维、基体材料、纤维含量，得到不同性能的单层板，同时可以选择层合板中各铺层的不同铺设角、层数比和铺叠顺序的组合，使得材料在整体上，或者在某个局部上，或者在某个方向上产生某种强度或刚度性能，由此“创造”出金属材料无法达到的某些特殊性能，一个典型的例子是“零”膨胀系数材料的设计。同时，由于复合材料可设计参数多，也扩大了结构的优化设计能力。

(4) 抗疲劳性能好。复合材料中存在着不同的相与界面。这些不同的相与界面能减缓和阻止裂纹进一步扩展，从而推迟疲劳破坏的发生。金属材料的疲劳极限为拉伸强度的 40%～50%，碳纤维增强树脂复合材料的疲劳极限可以达到拉伸强度的 70%～80%。

(5) 对湿/热环境较为敏感。复合材料吸湿状态下的高温性能，尤其是树脂基体控制的压缩性能和剪切性能下降明显。湿/热环境下，树脂基体会吸收少量水分，从而引起结构尺寸变化。目前，湿/热环境下复合材料的压缩性能已成为筛选树脂基体的重要依据之一。

(6) 复合材料构件的制造特点。复合材料构件是通过树脂基体以及树脂与纤维间的界面，在成形模具内经加热、加压、物理变化、化学变化、固化而成的。制成复合材料的同时也即成形为所需的形状、尺寸的构件。复合材料成形工艺性好，适合大面积整体成形，从而减少了零部件、紧固件和接头的数目。与金属构件相比，加工周期短。

复合材料的缺点是，材料性能分散性大、工艺稳定性较差。层压复合材料的横向强度与剪切强度低，抗冲击强度低。多数复合材料价格较贵。使用复合材料必须扬长避短才能发挥其优势，以保证复合材料的正确使用。

9.3　复合材料结构的设计要求和选材

9.3.1　复合材料结构的设计要求

飞行器复合材料结构的设计要求与金属结构的基本相同。鉴于复合材料自身的特点，进行复合材料结构设计时，还应考虑以下几项要求。

(1) 复合材料结构按许用应变设计结构时，采用使用载荷设计、设计载荷校核的原则。不论采用何种方法设计，都要注意复合材料在性能、失效模式、耐久性、制造工艺、质量控制等方面与金属材料有较大差异，应保证结构在使用载荷下有足够的强度和刚度，在设计载荷下，剩余强度系数应大于 1。

(2) 在确定复合材料结构设计许用值时，必须考虑环境对材料性能的影响。环境因素包括温度、湿度、紫外线辐射、冰雹以及外来物的冲击、雷电、风沙、腐蚀介质等，其中，最主要的因素是温度、湿度以及在生产和使用中可能出现的最大冲击损伤。

(3) 复合材料结构的安全水平不能低于同类金属结构。

(4) 复合材料结构中，应特别注意防止与金属零件接触时的电偶腐蚀。

(5) 由于复合材料的导电性能远不如金属材料高，对复合材料飞行器结构必须进行防雷击、防静电和电磁兼容设计与试验验证。导弹的头部以及翼面结构的尖端和前缘等部位易受雷击，应进行防雷击设计与验证。对复合材料弹翼和电子设备舱必须进行防静电起火及防电磁屏蔽的防护设计与验证试验。

(6) 应尽量将复合材料结构设计成整体件，并采用共固化或二次固化、二次胶接技术，以利于减重和提高产品质量，但应注意共固化引起的结构畸变和胶接质量问题。

除了以上要求，复合材料飞行器结构设计在静强度设计、耐久性设计和结构工艺性等方面还有一些不同于金属结构的特殊要求，设计时均应考虑。

9.3.2　复合材料结构的设计步骤

复合材料既是材料，又是结构。因此，综合设计思想在复合材料结构设计中的体现非常突出。一般情况下，金属结构设计是根据手册提供的性能数据，选择所需材料的牌号和规格，然后进行具体的结构设计。而复合材料结构设计选材时就必须同时考虑材料的力学性能、使用环境和工艺性(如树脂体系的固化温度、固化时间和工艺方法)等因素。因为复合材料是结构设计与材料设计同时进行的，材料与结构一次成形，所以在设计时既要对组成构件各部分的层合板参数进行设计，还要选择构件的构造形式和几何尺寸。在初步设计阶段就应对结构的可维护性、可修理性和维修的费用进行考虑与评估。

复合材料结构设计，首先应明确设计条件，之后进行设计选材和层合板设计，然后进行结构设计。在整个设计过程中，应视不同阶段进行相应试验，包括某些工艺试验。其中，材料试样、元件、组合件和部件四个层次积木式方法的验证试验，在保证复合材料结构满足结构设计要求方面占有重要地位。

设计条件包括对结构的性能要求、载荷情况、环境条件和工艺条件等四个方面。载荷情况是指所设计结构承受的载荷性质，如静载荷或动载荷。动载荷分为冲击载荷和交变载荷。冲击是碰撞引起的载荷，它对复合材料极易造成损伤，尤其是低能量冲击造成的损伤不易觉察，潜在威胁大，因此对这类载荷作用的结构，设计时要特别注意。交变载荷作用下结构应具有需要的疲劳强度和寿命。环境条件是指结构使用区域的大气、气象及其他物理化学环境。工艺条件包括预浸料制作或预制件(二维、三维编织或缝编预制件)制作、固化成形、机械加工和装配，以及修补等几个方面的设备条件和人员素质等。

设计选材和层合板设计包括组分材料的选用、铺层性能的确定以及层合板设计。结构设计则包含结构形式的确定、结构元件设计、结构细节设计和连接设计等内容。这两项设计工作要涉及应力、应变分析和失效判断，以确保结构满足规定的强度与刚度要求。

对重复使用结构最后还要进行损伤容限的评定，以保证结构满足完整性要求。

9.3.3　复合材料结构的选材

1. 结构选材的原则

利用复合材料具有设计性，设计人员可选用几种组分材料，将其设计成具有所要求性能的结构材料。这就要求正确地进行设计选材。复合材料结构设计选材的原则与金属材料是相同的，但必须突出考虑复合材料特有的性能。选材中主要考虑的性能如下。

(1) 根据结构最高工作温度及其采用的工艺方法选择树脂基体体系；根据性能要求和成本指标选择增强纤维。对结构件一般选择高强碳纤维，重要结构件可选用中模高强碳纤维复合材料。

(2) 重点考虑反映缺陷/损伤和环境因素影响的性能。例如，冲击后压缩强度(CAI)、室温/干态下开孔拉伸强度、湿/热条件下的压缩强度可分别用来表征外来物冲击、缺陷和孔、湿/热条件对材料性能的影响，必须重视。实践表明，芳纶虽具有较好的性能，但易吸收水分，即耐湿/热性能差，因此不能单独用于主结构件。

(3) 重点考虑与固化成形工艺有关的参数。这就需要按工艺要求选择适用的或专用的树脂体系。以热压罐固化工艺为例，应考虑固化温度、固化时间、后处理温度和时间、加压带宽以及对辅助材料要求等固化工艺参数。最好选用适合共固化成形的材料，以降低成本，还应考虑预浸料储存期。

上述三条中，重点在于选择适用的树脂基体。先确定最高使用温度，则可缩小基体的选择范围，进而再考虑所需复合材料的力学性能、工艺性、经济性等。

工艺性要求的主要内容是：材料成形工艺性好，对固化温度、时间、压力等参数的容差要求较为宽松；可适用于各种施压方法；机械加工性好，易于切割、修磨和制孔，易于装配、维护和修理；材料可以多种形式供应，如单向带和织物预浸料，以适应不同结构的成形工艺性需求。

对有特殊要求的结构件，还应满足如阻燃、燃烧毒性、透波性、吸波性和电磁性等要求。

2. 纤维的性能及其选择

增强纤维是复合材料的承载主体，增强纤维品种及其体积含量一旦选定，由纤维控制的复合材料的力学性能就基本确定。已在飞行器结构中应用的增强纤维有碳纤维、凯芙拉(Kevlar)纤维、玻璃(S 玻璃、E 玻璃等)纤维和硼纤维等。其中，碳纤维由于性能好，纤维类型和规格多，成本适中，在飞行器结构中应用最广。凯芙拉纤维性能虽然尚佳，但在湿/热环境下性能明显下降，一般不用于飞行器主承力结构中，目前多与碳纤维一起混杂使用。玻璃纤维由于刚度低，通常只用于整流罩、雷达罩、舱内装饰结构等一些次要结构中。硼纤维因其直径太粗且刚硬，成形和加工比较困难，且价格十分昂贵，故应用不多。不同增强纤维的性能比较如表 9.2 所示。

表 9.2　不同类型增强纤维的性能比较

纤维类型	直径 d/μm	密度 ρ/(10^3kg/m^3)	拉伸强度 σ_b/GPa	拉伸模量 E/GPa	供应商
E 玻璃	8.14	2.54	3.45	72.4	—
S 玻璃	8.14	2.49	4.58	86.2	—
HP-聚乙烯	10.12	0.97	2.79	87.0	Dyueema
凯芙拉 49	12	1.44	3.62	130	DuPont
凯芙拉 149	12	1.44	3.47	186.2	DuPont
高强度碳纤维(T300)	7.0	1.76	3.53	230	Torayco
中模量高强度碳纤维(T800H)	5	1.81	5.49	294	Torayco
高模量碳纤维(HM400)	6.5	1.87	3.10	405	Courtaulds Grafil
高模量碳纤维(GY80)	8.4	1.96	1.86	572	BASF
硼纤维	50.203	2.60	3.44	406.7	—

飞行器结构广泛应用的增强纤维是高强度碳纤维，其主要品牌有 T300(日本 Torayco 公司)、AS4(美国 Hercules 公司)和 HTA(日本 Besfi.ght 公司)等。这几类碳纤维生产批量大、性能稳定，有丰富使用经验和完整的工程数据，价格也相对便宜。T300 和 AS4 两者性能相当，但 AS4 纤维抗氧化性能略好一些，并且有上浆和不上浆两种纤维，适合与各类基体匹配。目前，以 T800H、IM6 和 IM7 等为代表的中等模量高强度纤维正在得到航天航空工业界的认可。

飞行器结构用增强材料的基本形式有单向带、无纬布、编织布和针织布。单向带是增强材料的最基本形式，用于制备单向带预浸料。无纬布是在单向带的纬向编织了少量的纬线，如图 9.3 所示。这些纬线可以是其他材料丝束，如凯芙拉或玻璃纤维。无纬布较单向带在铺覆性方面有所改善。编织布由经向纤维和纬向纤维编织而成，分为平纹布(图 9.4)和缎纹布(图 9.5)。平纹布布形稳定，不易弯折。缎纹布按不同织法，有 4 综缎、5 综缎、8 综缎和 12 综缎等，它们各有特点。例如，8 综缎编织布体现了单向带的特点，整体性好，容易贴敷成较复杂形状的零件。针织布中，增强纤维本身不进行编织，仅用非增强纤维(机线)将增强纤维编织在一起形成织物，如图 9.6 所示，由于增强纤维仍然保持平直，因此其传递载荷效率高。

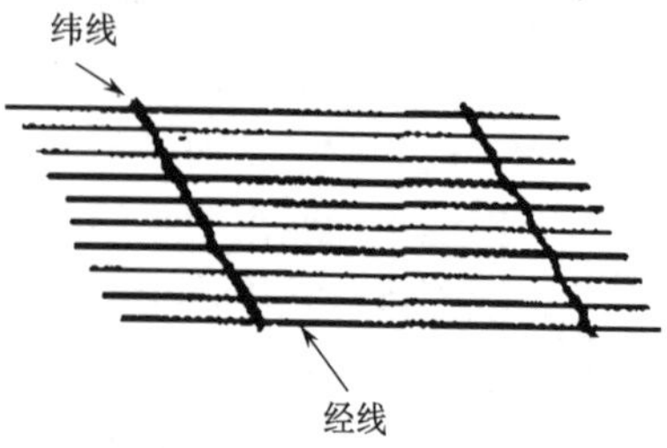

图 9.3　无纬布

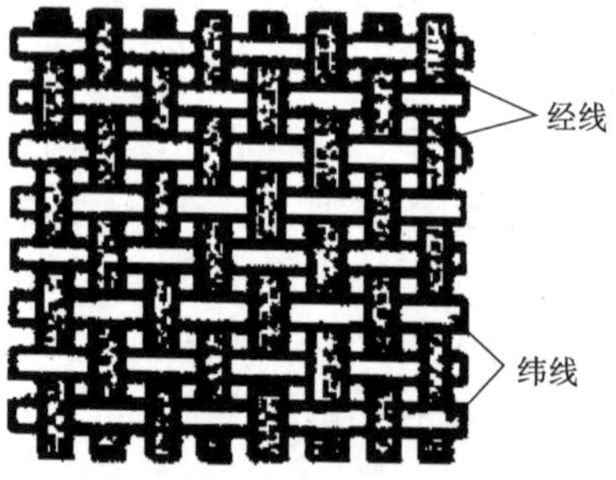

图 9.4　平纹编织布

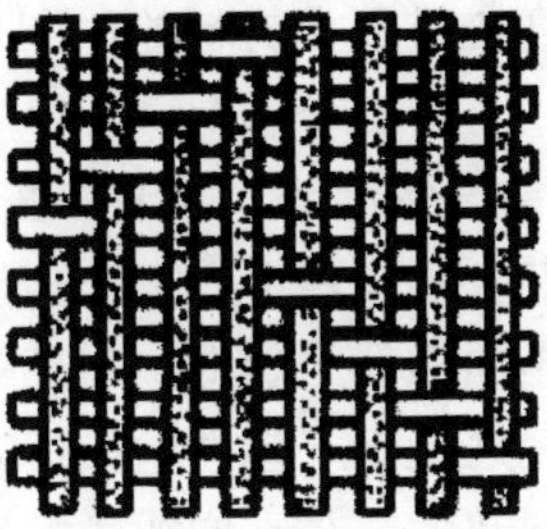

图 9.5　缎纹编织布

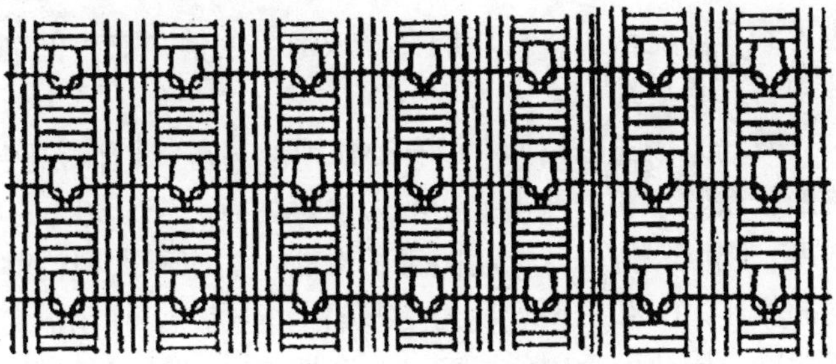

图 9.6　针织布

选择纤维时，首先要确定纤维的类别，其次要确定纤维的品种规格。对纤维类别的选择，应按比强度、比刚度、延伸率、热稳定性、性能价格比等指标，结合结构的使用要求综合考虑。

3. 树脂基体的性能及其选择

树脂基体是复合材料的另一组分材料，它对纤维起着支撑、保护并传递载荷的作用。基体性能对复合材料的横向力学性能、压缩和剪切性能、耐老化性能、耐湿/热性能、介电性能、阻燃性能、耐腐蚀性能等有决定性的影响。韧性树脂基体可以提高复合材料的抗损伤能力和疲劳寿命，同时能吸收能量。复合材料成形工艺性能，如流变性能、黏性和铺覆性、凝胶时间、预浸料储存稳定性、成形温度、压力、时间等是由树脂基体直接支配的。按固化特性分类基体可分为热固性树脂和热塑性树脂。前者包含环氧树脂、氰酸脂树脂、双马来酰亚胺树脂、聚酰亚胺树脂；后者包括聚醚醚酮(PEEK)、聚醚酮(PEK)、聚醚砜(PES)、聚醚酰亚胺(PEI)和聚苯硫醚(PPS)等树脂。常用树脂基体的性能比较如表 9.3 所示。

表 9.3　常用树脂基体的性能比较

性能	树脂类型				
	环氧树脂	酚醛	双马	聚酰亚胺	高性能热塑性树脂
工艺性能	优	良	良	差	良
力学性能	优	中	优	良	优
耐热性 / ℃	130 以下	177 以下	230 以下	288 以上	120 以上
韧性	良	差	良	差	优
尺寸稳定性	优	优	优	优	优
成本	低	低	中	高	高

环氧树脂材料品种多，与各种纤维匹配性好，固化方便，收缩率低，不同的固化剂和促进剂可获得从室温到 180℃的固化温度范围。环氧树脂工艺性优良，铺覆性好，树脂黏度适中，流动性好，加压带宽，适合大构件整体共固化成形。该树脂耐湿热性能好，韧性优良，价格便宜。环氧树脂最早用于飞机结构，后来在导弹、火箭等飞行器结构中

也得到了广泛应用。树脂的良好成形工艺性、杰出的韧性使它在先进复合材料的树脂基体中占有重要地位。

双马来酰亚胺树脂(简称 BMI 或双马)，具有耐高温、耐辐射、耐湿热、吸湿率低、热膨胀系数小和抗冲击损伤能力强等优点。在 130～230°C 湿/热环境条件下具有较高的强度、刚度保持率。优越的工艺性能，适应于大型构件与复杂型面构件的制造。与环氧树脂相比，BMI 主要表现为耐湿/热性能优越，使用温度高；不足之处是工艺性不如环氧树脂好、固化及后固化温度高。改性 BMI 是尽可能保持 BMI 耐热性，在不增加成本的前提下，改进其韧性与工艺性。目前，BMI 基复合材料在航空航天领域也得到了广泛应用。

聚酰亚胺树脂是目前高性能树脂基复合材料中耐热性能最高的树脂基体之一，其复合材料的使用温度可达到 316℃。已开始在航天航空领域的耐高温部位得到推广应用。

与热固性树脂相比，热塑性树脂具有施工快、周期短、可重复使用、储存期长、容易修理、力学性能优良、韧性好、抗冲击、耐温热等优点。可是，由于原材料成本高、预浸料黏性与铺覆性差，成形温度高达 350～450℃，生产经验不足，目前在飞行器结构中应用有限。

树脂的选择应满足结构的使用温度范围和基体的力学性能要求，树脂的吸湿、耐环境、阻燃性等物理、化学性能符合结构的使用要求，所选树脂还应满足工艺性能良好、毒性低、价格合理等原则。

9.4 复合材料层合板设计

层合板设计的主要任务，就是根据层合板所受的外载、已选用的组分材料的铺层性能，来确定层合板的三个铺层要素：各铺层的铺向角、铺层顺序和各定向铺层的层数。因此，层合板设计通常又称为铺层设计。

9.4.1 层合板设计的一般原则

(1) 均衡对称铺设原则。除了特殊需要，结构一般均设计成均衡对称层合板形式，以避免拉-扭、拉-弯等耦合效应引起固化后的翘曲变形。如果设计需要采用非对称或非均衡铺层，应考虑工艺变形限制。将非对称和非均衡铺层靠近中面，可减小层合板工艺变形。目前，也有无固化翘曲非对称复合材料层合板设计方法研究，以利用其特有的耦合特性，但这方面的研究还处在理论以及实验室研究阶段。

(2) 铺层定向原则。在满足受力的情况下，铺层方向数应尽量少，以简化设计和施工的工作量。一般多选择 0°、90°和±45°等 4 种铺层方向(这 4 种方向的铺层统称为“标准铺层”)。如果需要设计成准各向同性层合板，可采用$[0°/+45°/-45°]_S$或$[+60°/0°/-60°]_S$层合板。对于采用缠绕成形工艺制造的结构，铺层角(缠绕角)不受上述 45°角度的限制，但一般采用$\pm\alpha$缠绕角。

(3) 铺层取向按承载选取原则。铺层的纤维轴向应与内力的拉压方向一致，以最大限度利用纤维轴向的高性能。具体地说，如果承受单轴向拉伸或压缩载荷，纤维铺设方向与载荷方向一致；如果承受双轴向拉伸或压缩载荷，纤维方向按受载方向 0°、90°正交铺设；如果承受剪切载荷，纤维方向按+45°、–45°成对铺设；如果承受拉伸(或压缩)和剪切的复合载荷情况，则纤维方向应按 0°、90°、+45°、–45°多向铺设。90°方向纤维用以改善横向强度，并调节层合板的泊松比。

(4) 铺设顺序原则。主要从三方面考虑：①应使各定向单层尽量沿层合板厚度均匀分布，避免将同一铺层角的铺层集中放置。如果不得不使用时，一般不超过 4 层，以减少两种定向层的开裂和边缘分层。②如果层合板中含有±45°层、0°层和 90°层，应尽量在+45°层和–45°层之间用 0°层或 90°层隔开，在 0°层和 90°层之间用+45°层或–45°层隔开，并应避免将 90°层成组铺放，以降低层间应力。③对于暴露在外的层合板，在表面铺设织物或±45°层，将具有较好的使用维护性，也可以改善层合板的压缩和抗冲击性能。另外，铺设顺序对层合板抗失稳承载能力影响很大，这一因素也应考虑。

(5) 铺层最小比例原则。为使复合材料的基体沿各个方向均匀受载，对于由方向为 0°、90°、±45°铺层组成的层合板，其任一方向的最小铺层比例应≥6%～10%。

(6) 冲击载荷区设计原则。对于承受面内集中力冲击部位的层合板，要进行局部加强。应有足够多的纤维铺设在层合板的冲击载荷方向，以承受局部冲击载荷。还要配置一定数量与载荷方向成±45°的铺层，以便将集中载荷扩散。另外，还需采取局部增强措施，以确保足够的强度。对于使用中容易受到面外冲击的结构，其表面几层纤维应均布于各个方向，相邻层的夹角尽可能小，以减小基体受载的层间分层。对于仍不能满足抗冲击要求的部位，应局部采用混杂复合材料，如芳纶或玻璃纤维与碳纤维混杂。

(7) 连接区设计原则。应使与钉载(螺钉或铆钉载荷)方向成±45°的铺层比例≥40%，与钉载方向一致的铺层比例大于 25%，以保证连接区有足够的剪切强度和挤压强度，同时也有利于扩散载荷和减少孔的应力集中。

(8) 变厚度设计原则。在结构变厚度区域，铺层数递增或递减应形成台阶逐渐变化，因为厚度的突变会引起应力集中。要求每个台阶宽度相近且≥60°，台阶高度不超过宽度的 1/10。然后在表面铺设连续层，以防止台阶外发生剥离破坏。

(9) 开口区铺层原则。在结构开口区应使相邻铺层的夹角≤60°，以减少层间应力。开口形状应尽可能采用圆孔，因为圆孔边应力集中较小。若必须采用矩形孔，则拐角处要采用半径较大的圆角。另外，在开口时，切断的纤维应尽可能少。

层合板单层的总层数及各定向单层比例的确定，也即各定向单层层数的确定，通常是根据对层合板设计的要求综合考虑确定的。合理的设计应具有尽量少的总层数。

9.4.2　层合板的设计方法

1. 等代设计法

早期采用等代设计法(等强度、等刚度设计)。最简单的办法就是采用准各向同性的复合材料的层合板代替原来的各向同性的金属板。由于复合材料的比强度、比刚度很高，故仍能取得一定的减重效益，为 5%～10%。通常此法可应用于受力小或形状复杂的非受力构件。受力大的构件有时不可行，即使可行，也由于其减重效益较小而让位于其他更好的方法。

2. 准网格设计法

准网格设计方法，也称应力比设计法。利用单层纤维方向与内力方向一致性要求，设计时只考虑复合材料中纤维的承载能力，忽略基体的刚度和强度，并按平面应力 σ_x、σ_y 和 τ_{xy} 的大小分配各铺层方向的纤维数量，由此确定各定向铺层的层数比。这是一种按载荷大小进行的初步设计方法，所得结果可供层合板初步设计参考。具体步骤如下。

(1) 计算应力。首先按准各向同性层合板的性能计算出层合板的应力 σ_x、σ_y 和 τ_{xy}，得出应力比为 $\sigma_x : \sigma_y : \tau_{xy} = 1 : a : b$。

(2) 确定定向层的层数比。由应力方向限定铺层角为 0°、90°和±45°。将 σ_x、σ_y 和 τ_{xy} 分别对应 0°、90°和±45°方向铺层，并使铺层数符合以下比例：$n_0 : n_{90} : n_{\pm45} = 1 : a : 2b$，或得出各定向铺层的体积比为

$$V_0 : V_{90} : V_{\pm45} = \frac{1}{1+a+2b} : \frac{a}{1+a+2b} : \frac{2b}{1+a+2b}$$

(3) 重新计算应力。对以上确定的层合板重新进行应力分析，得到对应的层合板应力 σ_x'、σ_y'和 τ_{xy}'。

(4) 判别应力比误差。将 $\sigma_x' : \sigma_y' : \tau_{xy}'$与原应力比 $1 : a : b$ 相比较。若其比值误差在允许的范围内(如 5%)，则所得结构可用；否则，按新的应力比重新确定新的层数比，直到满足误差要求范围为止。

(5) 确定各铺向角层组的层数。由所受外载和设计所得层合板的许用应力求出层合板的总厚度 h。当层合板是由一种复合材料构成时，各层组的相应厚度 $h_0 : h_{90} : h_{\pm45}$ 之比也为 $1 : a : 2b$。由此可求出 h_0、h_{90} 和 $h_{\pm45}$。

(6) 构成层合板。根据各定向铺层组的层数，按镜面对称的方式，参照铺叠顺序的原则构成所需的层合板。为保证均衡对称，±45°层的层数应为 4 的倍数。

准网格设计方法在复合材料纤维缠绕结构的设计中有着重要的应用。

3. 毯式曲线设计法

这种方法经常用于以 0°、90°和±45°为铺层角的层合板的初步设计，是一种用图表来确定层合板中铺层的近似方法。如果进行几次迭代，也可按某项设计要求(如刚度)确定其铺层比和各层组的层数。该方法首先要根据经典层合板理论，经计算机编程计算，建立起所选用的复合材料(0°、90°、±45°)层合板的模量、强度或其他性能与各铺层角的百分比的关系曲线，即毯式曲线(Carpet 曲线)。图 9.7 和图 9.8 为某层合板的毯式曲线，现以该层合板为例给出使用毯式曲线确定铺层比例的方法。

(1) 已知层合板要求的弹性模量，选择 0°、90°、±45°层的分配比例。例如，已知层合板要求模量 E_x=90GPa，可在图 9.7 上找到对应的点 A 并得到一种铺层比例选择：

0°层：	60%
±45°层：	20%

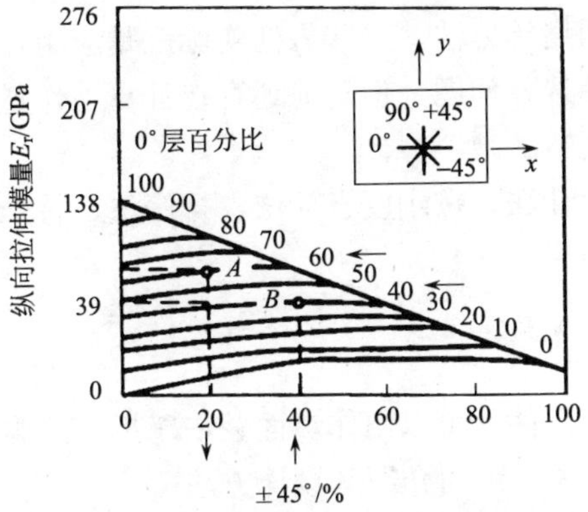

图 9.7　某复合材料 E_x 的毯式曲线

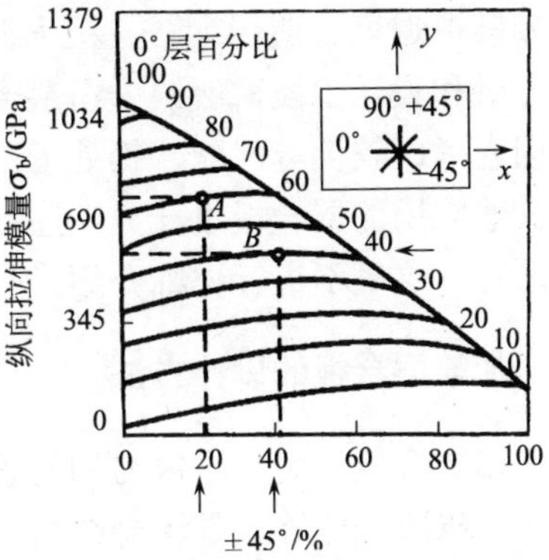

图 9.8　某复合材料σ_b的毯式曲线

90°层：　　　　20%

其中，±45°层和 0°层的比例，可由图中横坐标和各曲线对应的 0°层百分比得到，90°层的比例，可用 100%减去 0°层和±45°层的比例求出。

一旦选定铺层比例，就能由图 9.8 确定层合板纵向拉伸强度。在图 9.8 上对应点 A 所示的铺层比例，可得到层合板纵向拉伸强度σ_b =724MPa。如果该强度值不符合要求，必须重新选择铺层比。

(2) 假设已知层合板铺层比，可求得层合板的 E_x。例如，已知层合板铺比为

0°层：　　　　40%

±45°层：　　　40%

90°层：　　　　20%

在图 9.7 上可找到其对应点 B，并可查出其纵向拉伸模量 E_x＝69GPa。

对于该层合板纵向拉伸强度，可在图 9.8 上按点 B 的铺层比例，得出纵向拉伸强度σ_b =586MPa。

除了确定铺层比例、模量或拉伸强度，也可用同样的方法确定层合板其他特性，如剪切模量、压缩强度、泊松比和热膨胀系数等。

4. 气动弹性剪裁法

气动弹性剪裁法是利用复合材料的各向异性及其各种耦合效应进行铺层设计，以获得预期的结构柔度特性或产生某种希望的特定变形规律，来提高设计性能和静、动气动弹性特性的一种优化设计方法。这是复合材料结构所特有的设计技术，已成功应用于复合材料前掠机翼的铺层优化设计。气动弹性剪裁所要求的设计技术十分复杂，此处不作介绍。

5. 铺层序列优化设计法

层合板的设计问题从广义上看，属于不同种铺层材料(各铺层的材料、铺向角、厚度为确定的)的序列优化设计问题。大量的结构优化设计方法应用于层合板的设计。根据优化目标的个数，可分为单目标优化设计方法和多目标优化设计方法；根据优化算法的特点，分为连续变量优化设计方法，如射线法、序列规划法等，以及离散变量优化设计方

法，如模拟退火、遗传算法、粒子群、神经网络等方法。这些方法实际上是应用计算机辅助分析和设计手段，解决一组层合板的排序选择问题，但目前还存在计算工作量大、工程因素考虑较少等问题，仍处于不断发展之中。

其他应用的层合板设计方法还有按强度设计法、按刚度设计法、排序法、特殊要求设计法等，这里不进行详细介绍。

9.4.3　加筋层合板的设计方法

加筋层合板是由层压板与加筋条构成的层合件，可以用作翼面蒙皮壁板、梁腹板、肋腹板、舱段壳体等，是层合结构件的典型代表。下面介绍其设计方法。

1. 加筋层合板设计的一般原则

(1) 在设计载荷下，应变水平不得超过设计许用应变。

(2) 稳定性要求。通常要满足在使用载荷下不得屈曲，在设计载荷下允许后屈曲，但不能发生破坏。对于重要构件，在设计载荷下也不允许屈曲。只有次要构件采用在使用载荷下不得屈曲，在设计载荷下允许屈曲的要求，而允许在使用载荷下进入屈曲的构件，只限于薄板(厚度为 1mm 左右)。

(3) 加筋条与蒙皮之间应在刚度、泊松比方面匹配，以使固化内应力和翘曲变形减至最小，以利于整体共固化成形。

(4) 筋条与蒙皮结合处、加筋条端部等细节设计应避免应力集中，防止发生脱胶、分层等破坏。

根据加筋板的设计原则，可知加筋板设计要点包括：合理分配蒙皮和加筋条承载比例；选择合适的加筋条剖面形状，且剖面的弯曲刚度足够，满足稳定性要求；蒙皮与加筋条刚度要匹配(包括泊松比匹配)；调节加筋条间距，满足加筋板总体稳定性要求；工艺可行。

2. 加筋条剖面形状选择

加筋条剖面形状分为开剖面的 L 形、T 形(含球头 T 形)、J 形、I 形、π 形等；闭剖面的帽形、泡形、Ⅱ形等，如图 9.9 所示。开剖面加强筋工艺性明显优于闭剖面加筋强筋；反过来闭剖面加强筋的扭转刚度和弯曲稳定性能大大优于开剖面加强筋。从蒙皮与加强筋结合考虑，L 形(角形)加强筋易发生分层，推荐选择 T 形和 I 形剖面。

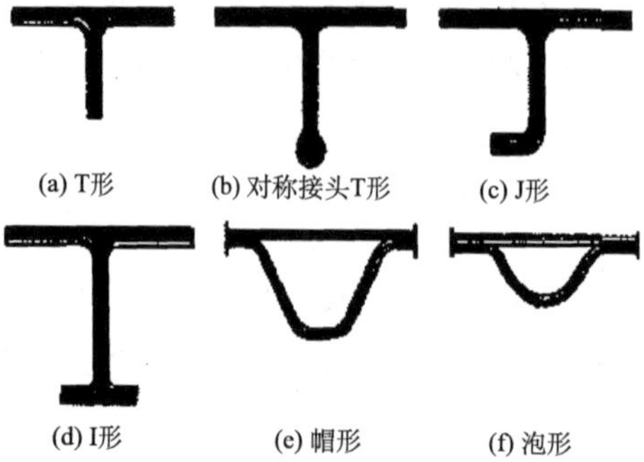

图 9.9　加筋条剖面几何形状

9.5　复合材料连接结构设计

连接设计和分析是结构设计的重要内容之一。复合材料连接主要分为胶接连接、机械连接和混合连接等三种类型。其中，机械连接主要包括螺栓连接和铆钉连接，混合连接是指胶铆或胶螺连接。胶接和机械连接是最常用的两种连接形式，混合连接采用较少。胶接连接是借助胶黏剂将零件连接成不可拆卸的整体的连接方法，它适用于传递载荷较小的部位。机械连接是借助于紧固件，把两个或两个以上零件连接成一个整体的连接方法，它适用于传递载荷较高或可靠性要求较高的部位。

9.5.1　胶接连接设计

优秀的胶接连接设计应使其胶接强度不低于连接区外边被胶接件本身的强度；否则，胶接连接将成为薄弱环节，使胶接结构过早破坏。

胶接连接设计应充分发挥胶层承受剪切能力强的优点，根据最大载荷的作用方向，使所设计的胶接连接以剪切的方式传递最大载荷，而其他方向载荷很小，尽量避免胶层承受拉力和剥离力。还应特别注意，被胶接件热膨胀系数要匹配。

从强度和成本观点考虑，胶接连接设计的基本原则如下。

(1) 选择合理的连接形式。不同胶接接头形式的连接强度与被胶接件的厚度有较大的关系(图 9.10)，接头形式的选择应使胶层在最大载荷方向受剪力，尽可能避免胶层受到法向力，以防止发生剥离破坏。

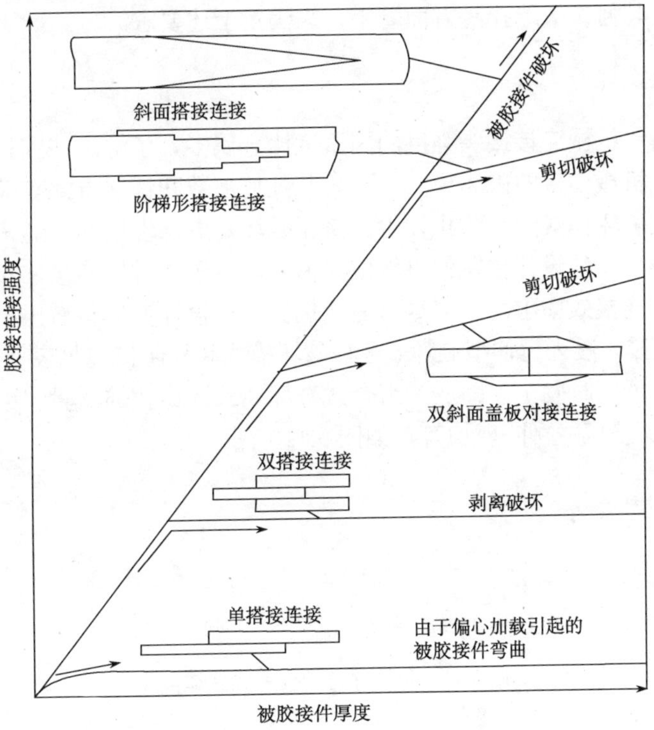

图 9.10　胶接件厚度对接头形式选择的影响

(2) 尽可能减小应力集中。单搭接接头在板件结构中降低应力集中的措施如图 9.11 (a) 所示。单搭接接头在连接处布置横向构件可改善接头的受力状态，降低剥离应力，如图 9.11 (b) 所示。

(3) 力求避免连接部位层压板发生层间破坏。胶接表面的纤维方向应与载荷方向一致(或成 45°)，不能与载荷方向垂直。两个相贴合的胶接件表面泊松比应尽量匹配。

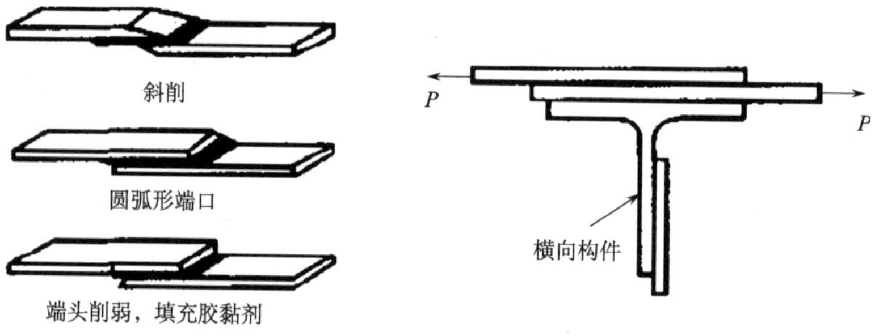

(a) 降低应力集中的设计措施　(b) 有横向支撑的单搭连

图 9.11　单搭接接头降低应力集中和剥离应力的措施

(4) 承受动载荷时，应选低模量韧性胶黏剂；在高温工作时，所选胶黏剂的热膨胀系数尽量与被胶接件相近。

(5) 工艺尽可能简单，降低制造成本。

这些原则总的目的是尽可能使胶接连接强度高于被胶接件强度或与之相近。为此，需从连接形式、几何参数选择等方面着手，来满足上述要求。

9.5.2　机械连接设计

影响复合材料机械连接接头强度的因素远比金属多，了解这些因素并在设计中加以考虑是重要的。机械连接的破坏模式主要与其几何参数和铺层方式有关。劈裂和剪切破坏是两种低强度破坏模式，应防止发生。挤压破坏是局部性质的，通常不会引起复合材料结构灾难性破坏，是设计预期的可能破坏形式。对于单排钉连接，从既要保证连接的安全性又要提高连接效率出发，应尽可能使机械连接设计产生与挤压型破坏有关的破坏模式。多排钉连接一般为拉伸型破坏。各种破坏模式和预防措施见表 9.4。以上各种单一破坏模式也有可能同时发生，即变为组合式破坏模式，如拉伸-剪切(或劈裂)、挤压-剪切、挤压-拉伸、挤压-拉伸-剪切等，如图 9.12 所示。

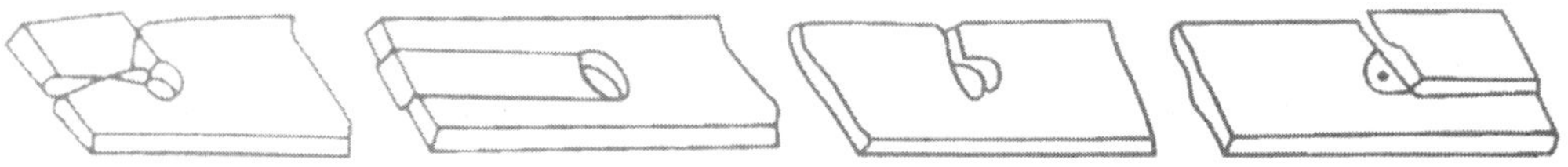

(a) 拉伸-剪切　(b) 挤压-剪切　(c) 挤压-拉伸　(d) 挤压-拉伸-剪切

图 9.12　机械连接的组合式破坏模式

机械连接设计时推荐使用高锁螺栓以及专门为复合材料设计的虎克铆钉、高锁环槽铆钉等紧固件，紧固件材料应使用钛合金或不锈钢，并采用涂以密封胶的湿装配，以防止电蚀。接头形式与金属结构类似，双剪接头比单剪接头好，斜削和阶梯形接头可改善多钉连接时钉载分配的不均匀性。

碳纤维复合材料呈脆性，多钉连接时，脆性使各钉孔的承载严重不均。加之孔引起的应力集中比金属结构严重，故如有可能，尽量采用不多于两排的多钉连接，并建议选用比铝结构更大的端距。构件的铺层中±45º 层一般不少于 40%，0º 层比例不低于 25%，90º 层比例为 10%～25%；也可以在连接区采用碳纤/玻纤混杂，以构成刚度较小的软带，它对连接强度有所改善。

表 9.4　机械连接典型破坏模式及其预防措施

破坏模式	预防措施
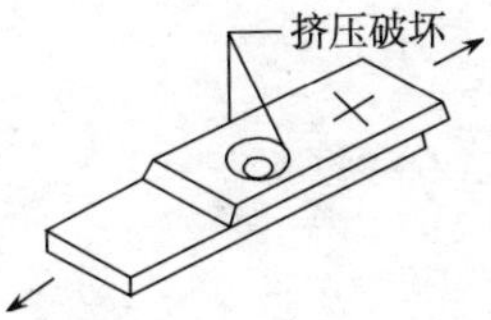	① 连接设计以挤压强度为临界参数； ② 至少采用 40%的±45° 铺层； ③ 在螺母下加垫圈； ④ 如有可能采用抗拉型凸头紧固件
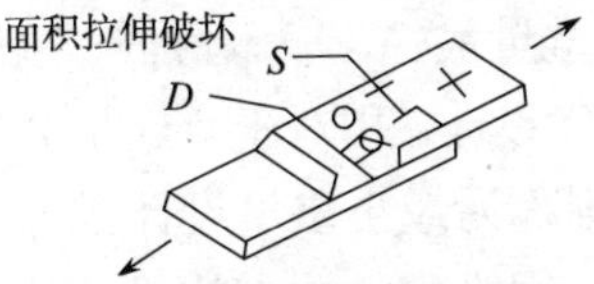	① 采用比铝结构更大的紧固件间距； 铝的 S/D（间距/孔径）≥4，碳纤维/环氧树脂的 S/D（间距/孔径）≥5； ② 连接板加厚，以减少净应力
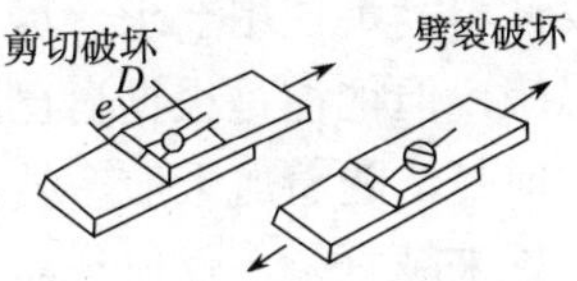	① 采用比铝结构更大的端距； 铝的 e/D（端距/孔径）≈1.7~2； 碳纤维/环氧脂的 e/D（端距/孔径）≈3~4； ② 至少采用 40%的±45° 铺层； ③ 至少采用 10%的 90° 铺层
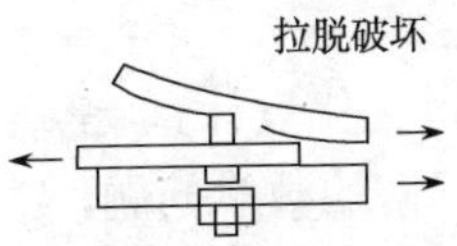	① 沉头孔深度不应大于层压板厚度的 60%； ② 增加层合板厚度
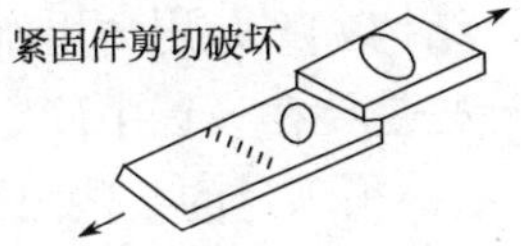	① 采用直径更大的紧固件； ② 采用高抗剪紧固体

第 10 章　结构优化设计

10.1　引　　言

在现代飞行器结构设计中，人们往往在追求高性能的同时还要求结构重量最轻，而传统的“设计后校核，校核后改进”的设计方法经常很难同时满足性能和重量两方面的要求。近些年来，随着计算数学和计算机技术的迅猛发展，人们逐渐将优化方法引入结构设计，从而得到最优的结构方案，已成为现代飞行器结构设计的一个主要潮流。本章主要介绍结构优化设计的概念与步骤，优化算法只作简单介绍，更多的内容可参考数学中的最优化理论。

10.2　结构优化设计的概念与分类

10.2.1　结构优化设计的基本概念

结构优化设计是在给定约束条件下，按某种目标(如重量最轻、成本最低、刚度最大等)求出最好的设计方案，曾称为结构最佳设计或结构最优设计，相对于“结构分析”而言，又称“结构综合”；若以结构的重量最小为目标，则称为最小重量设计。

结构优化设计的概念在传统设计中并不是不存在的，因为每一次结构设计的任务，都是在实际可行的条件下，合理地选择各种设计参数，设计出满足使用要求、尽量先进的结构。在这一过程中，设计人员也在贯彻优化设计的思想，但往往是根据自己的专业知识和经验，甚至部分喜好去寻求最优的结构设计方案。但是，随着航天航空技术的发展，人们对飞行器结构的性能要求越来越高，结构本身也越来越复杂，仅仅依靠设计人员的专业知识和经验，而不进行科学严密的优化计算，很难从众多可行的设计方案中选择出最优的那一个。

结构优化设计与其他优化设计问题(如飞行力学中的轨道优化设计、航空运输中物流服务的优化设计)一样，就是把结构设计的任务转化为一个严密的数学问题，建立其数学模型，然后用优化计算方法求解出优化的方案。结构优化设计问题的数学模型包含三要素：设计变量、约束条件和目标函数。对于结构优化设计，结构方案是用一组结构参数来表达的。这些参数中，有些是给定的，称为已知量；另一些是要在设计中确定的，也就是说要设计的，称为设计变量。求目标函数极值时设计变量必须满足的某些限制条件，如板厚必须大于工艺厚度、结构固有频率必须大于某一值等，称为约束条件。判别结构设计优劣标准的数学表达式称为目标函数，它是设计变量的函数，代表某个最重要的特征或指标。

10.2.2　结构优化设计的分类

结构优化设计可以根据设计变量的类型分为不同的层次：在给定结构的类型、材料、布局拓扑和外形几何的情况下，优化各个组成构件的截面尺寸，使结构最轻或最经济，通常称为尺寸优化，它是结构优化设计中的最低层次；如果让结构的几何也可以变化，例如，把桁架和刚架的节点位置或连续体边界形状的几何参数作为设计变量，优化又进入了一个较高的层次，即所谓的结构形状优化；进而再允许对桁架节点连结关系或连续体结构材料的布局安排进行优化，即结构的拓扑优化；如果结构类型也可以作为设计变量，包括尺寸、坐标、单元取舍和材料的类型优化，综合了前面的几种优化，则优化达到更高的层次，即结构的布局优化。显然，随着结构优化层次的提高，其难度也越来越大。

(1) 尺寸优化。尺寸优化中的设计变量可能是杆的横截面积、惯性矩、板的厚度，或是复合材料的单层厚度和材料方向角度，所以，用有限元计算结构位移和应力时，尺寸优化过程不需要重新划分网格，直接利用敏度分析和合适的数学规划方法就能完成尺寸优化。对于一定的几何状态，如固定节点位置和单元连接的桁架结构，有限元分析只是在杆件的横截面特性发生变化时需要重复进行。对于具有连续性结构的板或壳，也只是把各单元厚度作为设计变量，优化结果是阶梯形分布的板厚度或壳厚度。这类优化过程中，设计变量与刚度矩阵一般为简单的线性关系。因此，尺寸优化研究重点主要集中在优化算法和敏度分析上。这一层次的研究虽然是结构优化中的最低层次，但它却为加深对结构优化问题的认识，以及使用各种不同类型的算法提供了宝贵的经验。

(2) 形状优化。结构形状优化的主要特征是，待求的设计变量是所研究问题的控制微分方程的定义区域，所以是可动边界问题。它主要研究如何确定结构的边界形状或者内部几何形状，以改善结构特性。例如，在利用缓释销塑性变形实现运载火箭牵制释放的牵制释放机构中，缓释销的外部形状决定了缓释力曲线，通过优化缓释销外形可得到最优的缓释力曲线；又如结构内部开孔尺寸和形状的优化，其目的是降低应力集中和改善应力分布状况。许多重要结构或部件往往因为局部的应力集中而造成疲劳或断裂破坏。实践表明，结构的形状优化设计是解决这类问题的有效途径之一。

形状优化设计相对尺寸优化设计，研究起步较晚，已经取得的研究成果较少。主要有两方面的原因：其一，由于在形状优化过程中分析模型不断变化，因而必须不断地重新生成有限元网格并进行自适应分析，有一定的难度；其二，由于形状优化过程中，单元刚度矩阵、结构性态与设计变量之间的非线性关系，使得形状优化的敏度分析计算量比尺寸优化要大得多，也困难得多。

(3) 拓扑优化。在形状优化过程中，初始的结构和最终的结构是同一拓扑结构。例如，原来有 2 个开孔的板经形状优化后，改变的只是开孔的边界形状，开孔数并没有增加或减少。但实际上可能存在这样的情况，即在同样满足设计约束条件下，开孔数的改变比开孔形状的改变对降低板的重量更有效，这就是拓扑优化研究的初衷。尽管利用有限元和边界元都可以自动划分网格，但对于一个拓扑结构变化的模型数据处理尚未有研究。所以，在设计区域要自动产生开孔是很困难的。为了突破这一局限，一种直接的做法是：

考虑一个固定的设计区域进行离散，构成有限元模型进行分析。对那些低应力区域的单元人为地指定为“很软”的单元。在优化过程结束后，那些“很软”的单元被认为是孔洞，将这部分材料从设计区域中“移走”，保留剩余部分，最终得到结构的最优拓扑。

(4) 布局优化。到目前为止，对于布局优化还没有行之有效的解决方法。对布局优化这一高度非线性的优化问题进行综合求解，设计空间的维数很高，常常会遇到收敛困难。常见的处理方法是：将布局优化分解成若干步分布优化过程，如采用形状-截面优化和拓扑优化交替进行的序列两级算法，求解离散变量的布局优化问题。这种分级求解的策略缩小了问题的规模，降低了求解的难度，但可能得到的不是全局最优解。目前，利用全局随机搜索类算法能够克服传统优化算法在求解拓扑布局优化时的困难，是极具活力的研究方向。

由于结构的拓扑优化和布局优化在理论上尚处于探索完善阶段，所以在实际工程中的应用尚不多。

10.3　优化设计的数学模型

优化设计的数学模型包括设计变量、约束条件及目标函数三要素。对于每一个学科，数学模型的建立都有其自身的特点。但是，设计变量、约束条件及目标函数的选取原则和一般性处理方法是相同的。

10.3.1　设计变量

1. 设计变量的表达方式

设计变量是设计中可变的结构参数，是能够用来描述结构方案特征的独立变量。设计变量通常有连续设计变量和离散设计变量两种类型。在优化过程中可连续变化的设计变量，称为连续设计变量，如板的厚度、杆的长度等。在优化过程中只能离散取值的设计变量，称为离散设计变量，如可供选用的型钢的截面面积和惯性矩等。离散设计变量在优化过程中通常不好处理，为了简化计算，有时先把离散设计变量视为连续量，而在最后确定优化结果后，再选取最为接近的可行值，得到较优解。

通常用 x_1，x_2，…，x_n 表示 n 个可供选择的设计变量。它们构成一个 n 维的列向量 $\boldsymbol{x}$，即

$$\boldsymbol{x}=(x_1,x_2,\cdots,x_n)^{\mathrm{T}} \tag{10.1}$$

设计变量 $\boldsymbol{x}$ 从数学意义上讲，代表的是一个 n 维空间 E^n，每个分量 x_i 分别代表 n 维空间的一维，而 $\boldsymbol{x}$ 的任一取值 $\boldsymbol{x}^*$ 代表该空间的一个点。而从设计的角度来看，$\boldsymbol{x}$ 是所有可行设计方案的集合，它构成一个 n 维的设计空间，凡 $\boldsymbol{x}$ 内的任意一点 $\boldsymbol{x}^*$ 代表一个可行的设计方案。

2. 设计变量的选取原则

(1) 应选取与目标函数有直接或间接联系的，对目标函数有较大影响的变量作为设计

变量。如果选取与目标函数无关或关系很小的变量作为设计变量，那么在优化设计中将无法得到该变量的最优值。此外，最好选取那种对目标函数有矛盾影响的变量作为设计变量，这样目标函数将有明显的极值存在。

(2) 设计变量应该是相互独立的。如果选取不独立的变量作为设计变量，而实际上又令其独立，就丢掉了它们之间的相互关系，优化结果将不符合实际。例如，弹翼的几何参数中，选取弹翼面积 S、展弦比 A、根梢比λ、弹翼剖面的相对厚度 C、前缘后掠角θ这五个独立变量就足以描述弹翼的外形了，如果再选取翼展 L 作为设计变量，由于存在关系式 $L=\sqrt{SA}$，L、S 和 A 这三个参数中有一个就不再是独立设计变量了。

(3) 应尽量选取有实际意义的无因次量作为设计变量。这样不仅可以减少设计变量的数目，便于计算，而且对同类工程问题具有一定的通用性。例如，在弹翼外形设计中，选用展弦比、根梢比等反映相对关系的比值作为设计变量，而不选用翼展、翼根长度、翼尖长度等绝对量作为设计变量。

(4) 在足以描述设计问题的前提下，应充分分析各设计变量的主次，减少设计变量的数目，使优化设计问题简化。当然，设计变量越多，优化设计的结果一般来说越精确。但是在设计变量较多的情况下，每增加一个设计变量，优化设计的计算量将是成倍增加的。因此，减少设计变量的数目将具有极大的实际意义。

3. 设计变量的处理

在工程实际中，设计变量的变化区间是有限制的。即有

$$x_{i,\text{down}} \leqslant x_i \leqslant x_{i,\text{up}} \quad (i=1,2,\cdots,n) \tag{10.2}$$

在由设计变量构成的正交轴系中，以各个设计变量的变化区间所界定的空间称为探索空间，或称为变量空间。

在同一设计问题中，同时参与优选的各设计变量的数值在量级上可能相差悬殊，如弹性模量和蒙皮厚度。显然，这样的设计变量在寻优过程中如果都使用真实值，计算误差对数量级小的变量影响会很大，从而造成失真。为了避免这种情况的发生，通常将设计变量进行变换，即将设计变量的真实值转换为变量区间的相对值，即

$$\overline{x_i} = \frac{x_i - x_{i,\text{down}}}{x_{i,\text{up}} - x_{i,\text{down}}}$$

使各个设计变量的变化范围均在 0~1。这种处理称为设计变量的标准化。因此，在实际的优化设计计算中，使用的是设计变量 $\overline{x}_1,\overline{x}_2,\cdots,\overline{x}_n$，它们构成一个 n 维的列向量 $\overline{\boldsymbol{x}}$，即

$$\overline{\boldsymbol{x}} = (\overline{x}_1,\overline{x}_2,\cdots,\overline{x}_n)^{\mathrm{T}} \tag{10.3}$$

10.3.2　约束条件

1. 约束条件的分类

从纯数学的角度讲，存在无约束优化问题，而且在优化设计课程中，无约束优化问题是约束优化问题的基础。在工程实际中，任何一个设计几乎都是有限制条件的。这些

限制条件在优化设计中称为约束条件。只有满足所有约束条件的设计方案才是可行方案。

在结构优化设计中，约束条件反映了有关结构性能、设计规范、安装接口、制造工艺、构造形式等各方面的要求，有时还反映了设计者的意图。有实际意义的约束条件主要有两类：直接约束条件和间接约束条件。

直接约束条件也称为显示约束，是直接对设计变量的变化范围加以限制的约束，在结构优化设计中往往是几何性质的约束条件。如规定几何尺寸、横截面积等几何性质的实际变动范围。这种约束往往来自于制造工艺条件的限制或设计规范的要求，一般可用简单的数学形式(如线性的不等式)表示。

间接约束条件也称为隐式约束，是设计变量或设计变量之间需要满足的隐式函数关系。这类约束条件是优化设计中的主要约束条件，一般也是比较复杂的约束条件。在结构优化设计，中间接约束条件一般为力学性质的约束条件。如构件不发生材料强度破坏、某些部位的变形不超过某个规定值、构件承受的载荷不超过屈曲载荷、结构的基频不小于某个规定值等。这些约束条件一般需要采用较复杂的解析方法或数值方法才能表达成对设计变量的约束关系，即表达成设计变量表示的解析方式或数值方式的表达式。

2. 约束条件的表达方式

约束条件在数学形式上可分为不等式约束和等式约束，分别表示为

$$\begin{cases} g_i(\boldsymbol{x}) \leqslant 0 & (i=1,2,\cdots,p) \\ h_j(\boldsymbol{x}) = 0 & (j=1,2,\cdots,q) \end{cases} \tag{10.4}$$

式中，p 表示不等式约束的个数；q 表示等式约束的个数。当设计变量用标准化的设计变量时，约束条件也可变换为

$$\begin{cases} g_i(\bar{\boldsymbol{x}}) \leqslant 0 & (i=1,2,\cdots,p) \\ h_j(\bar{\boldsymbol{x}}) = 0 & (j=1,2,\cdots,q) \end{cases} \tag{10.5}$$

所有约束条件将设计变量 $\boldsymbol{x}$ 构成的 n 维设计空间 E^n 划分为两个部分：可行设计空间和不可行设计空间。优化设计中如果漏掉一个或几个约束条件，将会扩大设计空间，得到的最优设计方案可能会落入不可行设计空间，即一个不可行的设计方案。

关于约束条件，这里需要补充说明以下几点。

(1) 不等式约束条件中，均采用不大于零形式的约束条件，对于 $g_i(\boldsymbol{x}) \geqslant 0$ 形式的约束条件，可通过改写为 $-g_i(\boldsymbol{x}) \leqslant 0$ 变换为不大于零形式的约束条件。

(2) 等式约束条件在实际问题中比较少见，另外，从理论上说，增加一个等式约束条件就相当于减少了一个独立的设计变量。因此，这种约束有时在分析中不直接表示出来。

(3) 由于实际问题的复杂性，约束函数的形式往往比较复杂，特别是间接约束条件，甚至根本不能用解析方式表示。因此，对于式(10.4)或式(10.5)中的 g_i 和 h_j，应看作一种象征性的表示方式，而不一定是具体的函数形式。

10.3.3　目标函数

1. 目标函数的表达方式

满足所有约束条件的设计方案是可行设计方案，优化设计的任务就是要对各个设计方案进行比较，从而找出那个最佳的设计方案。而对设计方案进行优劣比较的标准就是目标函数，也称为评价指标、评价函数。一般可以表示为

$$f(\boldsymbol{x}) = f(x_1, x_2, \cdots, x_n) \tag{10.6}$$

或

$$f(\overline{\boldsymbol{x}}) = f(\overline{x}_1, \overline{x}_2, \cdots, \overline{x}_n) \tag{10.7}$$

需要说明的是，式(10.6)和式(10.7)形式上表示了目标函数与设计变量 $\boldsymbol{x}$ 之间的存在的函数关系。但由于实际问题的复杂性，在许多情况下这个函数关系不一定能通过解析的函数表示出来，因此式(10.6)和式(10.7)一般可理解为：通过某种数学运算(包括某种算法的数值运算)，$f(\boldsymbol{x})$ 与 $\boldsymbol{x}$ 之间存在的某种数值上的对应关系。

优化设计的目的，就是要获得使目标函数 $f(\boldsymbol{x})$ 最小(如重量、成本等)或最大(如强度、刚度、基频等)的结果。但在数学处理上，为了表达的统一起见，均认为是使目标函数 $f(\boldsymbol{x})$ 最小，即 $f(\boldsymbol{x}) \to \min$。如果实际问题是使目标函数最大，则可认为是使 $-f(\boldsymbol{x})$ 最小，即 $-f(\boldsymbol{x}) \to \min$，因而认可归纳在上述表达式中。

2. 目标函数的确定

确定评价设计方案优劣的指标是优化设计的重要决策，它直接影响到优化设计结果的实际价值。

在确定评价指标时，应该对设计问题的任务、设计问题的特点、设计进程的不同阶段可能达到的标准等进行分析，找到设计问题的主要要求作为设计目标，并以此为依据确定目标函数，而把其他的设计要求作为约束条件。当设计问题中存在几个并重的目标要追求时，应该设立多个目标函数，该类问题称为多目标优化问题。它比单目标优化更为复杂。

确定目标函数时应注意以下问题。

(1) 必须选取设计中最为重要的设计目标作为目标函数。否则，设计将会偏离目标。在结构优化设计中，常使用结构质量、结构强度、结构刚度、某些关键位置的变形、某些关键元件的尺寸和位置等作为目标函数。

(2) 目标函数必须是所有设计变量的函数。因为不包含在目标函数内的设计变量的取值将是任意的，无法评定其优劣。

(3) 目标函数必须具有一定的灵敏度。即当某一个设计变量变化时，目标函数应该有较为明显的变化。否则，将难以完成寻优。

10.3.4　优化模型的数学描述

1. 单目标问题

对于某项设计，若果明确了设计变量、约束条件和目标函数三要素，并且目标函数和约束条件可以通过某种途径表达成设计变量的函数，则优化设计问题的数学描述如下。

选择一组可变化的设计变量 $\boldsymbol{x}=\left(x_1,x_2,\cdots,x_n\right)^{\mathrm{T}}$，在满足下列约束条件

$$\begin{cases}g_i\left(\boldsymbol{x}\right)\leqslant 0 & (i=1,2,?\ ,p)\\ h_j\left(\boldsymbol{x}\right)=0 & (j=1,2,?\ q)\end{cases}$$

的情况下，使得目标函数 $f(\boldsymbol{x})\to\min$。

因此，优化方法的目标就是求得一组最优设计变量或最优设计点：

$$\boldsymbol{x}^*=\left(x_1^*,x_2^*,\cdots,x_n^*\right)^{\mathrm{T}} \tag{10.8}$$

以及对应的目标函数值：

$$f\left(\boldsymbol{x}^*\right)=f\left(x_1^*,x_2^*,\cdots,x_n^*\right) \tag{10.9}$$

它们构成了该优化设计问题的最优解。

2. 多目标问题

在结构优化设计中，对于单目标问题，往往以结构质量为目标函数。但是，除结构质量之外，可能还关心其他一些要求，如静动强度、刚度、安全程度、经济成本等各项技术指标。因此，在结构设计中可能选择多个指标函数 $f_1\left(\boldsymbol{x}\right),f_2\left(\boldsymbol{x}\right),\cdots,f_r\left(\boldsymbol{x}\right)$ 为目标函数，这就构成了多目标问题。

引进向量函数：

$$\boldsymbol{f}\left(\boldsymbol{x}\right)=\left(f_1\left(\boldsymbol{x}\right),f_2\left(\boldsymbol{x}\right),\cdots,f_r\left(\boldsymbol{x}\right)\right)^{\mathrm{T}} \tag{10.10}$$

则多目标问题的数学描述如下。

选择一组可变化的设计变量 $\boldsymbol{x}=\left(x_1,x_2,\cdots,x_n\right)^{\mathrm{T}}$，在满足下列约束条件

$$\begin{cases}g_i\left(\boldsymbol{x}\right)\leqslant 0 & (i=1,2,\cdots,p)\\ h_j\left(\boldsymbol{x}\right)=0 & (j=1,2,\cdots,q)\end{cases}$$

的情况下，使得目标函数向量 $\boldsymbol{f}(\boldsymbol{x})\to\min$。

在多目标问题中，各目标函数 $f_1\left(\boldsymbol{x}\right),f_2\left(\boldsymbol{x}\right),\cdots,f_r\left(\boldsymbol{x}\right)$ 之间往往是相互影响，相互制约，有时甚至是相互矛盾的，不能同时达到最优解，甚至某一可行点(即一个可行设计方案)对某个目标函数是最优点，而对另一个目标函数却是劣点。这就需要在各个目标的最优解之间进行协调，相互做出“让步”，以便取得整体的最优方案。

尽管多目标问题比单目标问题要复杂得多，但由于工程技术等方面的实际需要，产生了强大的推动力，得到了很大发展，提出了不少的解法。最简单的解法就是将多目标问题转换为单目标问题，再按照单目标问题的解法进行求解。转换的方法也有多种，如

线性加权法、主要目标函数法、理想点法、加权平方和法、子目标乘除法、功效系数法等。这里对最为简单和常用的线性加权法作简单说明。在线性加权法中，根据各子目标的重要程度给予相应的权数，然后用各子目标分别乘以它们各自的权数再相加，即构成新的统一目标函数为

$$f(\boldsymbol{x})=\omega_1 f_1(\boldsymbol{x})+\omega_2 f_2(\boldsymbol{x})+\cdots+\omega_r f_r(\boldsymbol{x}) \tag{10.11}$$

式中，$\omega_1(\boldsymbol{x}),\omega_2(\boldsymbol{x}),\cdots,\omega_r(\boldsymbol{x})$ 为与各子目标函数 $f_1(\boldsymbol{x}),f_2(\boldsymbol{x}),\cdots,f_r(\boldsymbol{x})$ 相对应的权数，且满足 $\omega_1(\boldsymbol{x})+\omega_2(\boldsymbol{x})+\cdots+\omega_r(\boldsymbol{x})=1$。

这些通过转换为单一目标问题再求解的方法是求解多目标优化问题的间接法，实质上是求解单目标的优化设计问题。近些年来，也有不少学者对多目标问题直接求解(直接法)，得到其较优的解，如 Pareto 解等。但是，由于多目标问题的复杂性，已有的这些解法还不是十分理想，在本书不做深入介绍。

10.4 优化算法

对 10.3.4 节提出的单目标优化问题的数学模型，必须采用某种计算方法对其进行求解。最直观的想法就是“试算法”，即在可行设计空间内，连续或按照一定规律间隔地取不同的设计变量值，求出相应的目标函数值，然后进行比较，得出目标函数的最小值，而相应的设计变量就是所需要的最优解。这种方法虽然可靠，但实际计算非常耗时费力，只要计算变量数目稍多，计算工作量就会大到实际上行不通的地步。因此，需要借助数学或力学的方法，建立一种既能使计算工作量降到可接受的程度，又能较正确而可靠地求出最优解的优化算法。

采用适当的优化算法求解数学模型，可归结为在给定条件下求目标函数的极值或最优值问题。按优化算法的理论基础划分，大致可以归纳为三类：数学规划法、最优准则法和仿生学方法。在本书中均仅做概要性介绍，具体算法需要查阅相关书籍。

10.4.1 数学规划法

1. 规划问题的分类与算法

将结构优化问题归纳为一个数学规划问题，然后用数学规划法来求解。数学规划法的命题是：求一组设计变量 $\boldsymbol{x}=(x_1,x_2,\cdots,x_n)^{\mathrm{T}}$，满足约束条件 $g_i(\boldsymbol{x})\leqslant 0(i=1,2,\cdots,p)$，且使得目标函数 $f(\boldsymbol{x})$ 为最小。

当目标函数和约束方程都是设计变量 $\boldsymbol{x}$ 的线性函数时，称为线性规划问题。该类问题的解法比较成熟，其中，常用的解法是单纯形法，能保证获得全局最优解。近年来又有椭球算法与卡马卡算法，它们比单纯形法有更高的效率，但这是当变量数目十分巨大时才比较明显。

如果目标函数和约束方程中有一个是设计变量 $\boldsymbol{x}$ 的非线性函数，便成为非线性规划问题。对于非线性规划问题，虽然方法很多，但还没有一种通用的成熟方法。目前的方

法大致有如下几种：第一种是序列无约束极小化技术，如罚函数法、乘子法等；第二种是线性近似技术，如序列线性规划法、序列二次规划法、割平面法等；第三种是探讨在约束边界处搜索的可行方向法，如投影梯度法、广义简约梯度法等；最后一种是只利用函数值不使用导数信息的直接法，如复形法、可变容差法、随机试验法等。

2. 数学规划法的基本原理

数学规划法的基本目的是：在以设计变量为坐标的多维空间里搜索最优点。在可行设计空间无限多的点中要尽快地搜索出既满足所有的约束条件，又能使目标函数尽量接近最小值的点，就是数学规划设计法的任务，这种搜索的过程称为“优化过程”。

如图 10.1 所示的一个二维设计空间，图中的一簇曲线是目标函数 $f(x_1, x_2)$ 为常数的等值线。约束条件 $g_i(x_1, x_2) \leqslant 0\left(i=1,2,\cdots,5\right)$ 取等号时曲线所围成的区域是可行设计空间。A、B 和 C 点各代表一个可行的方案。围线以外的点(如 D)不满足约束条件，所以是不可行方案。显然，满足约束条件并使目标函数 f 最小的最优方案点是 M。数学规划就是要以最迅速的方式找到点 M。这好比在山坡上一个用栅栏围起来的区域里找最低点，如果这个山坡不是凹的，则可以断定最低点必在栅栏所在的边界上。数学规划提供了很多搜索的办法，基本原则都是在选好一个出发点后，经过分析判断，找出一个迈步的有利方向，沿这个方向跨出有利的步长以到达新的一点。再从此点出发，重复上述过程，一步一步走下去，直到再也找不到可走的有利方向，就是达到了最低点。从第 k 点到第 $(k+1)$ 点这一步可表达为

$$\boldsymbol{x}^{(k+1)} = \boldsymbol{x}^{(k)} + \alpha^{(k)}\boldsymbol{S}^{(k)} \tag{10.12}$$

式中，$\boldsymbol{S}^{(k)}$ 为搜索方向；$\alpha^{(k)}$ 为搜索步长。

因此，优化算法中的每一步优化计算主要解决两个问题：(1) 如何选择一个最有利的搜索方向 $\boldsymbol{S}^{(k)}$，使目标函数沿此方向快速下降，且计算简便；(2) 在搜索方向既定的前提下，如何确定沿此方向选择最合适的步长 $\alpha^{(k)}$。实际算法中，它们依靠对点进行分析所获得的信息来确定。例如，在图 10.1 中，从可行点 A 出发，沿着等高线的梯度负向，即最陡下降方向逐步走到边界点 1，然后再沿着边界逐步走到最低点 M，这个方法称为梯度投影法。实际上还有很多其他的方法。可以看出，如果初始出发点选的是 B，用同样的走法也可以走到最低点 M；但如果初始点选的是 C，那就会走到另一个局部最低点 N。M 点代表全局最优解，因为它是全部可行域中的最低点。N 点只是在它附近的可行域中的最低点，所以是局部最优解。现在还没有一个可靠的实用方法能保证搜索到的解一定是全局最优解。一般是在可能的情况下取若干不同的出发点做几次搜索，以期找到全局最优解。

如果是线性规划问题，搜索过程就简便得多。因此，有时把非线性问题转化成一系列线性问题来逼近。为此，在某一设计点附近将目标函数和约束函数都线性化，也就是在该点将函数做泰勒展开，并只保留它们的线性项。然后做有一定步长限制的线性规划，得到新的一点。如此重复下去，直到收敛于最优点为止。

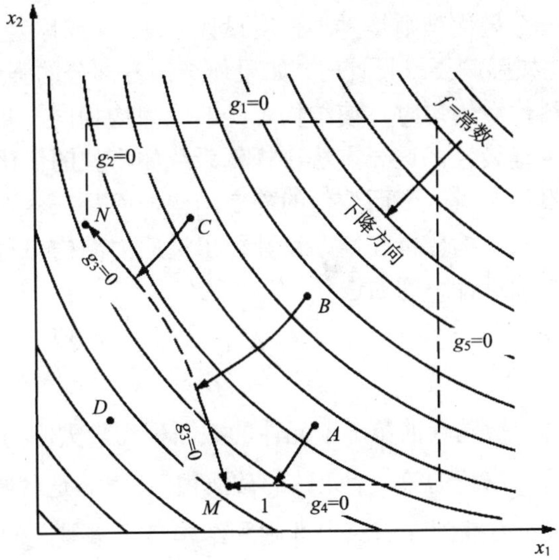

图 10.1　二维空间中数学规划法示意图

由于不带约束的规划问题比较容易求解，所以有时也把有约束问题转化成一个序列的无约束问题进行求解。为此，可以把约束表示成一个罚函数加到目标函数上去，构成一个新的目标函数。例如，仅有等式约束 $h_j(\boldsymbol{x})=0(j=1,2,\cdots,q)$ 的罚函数可表示为

$$\phi(\boldsymbol{x},M)=f(\boldsymbol{x})+M\sum_{j=1}^{q}h_j^2(\boldsymbol{x}) \tag{10.13}$$

式中，M 为罚因子，右端第二项为惩罚项。而仅有不等式约束 $g_i(\boldsymbol{x})\leqslant 0(i=1,2,\cdots,p)$ 的罚函数可表示为

$$\phi(\boldsymbol{x},M)=f(\boldsymbol{x})+M\sum_{i=1}^{p}\left[\max\left(0,g_i(\boldsymbol{x})\right)\right]^2 \tag{10.14}$$

对于同时存在等式约束和不等式约束的优化问题，可以取上面两个罚函数的组合。当然罚函数还有其他的取法，但是构造罚函数的思想都是一样的，即使得设计变量在可行设计空间内时，罚函数等于原来的目标函数值，否则罚函数等于一个很大的数。

10.4.2　最优准则法

直接采用数学规划理论需要很多次调用函数计算，并且随设计变量的增加而迅速增加，因为迭代一次，就需要将结构重新分析一次，而做一次结构分析的代价是很大的。因而对于实际结构的设计效率太低，经济性很差，使方法难于推广到工程结构设计。优化准则法则可以解决这一问题。它是从工程观点出发，提出结构达到优化设计时应满足的某些准则(如满应力准则、能量准则等)，然后用迭代的方法求出满足这些准则的解。该方法主要特点是收敛快，重分析次数与设计变量个数无直接关系，一般经过 10 次左右的迭代，就可满足设计要求，适合于大型结构的优化设计。该方法主要适合于结构布局及几何形状已定的情况。

最常见最简单的一个最优准则是“等强度设计方法”，或称为“满应力设计方法”。其基本思想是：当结构按强度要求设计时，如果使结构各部分的强度(承载能力)均相同；或者当结构各处的材料性质均匀时，使结构各处的应力均相同，此时认为结构设计已达到了最优化，即结构重量最轻。这一方法在杆件系统如桁架的优化设计中用得较多。只有对于内力分布不随设计变量改变而变化的静定结构，而且在容许应力与设计变量无关的情况下，才能通过一次结构分析和修改设计得出满应力结构。对于其他情况，为使各元件趋向于满应力，必须进行下列的迭代：

$$A_i^{(k+1)} = A_i^{(k)} \frac{\sigma_i^{(k)}}{\bar{\sigma}_i} \tag{10.15}$$

式中，$A_i^{(k)}$ 和 $\sigma_i^{(k)}$ 为第 k 次迭代的第 i 个元件的截面积和最大应力；$\bar{\sigma}_i$ 为第 i 个元件的许用应力。公式给出经过修正的第 i 个元件的截面积 $A_i^{(k+1)}$。迭代收敛时，$A_i^{(k+1)} \approx A_i^{(k)}$，就达到了 $\sigma_i^{(k)} \approx \bar{\sigma}_i$ 的满应力准则。满应力准则和结构最小重量之间没有必然的联系，但是一般的满应力设计可能相当接近于甚至就等于最轻设计。当然，这个方法只适用于受应力约束的最轻设计问题。

20 世纪 60 年代末，出现了更科学的最优准则法。它通过数学推演，把在一定约束下求最轻设计化为求满足某种优化准则的设计。例如，对于只有一个位移约束的优化设计问题，求设计变量 $\boldsymbol{x}=(x_1,x_2,\cdots,x_n)^{\mathrm{T}}$，满足在单约束 $g(\boldsymbol{x})\leqslant 0$ 的条件下，使 $f(\boldsymbol{x})$ 最小。可以用目标函数和约束函数建立一个新的混合函数，即拉格朗日函数，其形式为

$$\phi(\boldsymbol{x}) = f(\boldsymbol{x}) + \lambda g(\boldsymbol{x}) \tag{10.16}$$

式中，λ 为一个待定的拉格朗日乘子。原来的约束极值问题等价于

$$\frac{\partial \phi}{\partial x_i} = \frac{\partial f}{\partial x_i} + \lambda \frac{\partial g}{\partial x_i} = 0 \quad (i=1,2,\cdots,n) \tag{10.17}$$

由此可得

$$-\frac{\partial g}{\partial x_i} \Big/ \frac{\partial f}{\partial x_i} = \frac{1}{\lambda} = \text{const} \quad (i=1,2,\cdots,n) \tag{10.18}$$

式(10.18)便是关于单约束优化设计必须满足的准则，即必须使约束函数和目标函数对任一个设计变量 x_i 的偏导数的比值是同一个常数。如果约束函数 $g(\boldsymbol{x})$ 是某处的位移，则 $-\dfrac{\partial g}{\partial x_i}$ 表示设计变量 x_i 作单位增长时位移值的减小，即结构的刚度收益；如果目标函数 $f(\boldsymbol{x})$ 是结构的总重量，则 $\dfrac{\partial f}{\partial x_i}$ 表示 x_i 作单位增长时重量的增加，即付出的代价。因此，上述准则可以理解为，最轻设计必须满足的条件是：当任何一个独立设计变量作单位变化时，结构的刚度收益和重量支出的比值应彼此相等，即都等于某一常数。也可以说，在最轻结构中，独立设计变量都被调整到具有相等的优化效率。这意味着对结构刚度贡献大的设计变量，应该多负担点重量。用这个准则，可以建立一套迭代算法，从某个初始方案开始，用迭代方法逐步使这个准则得到满足，最后获得优化方案。

如果是多约束问题，假设有 p 个约束 $g_j(\boldsymbol{x})\leqslant 0(j=1,2,\cdots,p)$，上述优化准则变为

$$-\sum_{j=1}^{p}\left(\lambda_j\frac{\partial g_j}{\partial x_i}\right)\bigg/\frac{\partial f}{\partial x_i}=1\quad(i=1,2,\ldots,n)\tag{10.19}$$

式中，λ_j 是对应于第 j 个有效约束 g_j 的拉格朗日乘子，可以理解为 $-\dfrac{\partial g_j}{\partial x_i}\bigg/\dfrac{\partial f}{\partial x_i}$ 的权系数。所有 λ_j 都应为非负值，如果由准则算出的某个 λ_j 为负值，则相应的约束就是不起作用的松约束，应该取这个 λ_j 为零值。多约束的算法要比单约束复杂，其困难在于每一步迭代都要区别出起作用的和不起作用的约束。

10.4.3　仿生学方法

目前模拟自然界进化的算法有模仿自然界过程算法与模仿自然界结构算法，主要有遗传算法、模拟退火、神经元网络算法等。在这里仅对常用的遗传算法做简要介绍。

1. 遗传算法的基本概念

遗传算法(Genetic Algorithm，GA)是一种基于自然群体(种群)遗传演化机制的高效探索算法，它摒弃了传统的搜索方式，模拟自然界生物进化过程，采用人工进化的方式对目标空间进行随机化搜索。它将问题域中的可能解看作种群的一个个体或染色体，并将每一个体编码成符号串形式，模拟达尔文的遗传选择和自然淘汰的生物进化过程，对种群反复进行基于遗传学的操作(选择、交叉和变异)，根据预定的目标适应度函数对每个个体进行评价，依据适者生存、优胜劣汰的进化规则，不断得到更优的种群，同时以全局并行搜索方式来搜索优化种群中的最优个体，求得满足要求的最优解。

这里涉及遗传算法中两个最基本的概念：个体与种群。所谓个体，就是模拟生物个体而对问题中的对象(一般就是问题的解)的一种称呼，一个个体就是搜索空间中的一个点。种群就是模拟生物种群而由若干个个体组成的自然群体，它一般是整个搜索空间的一个很小的子集。

2. 遗传算法的基本步骤

遗传算法可用于求解一般参数优化问题的全局最优解。对于 10.3.4 节中描述的单目标问题，其求解基本步骤包括编码、生成初始群体、构造适应度函数、遗传操作等。

1)编码

对优化问题可行设计空间中的点(个体)进行编码，就是将其转换为遗传算法中的基因数据结构。通常用一个固定长度的二进制无符号整数进行编码，形成遗传算法中的染色体，这种编码方式简单，易于计算机上编程实现。二进制编码串的长度依赖于变量的定义域以及问题所要求的精度。例如，若只有一个设计变量，且其定义域为[0,10]，而问题的精度要求为 10^{-6}，这就需要将定义域分割成 10^7 个等长区间，而每个区间采用一个二进制编码来表示。由于 2^{23}=8388608，2^{24}=16777216，因此，二进制编码串的长度至少为 24。当优化问题有多个设计变量时，可先分别对各个设计变量进行编码，然后将它们

合并成一个长串。在解码时，再对各个设计变量分别进行解码即可。

2) 生成初始群体

由于遗传的需要，必须设定一些初始的生物群体，称为进化第一代，即让其作为生物繁殖的第一代。群体的大小视具体问题而定，较小的优化问题个体可以选择 10~20 个，复杂一些的问题则需要选择 50~100 个。需要说明的是，初始群体的每个个体都是通过随机方法产生的，这样便可以保证生物的多样性和竞争的公平性。

3) 构造适应度函数

生物的进化服从适者生存、优胜劣汰的进化规则，因此，必须规定什么样的基因是“优”的，什么样的基因是“劣”的，在这里称为适应度。在遗传算法中，通常将优化问题的目标函数进行适当的变化后，作为遗传算法的适应度函数 $F(\boldsymbol{x})$。群体在进化过程中，通过适应度来评价个体的优劣，作为遗传操作的依据，并由此一步步地逼近问题的最优解。

4) 遗传操作

在初始群体的基础上，通过遗传操作产生后代群体，遗传操作也称为遗传算子，它影响着群体的进化程度和效率。选择、交叉和变异是遗传算法的三个主要操作算子，它们构成了遗传算法的主体。

(1) 选择运算。选择是遗传算法的基本算子，它从当前群体中选择出一定数量的优良个体，作为参与下一代群体繁殖的父代个体，使它们有机会繁殖后代，体现了“适者生存”的自然选择原则。个体的选择是依据适应度大小进行的，适应度大的个体被复制，适应度小的被淘汰，而新群体个体的总数保持不变。假如一个群体有 6 个个体，它们的适应度值如表 10.1 所示。

表 10.1　个体的适应度值与选择概率

<table>
<tr><th>个体 (x)</th><th>适应度值 F(x)</th><th>F(x)/ΣF(x)</th><th>选择概率 P(x)</th><th>期望次数 6P(x)</th></tr>
<tr><td>A</td><td>25</td><td>0.5</td><td>0.5</td><td>3</td></tr>
<tr><td>B</td><td>10</td><td>0.2</td><td>0.2</td><td>1.2</td></tr>
<tr><td>C</td><td>6</td><td>0.12</td><td rowspan="2">0.24</td><td rowspan="2">1.44</td></tr>
<tr><td>C</td><td>6</td><td>0.12</td></tr>
<tr><td>D</td><td>2</td><td>0.04</td><td>0.04</td><td>0.24</td></tr>
<tr><td>E</td><td>1</td><td>0.02</td><td>0.02</td><td>0.12</td></tr>
<tr><td>总数</td><td>50</td><td>1</td><td>1</td><td>6</td></tr>
</table>

实现上述选择的一种方法是轮盘选法，如图 10.2 所示。每个符号串在轮盘上占有一格，而格的大小与符号串的适应度值成正比。在选择一个新的符号串时，只转动轮盘，待轮盘停下，落在标记处的格所对应的符号串被选中。由于群体有 6 个个体，轮盘将转动 6 次生成新的一代群体，各符号串被选择的概率和期望次数见表 10.1 的最后两列。新的群体可能是(A、A、A、B、C、C)。很明显，如果选择操作被重复使用，适应度较高

的符号串在整个群体中将占据主导地位。从选择过程中可以看出，选择只能使新的群体性能得到改善，但不能产生新的个体。

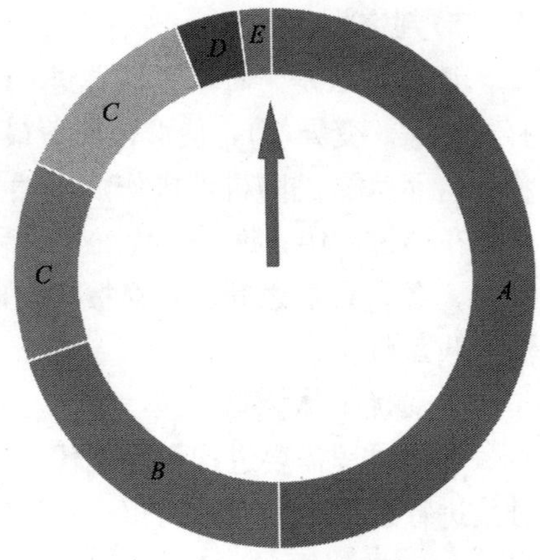

图 10.2　轮盘选择示意图

(2) 交叉运算。交叉运算是使群体产生新个体的操作过程。简单的交叉操作是这样的：首先对新群体中的个体进行随机配对，并依据概率决定是否进行交叉操作；然后在配对个体中随机选择交叉点位置，并在此位置将字符串断开；最后将两个个体的符号串断开后部分进行交换，重组生成新个体。由此一来，两个具有其父母双方基因成分的新符号串由此产生。例如，有两个用 8 位二进制符号串编码的个体 11010111 和 01001010，选择第 6 位为交叉位置，则交叉后得到的两个新个体为 11010110 和 01001011。交叉操作使群体保持着多样性，扩大了遗传算法的探索范围，加快了优化的收敛速度。

(3) 变异运算。生物界中不但存在着遗传，同时还存在着变异，从而产生出新的染色体，表现出新的生物状态。虽然发生这种变异的可能性较小，但也是产生新物种的一个不可忽视的原因。在遗传算法中，利用变异运算来模拟生物遗传和进化过程中由变异而产生的新个体。它是对群体中个体的某些基因座上的基因值做变动。对于二进制编码的个体，变异操作就是将个体在变异点上的基因值按照变异概率取反，即 1 变 0，0 变 1。这里说的变异概率是指发生变异的基因位数所占全体染色体的基因总数的比例，取值一般为 0.0001~0.1。如果基因串的长度为λ，每代中群体拥有的个体数目为M，且规定每代中变异的基因位数为B，则变异概率为

$$P_{\mathrm{m}} = \frac{B}{\lambda M} \tag{10.20}$$

变异基因的位置也是随机确定的。例如，某群体有 4 个个体，每个个体有 5 个基因，且规定每代中变异基因位数为 0.2，即M=4，λ=5，B=0.2，那么变异概率为P_{m}=0.01。在执行变异操作时，首先针对每个个体的每个基因产生一个[0,1]区间具有 3 位数字的均匀随机数，随机数小于 0.01 的对应基因值产生变异，见表 10.2。表中 4 号个体的第二位的随机数为 0.002，小于变异概率 0.01，该基因发生变异，使四号个体由 01011 变为 00011。其余基因的随机数均大于 0.01，不发生变异。

表 10.2　个体基因的随机数与变异

个体编号	个体	随机数	新个体
1	11001	0.301　0.201　0.823　0.902　0.024	11001
2	10101	0.332　0.506　0.753　0.901　0.113	10101
3	01100	0.230　0.894　0.763　0.602　0.259	01100
4	01011	0.098　0.002　0.792　0.673　0.305	00011

5) 判定收敛性

遗传算法是一种基于群体进化的计算方法，它通过对群体中的个体进行遗传操作(选择、交叉、变异等)，使群体向着最优方向移动，最终逼近问题的最优解。这样的进化过程包含了大量的随机性操作，显然为一随机过程，因而可以用随机过程理论来研究该过程。在该过程中，每一子代群体只和它的父代群体相关，而与其他群体无关，无后效性，同时，各代种群之间的转换概率与时间的起点无关。因此，可用马尔可夫链分析遗传算法的收敛性。

6) 最优个体解码

以上过程需要进行多次迭代。当群体进化结束时，适应度最大的个体，即最优个体。对其进行解码，从而得到相应变量的值，这就是优化问题的解。

10.5 结构优化设计的步骤

基于优化方法进行结构设计的过程可分为三个步骤：①建立数学模型，即把工程结构的设计问题转换成一个优化的数学问题；②根据数学模型，选择合适的优化算法，进行优化计算；③对优化结果进行分析修改。

10.5.1 数学模型的建立

在结构优化设计时，首先是建立优化数学模型，包括选择设计变量、建立目标函数和确定约束条件。建立结构优化设计数学模型的要点在于：一是要能准确地表达原设计；二是要简洁。如果模型不能代表原设计，则优化设计的结果一定是不可信的。而如果模型过于复杂，将会给寻优方法的选择、优化计算等带来困难。

1. 选择设计变量

设计变量的选择对优化的结果影响较大，显然，如果把所有影响优化结果的结构参数都选为设计变量，得到的优化结果将对应真正的最优设计方案。但是这样往往是不合适的，因为设计变量的增多会增加优化问题求解的复杂性，甚至会影响优化过程的顺利完成。因此，应对影响优化结果的所有参数进行分析比较，从中选择出对优化结果有显著影响的独立参数作为设计变量，而其他参数可建立与设计变量的关系式，或按照常数处理。当然，设计变量也不能太少，否则限制了优化设计的自由度，影响优化结果。特别是不能漏了对优化结果可能影响较大的设计变量，否则，得到的优化结果将会与最优设计方案相差较远。

对于飞行器结构，以下两类参数通常作为设计变量。

(1) 几何参数。它包括构件的截面尺寸(如板壳的壁厚、圆杆的直径、截面的惯性矩、夹层结构的面板和芯子厚度等)、形状尺寸(如结构的长度、宽度和高度等)和相对位置尺寸(如加筋的间距等)。一般仅把构件的截面尺寸作为设计变量。

(2) 复合材料的构造参数。飞行器结构中常用层合复合材料，其层数 n、各单层纤维方向角 θ_i、厚度 δ_i、不同层的铺设次序等可变参数均可作为设计变量。单层纤维方向角 θ_i

是一个连续变化的变量，但由于制造条件的限制，求出的优化值也要圆整到生产上容许的值。而且有时为了便于制造，也为了减少优化设计时的变量数，把θ_i规定为几种固定值(常用的有 0°、90°、45°、–45°等，若只有这四个角度方向，则称为标准铺层)，而不作为设计变量。铺设次序作为设计变量无法直接用数学形式表示，因而只能对每一种铺设次序分别进行计算，再进行优选。当然，如果把θ_i和δ_i同时作为设计变量处理，铺设次序的变化也就自然包含在其中了。

2. 建立目标函数

目标函数是判别结构优化设计优劣的指标，但要确定一个全面的综合目标函数是很困难的。一般情况下，只能选择衡量结构设计优劣的一个最主要的指标作为目标函数，其余指标可作为约束条件。一般来说，飞行器结构把结构的重量作为目标函数，而把强度、刚度、频率等要求作为约束条件，这样处理问题是最符合实际结构设计的工作方式的。但有时也可以把强度或刚度等性能指标作为目标函数，这样做的好处是可以降低约束条件的复杂性，或者甚至成为无约束的优化问题，使计算得到很大的简化。有时当多个指标重要程度相近时，也可以选择多个目标函数，建立多目标优化模型。

不同的目标函数代表不同的设计追求，因此得到的结构优化结果一般也不同。

3. 确定约束条件

在结构设计中需要满足一些设计要求(如对结构重量、基频、强度、稳定性、变形等的限制)，除了取为目标函数的那一要求，其余主要设计要求一般需要作为优化设计中的约束条件。当然，在一些结构设计问题中，由于约束较多，优化问题求解较困难，也可以先不考虑一些较松的约束，而在得到优化结果后再对这些约束进行校核。

此外，一些工程惯例的要求(如梁截面的高宽比、截面的腹板高度与翼缘宽度比等)也可作为约束条件。但这种约束使设计变量的可行设计空间缩小，可能会漏掉一些虽不符合工程惯例却是很优的设计结果。因此，在确定约束条件之前应逐个加以分析，仅将不可忽略的设计限制条件作为约束条件，而不引入不必要的约束条件。

大多数结构分析软件采用有限元法，如果直接采用软件自带的优化功能，由于它的单元类型、求解方法都是确定的，所以其优化功能所能选择的设计变量、目标函数和约束条件也是有一定限制的。为此，只能根据设计要求在其中选择。对于较为复杂的结构优化设计问题，可以根据所选的优化算法编制优化程序，而对结构分析部分调用成熟的结构分析软件来完成。如果结构分析部分太复杂，也可以建立其代理模型参与到结构优化过程中。

10.5.2　优化计算

由于优化过程是个迭代的过程，而结构优化设计时，一般在迭代过程中需要反复进行复杂的结构分析，因此非常耗时，必须选择合适的优化算法。因为不同的优化算法具有不同的特点和适用范围，结构优化设计时需要分析所建数学模型的特点，尤其是分析目标函数的性态，这是正确选择优化算法的关键。优化算法选择不当可能会使设计计算效率不高，甚至发散。

选定优化算法后，就可借用优化软件或编程进行优化计算，在此过程中，需要注意以下几点。

(1) 计算程序运行的时间与给定的初始点和初始搜索区有密切的关系。依靠计算机自动随机地给出初始点会耗费较多的运算时间，因此尽量利用工程经验，人为地给定初始点及初始搜索区。

(2) 制定适合工程设计要求的终止运算标准。一般情况下，在结构优化设计的最优点附近，目标函数的变化很平缓，过高的终止运算标准，只能徒增程序运行的时间而对设计结果并无实质改善。

(3) 设法减少迭代步数。可以在优化运算时输出迭代过程中的设计变量变化和灵敏度信息，仔细观察它们的变化规律，再精心设置新的输入数据，重新进行优化分析，可以大大改善优化计算效率，减少迭代步数。

10.5.3 优化结果的分析

在结构优化设计的计算过程中和优化设计完成后，应对优化结果进行分析和工程化修改，得到实际可用的工程设计。

1. 设计的灵敏度分析

在优化计算过程中或者优化设计完成之后，应该同时给出结构设计的灵敏度。灵敏度是指目标函数和约束函数对于各设计变量的变化程度，即对各设计变量的导数。通过对目标函数进行灵敏度分析，可以找出哪些设计变量对优化结果的影响较大，以改进优化的运算过程和识别优化的实际效果。通过对约束函数的灵敏度分析，可以找到对设计变量变化不敏感的约束条件，可以放松这些约束条件，得到优化结果后再校核。实际上，灵敏度分析有时可能比优化结果本身更有价值，因为灵敏度信息可以为结构设计指示改进方向。

2. 优化结果的准确性与适用性分析

在得到优化结果后，需要检查以下几点。

(1) 最优解的有效性。检查优化结果是否超出了数学模型的限制条件，另外，还应从工程应用合理性的角度来做最后检查。

(2) 最优解的全局性。应进行分析或验算，检查最优解是否为全局最优解。许多优化问题有多个局部最优解，一般可以通过改变不同初始点来进行验算，如果所对应的优化结果非常接近(相差值在收敛误差范围之内)，则认为这个结果是全局最优解。

(3) 程序的可靠性。这里的可靠性是指该程序能够求出全局最优解或者一个局部最优解。当程序执行完毕时，应该提供足够的信息来识别终止点的性质，防止出现虚假的收敛性。

3. 优化结果的工程修改

工程实际问题比较复杂，在结构优化设计建立数学模型时，通常只能考虑一些主要因素，忽略一些次要因素以简化计算。另外，有些因素虽然对结构设计有一定影响，但其影响又难以用数学方式在数学模型中考虑。因此，结构优化设计数学模型给出的最优解仅是数学上的最优解，而不能把它理解为真正实际工程的最优结果。它仅是一个良好的基础，在这个基础之上，根据全面的判定和工程实施的可能性，还必须进行一些必要的修改。

第11章　CAD/CAE一体化设计

11.1　引　　言

结构设计与结构分析是飞行器结构研制过程中密不可分的两个步骤，但目前大多数情况下，结构设计与分析是分开进行的，严重影响结构设计的效率。近年来，国外的航空航天企业在成熟的几何样机技术的基础上，针对设计与分析一体化、优化产品设计的目标，开展协同分析平台建设，进一步开展以 CAD/CAE 一体化、FEA(Finite Element Analysis)快速建模、基于样机的多学科模型关联、基于知识的流程模板技术研究。并且基于性能样机开展了飞行器结构设计、性能分析、多学科联合仿真及优化设计等技术研究，以提升飞行器的整体性能。如空客公司的飞行器结构及载荷协同分析环境(COLOSSUS)、波音公司的波音 787 异地协同分析平台等，就是一些典型的结构设计与分析一体化平台。本章以捆绑火箭为对象，介绍基于构件的 CAD 建模方法和基于模板的 CAE 分析方法及其在火箭结构设计、分析与优化中的应用。

11.2　基于构件的CAD建模

CAD/CAE 一体化设计的核心是 CAD 模型在模板化的基础上自动实现 CAE 有限元建模与流程化仿真。因此，CAD 参数化建模是实现 CAD/CAE 一体化的重要内容基础，CAD 参数化建模方式、参数选择以及模型质量优劣直接影响 CAE 模板的开发。本节首先介绍基于构件的 CAD 建模的技术思路，然后确定 CAD 建模规范及技术要求，最后提出 CAD 参数化建模模板的实现方案。在此基础上，建立某火箭贮箱、助推器等构件的参数化建模模板，并实现整体 CAD 模型的装配。

11.2.1　CAD 建模的技术思路

首先，必须建立 CAD 建模技术及数据传递接口规范。CAD 建模技术涉及几何特征、结构尺寸、材料特性、连接方式等信息，它们需要自动传递到 CAE 软件中，能被 CAE 建模软件识别并自动完成建模和仿真。因此，合理、准确、完整的面向 CAE 分析的 CAD 建模技术及数据传递接口规范是实现 CAD/CAE 一体化设计的关键技术。

其次，必须创建典型构件的建模模板。通过分析某型火箭整体结构各组成构件的几何和拓扑特点，创建几种典型构件的建模模板。通过典型构件的 CAD 建模模板，进行尺寸修改，能够正确生成 CAE 整体分析所需的装配体文件和相关信息文件。典型模板在原则上设计参数全部放开，即模板各几何特征的尺寸参数都能修改，并实现模型正确重生。

再次，必须开发相关的信息自动生成模板。为实现与 CAE 之间的信息协调，需充分考虑从 CAD 模板中生成 CAE 模板所需的几何体信息、关键线面信息的取名规范、连接点的信息、梁的截面信息、板厚的信息、载荷信息等，开发相关的信息自动生成模板。将所有的模板集成在统一的用户菜单下，用户菜单下分“新建模板”和“模板尺寸参数编辑”两大用户子菜单。每个部件子菜单可以实现部件模板的打开和对话框的调用，通过对话框提供的参数列表进行参数值的修改和模型的重生成。

最后，为了实现装配体的自动、正确生成，需要明确产品的总体布局，即各个零部件之间的装配关系、装配基准和装配的拓扑关系。通过 PRO/ENGINEER 软件中的 layout 文件申明飞行器装配体部件之间的装配基准和部件的连接关系。在装配体全局范围内，梳理各部件尺寸的关系，需要明确零件之间的尺寸协调性和主从性。飞行器 CAD 构件快速建模模板框架如图 11.1 所示。

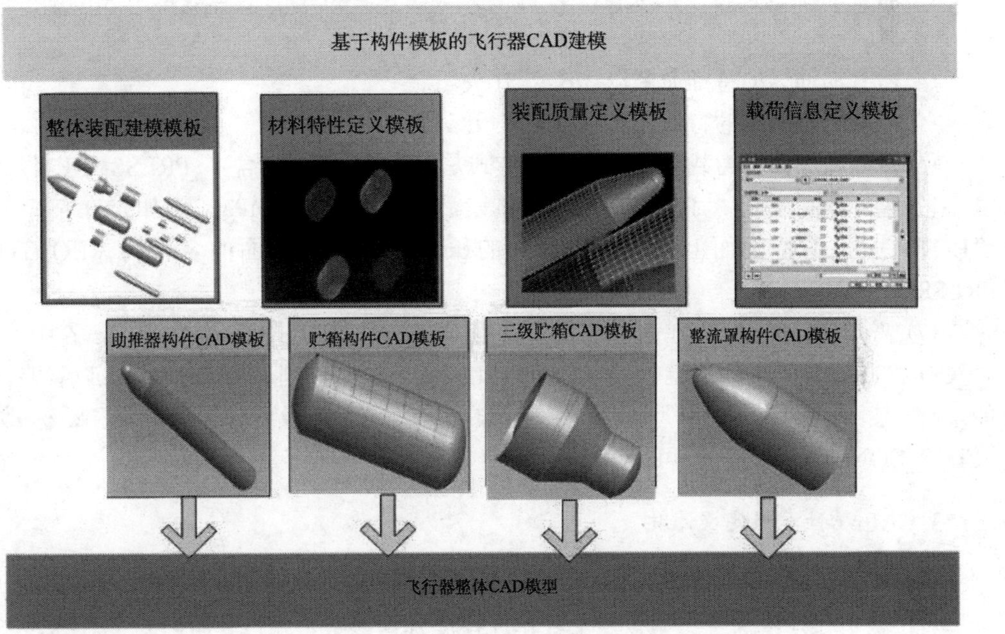

图 11.1　面向 CAE 的飞行器 CAD 快速建模流程图

11.2.2　CAD 建模规范

建模规范是实现规范合理的 CAD 建模的依据，CAD 模型不仅包括单位制、模型材料、几何尺寸等信息，而且包括 CAE 分析所需的相关信息，如截面和网格大小，载荷、约束和硬线的命名等。这里提出了一种面向 CAE 分析的 CAD 建模规范。

1. 单位制、模型材料、截面和网格大小定义原则

(1) 建模时以毫米为长度(如厚度、梁截面参数、网格尺寸等)的单位。

(2) 模型的材料、单元属性以及网格大小等参数在模型参数中给定。

(3) 在装配模型中可定义总体网格尺寸，参数名称为“GLOBALMESHSIZE”，参数类型为实型，参数值为整体网格尺寸。

(4) 在部件模型中可定义部件局部网格尺寸，参数名称为“MESHSIZE”，参数类型为实型，参数值为部件网格尺寸。

2. 特征、载荷、约束和硬线命名原则

(1) 由于在 CAE 部分搜索需要施加载荷和边界条件的位置时只能通过 CAD 的特征名称，因此在需要施加载荷和边界条件的地方必须是单独的特征。

(2) 在同一个部件内部，不同的两个特征面之间如果需要在网格划分的时候保持网格协调，连续相接，需要在相接的位置定义硬线，从而能使两面上的网格节点协调。

(3) 特征名中包含特定的关键字，每个关键字包含特定的信息。每个关键字之间以“_”分隔。

(4) 所有加筋梁的特征命名以“B_”开头。

(5) 所有网格硬线的特征命名以“X_”开头。

(6) 需要施加面压力载荷的特征命名方式是：在特征名中包含“_PRESSURE_”的关键字段，压力值跟在“_PRESSURE_”字段后面，单位为 MPa。例如，在某个名为“BOTTOM”的特征面上施加 0.1MPa 的压力，则该特征面的名称为“BOTTOM_PRESSURE_0.1”。

(7) 需要施加固定约束的面或线特征的命名方式是：在特征名中包含“_CONSTRAINT_”的关键字段，如果以此关键字结尾，则最后的“_”可以省略。例如，在某个名为“TOP”的特征上需要固定约束，则将该特征名称改为“TOP_CONSTRAINT”即可。

3. CAE 属性参数定义准则

1) 锥面的 CAE 属性参数

(1) 板单元厚度属性参数。定义板单元厚度几何参数，并将其命名为 THICKNESS，其参数类型为实型。

(2) 板材料类型参数。将板材料参数命名为 MATERIAL_SHELL，代表过渡支架的材料类型，参数类型为整型。根据材料类型对 MATERIAL_SHELL 进行赋值，表 11.1 为主要材料类型对应的参数。

表 11.1　材料类型赋值表

材料类型	MATERIAL_*值
不锈钢	1
铝合金	2
碳纤维面板铝蜂窝	3
碳纤维铺层材料	4
…	…

2) 环形加筋梁属性参数

(1) 梁截面类型参数。截面类型参数命名为 SECTION，参数类型为整型，其值根据梁截面类型的不同，按照表 11.2 中所示的截面类型顺序，依次对应取值为 1，2，3，…，如截面类型为“TUBE”的梁，其 SECTION 参数取值为 2。

表 11.2　梁截面类型与尺寸参数定义

类型编号	截面类型	尺寸参数定义	类型编号	截面类型	尺寸参数定义
1	ROD	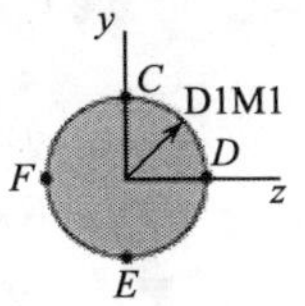	2	TUBE	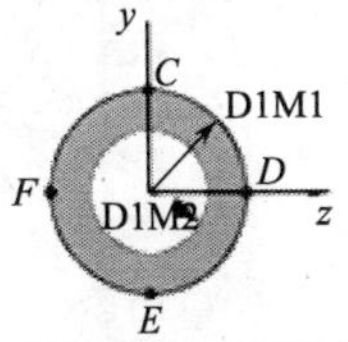
3	I	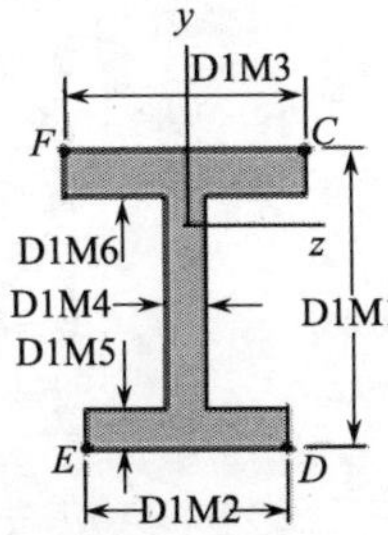	4	CHAN	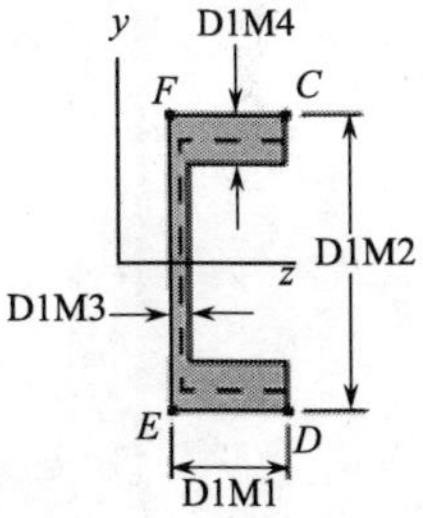
5	T	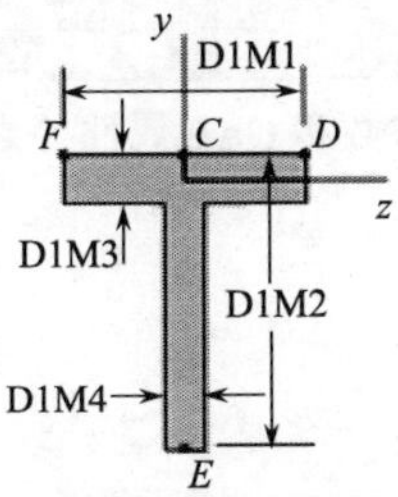	6	BOX	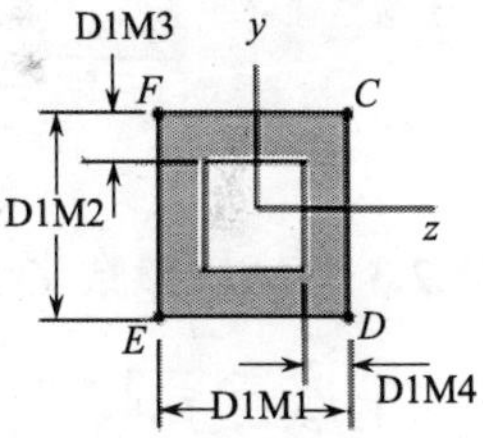
7	BAR	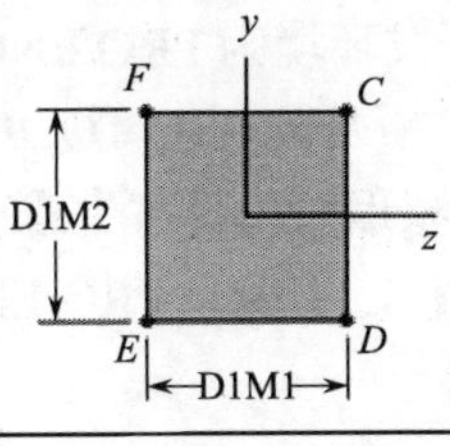	—	—	—

(2) 梁截面尺寸参数。梁截面尺寸参数定义同样需要根据截面类型的不同定义不同的参数，命名依次为 DIM1，DIM2，DIM3，…，参数类型为实型，定义参数的个数、命名和含义如表 11.2 所示。

例如，类型为“TUBE”的梁，需定义其 SECTION=2，并创建两个尺寸参数 DIM1 和 DIM2，其中 DIM1 为外径，DIM2 为内径。

(3) 梁单元材料参数。定义一个梁材料参数，命名为 MATERIAL_BEAM，代表环形加筋梁的材料类型，参数类型为整型，并赋值。赋值时，MATERIAL_BEAM 的值需根据材料类型定义，其值与材料类型的对应关系如表 11.1 所示。

包括锥面和环形加筋梁的连续旋转体模板创建的各种几何参数和 CAE 属性参数均在模型的参数对话框中设置，如图 11.2 所示。

图 11.2　连续旋转体几何参数和 CAE 属性参数

11.2.3　CAD 参数化模板技术实现方案

1. 实现手段

集成模块和部件参数化建模各子模块的开发环境为 PRO/ENGINEER Wildfire4.0，采用 VS2005 编程系统对 PRO/ENGINEER 软件中所带的 PRO/TOOLKIT 软件包进行调用和组织，形成用户需要的集成的功能模块。通过源程序编译可生成动态链接库 dll 文件，用户程序可以在 PRO/ENGINEER 软件下同步执行，实现与 PRO/ENGINEER 的无缝集成，图 11.3 为软件实现流程图。

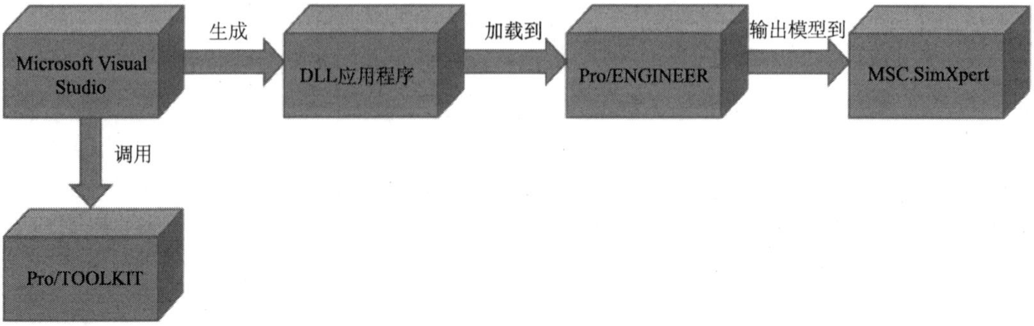

图 11.3　软件实现流程图

PRO/ENGINEER 是 PTC(美国参数技术公司)生产的 CAD/CAM/CAE 一体化的三维机械设计软件。PRO/TOOLKIT 是 PRO/ENGINEER 开放的客制化工具包，供用户和第三方使用其 APIs 扩展 PRO/ENGINEER 的功能。它包含大量的 C 函数库，外部应用程序可以通过它们安全地读取或控制 PRO/ENGINEER 模型的数据。对于 PRO/TOOLKIT Wildfire 4.0，其定制化开发工具是 Microsoft Visual Studio。通过 VC++开发可以在 Pro/E NGINEER 环境中运行可执行程序或动态链接库，即 PRO/ENGINEER 二次开发程序，由此满足定制的功能需要，如零件的选型建模、对多个零件实现自动装配等。

为减少 Pro/TOOLKIT 开发的复杂性，提高项目开发效率，会综合利用 PRO/ENGINEER 的各种功能，包括模板、参数化、关系式、阵列、用户自定义特征等，与 Pro/TOOLKIT 一起生成标准化的模型。

2. 实现过程

典型部件模板设计及产品装配开发流程如图 11.4 所示。

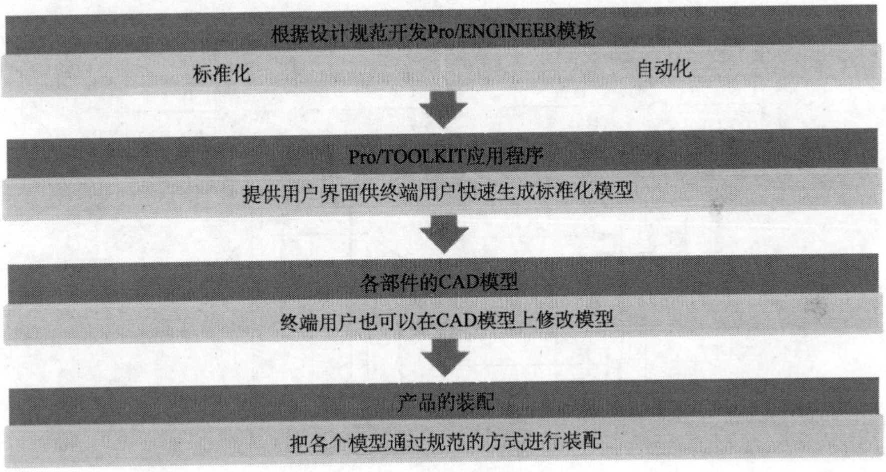

图 11.4　开发流程

CAD 参数化模板基于 PRO/ENGINEER 软件来建立，每一个模板的建立主要包含以下 5 个步骤。

(1) 在 Pro/ENGINEER 中建立带参数的几何部件模型，保存模型为.prt 文件。

(2) 使用 Pro/TOOLKIT 工具编程开发，在 Pro/ENGINEER 界面中增加创建模型的菜单。

(3) 使用 VC++创建模型参数对话框，供用户输入模型参数，用以生成新参数下的标准化部件模型。

(4) 使用用户在界面上输入的参数，修改模版模型中相应的参数，并重新生成模型。

(5) 根据产品的总体布局和零件中的装配关系，用 PRO/TOOLKIT 程序进行自动装配。

11.2.4 节以贮箱、助推器、整流罩等部件为例，介绍参数化模板设计和实现方案，以及运载火箭整体结构的 CAD 模型装配。

11.2.4　运载火箭典型结构参数化模板及装配

1. 贮箱参数化模板设计及实现

火箭贮箱分两底和共底两种结构形式。贮箱内部充满了燃料，燃料燃烧导致燃料的变化。所以，贮箱的设计需要提供燃料线，以表征燃料的位置。同时，需要提供燃料的质量及质心位置。

1) 两底贮箱参数化模板

两底贮箱参数化模版主要包括外形尺寸及密度，参数化模板如图 11.5 所示。其中，参数说明如表 11.3 所示。

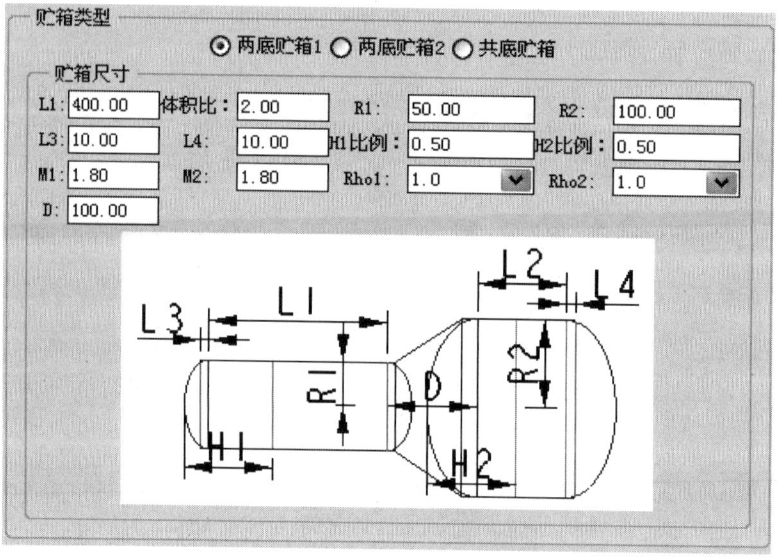

图 11.5　两底贮箱结构参数化模板

表 11.3　两底贮箱参数说明

参数名	参数说明
L1	贮箱 1 的圆柱面高度
体积比	贮箱 2 体积/贮箱 1 的体积。贮箱 2 的体积是贮箱 1 的体积的一个倍数，通过体积比决定。该值指定为模型参数 VOLUME_RATIO 的值
R1	贮箱 1 的半径
R2	贮箱 2 的半径
L3	贮箱 1 底部圆柱高度
L4	贮箱 2 底部圆柱高度
H1 比例	当前燃料体积占贮箱 1 体积的比例。该值指定为模型参数 H1_RATIO 的值
H2 比例	当前燃料体积占贮箱 2 体积的比例。该值指定为模型参数 H2_RATIO 的值

续表

参数名	参数说明
M1	贮箱 1 底部椭球沿火箭方向的椭球半径由该参数决定，其值为：R1/M1。M1 设置为模型参数
M2	贮箱 2 底部椭球沿火箭方向的椭球半径由该参数决定，其值为：R2/M2。M2 设置为模型参数
Rho1	贮箱 1 燃料密度
Rho2	贮箱 2 燃料密度
D	两个贮箱之间的连接圆台高度

2) 共底贮箱参数化模板

与两底贮箱相比，共底贮箱结构相对简单，主要包含 L1、体积比、R1、L3、H1 比例、H2 比例、M1、Rho1 和 Rho2 等 9 个参数，参数含义如表 11.3 所示，参数化模板如图 11.6 所示。

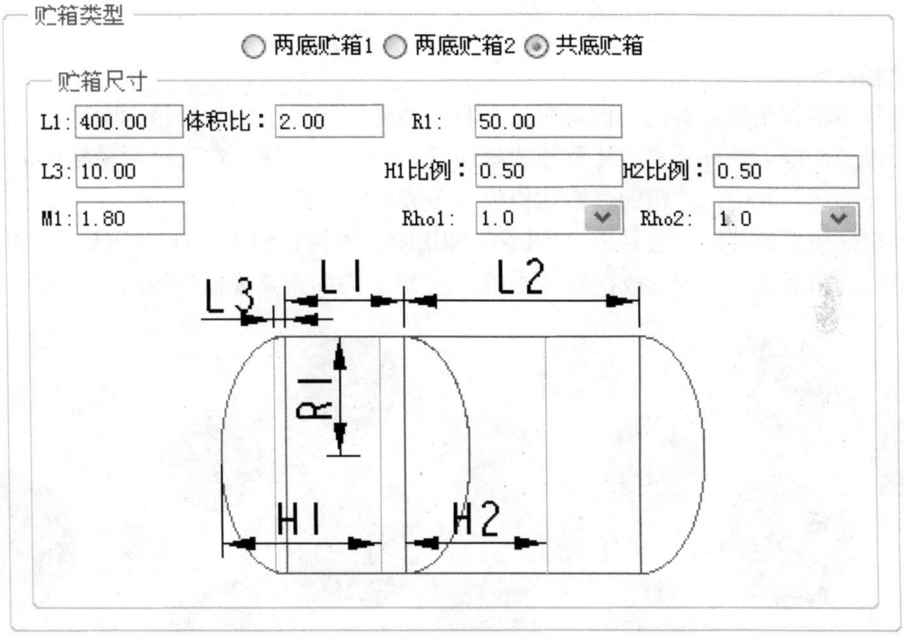

图 11.6　共底贮箱参数化模板

3) 贮箱网格加筋结构形式

贮箱结构一般采用网格加筋的形式，常用的网格加筋结构有三种类型：正置正交、斜置正交和等边三角形网格。网格加筋将通过阵列来实现。图 11.7 为两底贮箱的网格加筋结构形式。

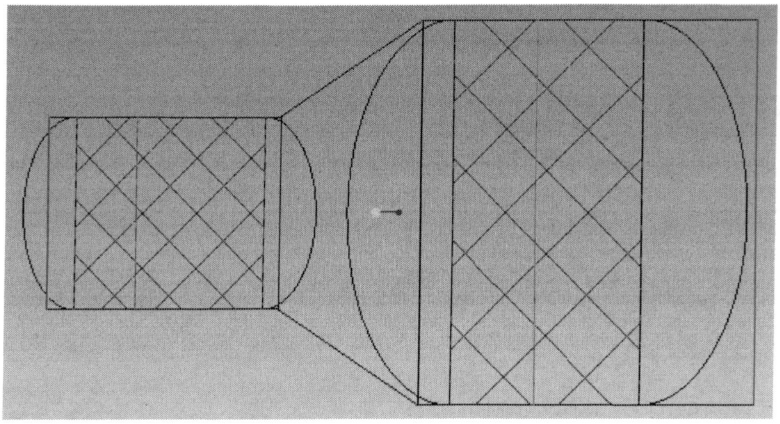

图 11.7　两底贮箱网格加筋结构形式

2. 助推器参数化模板设计及实现

1) 模板设计

助推器根据头锥结构的不同有斜锥和直锥两种结构形式，其贮箱为两底贮箱。对助推器头锥及两底贮箱开展参数化建模模板研究，通过工程参数实现对两种结构形式助推器的拓扑描述，其中，贮箱的参数化模板与芯级贮箱一样。

助推器模板的开发，包括了 Pro/ENGINEER 模板设计和 Pro/TOOLKIT 程序开发，由这两部分相互合作共同完成，缺一不可。图 11.8 为助推器模板实现流程。

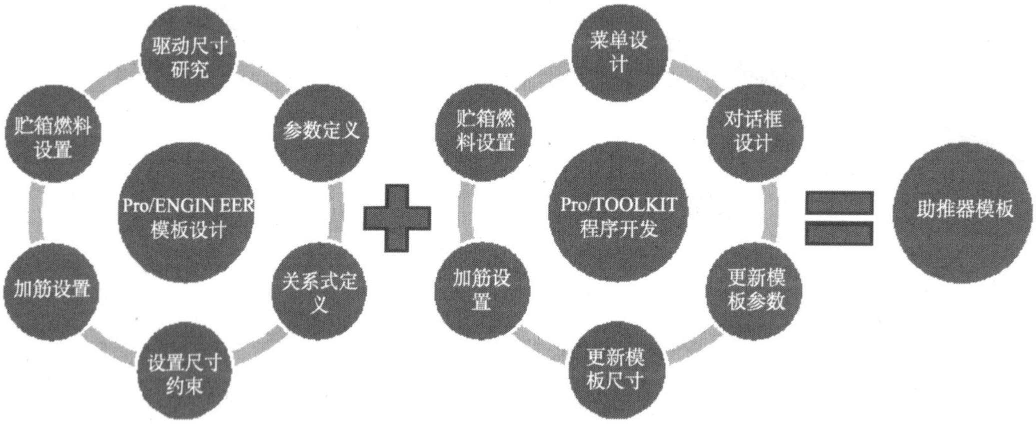

图 11.8　助推器模板开发

2) 斜锥助推器参数化模板

图 11.9 给出了斜锥助推器的三维模型，该助推器主要由两个贮箱和斜锥体构成。

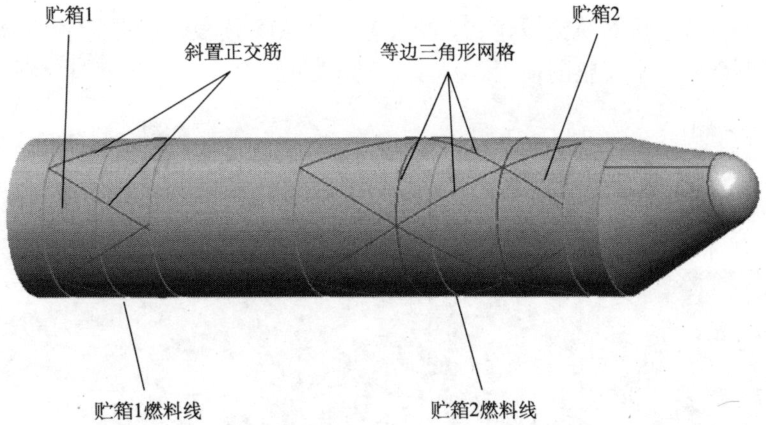

图 11.9　助推器(斜锥)三维模型

图 11.10 给出了斜锥助推器的参数化模板，其中，ALPHA、HEIGHT、R_SPHERE 分别表示头锥角度、头锥高度和头锥球面半径，其余参数含义详见表 11.3，这里不再赘述。需要说明的是助推器圆柱面半径 R1 不再是一个独立的参数，其值由头锥尺寸自动确定。

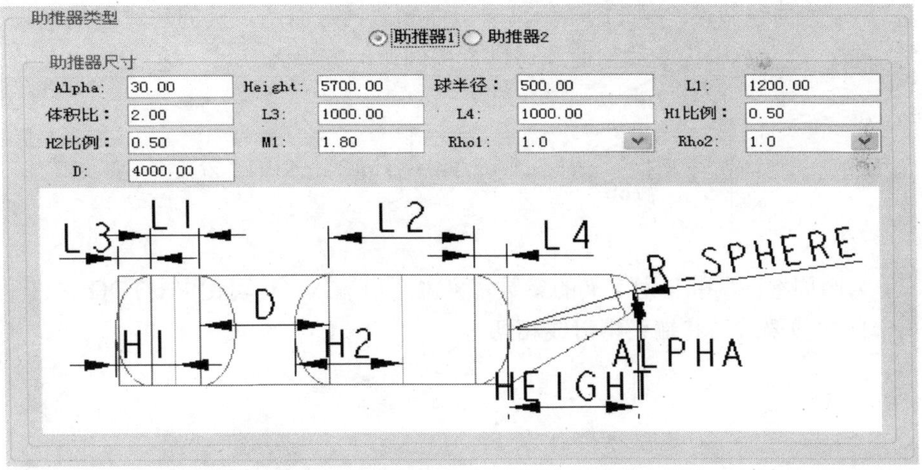

图 11.10　助推器(斜锥)参数化模板

3) 直锥助推器参数化模板

与斜锥助推器相比，直锥助推器(图 11.11)的结构更为简单，控制参数有所减少，其参数化模板与图 11.10 十分相似。

3. 整流罩参数化模板设计及实现

整流罩结构由端头帽、前锥段、锥柱段组成。整流罩设计中，最主要的是前锥段和锥柱段的设计。前锥段分为冯卡门曲线截锥或球形截锥，允许用户自由选择。而锥柱段可进行多段组合，段数和各段尺寸可由用户任意指定，以满足不同的组合需求。为了符合这些要求，没有直接对整流罩建立一个完整的 CAD 模板，而是把各段分开，按照用户的输入再组合成一个完整的模型。

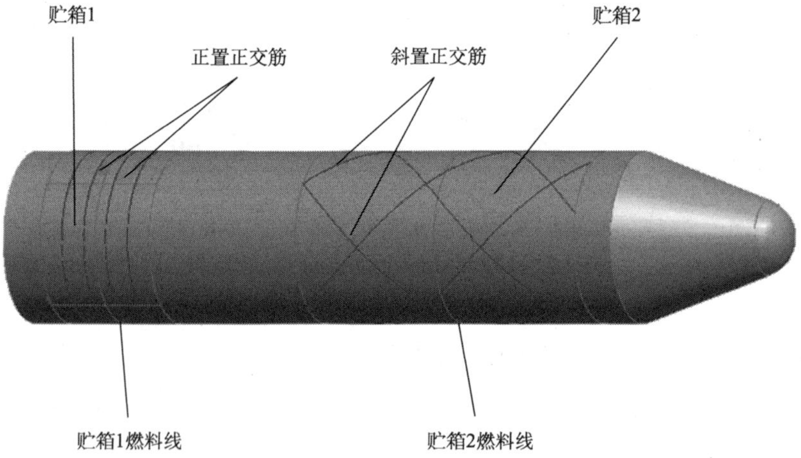

图 11.11　助推器(直锥)三维模型

1)建模方法

(1)冯卡门曲线截锥。图 11.12 为冯卡门曲线截锥截面图，其创建过程如下。

第一步，定义冯卡门曲线。曲线通过方程创建，方程为

$$\begin{cases} x=-L\times t \\ y=R\sqrt{\dfrac{1}{180}\arccos(1-2t)-\dfrac{1}{2\pi}\sin[2\arccos(1-2t)]} \\ z=0 \end{cases}$$

式中，π 为圆周率；L 和 R 为定义的参数，可由用户输入，也可由 Pro/TOOLKIT 程序驱动。冯卡门曲线要求与和端头帽母线相切。

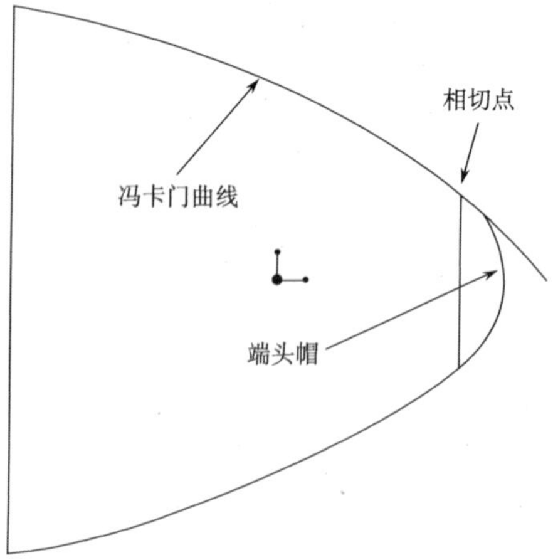

图 11.12　冯卡门曲线截锥截面图

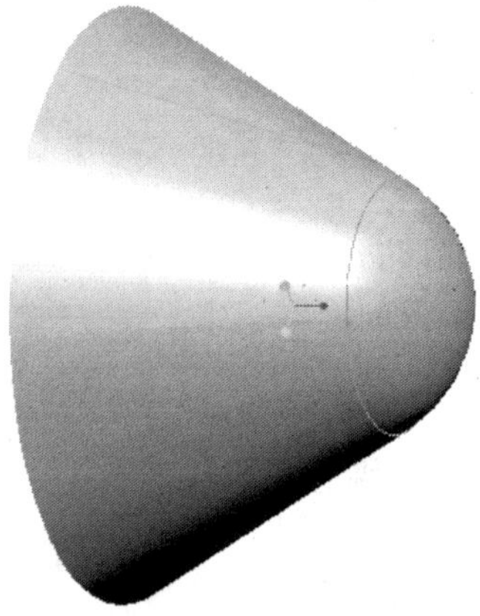

图 11.13　球形截锥

第二步，旋转曲线生成冯卡门截锥。

(2) 球形截锥。球形截锥的创建过程是：首先定义草绘线，再由草绘线旋转生成球形截锥，如图 11.13 所示。

(3) 锥柱段。锥柱段可进行多段组合，段数和各段尺寸可由用户任意指定，所以不能直接建立锥柱段模型。锥柱段的创建是通过用户自定义特征加载到前锥段上面的。

2) 整流罩参数化模板

前锥段部分，用户可自由切换冯卡门曲线截锥和球形截锥。锥柱段部分，用户可以输入锥柱段段数，并分别对各段指定高度和角度值。输入各个参数，即可生成需要的整流罩模型。图 11.14 和图 11.15 分别给出了由模板生成的冯卡门曲线截锥和球形截锥整流罩。

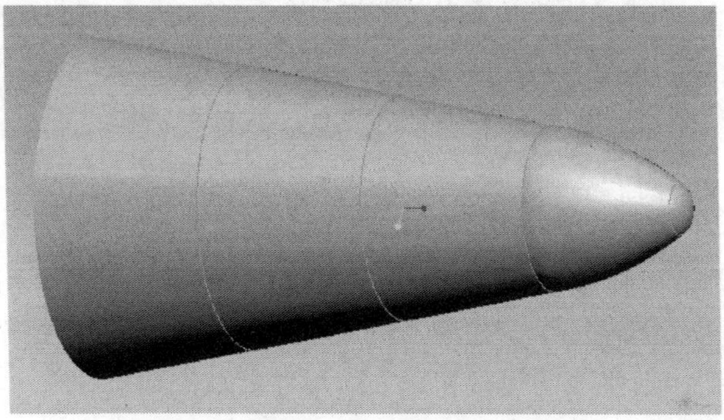

图 11.14　冯卡门曲线截锥的整流罩

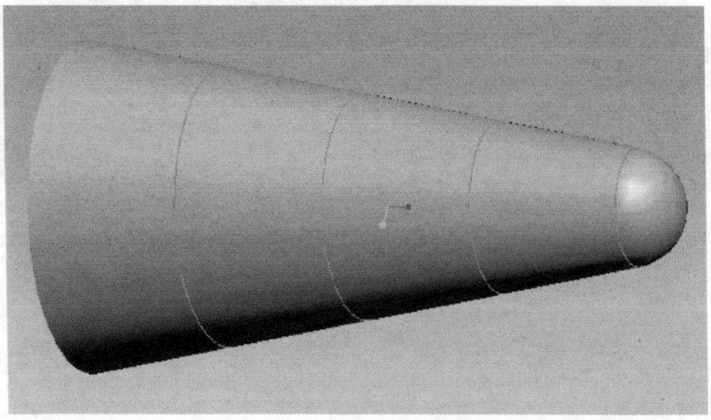

图 11.15　球形截锥的整流罩

4. 连续旋转体参数化模板设计及实现

1) 无翻边连续旋转体

该模板可以生成任意锥面和圆柱面。承力支架的圆柱面属于该种构型。

该模板的创建过程是：第一步在 Pro/ENGINEER 中创建锥面的截面草图和一竖直轴；第二步是将在草绘平面内直线绕草绘平面内竖直轴旋转 360° 得到旋转体，如图 11.16 所示。

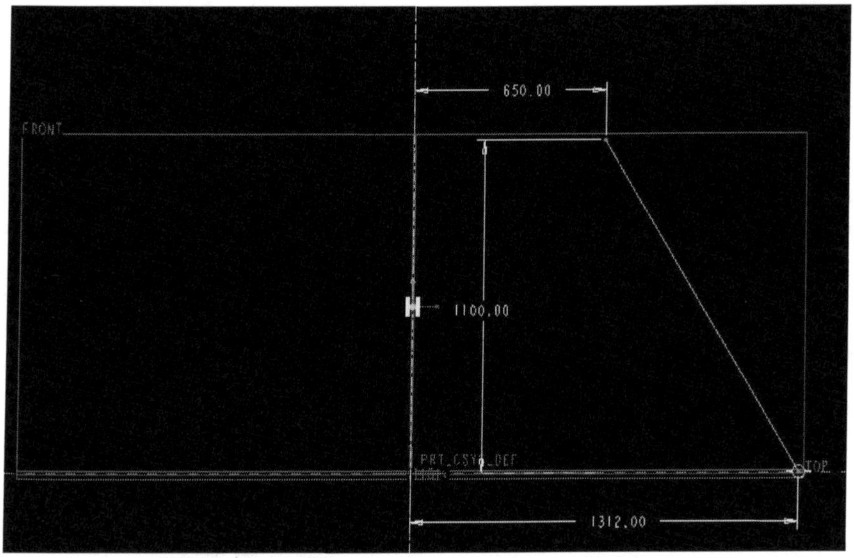

图 11.16　不带翻边连续旋转体轮廓和旋转轴草绘

不带翻边连续旋转体模板的参数化建模控制参数有三个，分别为“连旋转体高”“顶部半径”“底部半径”，如图 11.17 所示。编辑修改尺寸编辑框中的数值，点击“模型重生”按钮，新生成的模型和输入的尺寸参数的数值相符。

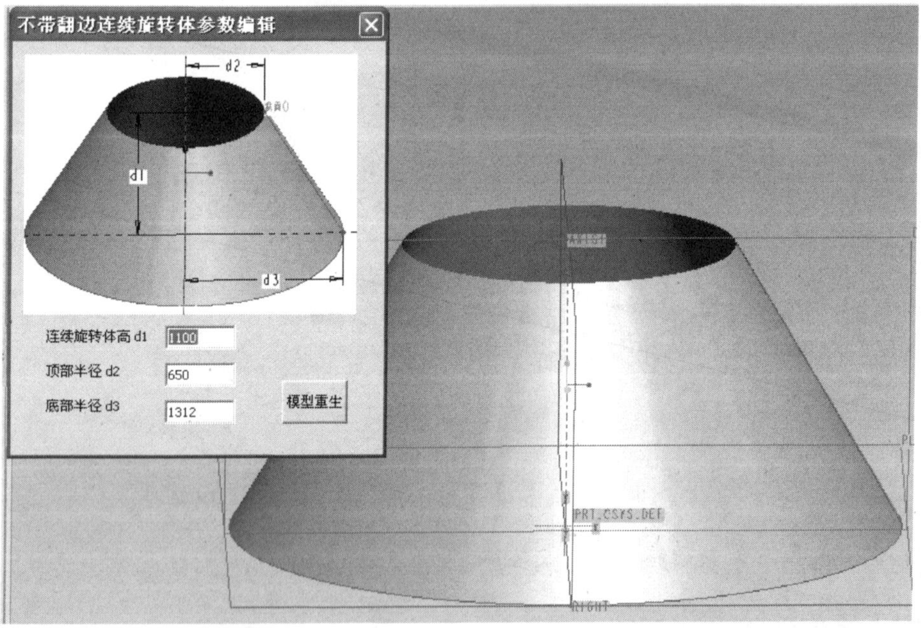

图 11.17　不带翻边连续旋转体尺寸参数修改对话框

2) 单翻边连续旋转体

该模板由旋转面(锥面和圆柱面)与底部水平翻边组成。承力支架带翻边的锥面即可用这个模板生成。

模板的创建是首先在 Pro/ENGINEER 中创建锥面的截面草图。锥面剖面轮廓线的创建方式如图 11.18 所示。

然后在 Pro/ENGINEER 中创建翻边的截面草图。翻边的剖面轮廓线的创建方式如图 11.19 所示，生成的单翻边的锥面如图 11.20 所示。上下翻边的起点到旋转轴的距离与锥面上下顶点到旋转轴的距离一致。

单翻边连续旋转体模板的参数化建模控制参数有四个，分别为“连续旋转体高”“顶部半径”“底部内半径”“底部外半径”，如图 11.21 所示。修改尺寸编辑框中的数值，点击“模型重生”按钮，新生成的模型和输入的尺寸参数的数值相符。

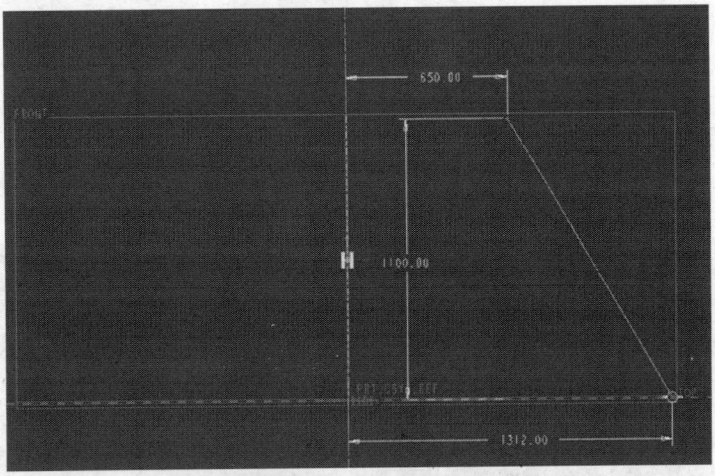

图 11.18 单翻边连续旋转体剖面草图

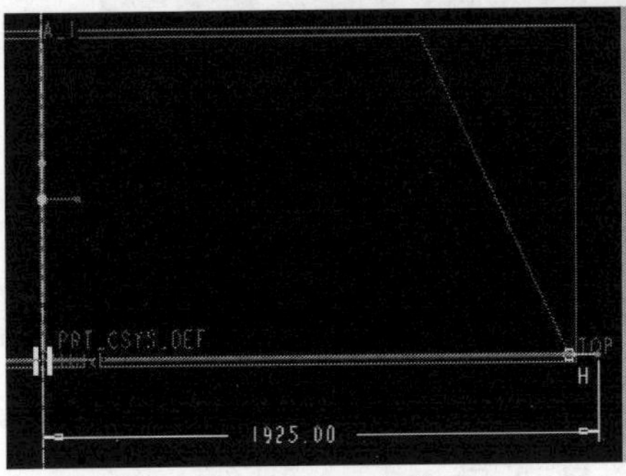

图 11.19 翻边草图

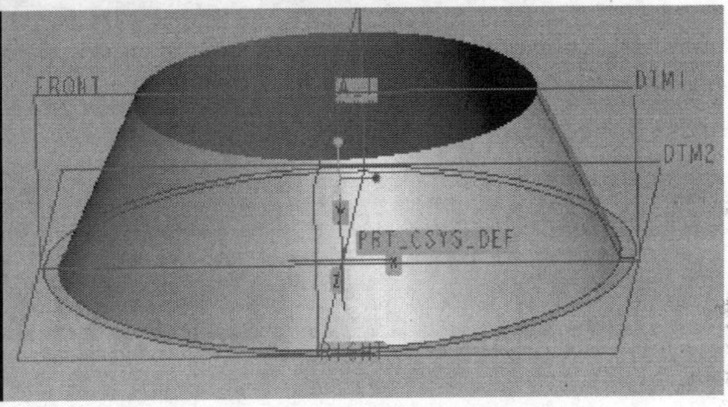

图 11.20 带单翻边的锥面

3) 双翻边连续旋转体

该模板的特点为由旋转面(锥面和圆柱面)与上下水平翻边组成。过渡支架可用这个模板生成。

模板的创建是首先在 Pro/ENGINEER 中创建锥面的截面草图。锥面剖面轮廓线的创建方式如图 11.22 所示。

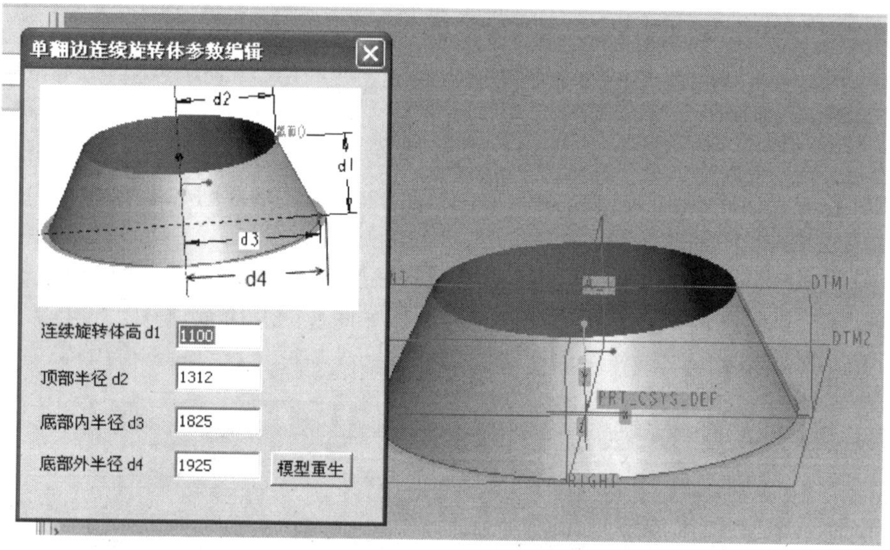

图 11.21　单翻边连续旋转体尺寸参数修改对话框

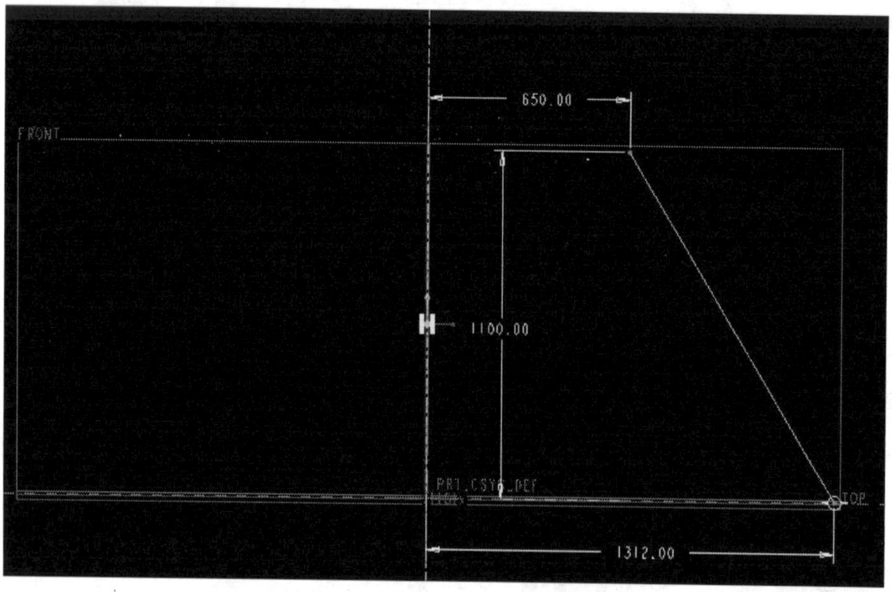

图 11.22　双翻边连续旋转体剖面草图

然后，在 Pro/ENGINEER 中创建上翻边的截面草图。上翻边的剖面轮廓线的创建方式如图 11.23 所示，生成的带上翻边的锥面如图 11.24 所示。

最后，在 Pro/ENGINEER 中创建下翻边的截面草图。下翻边的剖面轮廓线的创建方式如图 11.25 所示，生成的带双翻边的锥面如图 11.26 所示。

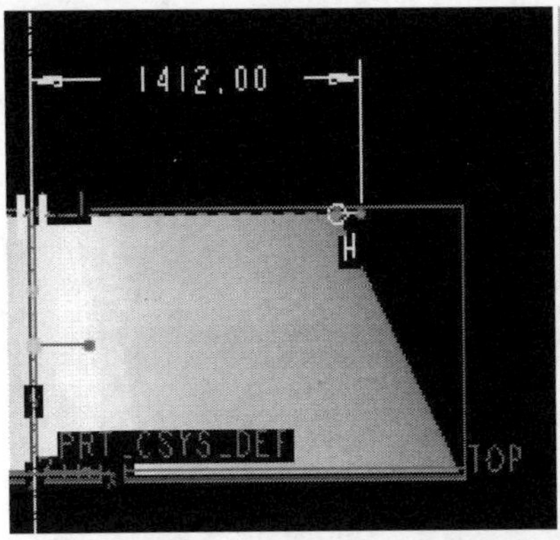

图 11.23　上翻边草图

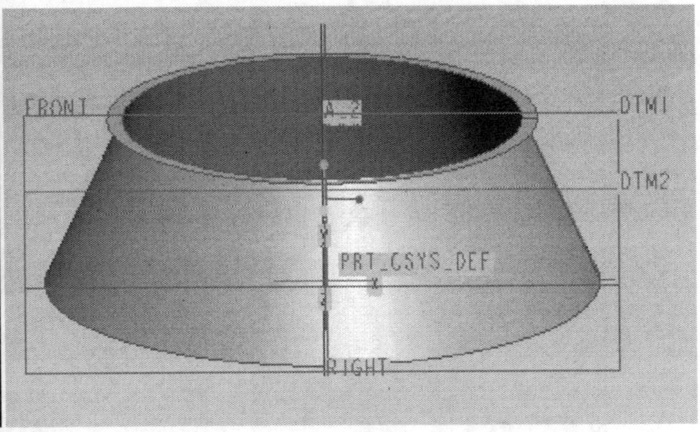

图 11.24　带上翻边的锥面

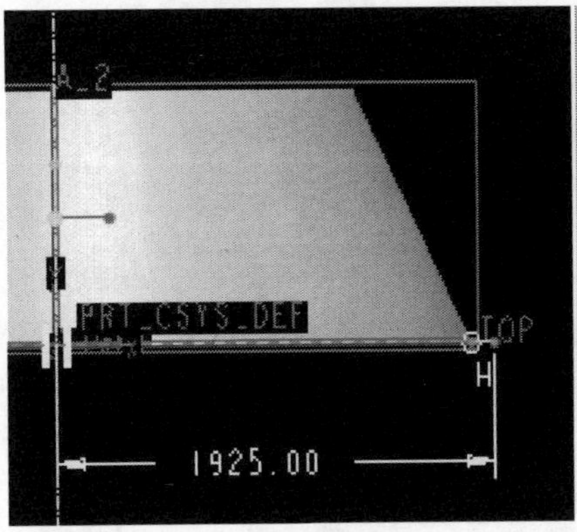

图 11.25　下翻边草图

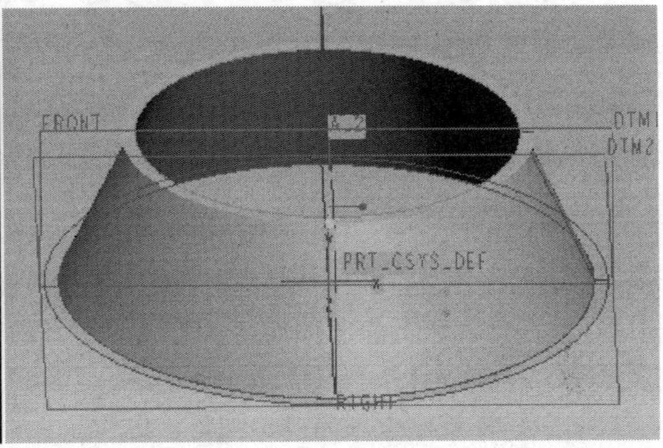

图 11.26　带双翻边的锥面

双翻边连续旋转体模板的参数化建模控制参数有五个，分别为“旋转体上孔半径”“旋转体下孔半径”“上翻边外半径”“下翻边外半径”“旋转体高度”，如图 11.27 所示。修改尺寸编辑框中的数值，点击“模型重生”按钮，新生成的模型和输入的尺寸参数的数值相符。

5. 运载火箭整体结构 CAD 模型装配

零件中的装配关系主要有以下几种：完全约束、轴孔约束、轴孔约束加基准平面对齐约束。为了实现装配体的自动、正确生成，需要明确产品的总体布局，即各个零部件之间的装配关系、装配基准和装配的拓扑关系。

用 PRO/TOOLKIT 程序进行自动装配可以按照以下步骤实现。

(1) 取得部件的句柄。可以通过 PRO/TOOLKIT 函数 ProMdlRetrieve() 来获取部件结构句柄。

(2) 对应轴孔约束加基准平面对齐约束的装配方式，进行编程，得到相应的装配函数，如 AxisAssembly()。

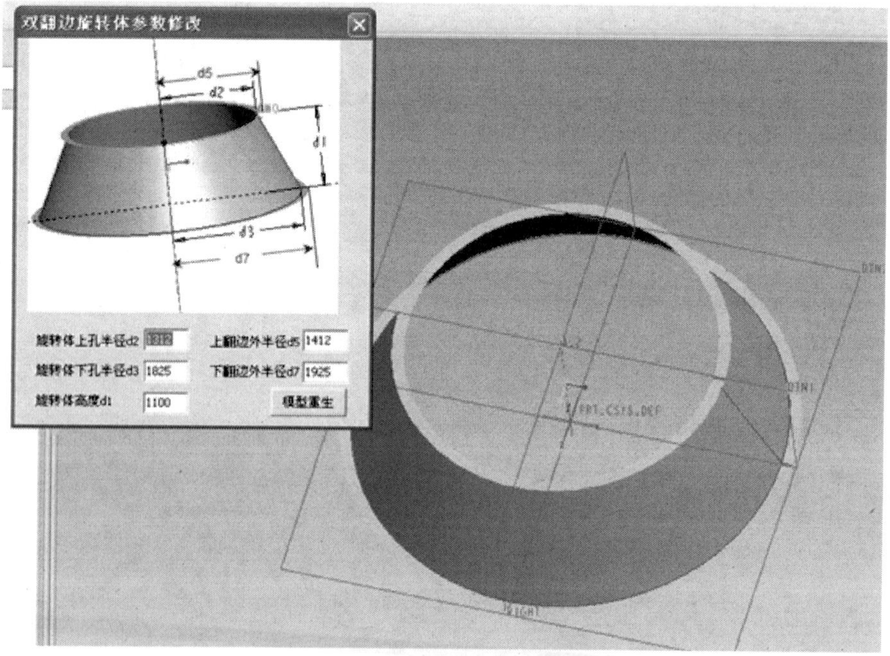

图 11.27　双翻边连续旋转体尺寸参数修改对话框

(3) 根据前面获得的部件句柄，再调用写好的装配函数 AxisAssembly () 自动进行装配。

以装配坐标系原点作为模型起点，以 X 方向 (轴向) 作为前进方向，从底往上，由中心往外边，逐个零件进行装配。

装配时，只需实现如下两个装配约束，图 11.28 和图 11.29 为装配基准。

(1) 装配零件的 ASM_AXIS，对齐装配体的 ASM_AXIS。

(2) 装配零件的 ASM_DTM1，匹配前一个零件的 ASM_DTM2。

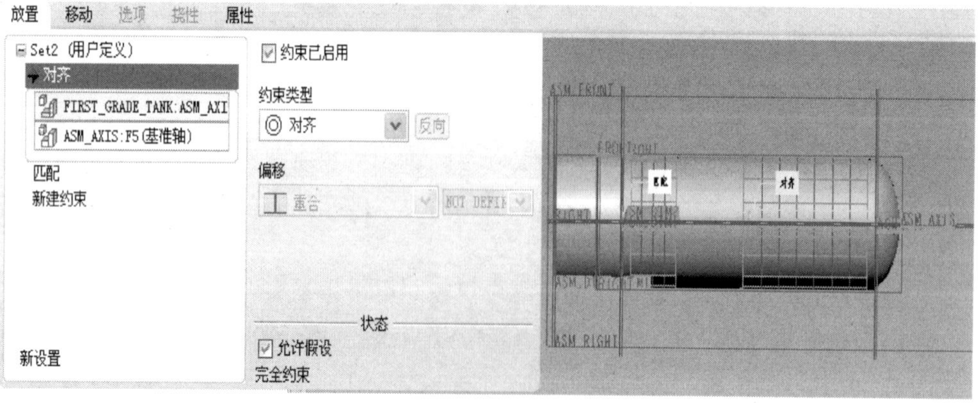

图 11.28　装配中心轴对齐

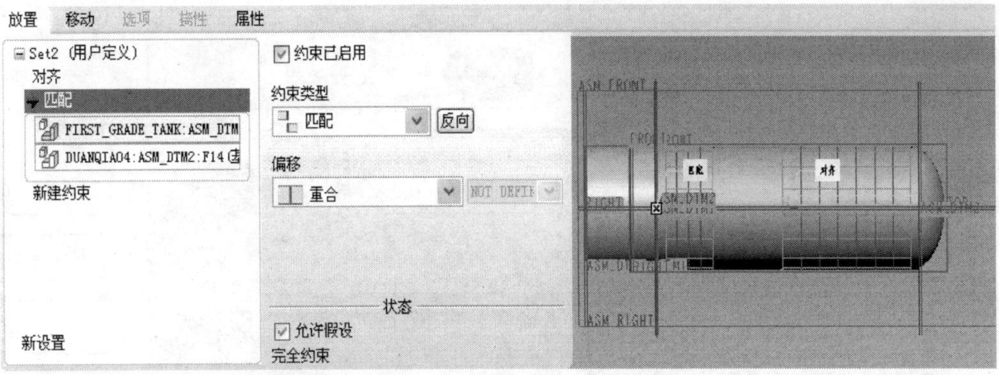

图 11.29　装配基准面匹配

11.3　基于模板的 CAE 分析

本节提出 CAE 模板分析技术实现的整体思路，开发有限元网格模型自动化处理模块。基于整体各主要构件的 CAD 模型，定制开发 CAE 分析模板，利用该模板能够快速地对各构件进行静力分析，并能分析火箭整体结构的模态和侧风工况下的结构静强度。

11.3.1　CAE 分析模板实现方案

基于构件的 CAE 分析模板技术主要通过模板定制，实现火箭各主要构件的 CAE 模型快速构建和分析。基于一体化仿真软件平台 MSC.SimXpert，使用 Python 脚本语言，调用 SimXpert API 函数进行模板流程二次开发，实现火箭各构件 CAE 分析的自动化。

根据 CAD 模型生成特点，将 CAD 模型抽象为 CAD 模型库，在此基础上，提出了该结构的 CAE 模板实现方案，如图 11.30 所示。

1. 基于模板的 CAE 分析流程

图 11.31 给出了基于构件的火箭通用 CAE 分析模板，模板主要包括模型导入(Import ProE Model)、网格处理(Meshing)、属性添加(Material-Property)、模型装配(Create Connections)、载荷约束条件添加(Create LBCs)以及模型输出求解(Export Assembly Model)等模块。

该模板适用于火箭各主要构件的 CAE 快速建模和分析，对于火箭构件类分析模板不含模型装配节点，模型装配节点主要用于火箭整体模型的组装。其他分析节点既适用于各构件，又适用于火箭总体。

图 11.31 所示各个模块下面还包括很多子模块，总体流程树结构如图 11.32 所示。下面将逐一介绍 CAE 模板所包含的各个模块。

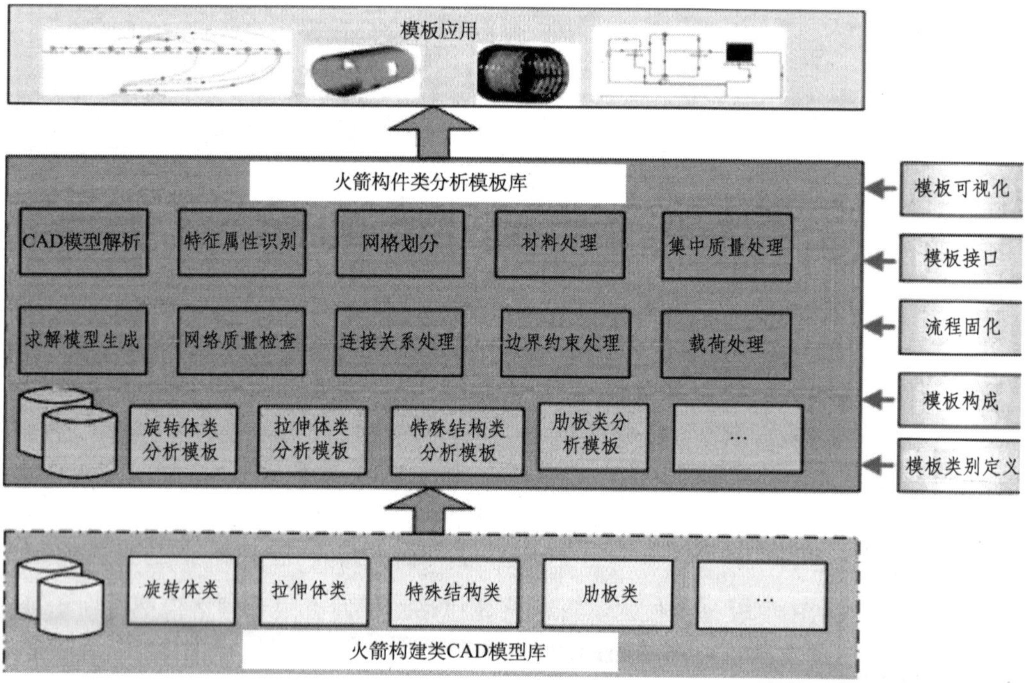

图 11.30　构件类分析模板

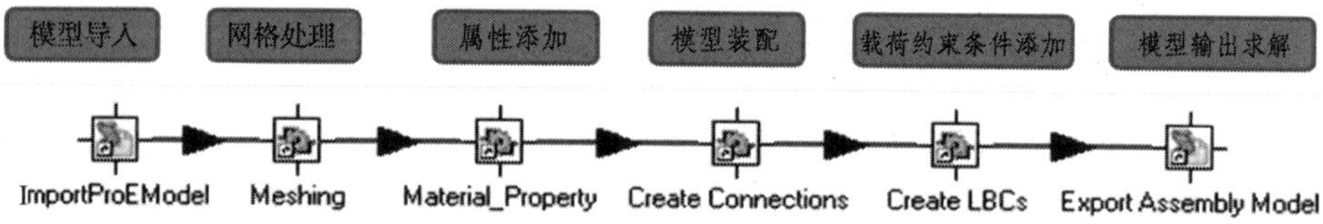

图 11.31　基于构件的 CAE 分析模板

2. 网格处理

图 11.31 中网格处理(Meshing)模块主要用于对实体进行网格划分并完成相关网格检查，具体包括以下五步：网格设置检查(Check Mesh Setting)、网格划分(Mesh Components)、板梁单元映射匹配(Surface To Bar)、重复节点合并(Merge All Node)以及网格质量检查(Mesh Quality Check)，如图 11.33 所示。

图 11.33 中网格质量检查(Mesh Quality Check)子模块是个很复杂的过程，主要包括以下七步(图 11.34)。

(1)高亮网格边界(Highlight Boundaries)，检查边界条件设置情况。

(2)如果存在板单元，需要检查板单元法线方向(Show Normals)是否一致。

(3)根据需求，选择合适的网格参数标准等级(Select Level)。

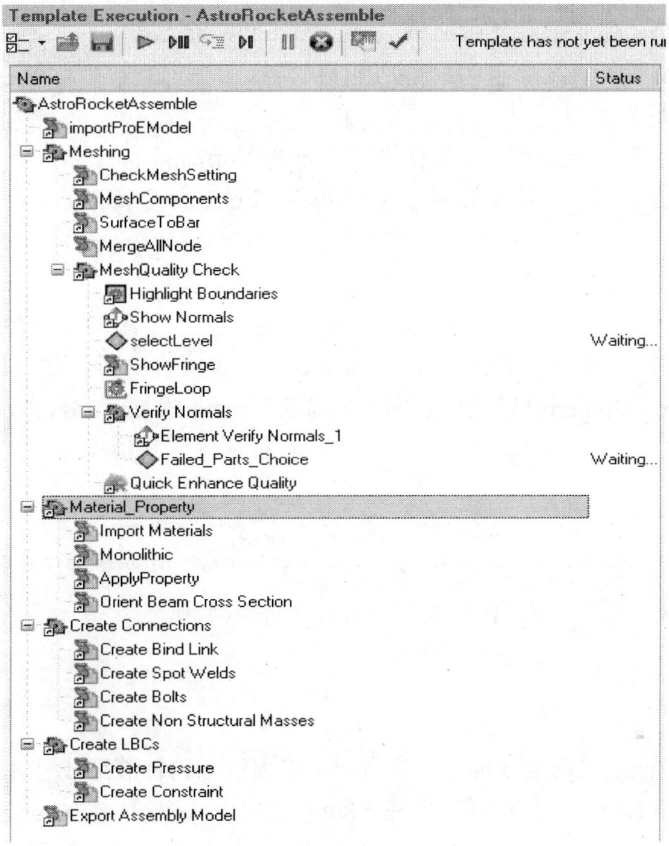

图 11.32　总体流程树结构

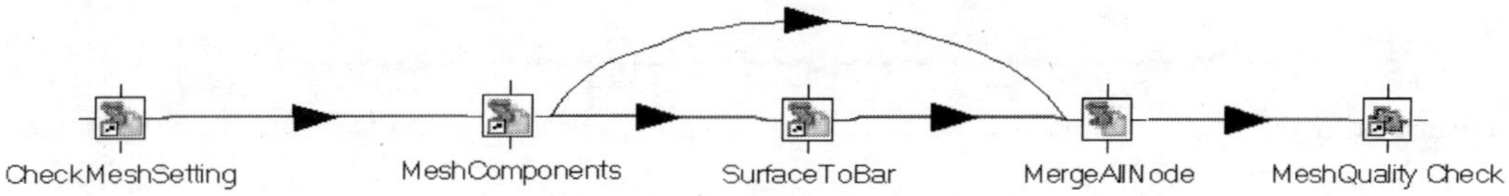

图 11.33　Meshing 模块

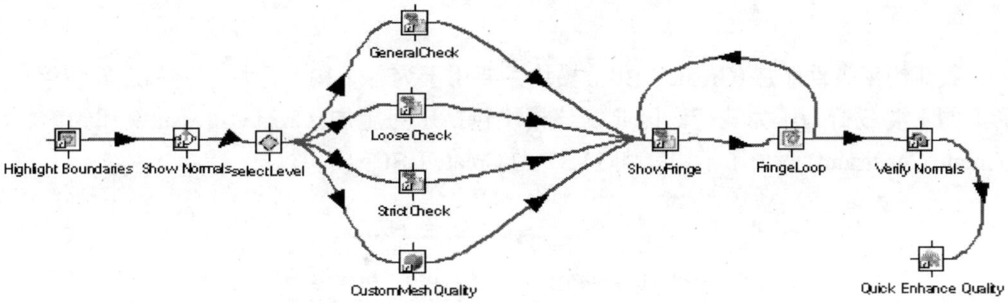

图 11.34　Mesh Quality Check 子模块

(4) 选择网格质量参数并显示网格质量云图(Show Fringe)。

(5) 若网格质量不满足要求，还需要进行模型修正，并重复显示网格质量云图(Fringe Loop)，直至满足要求。

(6) 对单元法向不一致的单元进行修正(Verify Normals)。

(7) 快速自动修正网格存在的其他问题(Quick Enhance Quality)。

3. 属性添加

图 11.31 中的属性添加(Material-Property)模块主要用于添加材料参数和单元属性，主要包括基本材料参数导入(Import Materials)、层合板复合材料等效计算(Monolithic)、赋单元属性(Apply Property)以及梁截面方向调整(Orient Beam Cross Section)，如图 11.35 所示。

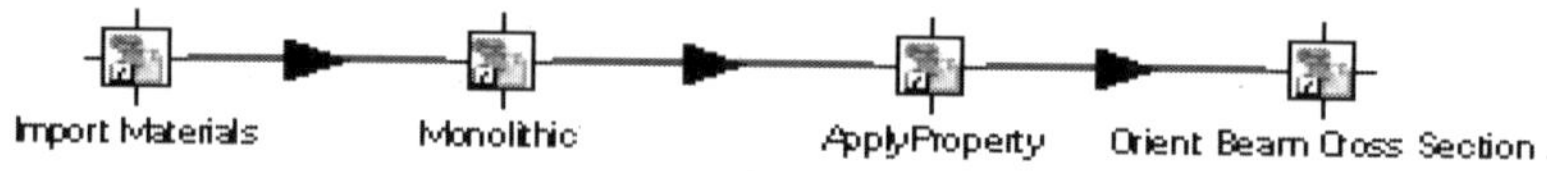

图 11.35　Material_Property 模块

4. 模型装配

模型装配(Create Connections)模块适用于将火箭各构件装配成整体。主要包括绑定连接(Create Bind Link)、焊点连接(Create Spot Welds)、螺栓连接(Create Bolts)以及集中质量连接(Create Non Structural Masses)四个子模块，如图 11.36 所示。绑定连接主要用于建立助推器与箭身之间的绑定连接。

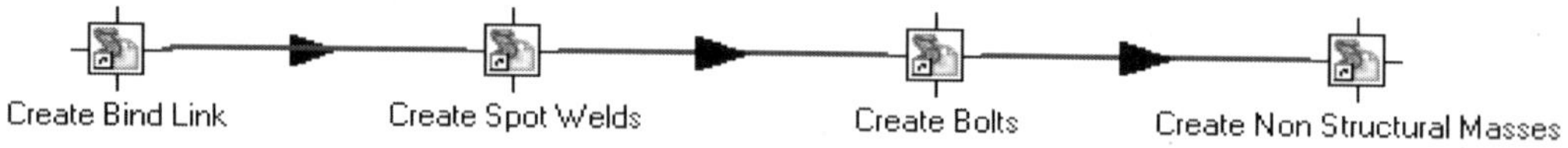

图 11.36　Create Connections 模块

5. 载荷约束条件添加

载荷约束条件添加(Create LBCs)模块主要用于为各个构件添加载荷和边界条件，火箭上的主要载荷为压力载荷。因此，该模块包括压力施加(Create Pressure)和约束施加(Create Constraint)两个子模块。图 11.37 为 Create LBCs 模块。

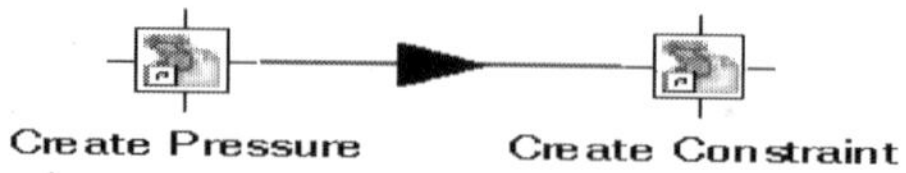

图 11.37　Create LBCs 模块

下面应用本节提出的 CAE 通用建模模板，对火箭各典型构件进行 CAE 分析，以检验所建立的 CAE 分析模板的通用性和正确性。

11.3.2　运载火箭典型构件 CAE 分析模板

每一个构件均设置了两组验证参数，一方面可通过对计算结果的比较分析，多方验证所建立的构件 CAE 分析模板的正确性；另一方面也可充分展示采用 CAD/CAE 一体化技术进行变参数结构分析所带来的方便性。

这里的算例仅用于分析特定载荷作用下不同几何尺寸构件的静力学响应，以检验 CAE 分析模板的正确性，材料参数直接采用系统默认材料参数，书中不做过多说明。

1. 连续旋转体构件 CAE 分析模板

连续旋转体构件是运载火箭中的典型几何结构，如尾段、Ⅰ级和Ⅱ级之间的过渡段等。下面介绍基于 11.3.1 节所建立的通用 CAE 分析模板建立连续旋转体构件网格自动化处理模板的过程。

基于图 11.32 所示的通用 CAE 流程开发了连续旋转体构件的 CAE 网格自动分析模板，如图 11.38 所示。与前面所述一样，每个模板下面还包括很多子模板，这里不再赘述。连续旋转体构件的几何参数如图 11.39 所示。

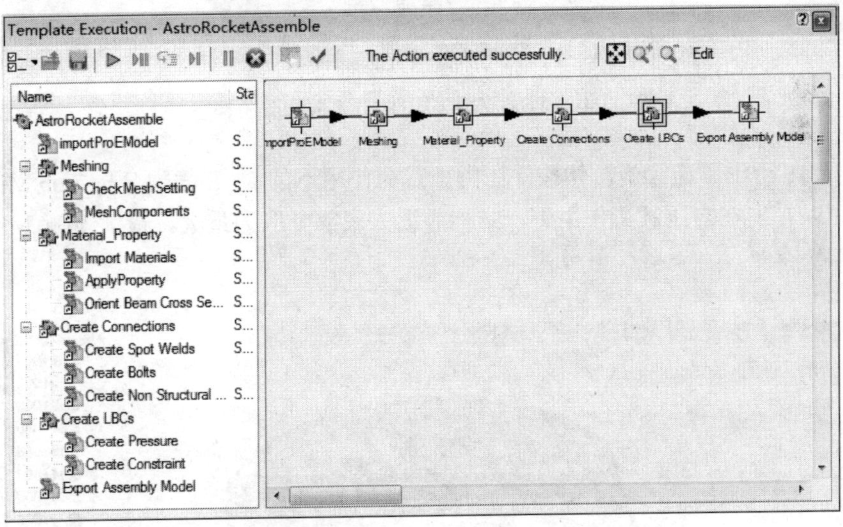

图 11.38　CAE 静力分析模板

为了检验分析模板的正确性，这里分析该结构在 0.1MPa 内压载荷下的静力响应，同时需要约束结构上下表面节点的刚体位移。CAE 模型如图 11.40 所示，采用 QUAD4 四边形单元对几何体进行剖分。

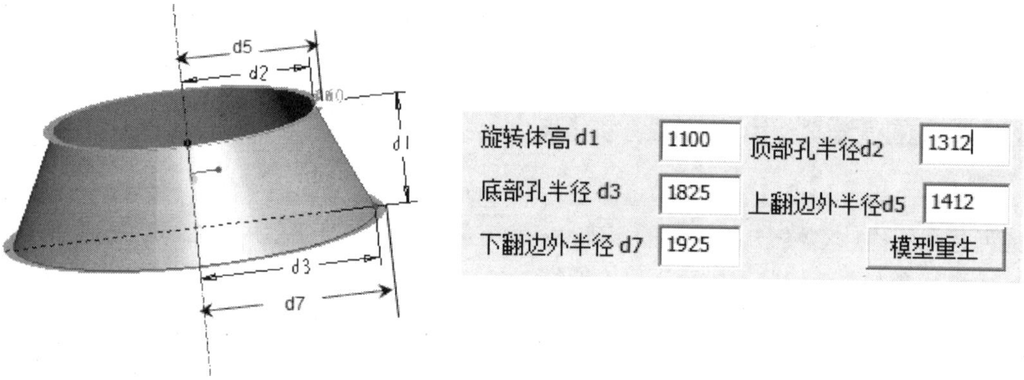

图 11.39　连续旋转体构件 CAD 模型参数

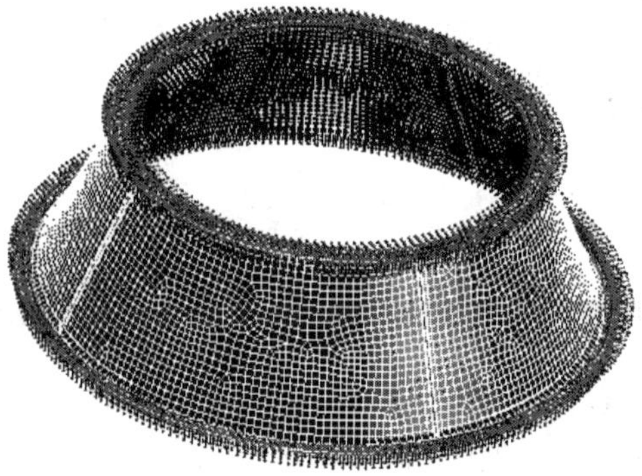

图 11.40　连续旋转体构件 CAE 静力分析模型

图 11.41 给出了连续旋转体构件在内压载荷作用下的 CAE 静力分析 Von Mises 应力云图，可以看出在内压载荷作用下，结构靠近大底部分应力最大，最大 Von Mises 应力值为 9.81MPa。

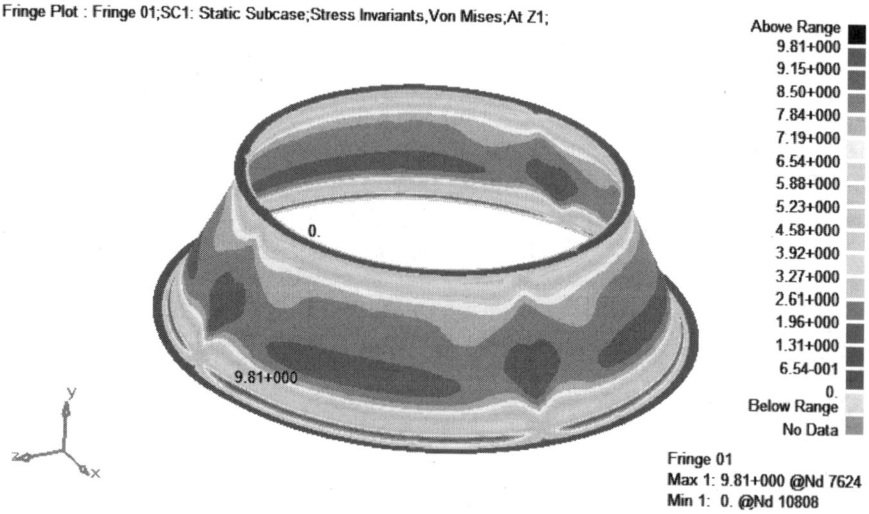

图 11.41　连续旋转体构件 Von Mises 应力云图

将模型高度由 1100mm 增大到 1800mm，其他参数不变。图 11.42 给出了连续旋转体构件在内压载荷作用下的 CAE 静力分析 Von Mises 应力云图，可以看出在内压载荷作用下，结构靠近大底部分应力最大，最大 Von Mises 应力值为 8.95Mpa。由于模型尺寸变大，缓解了内表面的应力集中程度，最大 Von Mises 应力值减小。

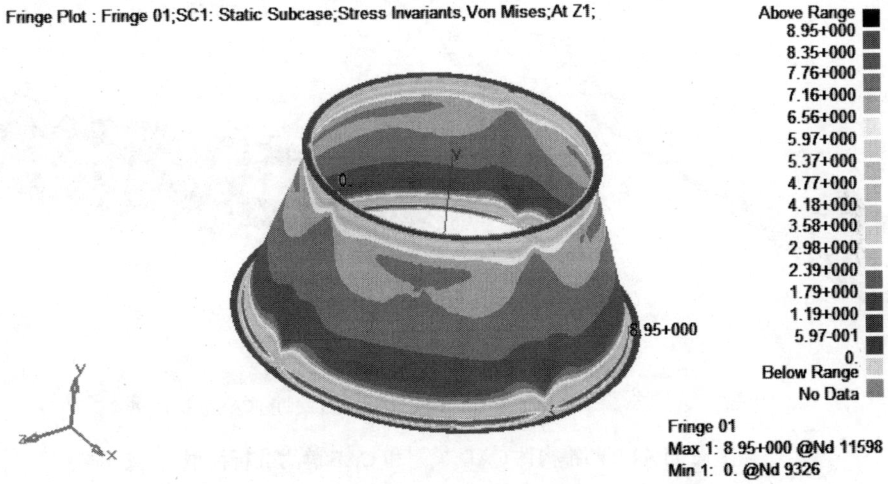

图 11.42　连续旋转体构件 Von Mises 应力云图

2. 贮箱构件 CAE 分析模板

下面介绍贮箱构件类的参数化 CAD 模型、网格自动化处理模板及求解结果。该贮箱模型为典型的半硬壳式结构，两头有端框，中间有隔框、桁条等加强结构，基于 11.3.1 节所提出的分析方法，建立了贮箱结构 CAE 分析模板，如图 11.38 所示。贮箱构件的几何参数如图 11.43 所示。

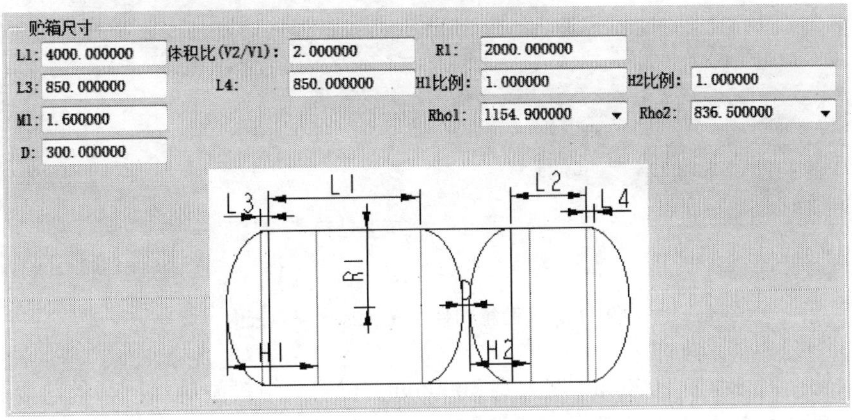

图 11.43　贮箱构件 CAD 模型参数

贮箱 CAD 模型如图 11.44(a)所示。基于贮箱结构 CAE 分析模板，分析贮箱在顶部端框上每节点施加 1000N 节点力载荷下的应力。分析时，需要约束贮箱底部的位移，贮箱中间的隔框通过多点约束单元与周围的壳体单元连接，CAE 模型如图 11.44(b)所示。压力通过顶部端框传递给中间的蒙皮壳单元。

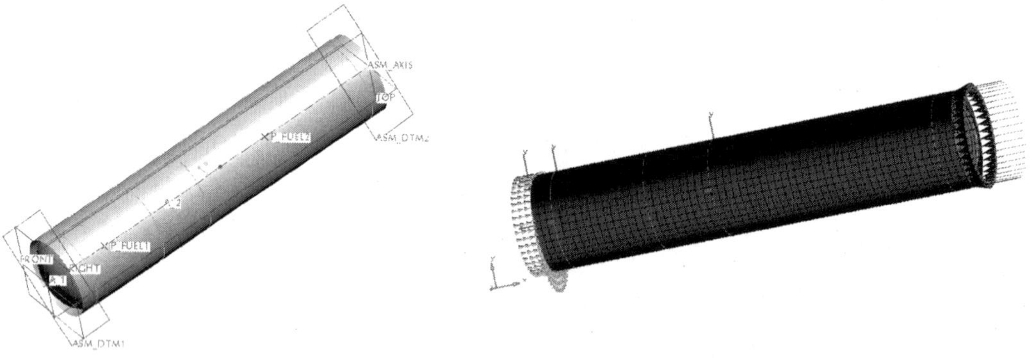

(a) CAD模型　　　　(b) CAE静力分析模型

图 11.44　贮箱构件 CAD 模型和 CAE 静力分析模型

图 11.45 为贮箱构件在顶部内压作用下的应力云图，可以看出，贮箱端框受压的情况下，贮箱外壁应力分布基本均匀。其中，中间蒙皮所受应力较大，在蒙皮与贮箱圆头相结合地方，贮箱圆头承受部分载荷，使得该处蒙皮应力较小。最大 Von Mises 应力为 0.172MPa，出现在贮箱底部附近。

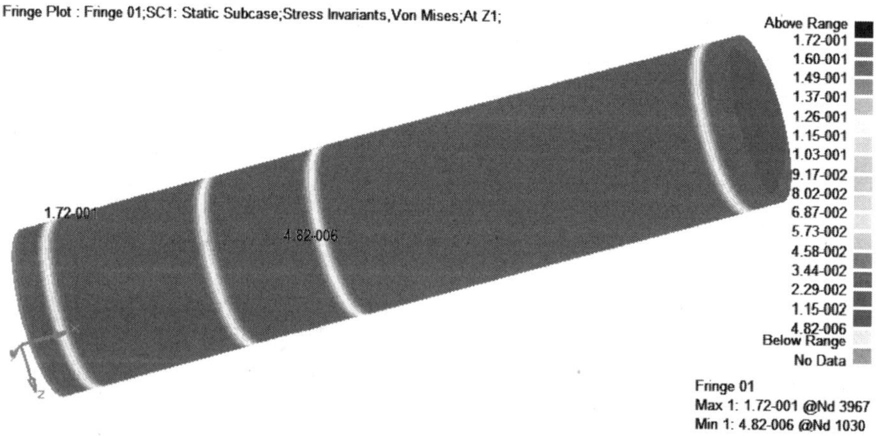

图 11.45　贮箱构件 Von Mises 应力云图

将贮箱半径 R1 由 2000mm 增大到 3000mm。与第一组模型施加同样的边界条件，贮箱端框所受的总的节点力与第一组参数相同。分析得到贮箱应力分布与第一组模型基本一致，最大 Von Mises 应力为 0.124MPa。比第一组模型应力有所减小，原因是在所施加载荷不变的前提下，贮箱的截面积增大，导致应力场减小。

3. 整流罩构件 CAE 分析模板

整流罩构件的几何参数如图 11.46 所示，其 CAD 模型如图 11.47 (a)所示，它由前锥段和锯柱段组成。CAE 分析模板同图 11.38。约束整流罩圆柱底部节点的刚体位移，头部施加 0.1MPa 的均布外压载荷，分析整流罩的静力响应，分析模型如图 11.47(b)所示，网格在锥段顶部进行了加密处理。

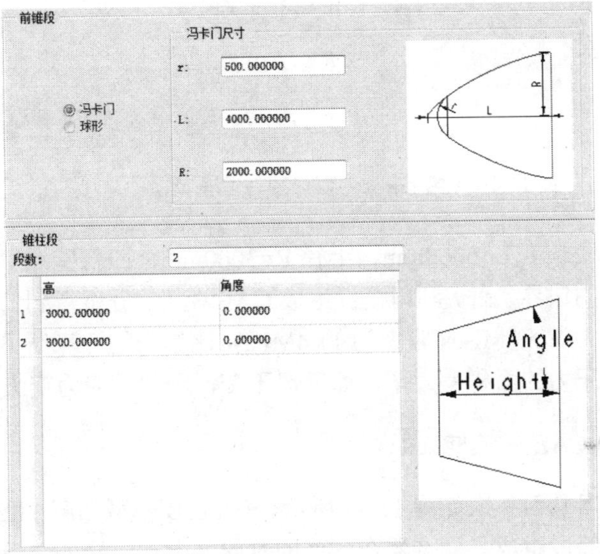

图 11.46　整流罩构件 CAD 模型尺寸参数

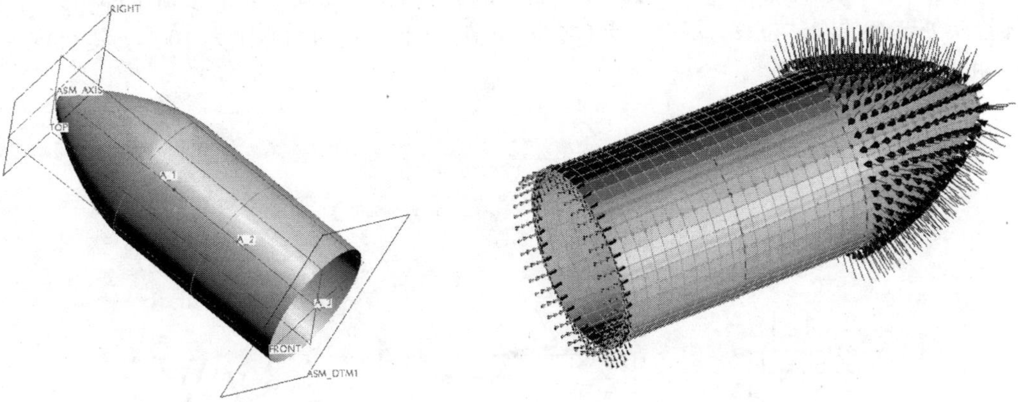

(a) CAD模型　　(b) CAE静力分析模型

图 11.47　整流罩构件 CAD 模型和 CAE 静力分析模型

整流罩静力分析结果如图 11.48 所示，从头罩底部向顶部应力逐渐减小，头罩与筒段过渡的地方应力较大。最大 Von Mises 应力为 7.56MPa。

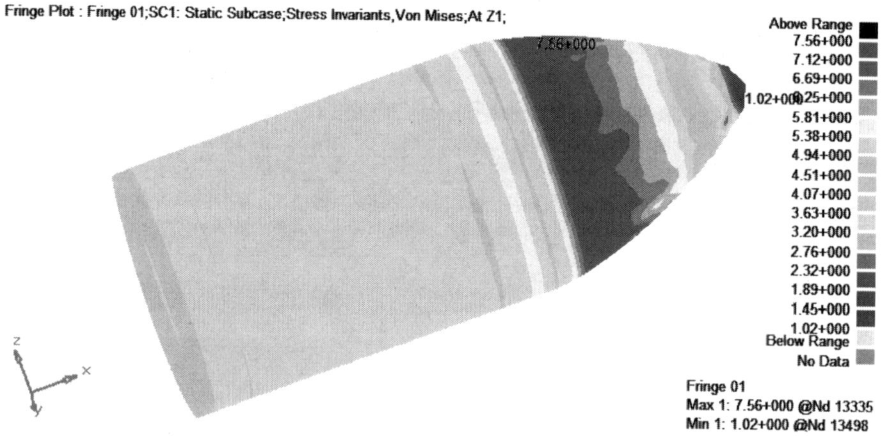

图 11.48　整流罩构件变形图与 Von Mises 应力云图

令整流罩前锥段长度 L=5000mm，半径 R=3000mm，即将整流罩变粗和变长。与第一组模型施加同样的边界条件，利用模板生成 CAE 模型。分析得到的应力分布与第一组模型基本相同。最大 Von Mises 应力为 11.4MPa，比第一组计算结果大。原因是整流罩变大了以后，受到压力的面积变大了，而壁厚不变，因此，应力变大。

4. 助推器构件 CAE 分析模板

运载火箭助推器几何参数如图 11.49 所示。其 CAD 模型如图 11.50(a)所示，它由头部的锥段和中间的筒段组成。助推器在分离的时候，上部连接处会受到远离火箭的分离力，下部连接处还未断开。根据实际受载情况，分析助推器筒段上半部受侧向力(即在连接区域作用一远离火箭主体的分离力)作用下的静力响应，需要约束助推器下部与火箭主体连接处节点的刚体位移，每个节点(共 56 个节点)上施加的力假定为 100N，其 CAE 模型如图 11.50 (b)所示。

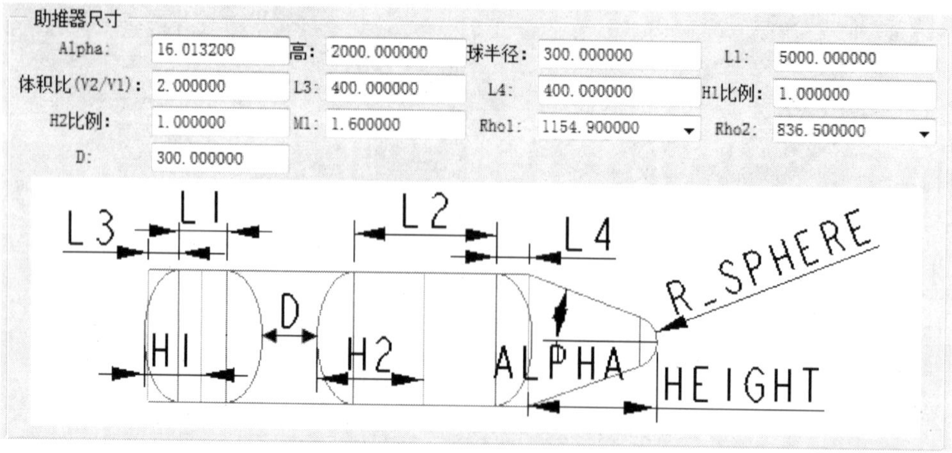

图 11.49　助推器构件 CAD 模型参数

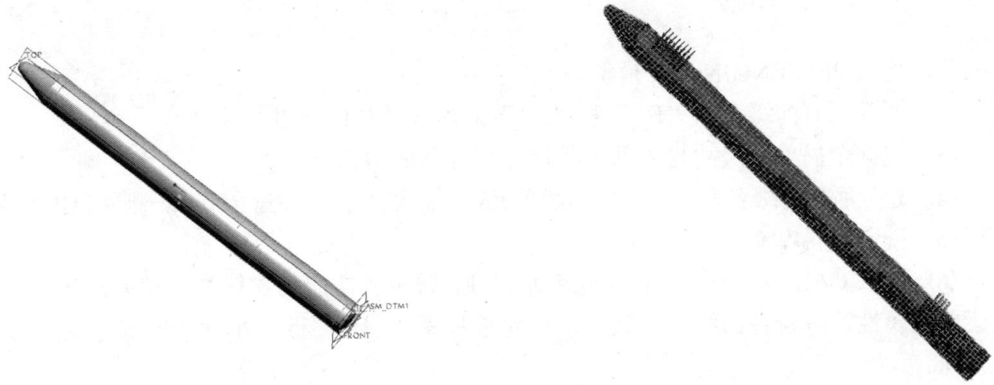

(a) CAD模型　　(b) CAE静力分析模型

图 11.50　助推器构件 CAD 模型和 CAE 静力分析模型

助推器在筒部上段侧向力作用下的静力响应如图 11.51 所示，可以看出，越靠近约束端结构应力越大，在底部固定约束附近的地方出现了应力集中。最大 Von Mises 应力为 10.8MPa。

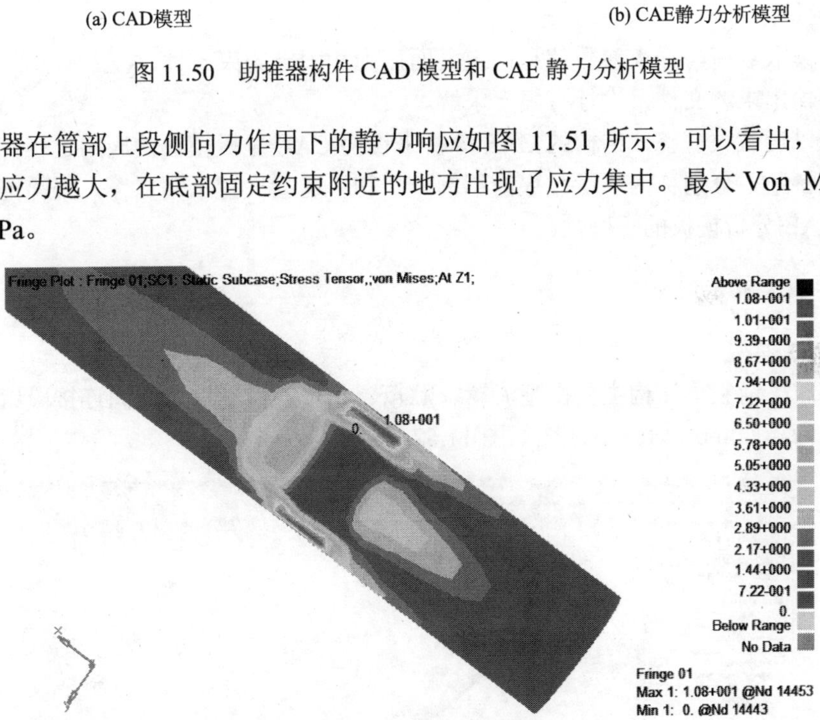

图 11.51　助推器构件 Von Mises 应力云图

将锥头角度由 16.0132 变到 21.7166，同时将助推器半径由 800mm 增加到 1000mm，其他参数不变。与第一组模型施加同样的边界条件(共 56 个节点施加 100N 的力)。助推器在筒部上段侧向力作用下的应力分布与第一组模型基本相同。最大 Von Mises 应力为 9.94MPa，加粗以后助推器应力有所减小。

11.3.3　运载火箭整体结构 CAE 分析模板

1. 运载火箭 CAE 分析模板方法

CAE 分析模板完成 CAD 模型的读入以及 CAE 模型建立等工作。模板内容包括如下几点。

（1）读入 PRO/ENGINEER 模型。

（2）搜索所有前缀名为“B_”和“X_”的曲线，与曲面进行关联。

（3）根据全局单元尺寸与局部单元尺寸划分曲面网格。

（4）划分所有前缀名为“B_”的曲线单元，更新模型并合并重合节点，删除自由节点。

（5）读取材料库文件，导入材料。

（6）读取 CAE 属性参数，定义壳单元属性，解析各曲面的材料类型和单元常数；定义梁单元属性，解析各曲线材料类型、单元常数等，通过修改梁单元的方式定义其偏置和方向。

（7）读取焊点与质量点信息文件，生成焊点连接与质量点，并定义质量点与其他部件的连接关系。

（8）读取载荷与约束参数信息，定义面压力和固定约束条件。

（9）输出求解文件，进行有限元求解。

下面以运载火箭整体结构的 CAE 分析来说明 CAE 分析模板的应用过程。共设置了两组验证参数，分别称为“运载火箭示例一”和“运载火箭示例二”，来验证所建立整体结构 CAE 分析模板的正确性。

2. 运载火箭示例一

1) CAD 模型

该运载火箭整体结构主要由整流罩、贮箱、4 个助推器以及级间连接段组成。火箭主体直径为 4000mm，其 CAD 图如图 11.52 所示。

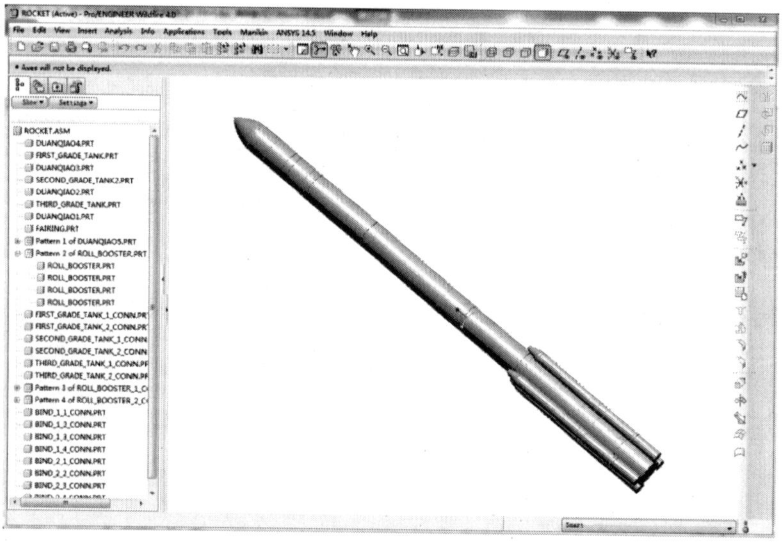

图 11.52　火箭整体结构的 CAD 图

2) CAE 模板

在 SimXpert 中启动运载火箭装配体 CAE 分析模板，如图 11.53 所示。该模板包括装配体的模态分析流程和静力分析流程。

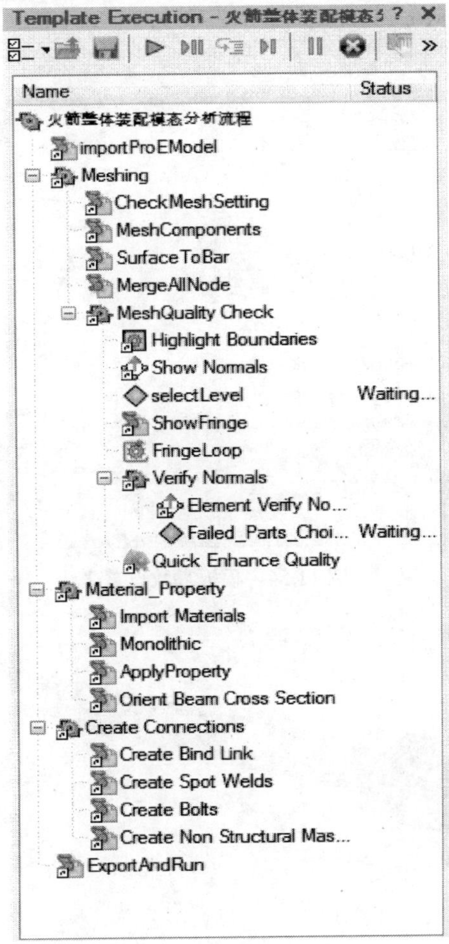

图 11.53　CAE 总体流程模板

模板主要参数设置如图 11.54 所示。

执行该 CAE 分析模板，先导入模板参数中所指定 Pro/ENGINEER 的 CAD 模型文件，如图 11.52 所示；建立运载火箭整体 CAE 分析模型，如图 11.55 所示。

为了模拟火箭在发射前直立状态下满燃料加注时所受重力情况下的结构应力，在$-X$方向施加了 9.8m/s^2 的重力加速度，同时约束火箭底部节点的刚体位移。

3) 分析结果及后处理

利用所建立的 CAE 分析模板，对全箭模型进行静力分析，得到火箭整体模型的 Von Mises 应力云图，如图 11.56 所示。根据云图结果显示，一级贮箱底部附近为最大应力区。因为火箭加注后的质量主要集中在燃料上，这里燃料的重量加载方式采用的是等效到燃料贮箱壁的材料密度上，即把燃料的重量分配到贮箱壁上。贮箱下部箭身出现了比较大的应力集中，火箭最大 Von Mises 应力为 11.2MPa。

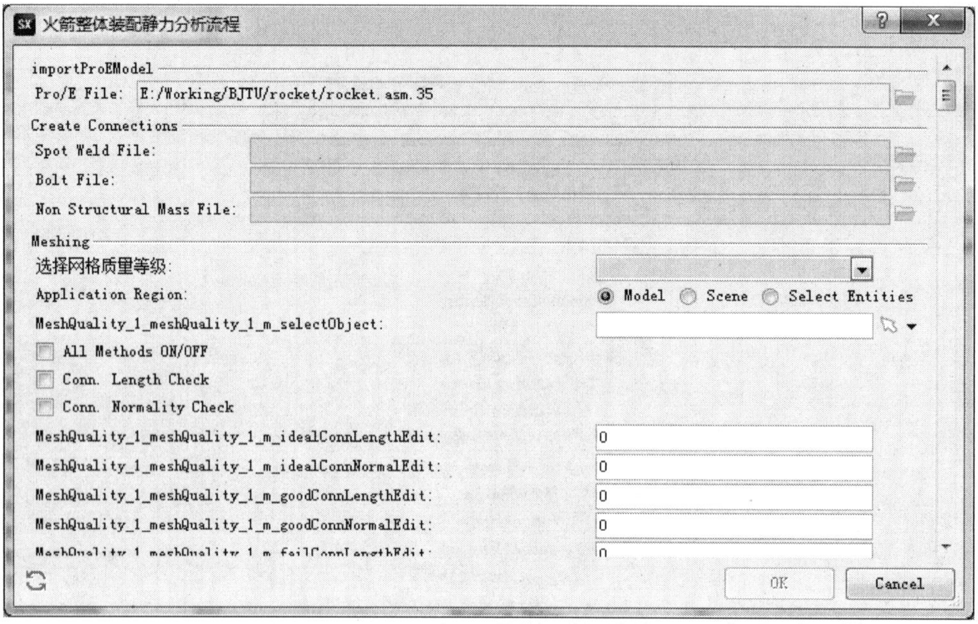

图 11.54　模板参数设置

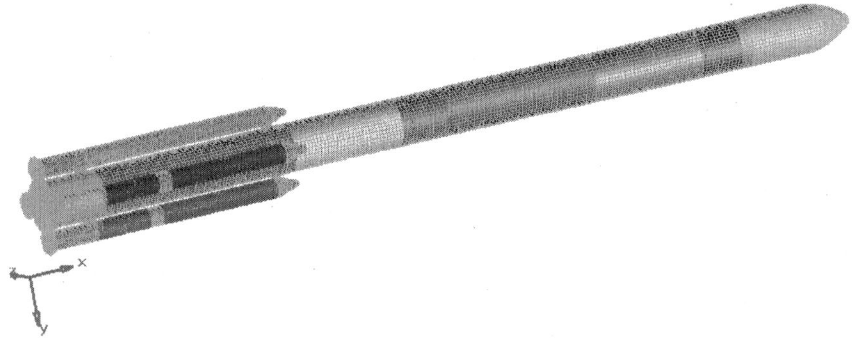

图 11.55　某型号火箭整体有限元模型

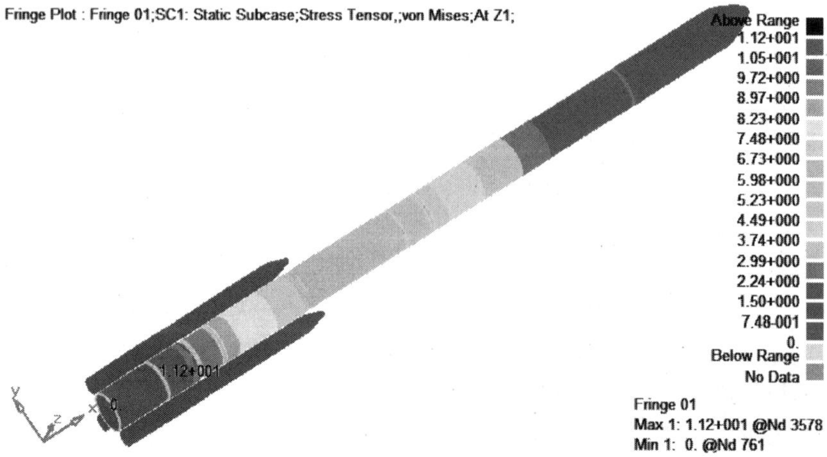

图 11.56　全箭模型静力分析和 Von Mises 应力云图

利用该模板，还可以对全箭模型进行无约束状态下的模态分析，去掉前六阶自由模态，取运载火箭的第八、十和十二阶模态如图 11.57~图 11.59 所示。

箭体结构关于 *Y*、*Z* 方向对称，第七、八阶模态为箭体整体一阶模态(图 11.57)，分别为 *Y*、*Z* 方向的一阶弯曲。与自由梁的一阶模态非常相似，是箭体整体最容易发生的变形模式。该模态对应的固有频率为火箭基频。火箭的基频对火箭的动力学分析极其重要，设计时需要尽量提高火箭的基频，以避免箭上仪器与火箭结构发生共振。

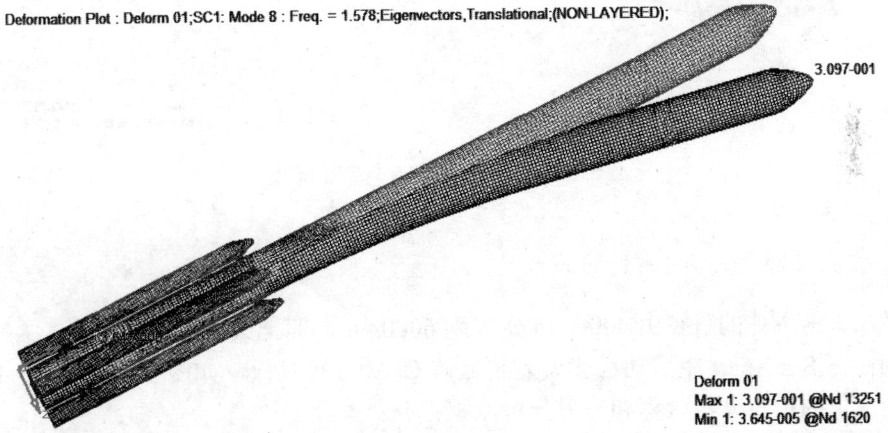

图 11.57　全箭模型第八阶模态

第九、十阶模态为助推器局部模态，如图 11.58 所示，它反映了助推器的局部振动形式。

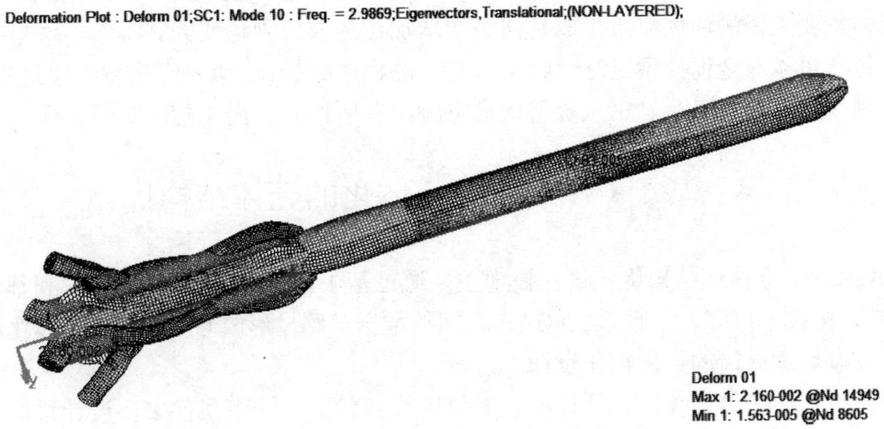

图 11.58　全箭模型第十阶模态

第十一、十二阶模态为整体综合模态，如图 11.59 所示。它反映的是火箭的二阶弯曲振动，同时部分助推器发生局部弯曲振动。

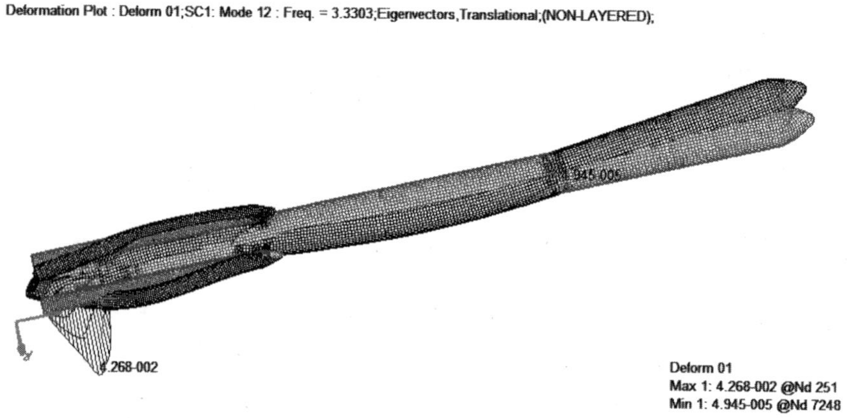

图 11.59　全箭模型第十二阶模态

3. 运载火箭示例二

增加火箭主体的直径由 4000mm 变大到 6000mm，即把火箭变得粗一些。

同样在 SimXpert 中启动运载火箭装配体 CAE 分析模板，如图 11.53 所示。该模板包括装配体的模态分析流程和静力分析流程。

执行该 CAE 分析模板，先导入模板参数中所指定 Pro/ENGINEER 的 CAD 模型文件，与第一组模型建立同样的约束和重力条件，得到运载火箭整体 CAE 分析模型。

利用所建立的 CAE 分析模板，同样对全箭模型进行静力分析，计算在一个重力加速度下的应力分布，得到的火箭整体模型的 Von Mises 应力云图与第一组结果基本一致。但火箭最大 Von Mises 应力为 16.8MPa。可以看出，火箭变粗以后，应力增大了。原因是贮箱体积变大，满注燃料质量成几何级数增加，造成应力场变大。

同样还可以对全箭模型进行无约束状态下的模态分析，与第一组模型结果进行比较，可以看到火箭变粗了以后，第八阶整体模态频率有所增大，由 1.578Hz 增大到 1.782Hz。

11.4　基于 CAD/CAE 一体化的壳体结构优化

CAD/CAE 一体化结构优化设计技术主要通过基于构件的 CAD 建模技术和基于模板的 CAE 分析技术研究，打通 CAD/CAE 之间的数据链路，形成 CAD/CAE 一体化的设计模式，开展运载火箭的结构优化设计。

由于航天产品结构复杂，往往涉及大量的设计参数，约束条件多，设计目标多，仅仅依靠人工参数选取和经验难以形成最优的设计方案，因此需要开展结构优化、模型集成技术研究，形成一种高效、智能、自动寻优的结构优化设计能力。

这里以运载火箭的主承力壳体结构优化设计为例，通过集成 SimXpert 软件，得到局部结构在整体模型中的边界状态，集成 PRO/ENGINEER 模型、Patran/Nastran 模型，通过试验设计、灵敏度分析及优化设计等方法，以结构减重为优化目标，以加强框的截面尺寸为设计变量，以结构静强度为约束条件，对其开展结构优化设计。

11.4.1　优化设计方法

运载火箭设计是一个复杂的多学科、多变量的复杂问题，针对运载火箭的结构优化需要综合应用近似模型、试验设计、系统敏感度分析及各种优化策略等方法。图 11.60 为常用的优化设计方法。

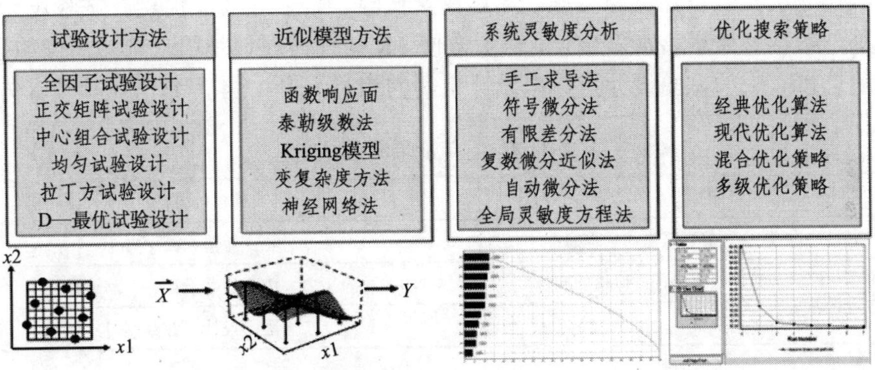

图 11.60　优化设计方法

在进行优化之前需要对设计空间进行简化，可以应用试验设计的方法研究设计空间内各个设计变量对各个性能指标的影响，同时可以利用试验设计后的各组样本数据具有良好的代表性构造高精度的近似模型，通过系统灵敏度分析从而找出关键变量，忽略对结果性能影响小的变量，以缩小设计空间。对于需要耗时分析的学科专业模型，采用近似代理模型的方法可以缩短分析时间，将近似模型用于优化过程中替代真实模型计算可以大大提高优化效率。对设计空间的研究为优化策略的选取提供了依据、缩小了设计空间、明确了关键设计变量、提供了近似代理模型。针对运载火箭中的不同优化问题，需要采用相应的优化策略，例如，某个学科优化问题，可以采用单学科的优化方法；对于包含总体及多个学科综合优化的情况可以采用多级的优化方法。将多学科优化技术综合应用可以实现运载火箭复杂系统中现阶段需要解决的各种问题，从而提高设计效率。

1. 近似模型方法

近似模型是利用已知点的响应信息来预测未知点响应值的一类模型，其实质是一个以拟合精度为约束，利用近似方法对离散数据进行拟合的数学模型。这类模型在数学上可以通过拟合与插值来实现，即利用已知点构造拟合函数来预测未知点响应或利用已知点信息插值计算未知点处的响应。

使用较多的代理近似模型方法主要有响应面方法(Response Surface Methodology，RSM)、Kriging 模型、泰勒级数法、变复杂度方法以及神经网络全局映射模型。目前 RSM 模型、Kriging 模型、泰勒级数法可以在平台中直接应用，但这些近似方法不能处理高度非线性问题；对于神经网络等全局近似模型方法，由于需要调整的参数多，不能保证每次都获得良好的近似效果，需要多次训练比较，这种算法仍需要进一步的研究；变复杂度方法采用精确模型与近似模型混合使用的方法，对于这种方法的参数设置需要进一步研究。最终可以将各种成熟的近似模型方法通过功能模块的方式加入平台中。

2. 试验设计方法

试验设计是离散优化的基本技术，它从正交性、均匀性出发，利用正交表、拉丁方、均匀表等作为工具来设计试验方案、实施广义试验，直接寻找最优点。试验设计时，方案的编制与数据的处理常常表格化，应用方便。试验设计理论是用来选择恰当的设计点，安排试验。以有限的试验设计点模拟设计空间的信息。表 11.4 为常用试验设计方法。

表 11.4　常用试验设计方法

目的	建议的方法
高效性——较少计算可产生大量信息	正交矩阵、拉丁方
高精度——广泛的数据点可保证近似值的高精度	拉丁方、中心组合设计、全因子设计
高保真	全因子设计、参数学习

3. 系统灵敏度分析

在对任何一个运载火箭系统进行设计时，一个很重要的问题是了解系统中某个或某些输入参数发生变化时对系统的影响以及子系统之间输入输出参数的相互影响。确定这些影响的一个有效的方法便是灵敏度分析(Sensitivity Analysis, SA)技术。如何高效地进行灵敏度计算是系统灵敏度分析技术中一个很重要的组成部分。目前，进行灵敏度计算主要包括以下几种方法：手工求导法、符号微分法、有限差分法、复数微分近似法、自动微分法、全局灵敏度方程法等。

4. 优化搜索策略

优化搜索策略研究是优化设计的一个重要内容，所谓搜索策略实质属于最优化理论研究的范畴。根据特定的问题采用与之相适应的搜索策略，策略选取的好坏直接关系到优化结果的好坏。常用的搜索策略包含：经典优化算法(如序列规划法、满应力法、单纯形方法、POWELL 法、共轭梯度算法、牛顿法和变尺度算法等)、智能优化方法(如模拟退火算法、遗传算法、禁忌搜索算法、神经网络算法等)、混合优化策略(采用不同搜索机制相结合)以及多级优化策略(如并行子空间优化算法、协同优化算法、单学科可行方向法、多学科可行方向法等)。表 11.5 为常用优化算法适用性说明。

表 11.5　常用优化算法适用表

算法名称	设计变量	约束条件	目标函数	运算时间	寻优类型
共轭梯度算法	连续	无约束	单目标	短	局部寻优
变尺度算法	连续	无约束	单目标	短	局部寻优
可行方向法	连续	约束	单目标	短	局部寻优

续表

算法名称	设计变量	约束条件	目标函数	运算时间	寻优类型
序列线性规划	连续	约束	单目标	短	局部寻优
序列二次规划	连续	约束	单目标	短	局部寻优
遗传算法	连续/离散	约束	多目标	长	全局寻优
粒子群算法	连续	约束	多目标	长	全局寻优
蚁群算法	连续	约束	多目标	长	全局寻优

11.4.2　模型集成技术

进行综合优化设计前，必须进行设计和分析模型封装集成，转化成可以在集成优化平台下进行数据传递和联合调试的专业模型组件。

系统集成主要采用包装器的方式，将商业软件和专业模型包装成组件的形式，通过基于数字样机的导弹总体设计集成平台进行发布和共享，然后设计人员对这些组件进行实例化运行和优化计算。其设计目标是使设计人员能够以一致和透明的方式访问包装计算应用。包装器的设计必须考虑到设计人员的要求，具备易用性和可扩展性。

1. PRO/ENGINEER 模型集成

对于 PRO/ENGINEER 的集成，将 PRO/ENGINEER 模型的尺寸、质量等属性提取出来作为可共享的设计参数。PRO/ENGINEER 提供了一组 API，可以通过这些 API 与 PRO/ENGINEER 进行通信。因此在文件包装器的基础上，提出了 PRO/ENGINEER 包装器(PRO/ENGINEER Wrapper)来包装 PRO/ENGINEER 模型。即利用 Java Bean 组件技术和 PRO/ENGINEER 本身提供的 API，实现对 PRO/ENGINEER 模型的包装。

2. Patran/Nastran 模型集成

Patran/Nastran 模型的集成是采用文件包装的形式，将调用 Patran 和 Nastran 软件对构件进行有限元划分和分析的过程包装为一个组件。Patran 和 Nastran 软件可以以命令行的方式被调用，在后台执行特定格式的文件，这些文件中包含了预先定义好的一些操作。Patran 的可执行文件是*.ses，Nastran 输入文件是*.bdf。通过命令行调用 Patran 和 Nastran 的软件运行及数据文件流程如图 11.61 所示。

需要说明如下两点。

(1) Patran 可以直接导入 CAD 软件建立的几何模型，如 PRO/ENGINEER 的 prt 和 asm 文件，但必须进行配置才能实现。

(2) CAD 模型导入后，必须在 Patran 中进行模型修正，如添加辅助面和辅助线，才能进行后续的网格划分和有限元分析。

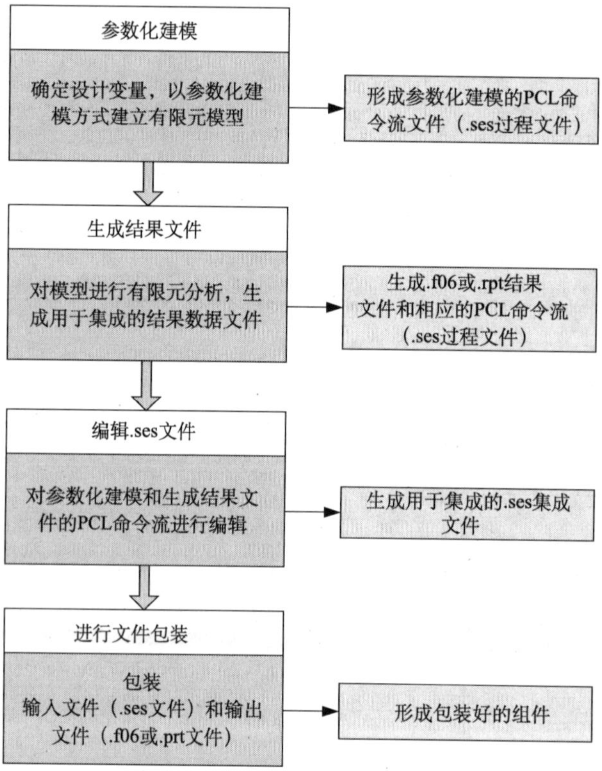

图 11.61　对 Patran/Nastran 模型集成的步骤

11.4.3　运载火箭壳体结构优化

1. 设计思路

对于运载火箭，结构质量是重要的考虑因素。一般情况下，壳体结构的设计原则为：结构承受正常载荷时，在满足结构静强度、刚度、稳定性等前提下，选择合理的结构筋和框的布局、截面尺寸，以保证结构重量最轻。这样既可以确保结构的可靠性，也可以相对降低结构重量。

传统的实现方法为：由结构设计人员给出一组结构设计方案，送交结构分析人员按照预设的载荷工况进行校核，将校核之后的结果给结构设计人员进行对照修改。如果不满足强度等条件，则增大设计尺寸或选择更为保守的结构类型；反之，如果满足强度等条件，那么削减设计尺寸，之后再交由结构分析人员进行校核。依此反复进行修改，直到找到最为合适的结构尺寸和结构类型。这种模式不仅周期长，工作量大，而且往往无法得到真正意义上的最优解。这时就需要通过考虑整体的设计空间，按照一定的方法在设计空间内搜索，找到一个最优解。

这里以壳体结构为研究对象，首先通过对 SimXpert 软件的二次开发，从运载火箭整体模型的.xdb 结果文件中，得到局部结构在整体模型中的边界状态，并施加到局部结构细化网格后的有限元模型上。在壳体结构端框顶部节点施加传递过来的强迫位移，在满足结构静强度条件下，优化结构尺寸，减少结构质量。以多学科优化软件 ModelCenter 为平台，集成 PRO/ENGINEER 模型来变化加强框的截面尺寸，集成 PATRAN 模型进行有限元自动化的前处理并最终生成.bdf 文件，最后集成 NASTRAN 进行求解，得到结构重量和强度应力。

2. 问题描述

该壳体结构属于半硬壳式结构，主要由端框、隔框、桁条(加强筋)以及蒙皮构成。优化模型如下。

(1) 设计变量：①端框截面尺寸表示为 dkl1，dkl2，端框厚度表示为 dkt；②中框截面尺寸及厚度表示为 zkl1，zkl2，zkl3，zkt；③桁条截面尺寸及厚度表示为 htl1，htl2，htt1，htt2。

(2) 设计约束：小于材料屈服极限。

(3) 优化目标：结构质量最小。

3. 模型封装

(1) 对 PRO/ENGINEER 模型的封装。在几何模型中定义了参数和关系，然后通过 Filewrapper 来修改这些参数，并且将质量分析的文件输出，读取其中的 Mass 项。图 11.62 为 PRO/ENGINEER 模型集成程序。

```
RunCommands
{
    generate inFile
    run "pro.bat yanfat.txt"
#   run "pro.bat -g:no_graphics yanfat.txt"
    run "delayg"
    parse outFile
    run "del mass.*"
    run "del trail.*"
    run "del *.m_p"
    run "del std.*"
}

RowFieldInputFile inFile
{
    templateFile: yanfa.txt.template
    fileToGenerate: yanfat.txt
    markAsBeginning "Utilities.psh_params"
    variable: dkl1    double    3     6
    variable: dkl2    double    5     6
    variable: dkt     double    7     6
    variable: zkl1    double    27     6
    variable: zkl2    double    29     6
    variable: zkl3    double    31     6
    variable: zkt     double    33     6
    variable: htl1    double    55     6
    variable: htt1    double    57     6
    variable: htl2    double    59     6
    variable: htt2    double    61     6
}

RowFieldOutputFile outFile
{
    fileToParse: mass.dat.1
    markAsBeginning "= "
    variable: mass    double    4     3
}
```

图 11.62　PRO/ENGINEER 模型集成程序

(2) 对 Patran/Nastran 软件的封装。封装.ses 文件；对.f06 文件做了一段数据处理，找到其中 Von Mises 的最大值。图 11.63 为 Patran/Nastran 集成程序。

```
RunCommands
{
    generate inputFile
    run "patran -b -sfp yanfa.ses -ans yes"
    run "delaypatran"
    run "nastranw yanfat.bdf"
    run "delays"
    run "yanfa yanfat.f06 yanfat.out"
    parse outputFile
    run "del yanfat.*"
    run "del patran.*"
    run "del yanfa.db.*"
}
RowFieldInputFile inputFile
{
    templateFile:yanfa.ses.template
    fileToGenerate:yanfa.ses
    setDelimiters "=,"
    variable: dkl1   double   3   2
    variable: dkl2   double   3   4
    variable: dkt    double   3   6
    variable: zkl1   double   4   2
    variable: zkl2   double   4   4
    variable: zkl3   double   4   6
    variable: zkt    double   4   8
    variable: htl1   double   5   2
    variable: htt1   double   5   4
    variable: htl2   double   5   6
    variable: htt2   double   5   8
    variable: seed5  integer   6   2
    variable: seed3  integer   6   4
    variable: seed30 integer   6   6
}

RowFieldOutputFile outputFile
{
    fileToParse:yanfat.out
    variable: stress   double   1   1
}
```

图 11.63　Patran/Nastran 集成程序

4. 试验设计

以全部设计变量为输入，以质量和应力为输出，采用高效率的拉丁方试验设计方法，设计出 25 组试验方案，如图 11.64 所示。

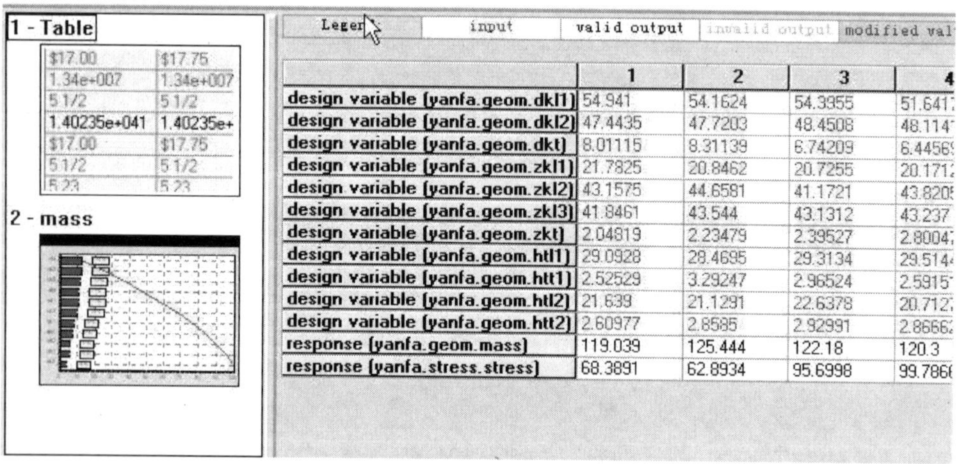

	1	2	3	4
design variable (yanfa.geom.dkl1)	54.941	54.1624	54.3955	51.641
design variable (yanfa.geom.dkl2)	47.4435	47.7203	48.4508	48.114
design variable (yanfa.geom.dkt)	8.01115	8.31139	6.74209	6.4456
design variable (yanfa.geom.zkl1)	21.7825	20.8462	20.7255	20.171
design variable (yanfa.geom.zkl2)	43.1575	44.6581	41.1721	43.820
design variable (yanfa.geom.zkl3)	41.8461	43.544	43.1312	43.237
design variable (yanfa.geom.zkt)	2.04819	2.23479	2.39527	2.8004
design variable (yanfa.geom.htl1)	29.0928	28.4695	29.3134	29.514
design variable (yanfa.geom.htt1)	2.52529	3.29247	2.96524	2.5915
design variable (yanfa.geom.htl2)	21.639	21.1291	22.6378	20.712
design variable (yanfa.geom.htt2)	2.60977	2.8585	2.92991	2.8666
response (yanfa.geom.mass)	119.039	125.444	122.18	120.3
response (yanfa.stress.stress)	68.3891	62.8934	95.6998	99.786

图 11.64　试验设计

然后根据试验方案反复计算，得到各组设计变量下火箭主承力结构的应力和质量。图 11.65 给出了某组设计变量下该壳体结构的有限元应力云图。

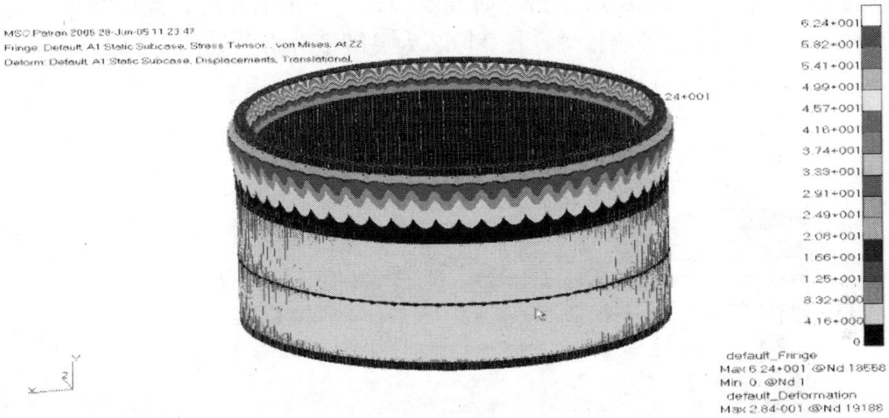

图 11.65　有限元分析结果

利用试验设计结果拟合 RSM 模型，分别得到了重量和应力的 RSM 模型，如图 11.66 和图 11.67 所示。

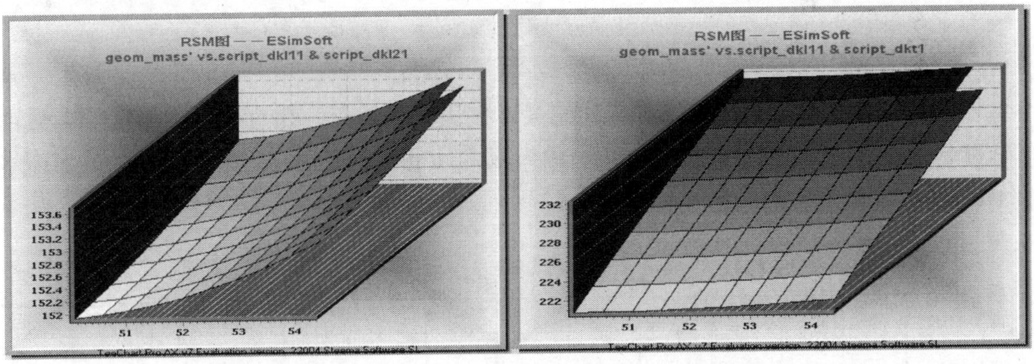

图 11.66　上下端框尺寸、中间框厚度与重量的近似模型(一阶)

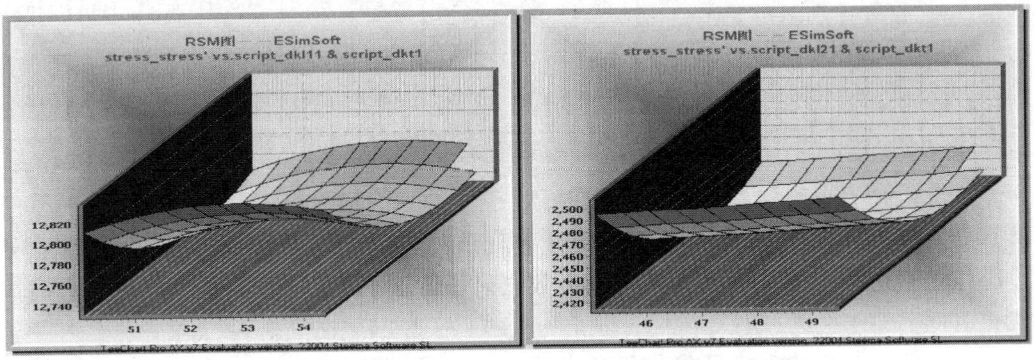

图 11.67　上下端框尺寸、中间框厚度与应力的近似模型(二阶)

5. 灵敏度分析

对所有设计变量进行灵敏度分析，研究发现，中间框的厚度、高度和顶部宽度等对壳段的质量和结构的应力影响较大。图 11.68 为灵敏度分析结果。

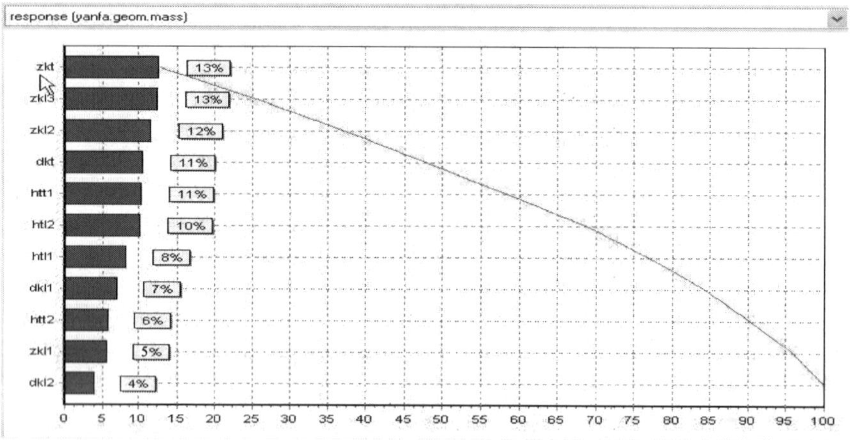

图 11.68　灵敏度分析结果

6. 优化结果及分析

表 11.6 给出了火箭壳体结构优化结果。由表可以看出，通过优化，结构的重量由 124.8kg 变为 113kg，减小了 11.8kg，而最大应力几乎没有改变，达到了在不改变应力水平的前提下减重的目的。

表 11.6　优化结果

变量	dkl1	dkl2	dkt	zkl1	zkl2	zkl3	zklt	htt1	Htt2	htl1	Htl2	Mass	Stress
设计初值	55	50	8	24	40	44	3	2.5	3.0	25	30	124.8	219.3
有限元模型优化结果	50	45	6	21	40	40	2	2.5	2.5	20	28	113	219.8
RSM 模型优化结果	50.06	45.06	6.09	21	40.05	40.13	2.01	2.53	2.52	20.06	28.05	109.3	219.4

从分析结果可以看出，通过采用 RSM 模型得到的优化结果非常接近真实模型的计算结果。用真实模型运行单次需 15 分钟，如果进行试验设计和优化计算需要 4～5 小时，而采用合适的试验设计方法采集数据后进行 RSM 模型的构建，可以大大缩短优化时间。

本示例以运载火箭壳体结构优化设计为例，通过集成 SimXpert 软件，得到局部结构在整体模型中的边界状态，并施加到局部结构细化网格后的有限元模型上。通过集成 PRO/ENGINEER 几何模型得到局部结构的尺寸及质量参数，通过集成 Nastran 软件得到应力分析结果，通过试验设计、灵敏度分析得到结构尺寸与质量、应力的影响关系，通过 RSM 方法拟合得到结构质量和应力的近似模型，通过结构优化方法，以结构减重为优化目标，以加强框的截面尺寸为设计变量，以结构静强度为约束条件，最终实现了运载火箭主承力壳体结构的优化设计，验证了以上设计方法及实现过程的可行性。

参 考 文 献

陈集丰. 1995. 导弹、航天器结构分析与设计. 西安: 西北工业大学出版社
陈烈民. 2005. 航天器结构与机构. 北京: 科学技术出版社
陈绍蕃. 2005. 钢结构设计原理. 北京: 科学出版社
导弹结构强度设计手册编写组. 1978. 导弹结构强度设计手册. 北京: 国防工业出版社
葛金玉, 苗万容, 陈集丰. 1986. 有翼导弹结构设计原理. 北京: 国防工业出版社
郭乙木, 王双连, 蔡新. 2008. 工程优化: 原理、算法与实施. 北京: 机械工业出版社
黄怀德, 李宪珊, 曹美生. 1993. 振动工程(上). 北京: 宇航出版社
李东旭. 2010. 高等结构动力学. 北京: 科学出版社
梁立孚, 宋海燕, 李海波. 2006. 飞行器结构力学. 北京: 宇航出版社
刘得一, 张兆宁, 杨新湦. 2011. 民航概论. 北京: 中国民航出版社
刘鸿文. 2004. 材料力学. 北京: 高等教育出版社
刘莉, 喻秋利. 1999. 导弹结构分析与设计. 北京: 北京理工大学出版社
刘庆楣. 2009. 飞航导弹结构设计. 北京: 宇航出版社
隋允康, 杜家政, 彭细荣. 2004. MSC. NASTRAN 有限元动力分析与优化设计实用教程. 北京: 科学出版社
田锡惠. 1996. 导弹结构・材料・强度(上). 北京: 宇航出版社
王心清. 2006. 结构设计. 北京: 宇航出版社
吴德隆. 1981. 飞行器贮箱整体网格加强壳的优化设计. 宇航学报, 4: 57-60
徐芝纶. 2009. 弹性力学. 北京: 高等教育出版社
薛明德, 向志海. 2009. 飞行器结构力学基础. 北京: 清华大学出版社
余旭东, 徐超, 郑晓亚. 2010. 飞行器结构设计. 西安: 西北工业大学出版社
余旭东. 2007. 导弹现代结构设计. 北京: 国防工业出版社
袁家军. 2004. 卫星结构设计与分析. 北京: 宇航出版社
张骏华, 盛祖铭, 孙继桐. 1999. 复合材料结构设计指南. 北京: 宇航出版社
Baner H F. 1963. 液体在具有阻尼的圆筒贮箱中的振荡. 火箭导弹技术, 10: 107
NASA-STD-5001. 1996. Structure Design and Test Factor of Safety for Spacecraft Handware
NASA-STD-5002. 1996. Load Analyses of Spacecraft and Payload.